·추·천·사·

우리 목회자에게 부여된 설교의 특권은 어떤 것과도 비교할 수 없는 영광이며 또한 어깨를 누르는 부담이기도 합니다. 어떤 이들은 진리보다도 설교를 멋지게 하려고 하기도 하고 본인의 성숙의 무게보다 더한 말들을 하려고도 합니다.

이런 때에 찰스 스윈돌 목사님의 신약 인사이트 시리즈가 나오게 된 것은 모든 목회자들을 위한 축복이라고 생각합니다. 그는 50년 가까이 사역을 하면서 단 한 번의 소란스러운 소문도 내지 않고 모든 교인에게 존경을 받은 목회자입니다. 탁월한 삶의 안목으로 진리를 발견하고, 가장 풍성한 언어로 본문의 강해를 전하는 목회자입니다. 그런가 하면 그는 가장 말씀을 잘 교육하는 달라스 신학교를 맡아 후학들을 교육하여 미국에서 가장 영향력 있는 신학교로 발전시켜나갔습니다.

이 책은 그의 50년 말씀 강해 사역의 결산입니다. 어렵고 난해한 설명이 아니라 진리에 대한 분명한 이해와 전 생애를 통해 입증한 진리의 말씀을 그만이 할 수 있는 언어의 연금술사적 표현으로 이 강해를 완성했습니다. 이 시리즈는 가볍고 빈약한 말씀으로 얼룩진 한국 교회의 강단에 풍성한 말씀의 은혜를 가져다줄 것입니다. 성경 본문을 다시 보게 만들고, 진리의 깊은 뜻에 목회자 자신이 먼저 은혜를 받게 하며, 전해야 할 메시지를 분명하게 정리해주는 가이드가 될 것입니다. 한국 강단에 말씀이 흥왕되기를 간절히 바라며 젊은 목회자뿐만 아니라, 말씀 앞에 오늘도 씨름하며 간절히 사모하는 모든 설교자에게 진심으로 이 책을 권합니다.

홍정길 목사_남서울은혜교회

찰스 스윈돌은 우리 시대 하나님의 선물입니다. 그는 가장 신실한 강해 설교의 모본을 보이신 분입니다. 그는 학자는 아니시만 언제나 본문에 성실한 설교자입니다.

그는 주석/ 석의의 기본을 중시하면서 본문을 강해하는 분입니다. 그러면서 탁월한 적용으로 우리를 삶의 바탕으로 안내합니다. 이번에 도서출판 디모데가 「찰스 스윈돌의 신약 인사이트」 시리즈를 펴낸 것에 대해 한국 교회와 더불어 축하하며 기뻐하고 싶습니다.

그만큼 한국 교회 강단이 풍성해질 것을 기대하기 때문입니다. 설교자들은 옷을 팔아서라도 이 시리즈를 비치하고, 모든 성경 연구자는 새로운 재산 목록으로 이 시리즈를 추가하십시오. 이 시리즈가 오늘의 허약한 강단을 부요하게 하고, 위기에 처한 한국 교회를 살리는 보약이 될 것을 예감합니다. 진지하게 말씀을 묵상하는 모든 이에게 이 책은 우리 시대의 동의보감이 될 것입니다. 찰스 스윈돌이 이미 끼친 영향력보다 더 오래, 그리고 더 깊게 이 시리즈는 말씀을 연구하는 모든 사람의 길잡이가 될 것입니다.

함께 귀한 보화를 나누는 기쁨으로 이 책을 추천합니다.

이동원 목사_지구촌교회

찰스 스윈돌 목사님은 저 개인의 판단으로는 현재 생존하고 있는 설교자 가운데 최고의 설교자라고 늘 생각해왔습니다. 제가 미국에 거주했던 오랜 시간 동안 기회가 있을 때마다 스윈돌 목사님의 설교를 들으면서 하나님의 말씀이 얼마나 귀하고 위대한 진리인지를 강하게 느끼곤 했습니다. 특히 설교를 전달하는 그분의 능력은 누구와도 비교가 되지 않습니다. 사실 이러한 판단은 저만의 느낌이 아니고 그분의 설교를 들어본 전 세계 수많은 기독교인들이 같은 판단을 하고 있다고 생각합니다. 스윈돌 목사님의 설교는 거의 강해식 설교인데 성경 말씀의 현실적 가치를 남김없이 드러내줍니다. 설교자들이 본받아야 할 모델임에 틀림없습니다. 달라스 신학대학원 총장을 은퇴한 스윈돌 목사님은 달라스에 교회를 개척하신 후 오늘까지도 설교를 하고 계십니다. 그 설교 시리즈를 〈인사이트 포 리빙(Insight for Living)〉이라 부릅니다. 이번에 디모데에서 출판한 「찰스 스윈돌의 신약 인사이트」 시리즈는 그분의 설교를 주석 형태로 정리하여 출판한 것으로서, 비록 활자화된 책이 그분의 현장 설교를 그대로 반영할 수는 없겠지만, 그래도 그분의 탁월한 말씀 선포를 최대한 반영한 것이라 할 수 있습니다. 한국의 모든 목회자와 신학생과 한국 교회에 이 시리즈가 소중한 자료로 사용되어지고, 독자들에게 큰 은혜를 끼치게 될 것을 기대해마지 않습니다.

김상복 목사_세계복음주의연맹(WEA) 회장, 할렐루야교회 원로목사

포스트모던 시대에 살고 있는 현대 크리스천들과 목회자들과 선교사들에게 있어서 가장 큰 취약점은 날이 갈수록 성경 말씀이 그들로부터 멀게 느껴진다는 사실이다. 찰스 스윈돌 목사님의 설교와 성경 강해는 이런 추세를 돌이키고도 남음이 있음을 지난 47여 년 동안 그의 설교를 듣고 하나님의 말씀이 주는 감동을 다시 찾은 미국 교회 회중들에 의해 충분히 입증된 바 있다. 이 「찰스 스윈돌의 신약 인사이트」 시리즈도 현대 한국 크리스천들과 목회자들과 선교사들로 하여금 말씀에 대한 이해와 적용을 할 수 있도록 도움으로써 다시 한 번 성경의 원저자가 의도했던 감동을 주기에 충분할 것이다.

성경 말씀이 처음 선포되었을 때 이를 들은 회중에게 일어났던 임팩트가 재현되기 위해서는 최소한 다음 두 가지 여건이 재조성되지 않으면 안 된다. 첫째, 하나님이 원래 의도하셨던 대로 그 의미(meaning)가 정확하게 전달되어야 한다. 둘째, 듣는 이들의 마음속에 말씀이 들어가서 하나님이 그 말씀을 통해 의도하셨던 일이 선명하게 드러나야 한다. 이럴 때 비로소 우리는 전해진 말씀이 자신들과 연관성(relevance)이 있다는 사실을 피부로 느끼게 될 것이다. 이를 다시 한국 상황에 맞게 정리하면 성경에 대한 이해와 아울러 이 말씀을 듣는 회중, 즉 한국 사람들의 마음에 대한 이해가 깊지 않으면 안 된다는 말이다. 이에 한 가지 중요한 요소를 더 보탠다면 이 둘 사이에 다리를 놓는 것, 즉 커뮤니케이션이 잘 되어야 한다는 것이다.

이 시리즈는 이 세 가지 모두를 탁월하게 이해한 이 시대의 가장 저명한 강해자 가운데 한 사람이 그의 전 생애를 건 결실이기도 하다. 이를 사용하는 한국 크리스천들과 목회자들과 선교사들에게도 다시 한 번 하나님의 말씀이 가슴속 깊이 파고들어가 원저자이신 성령이 의도하신 대로의 메시지에 따라 삶이 변화되며, 급기야 그 가치관과 세계관이 성경적이 되어 더 이상 얄팍한 크리스천이라는 비난을 받지 않게 되기를 간절히 기원하며 이 시리즈를 모든 사람에게 추천한다.

이태웅 목사_한국글로벌리더십연구원 원장

찰스 스윈돌 목사님은 우리 시대 최고의 목회자요 설교자로서 이미 수많은 저서를 통해 우리에게 잘 알려진 존경받는 저술가이기도 하다. 「찰스 스윈돌의 신약 인사이트」 시리즈는 목회자에게 유익을 주는 또 하나의 저서이다. 이 책은 목회자들의 설교나 성경 공부 준비에 아주 요긴한 좋은 지식을 제공하고 있어 대단히 유익하다.

김경원 목사_서현교회

"나는 성경 말씀을 고찰하고 선포하는 일에 중독되었다고 서슴없이 말할 수 있습니다." 이것은 찰스 스윈돌 목사님이 서문에서 고백한 내용이다. 그는 설교자로서 하나님의 말씀을 정확하고, 명료하고, 현실적이고, 통찰력 있게 전달하고자 애썼으며 이 일에 자신의 전 생애를 헌신했다. 이 책은 지난 50여 년 동안 설교하고 가르치면서 하나님의 진리를 이해하고 설명하고 적용한 귀한 책이다.

김병삼 목사_만나교회

찰스 스윈돌 목사님은 본문 주해와 적용에 탁월한 강해 설교자이다. 그에게는 원어로 말씀을 분석하는 지력과 말씀을 삶에 실제적으로 적용하는 통찰력이 있다. 그에게는 하나님의 말씀인 로고스(Logos), 그 말씀을 자신 있게 전하는 설교자의 에토스(Ethos), 그리고 열정과 헌신으로 가득한 설교자의 파토스(Pathos)가 있기에 이 시리즈가 말씀을 사랑하는 평신도와 목회자에게 큰 유익이 되리라 확신한다.

노창수 목사_워싱턴 중앙장로교회

찰스 스윈돌은 모든 사역자에게 존경을 받는 분입니다. 그분의 분명한 성경 강해와 실천적인 적용의 원리는 모든 곳, 모든 사람에게 깊은 영향력을 끼치고 있습니다. 이번에 디모데에서 출간된 「찰스 스윈돌의 신약 인사이트」 시리즈는 설교를 준비하는 신학생으로부터 담임목사에 이르기까지 매 주일 말씀을 선포하는 사역자들의 목마름을 해갈시켜줄 좋은 도움서입니다. 모든 분들의 일독을 적극 추천합니다.

박은조 목사_샘물교회

지난 반세기를 말씀을 전하는 일에 헌신해온 찰스 스윈돌 목사님은 과연 이 시대 가장 탁월한 설교자답게 모든 설교자를 위하여 대단히 귀한 선물을 준비했다. 설교자 치고 자료의 중요성을 모르는 사람이 어디 있을까? 이번에 그가 펴낸 이 새로운 시리즈는 어렵고 난해한 주석들과 너무도 평범한 설교집들 사이에서 방황하던 설교자들에게 마침표를 찍어줄 것이다.

박정근 목사_부산영안침례교회

내가 처음 강해 설교를 배운 후 연습을 위해 참고한 것이 찰스 스윈돌의 성경 공부였다. 그가 말씀을 묵상한 내용은 깊이도 있지만 적용의 포인트가 아주 신선했다. 무엇보다도 의사소통에 천재적인 능력을 보여주었다. 그는 자신이 강조하는 것처럼 성경 신학자는 아니다. 그럼에도 불구하고, 아니 그렇기 때문에 그의 성경 해석은 모든 사람에게 쉽게 전달이 된다. 이 시리즈는 성경을 공부하는 사람들에게 부담을 주지 않으면서도 실제적으로 많은 도움을 줄 것이다.

방선기 목사_직장사역연구소 소장

신약의 성경들과 관련된 주석들을 많이 읽어보았지만 찰스 스윈돌 목사님의 시리즈만큼 insightful한 책은 없었습니다. 방대한 자료를 제시하며 깊이 있게, 여러 가지 관점으로 볼 수 있도록 인도하는「찰스 스윈돌의 신약 인사이트」시리즈는 신기할 정도로 한결같이 친절하고 생생한 언어를 사용해 성경의 원저자들을 만난 것 같은 기분을 느끼게 합니다. 가르치는 사람이라면 꼭 읽고 공부하시기를 권합니다. 다만, 이 책을 펼치시기 전에 조심해야 할 일이 있습니다. 이 책을 읽는 사람이라면 누구나 이 시리즈의 전도사가 될 것이기 때문입니다.

서정인 목사_한국컴패션 대표

명료하면서도 풍성한 표현, 정확하면서도 깊은 이해, 어렵지 않으면서도 부족함이 없는 성경 해석서가 있기를 바라왔는데 주님은 그런 축복을 찰스 스윈돌 목사님을 통해 우리에게 주셨습니다. 훌륭한 목회자로, 탁월한 설교자로서 그의 47년 목회 사역의 귀중한 자료들을 망라한 이 책을 말씀에 대한 갈증을 느끼는 모든 목회자, 특별히 설교를 준비하는 모든 설교자에게 진심으로 권합니다.

이찬수 목사_분당우리교회

오늘날 교계의 가장 빼어난 지도자 가운데 한 분으로 나는 주저 없이 찰스 스윈돌 목사님을 꼽는다. 그는 탁월한 지도력을 갖춘 목회자이고, 건강한 신학적 안목을 지닌 성경 강해자이며, 선명한 복음을 선포하는 설교자이다. 그러나 내가 그를 존경하는 진짜 이유는 말과 행실이 일치하는 그의 성숙한 신앙 인격 때문이다. 평생 스캔들 한 번 없이 수많은 사람들에게 거룩한 영향력을 미친 그의 47년 사역의 결정체가 책자로 출간되었다니 말할 수 없이 기쁘고 감사하다. 전통적 주석과 달리 성경을 통합적으로 꿰어내는 통찰력이 그의 라디오 사역인 〈인사이트 포 리빙(Insight for Living)〉을 연상시킨다. 이 보석 같은 책자를 모든 성도와 신학도와 설교자에게 자신 있게 추천한다.

정민영 선교사_WBT 부총재

찰스 스윈돌 목사님은 우리에게 잘 알려져 있는 목사님이다. 그가 가진 성경 공부와 강해 설교에 대한 탁월한 은사는 우리로 하여금 성경을 전체적으로 그리고 세밀하게 바라볼 수 있도록 도와준다. 그리고 그가 저술한 여러 책들은 누구나 성경을 바로 이해할 수 있도록 도와줄 뿐만 아니라 말씀을 삶에 적용하고 실천하는 데 대단히 훌륭한 가이드가 된다. 이번에 디모데에서 출판한 「찰스 스윈돌의 신약 인사이트」 시리즈는 목회자들의 설교 사역에 대단히 큰 도움을 줄 것이라고 확신한다.

정주채 목사_향상교회

드디어 기다리던 작품이 나오게 되어 기쁘다. 찰스 스윈돌, 그는 실천적 성경 해석가요 본문을 살아나게 하는 설교자이다. 그는 '그때 거기서' 주어졌던 말씀을 '지금 여기에서도' 적용되도록 실용적 인사이트를 준다. 특히 그는 어느 본문에서도 예수 그리스도가 나타나도록 설교의 절정을 이루는 원리와 비법을 자연스럽게 제시해준다. 그래서 말씀을 듣는 사람들을 부활의 능력으로 소생시켜준다. 이것이 그가 만들어내는 인사이트 주석의 핵심이다.

조봉희 목사_지구촌교회(서울)

본문에 대한 세밀한 통찰력과 시대를 읽어내는 예리한 지성이 청중을 사로잡는 수사학과 버무려진 책이다. 본문을 통하여 하나님의 음성을 읽어내는 영성과 그 음성을 청중의 삶에 적용하기 위한 찰스 스윈들의 열정과 사랑이 집대성되었다. 이 책에는 천상의 소리를 지상의 소리로 만드는 비법이 고스란히 담겨 있다.

최명덕 목사_건국대학교 교수

「찰스 스윈돌의 신약 인사이트」 시리즈를 통해 찰스 스윈돌 목사님을 우리 개인의 서재로 초대하고, 그분과 함께 목회 동역자로 일할 수 있는 길이 가능해졌다. 성경에 대한 그분의 애정과 깊은 영성은 모든 목회자에게 엄선된 자료, 탁월한 분석과 요약, 놀라운 통찰력, 감동과 도전을 준다. 우리는 더 이상 성경 본문 속에서 방황할 필요가 없다. 왜냐하면 이제 성경의 핵심으로 바로 뛰어들어갈 수 있기 때문이다.

홍인종 목사_장로회신학대학원 교수

찰스 스윈돌의 신약 인사이트 시리즈

디모데전 · 후서, 디도서

Swindoll's New Testament Insights on 1&2 Timothy, Titus

※본문의 성경은 한글개역개정을 사용하였습니다. 별도의 경우 따로 표기해두었습니다.

찰스 스윈돌
신약 인사이트 시리즈

윤종석 옮김

SWINDOLL'S NEW TESTAMENT INSIGHTS

1&2 TIMOTHY and TITUS

디모데전·후서, 디도서

디모데
Timothy Publishing House

차례

■ 지도·도표·사진 목록

머리말

60여 년 동안 나는 성경을 애독해왔습니다. 성경을 향한 그 사랑에 내가 해병대 복무 중에 받은 복음 사역으로의 부르심이 더해져 나는 달라스 신학교에 입학하게 되었습니다. 그 4년 동안 나는 하나님의 말씀을 사랑하는 훌륭한 하나님의 사람들 밑에서 수학하는 특권을 누렸습니다. 그분들은 무오한 하나님의 말씀을 추앙하고, 신중하게 가르치며, 열정적으로 설교하고, 행동으로 실천하는 모범을 보여주었습니다. 나는 내 것이라고 선포된 위대한 유업에 대해 하나님께 감사하지 않고 보낸 주가 한 주도 없었습니다! 하나님의 진리를 이해하고 설명하고 적용하는 일에 이토록 헌신하도록 나를 키워준 그 훌륭한 신학자들과 멘토들에게 나는 영원한 빚을 지고 있습니다.

45년 이상을 나는 이 일에 정진해왔습니다. 그리고 얼마나 이 일을 사랑하는지 모릅니다! 고백하건대 나는 성경 말씀을 고찰하고 선포하는 일에 중독되었다고 서슴없이 말할 수 있습니다. 그렇기 때문에 이 시리즈 – 특히 하나님이 기록하신 말씀 속에 담겨진 진리를 설명하고 이해를 돕는 – 는 내 삶에서 매우 중요한 의미를 가집니다. 오랜 세월 힘을 다해 성경을 성실하게 연구하면서 발견한 소중한 서적들을 모아 널찍한 서재를 만들었습니다. 생의 마지막 날까지 내 인생의 가장 중요한 목표는 하나님의 말씀을 정확하고, 명료하며, 현실적이고, 통찰력 있게 전달하는 것입니다. 찾아볼 수 있는 많은 자료가 담겨진 신뢰할 만한 서적들이 없었다면 나의 작업은 몇 십 년 전에 '고갈'되어버렸을 것입니다.

내가 가장 많이 그리고 즐겨 사용한 책들은 성경의 본문을 더 잘 이해하는 데 유용한 책들입니다. 대부분의 주석가들이 그렇듯이 나는 끊임없이 나의 재능을 연마하고 더 날카롭게 해줄 문헌들을 찾고 있습니다. 다시 말해서, 복잡한 것을 단순하고 이해하기 쉽게 만들어주고, 내가 살고 있는 21세기 세상의 관점에서 신성한 진리와의 관련성을 볼 수 있게 해주는 통찰력 있는 해설과 눈으로 보는 듯한 생생한 서술을 제공하며, 그 진리들을 내가 쉽게 잊지 못하도록 마음속 깊이 새겨주는 자료들을 찾는다는 뜻입니다. 그런 책을 발견하면 나는 그것을 손에서 놓지 않고 탐독한 후에 나중에 다시 찾아보기 위해 내 서재에 보관합니다. 그리고 정말로, 나는 자주 그 책들을 찾아봅니다. 신선한 통찰이 부족하거나 적합한 이야기나 예화가 필요할 때, 또는 본문 해석이 잘 풀리지 않아 빠져나올 방법을 찾을 수 없을 때 찾아볼 수 있는 자료가 풍부한 저작들이 있다는 게 얼마나 다행인지 모릅니다. 열정적인 주석가들에게 서재는 반드시 있어야 합니다. 나의 멘토 중 한 분이 이런 말을 한 적이 있습니다. "도대체 다른 어디에서 자네 손바닥에 만 명의 교수들을 올려놓을 수 있겠나?"

최근에 나는 내가 방금 설명한 것과 같은 충분한 자료들이 턱없이 부족하다는 사실을 알게 되었습니다. 그리고 문제를 한탄하기보다는 내가 그 해답의 일부가 되자는 생각을 품게 되었습니다. 그러나 그 해답은 큰 임무를 떠맡는 것이 될 터였습니다. 신약의 모든 책과 편지들을 망라하는 저술 작업은 너무나 벅차고 두렵게 느껴졌습니다. 그러나 내가 지난 45년여 동안 신약 성경의 대부분을 가르치고 설교했다는 사실을 깨달았을 때 안도감이 밀려왔습니다. 내 자료 파일들은 이 시대의 필요에 부응하는 새로운 의미가 보태어져 세상에 나가 주님의 신선한 말씀을 갈망하는 사람들의 삶에 적용되기를 기다리며 숨어 있던 메시지들에 대한 주석들로 가득했습니다. 이거면 됐다! 나는 내 꿈을 실현시켜줄 최고의 출판사를 찾기 시작했습니다.

나의 저작권 대리인인 실리(Sealy)와 맷 예이츠(Matt Yates)의 노고에 감사합니다. 나는 이렇게 방대한 프로젝트에 관심이 있는 출판사를 택했습니다. 완간하는 데 10년 이상이 걸릴 전집을 출판하는 모험에 열정적인 지원을 아끼지 않은 존더반 출판사의 훌륭한 직원들에게 감사를 전합니다. 여러 해 동안 나의 다른 저작들을 출판하면서 그들 대부분과 알고 지냈던 나는 그들이 이러한 임무를 해낼 역량이 있으며, 내 자료들을 출판하는 작업에서 선한 청지기가 되어줄 것을 확신했습니다. 확신과 격려를 준 스탠 건드리(Stan Gundry)와 폴 앤글(Paul Engle)에게 감사합니다. 그들은 처음부터 끝까지 충성스럽게 도움을 주었습니다. 베를린 버브룩(Verlyn Verbrugge)과 함께 일하는 것은 또 하나의 기쁨입니다. 그의 경험에서 우러나온 지혜와 예리한 통찰에 진심으로 감사를 드립니다.

나의 오랜 친구이자 이전의 편집자였던 존 슬론(John Sloan)과 또다시 함께 일하게 된 것도 특별한 기쁨이었습니다. 그는 편집장으로서 참으로 소중한 조언을 해주었습니다. 무엇보다도 가장 감사한 것은 그의 열정적인 지원이었습니다. 직접 편집을 해준 마크 게이더(Mark Gaither)와 마이크 스비겔(Mike Svigel)의 지칠 줄 모르는 노고에도 감사의 마음을 전합니다. 그들은 신약 성경 27권의 각 장과 구절들을 모두 섭렵하는 작업을 멋지게 해냈습니다. 그들은 원고를 성경 본문에 충실하고 흥미롭고 독창적이면서도 읽기 편한 문체로 다듬고 자연스럽게 내 목소리가 드러나게 해주었습니다. 그 과정을 지켜보는 것은 또 다른 즐거움이었습니다.

내가 50년 가까이 섬겨온 미국 여러 지역의 교인들에게도 깊은 감사를 드립니다. 매년 하나님의 메시지를 지키고 전달하는 소명을 수행하면서 그분들의 사랑, 지원, 인내 그리고 수많은 격려의 말을 들을 수 있었던 것은 행운이었습니다. 나는 목자로서 그 양 떼들을 이루 말할 수 없이 사랑했습니다. 또한 내가 지금 기쁨으로 섬기고 있는 텍사스 주 프리스코에 있는 스톤브라이어 교회(Stonebriar Community Church)의 양 떼들은 더더욱 그렇습니다.

마지막으로, 공부와 설교와 글쓰기에 중독된 나를 이해해준 아내 신시아(Cynthia)에게 감사합니다. 아내는 내가 이 일을 하는 것을 한 번도 반대한 적이 없습니다. 언제나 내가 최선을 다하도록 격려해주었습니다. 그녀의 애정 어린 지원과 더불어 30여 년간 인사이트 포 리빙(Insight for Living)을 훌륭히 이끌어온 그녀의 헌신에 힘입어 "때를 얻든지 못 얻든지" 나의 소명에 충실할 수 있었습니다. 평생을 함께 사역하면서 형성된 동역자로서의 관계는 그렇다 치더라도, 나에 대한 그녀의 헌신이 없었다면 이 시리즈는 결코 시작되지 못했을 것입니다.

이 책에 당신의 손길이 닿을 수 있어서, 그리고 궁극적으로 당신의 서가에 놓일 수 있게 되어서 정말 기쁩니다. 나의 끊임없는 기도와 바람은 이 책들이 당신이 성경을 공부하고 적용하는 데 유용하게 쓰이는 것입니다. 내가 오랜 세월에 걸쳐 깨달았듯이 당신 또한 하나님의 말씀은 시대를 초월하는 진리라는 사실을 깨닫는 데 이 책이 도움이 되기를 기도합니다.

"풀은 마르고 꽃은 시드나
우리 하나님의 말씀은 영원히 서리라"(사 40:8).

찰스 스윈돌(Charles Swindoll)
텍사스 주 프리스코

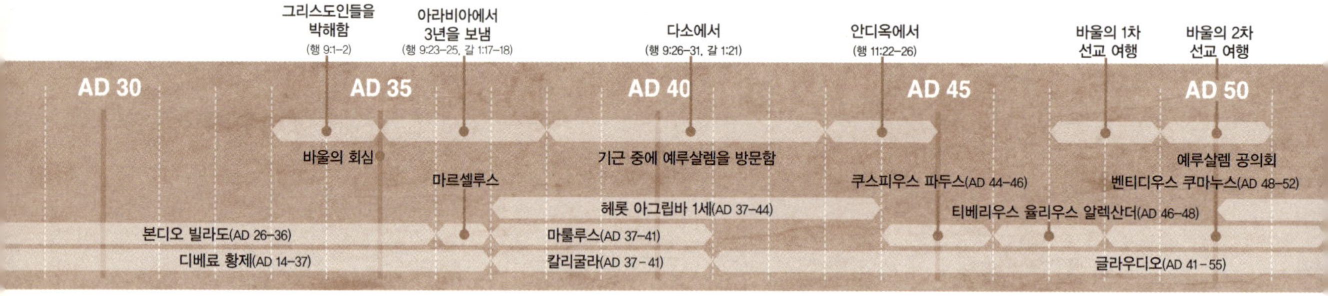

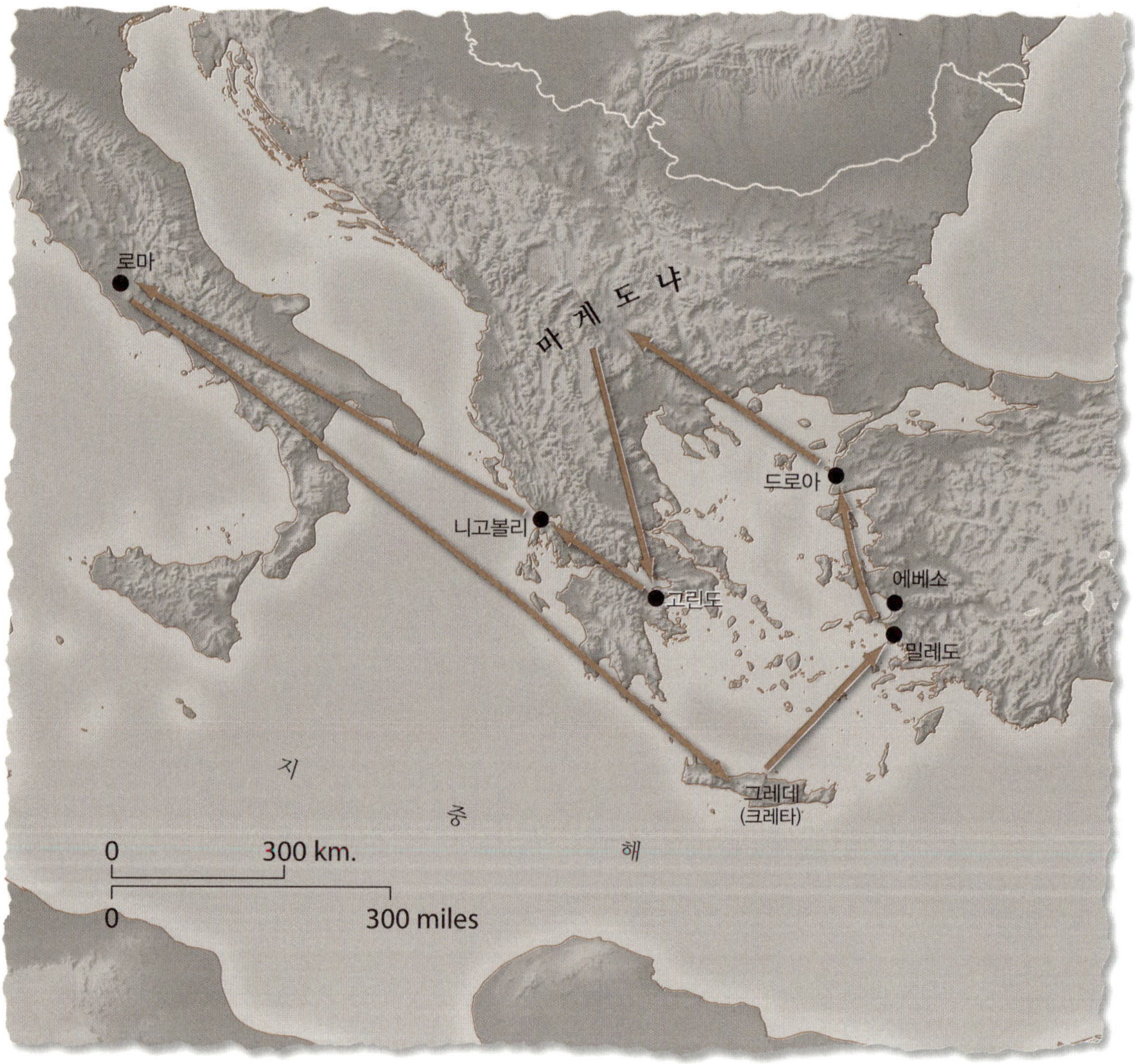

바울이 계획한 고별 여행 – 로마의 감옥에서 풀려난 후 바울은 분명 에게 해 주변의 교회들을 굳건히 세워주려 했을 것이다. 그런 다음에 로마를 거쳐 스페인 복음화의 사명에 착수할 계획이었다.

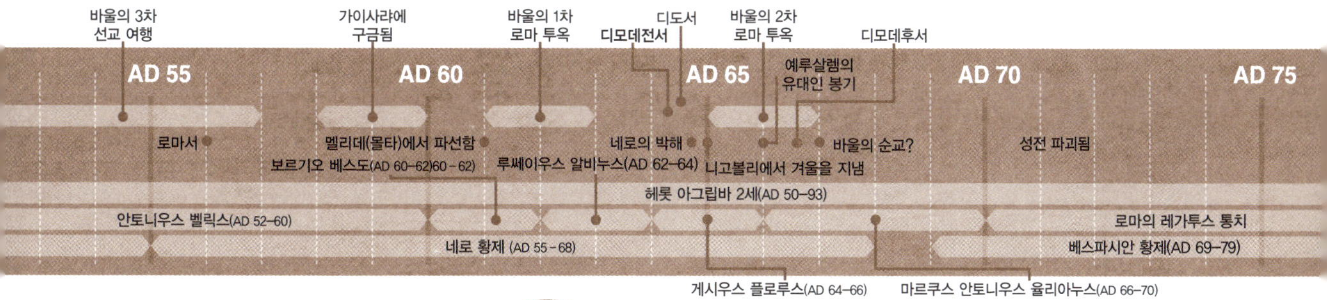

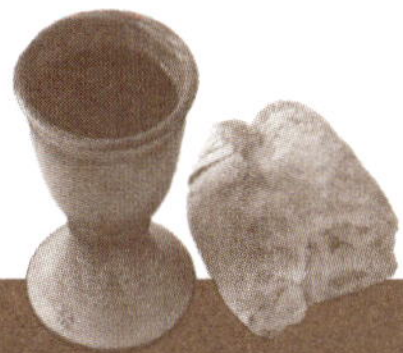

디모데전서

서론

바울에게 그 5년은 긴 시간이었다. 그 기간 동안 그는 여행과 교회 사역을 중단하고 옆으로 비켜나 있어야 했다. 5년 동안 여러 변호사와 법정과 정치적 이해관계를 상대해야 했는데, 그중에서도 가장 힘든 일은 기다림이었다. 바울처럼 활동적인 사람에게 기다림이란 견디기 어려운 일이었을 것이다. 하지만 주님은 선교 여행을 세 차례나 다녀온 이 지칠 줄 모르는 사도에게 쉼이 필요함을 아셨다. 강도, 죽을 뻔한 위기, 돌팔매질, 매질, 감옥, 폭동, 살해 모의, 제자들의 변절, 동지들의 변덕(고후 11:26-28) 이 모두가 바울에게 타격을 입혔다. 그는 10년이 넘도록 장장 3만 2천 킬로미터를 돌아다녔다. 배로 다닌 구간도 있었지만 주로 걸어서 다녔다. 이 정도의 여행이면 누구라도 지쳐 재충전할 시간이 필요할 것이다. 우선 2년 동안 바울은 가이사랴에서 기다렸다. 벨릭스 총독은 그를 처형할 것처럼 하면서 유대인 관리들을 농락했다(행 24:27). 후임 총독인 베스도 밑에서 몇 번 더 재판을 받으면서 바울은 로마의 가이사에게 상소할 수밖에 없었고(25:1-12), 그래서 위험한 해상 여행 끝에 바울은 로마의 권좌 아래서 2년을 더 가택 연금 상태로 보내야 했다(행 27-28장).

하나님이 의도하신 사역

	인사와 안부	개인적 격려와 권면	사역
"은혜와 긍휼과 평강이" (1:2)	인사와 안부	• 디모데의 과제 • 바울의 간증 • 복음을 맡김	2장: 남자와 여자 (기도와 복종) 3장: 장로와 집사(자격과 리더십)
	1:1–2	1:3 1:20	2–3장
강조점	사역의 일		
명령	진실하라!		지혜로우라!
'음악적' 간주곡	찬송 1:17 *"영원하신 왕"*		찬송 3:16 *"그는… 나타난 바 되고"*

사역자

4장: 다음의 중요성

- 충실한 가르침
- 건전한 교리
- 참된 경건
- 인내

5장: 다음에 주목함

- 여러 연령 집단
- 과부
- 장로
- 지혜

6장: 다음의 균형을 유지함

- 주인과 종
- 부자와 가난한 자
- 내면과 외면

4–6장

사역하는 사람

강하고 충성하라!

찬송 6:15

"복되시고 유일하신 주권자이시며"

"은혜가
너희와 함께"
(6:21)

그러나 하나님은 그 세월을 결코 낭비하지 않으셨다. 바울의 굽힐 줄 모르는 열정도 거기에 한몫했다. 가이사랴의 총독 관저에 갇혀 있던 동안 바울은 손님들을 맞이하고, 자신이 경험한 일들을 되돌아볼 시간을 충분히 가졌으며, 그 경험들을 이스라엘의 통치자들에게 거리낌 없이 말했다(행 24-26장). 그 뒤로 로마에 체류한 기간은 비교적 편했기 때문에 네로 왕궁의 정치 고위층을 접촉할 유례없는 기회를 얻기도 했다(빌 1:13). 아울러 그 기간에 바울이 편지를 썼음은 물론이다. 그는 골로새 교인들에게는 그리스도의 우월성을 예찬했고, 빌립보 교인들에게는 그들의 끊임없는 기도와 후한 지원을 칭찬해주었다. 빌레몬에게는 그의 달아난 노예 오네시모를 그리스도 안에서 새 형제로 받아줄 것을 설득했고, 에베소 교인들에게는 그리스도의 사랑 안에서 굳게 연합할 것과 원수의 공격에 당당히 맞설 것을 당부했다.

이렇게 후방으로 물러나 있은 지 5년 만에 바울은 가택 연금에서 풀려났다. 자유와 기력을 되찾은 그는 다시 자신의 계획을 실행에 옮길 준비가 되었다. 예루살렘의 유대인 관

1·2차 로마 투옥 중간기에 바울의 행방을 보여주는 단서들

1차 로마 투옥에서 풀려난 후
"내가 마게도냐로 갈 때에 너(디모데)를 권하여 에베소에 머물라 한 것은…"(딤전 1:3).
"내가 속히 네게 가기를 바라나 이것을 네게 쓰는 것은"(딤전 3:14).
"내가 이를 때까지…"(딤전 4:13).
"내가 너(디도)를 그레데에 남겨 둔 이유는…"(딛 1:5).
"내가 아데마나 두기고를 네(디도)게 보내리니 그 때에 네가 급히 니고볼리로 내게 오라"(딛 3:12).
"에라스도는 고린도에 머물러 있고 드로비모는 병들어서 (내가) 밀레도에 (남겨)두었노니"(딤후 4:20).
2차 로마 투옥 중
"디도는 달마디아로 갔고"(딤후 4:10).
"두기고는 에베소로 보내었노라"(딤후 4:12).
"네가 올 때에 내가 드로아 가보의 집에 둔 겉옷을 가지고 오고 또 책은 특별히 가죽 종이에 쓴 것을 가져오라"(딤후 4:13).

리들이 억지로 그를 보호 감호 상태에 두기 전부터 그에게는 계획이 있었다. 로마를 방문했다가 제국의 서부를 향한 전도 여행의 선봉장이 되어 스페인까지 가려는 것이었다(행 19:21, 롬 15:28). 그런데 그가 없는 사이에 마게도냐와 아시아에 거짓 교사들이 나타나 그의 빈자리를 채우면서 영지주의 같은 철학들로 복음을 변질시키고 있었다(롬 16:17, 고후 11:4, 갈 1:6, 딤전 1:3-4, 6:3, 계 2:6,15). 게다가 그는 로마로 가는 길에 그레데에 잠시 들렀는데, 그곳 교회부터 시급히 틀을 잡아주어야 하는 상황이었다(딛 1:5). 그들을 돌볼 지도자가 없는 회중들이 유대주의자들의 율법주의와 헬라인들의 방탕한 생활에 쉽게 빠져들고 있었던 것이다(딛 1:10-14). 그래서 바울은 서쪽으로 떠나기 전에 이런 어려운 교회들부터 안정시켜야 했을 것이다.

바울이 1 · 2차 로마 투옥의 중간기에 어디서 무엇을 했는지는 알 수 없다. 디모데와 디도에게 보낸 편지에서 나타나는 여러 단서들을 이어 맞추어 가상의 연표를 만들어보는 수밖에 없다. 아마 그는 로마를 떠나 일종의 고별 여행에 올랐을 것이다('바울이 계획한 고별 여행' 지도를 참고하라). 이 여행 중에 그는 자신의 조력자들을 장기적으로 임지에 배치했다. 그레데에 몇 주 동안 머문 후 그는 디도를 그곳에 남겨두고(딛 1:5) 나머지 일행과 함께 밀레도로 갔다. 그리고 그곳에 병든 드로비모를 남겨두어 친구들의 보살핌을 받게 했다(딤후 4:20).

밀레도를 떠나기 전에 바울은 인편으로 디모데를 불렀을 것이다. 그전에 그는 디모데를 로마에서 에베소로 보내 거기서 섬기게 했었다. 바울은 현지의 일에 연루될 가능성을 줄이려고 일부러 에베소에 가지 않았을 것이다(행 20:16 참고). 어쨌든 그는 디모데를 '권하여' 계속 에베소에 머물게 했다. 본래 바울은 그곳을 디모데의 평생 사역지로 생각했다. 밀레도에서 배를 타고 드로아로 간 바울은 아마 거기서 AD 64년의 겨울을 지내면서 디도에게 편지를 썼을 것이다. 날씨가 풀리자마자 그는 겉옷과 책들을 남겨두고 마게도냐(빌립보, 데살로니가, 베뢰아)로 떠났다(딤후 4:13). 아마 자기가 로마에 도착하면 자신의 소지품을 배편으로 로마로 보내달라고 드로아의 가보에게 미리 부탁해놓았던 것 같다.

마게도냐에서 바울은 자신이 3차 선교 여행 중에 세웠던 교회들을 잠깐씩 방문했다. 그 다음에는 남쪽으로 방향을 틀어 고린도로 갔다가 니고볼리로 올라갈 작정이었고, 거기서 디도와 함께 겨울을 지낸 뒤(딛 3:12) 다시 배편으로 로마로 갈 계획이었다. 그런데 그 계획에 차질이 생겼다. 에베소에서 좋지 않은 소식이 당도했던 것이다. 밀레도에서 디모데를 잠깐 만났을 때 그는 이 젊은 사역자에게 계속 임지에 머물 것을 당부했었다. 그런데 디모데에게 닥친 여러 가지 어려움 때문에 바울은 그를 지원하는 편지를 쓰는 것은 물론, 직접 에베소에 다녀오지 않을 수 없게 되었다(딤전 3:14-15, 4:13). 그는 아마 마게도냐에 체류하는 기간을 줄이고, 오던 길로 드로아를 거쳐 다시 에베소로 갔을 것이다.

에베소 교회를 안정시킨 후에 바울은 그곳을 디모데에게 맡기고 다시 원래의 계획대로 니고볼리에서 디도와 함께 겨울을 지냈다. 이듬해인 AD 65년 봄에 그는 서방 선교에 착수하려고 로마로 떠났으나 마침 네로와 그리스도인들 사이의 긴장이 걷잡을 수 없는 지경으로 치달았다. 결국 바울은 다시 옥에 갇혔고 이후 처형되고 말았다. 당시는 미친 황제의 변덕스런 기분 하나에 많은 신자들이 똑같은 운명에 처해지던 암울한 시대였다.

"믿음 안에서 참 아들 된 디모데"

바울은 2차 선교 여행 초기에 디모데를 처음 만났다. 루스드라에 도착한 그에게 그곳 장로들이 입에 침이 마르도록 칭찬하는 젊은이가 있었다. 그래서 바울은 그를 한번 만나보아야겠다고 생각했다. 유대인 어머니와 헬라인 아버지(아마 하나님을 믿지 않는 사람이었을 것이다) 사이에서 태어난 디모데는 바울의 제자로서 이상적인 사람이었다. 한 발은 유대인 세계에, 한 발은 이방인 세계에 딛고 있던 전도자 바울과 그런 면에서 아주 비슷했던 것이다.

시간이 지날수록 바울은 디모데에게서 자신과 비슷한 기질을 보았다. 공부를 좋아하고(딤후 3:14-15), 감정이 풍부하며(딤후 1:4), 헌신적이고(빌 2:22), 의지가 굳센(딤전 1:18) 점이 모두 그랬다. 어려서부터 디모데는 어머니 유니게와 외할머니 로이스 덕분에 구약 성경에 심취했다(딤후 1:5, 3:15). 디모데도 바울을 훌륭한 모본으로 여겼다. 그가 보기에 바울은 여러 모로 재능이 뛰어났지만, 자신이 부름받은 사명

신약 성경에 기록된 디모데

사도행전 16:1-3	빌립보서 1:1
사도행전 17:14-15	빌립보서 2:19-24
사도행전 18:1-5	골로새서 1:1-2
사도행전 19:21-22	데살로니가전서 1:1-2
사도행전 20:1-5	데살로니가전서 3:1-6
로마서 16:21	데살로니가후서 1:1
고린도전서 4:16-17	빌레몬서 1:1
고린도전서 16:10-11	히브리서 13:22-24
고린도후서 1:19	

을 완수하기에는 체질상 잘 맞지 않는 사람이었다. 바울은 대중 앞에서 말하는 훈련이 되어 있지 않았고, 외모와 몸가짐에 품위가 없었던 듯하며, 게다가 건강까지 좋지 않아 여행은 그에게 부담이 될 수밖에 없었다(고전 1:17, 2:3, 고후 10:10, 11:6, 12:7, 갈 4:13-14). 두 사람 다 사역을 수행하려면 하나님을 의지하고 그분의 공급과 지도를 받아야만 했다.

디모데가 바울의 동역자가 되려면 할례를 받아야 했는데(행 16:3), 영적인 이유에서가 아니라 실제적인 이유에서 그랬다. 바울은 이방인의 사도로 자처했지만(엡 3:1) 새로운 지역에 들어가면 꼭 회당에서 먼저 복음을 전한 후에야(행 13:46, 17:2-3) 장터로 나갔다. 바울이 유대인에게 먼저 복음을 전한 것은 그것이 쉬워서이거나 심지어 효과적이어서가 아니라, 그것이 옳기 때문이었다. 디모데는 바울이 갈라디아의 아래 지방에 처음 다녀간 이야기를 들어서 알고 있었다. 그때 더베와 루스드라와 이고니온의 유대인들은 바울과 바나바를 박해했고, 결국 바울을 돌로 쳐서 죽은 줄 알고 버려두었다(행 14:19). 그런데도 바울은 그 지역에 다시 와서 이전에 고생을 자초했던 것과 똑같은 방식으로 말씀을 전했다. 이제 할례의 본분을 다한 유대인 디모데는 모든 회당에서 스승과 한 편에 섰다.

시간이 흘러 바울은 디모데를 확장된 자신으로 보게 되었고, 그래서 평소 같았으면 자신이 맡았을 문제들을 "믿음 안에서 참 아들 된 디모데"를 보내 해결하게 했다. 2차 선교 여행 중에 바울은 마게도냐의 교회들, 특히 데살로니가 교회가 유대인의 박해에 쓰러질까 걱정되던 때 디모데를 생면부지의 교인들에게 보내 그들을 "굳건하게 하고… 위로"하게 했다(살전 3:1-2). 3차 선교 여행 중에도 그는 디모데를 (에라스도와 함께) 먼저 보내 자신이 도착하기 전에 마게도냐와 아가야(그리스)의 교회들을 미리 준비시키게 했다(행 19:21-22). 그러다 마침내 바울은 그토록 고대하던 스페인 여행을 준비하면서 – 제자들이 대부분을 다시 보지 못하리라 예상하면서 – 에베소 교회를 디모데에게 맡겼다. 에베소 교회는 아시아에서 전략적으로 가장 중요한 교회이자 가장 변질되기 쉬운 교회였다.

"에베소에 머물라"

로마 제국 내의 모든 도시를 통틀어 에베소는 "고요하고 평안한 생활"(2:2)을 영위하기가 가장 어려운 곳 가운데 하나였다. 그러니 고요하고 평안한 교회를 이끄는 것은 더 말할

© William D. Mounce

에베소 사람들은 모성의 여신인 아데미(아르테미스 또는 다이아나)를 숭배했는데, 사진에서 보듯이 아데미는 유방이 많았다. 에베소라는 도시에서 이 여신의 가치는 단지 종교적인 차원에 머물지 않았다. 그 도시의 경제가 이 여신을 숭배하는 사람들에게서 흘러드는 돈에 다분히 의존하고 있었던 것이다.

것도 없었다. 에게 해 연안의 이 항구 도시는 두 개의 중요한 고갯길이 교차하는 카이스터(Cayster) 강어귀에 자리하고 있었다. 따라서 에베소는 바닷길로 모든 방향에서 접근할 수 있는 전략적 요충지였고, 로마 제국의 한 성(省)인 아시아의 중심권으로 매우 번화하고 경제적으로 풍요로운 도시였다. 재화와 지식이 온 세상에서 이 도시로 흘러들어 더 많은 부와 새로운 철학들을 탐하는 시민들의 왕성한 욕구를 채워주었다.

"비문과 화폐와 문서의 증거들을 통해 알 수 있듯이 에베소 사람들이 숭배한 신과 여신은 50여 가지에 이른다."[1] 하지만 고대의 7대 불가사의 가운데 하나인 웅장한 아데미 신전의 경제력과 신비한 권력에 도전을 가한 신은 하나도 없었다. 대지의 여신인 아데미를 숭배하는 일은 관광업과 감각적 우상 숭배가 잘 어우러져 그 도시의 일대 명물로 자리를 굳혔다. 수출입 무역이 이미 번창하고 있는 상황에서도 신전이 도시를 먹여 살리는 주 수입원이 될 정도로 대단한 성공을 거두고 있었다(행 19장).

시 관리들은 해마다 한 달 동안 성대한 축제를 벌여 여신에게 예의를 표했고, 그 기간 중에는 모든 노동이 중단되었다.

경기장에서는 각종 운동 시합이 벌어졌고, 극장에서는 연극이 상연되었으며, 대극장에서는 음악회가 열렸다. 아시아의 구석구석과 그 너머에서까지 사람들이 몰려들어 아데미의 신비로운 출생지인 신성한 숲에서 제사를 드렸다. 여신을 숭배하는 일로 신전에 엄청난 양의 돈이 쏟아져 들어와 신전은 아예 중요한 금융 기관이 되었다. 그런 기관으로는 아마 아시아 최초였을 것이다. 뿐만 아니라 에베소는 채무자들의 성역이 되었다.[2] 채권자의 독촉에서 벗어나고 싶은 사람은 누구나 거기로 도피했던 것이다.

돈과 마술의 매혹으로도 혼란이 부족하다는 듯 에베소에는 많은 철학의 학파들이 모여들었다. BC 5백 년 경에 에베소의 귀족인 헤라클리투스라는 헬라인은 우주가 통일된 지배원리에 따라 운행된다고 가르쳤다. 그러면서 이 원리를 그는 logos, 즉 '말씀, 이성'이라 불렀다. 이후의 철학자들이 이 이론을 발전시켜 물리학과 수학과 이성과 나아가 도덕의 많은 법칙들이 이 하나의 비인격체인 신적 지성으로 거슬러 올라갈 수 있다고 주장했다. 바울 시대에 이미 에베소는 여러 철학들이 서로 겨루는 명실상부한 용광로가 되어 있었고, 헬라 철학의 원전들을 소유한 유명한 보고가 되어 있었다.

이 모든 유혹과 도전을 안고 있던 "에베소는 해안을 따라 그리고 성 내륙으로 사방팔방 길이 뻗어나갔고,"[3] 그래서 이 도시는 바울이 아시아 사역의 본거지로 삼기에 완벽한 위치에 있었다. 에베소 교회를 도덕적으로 부패하지 않고, 교리적으로 순수하며, 영적으로 활기차게 유지시키기 위해 그는 이방의 다른 어느 도시보다도 에베소에서 가장 많은 시간을 보냈다. 뿐만 아니라 그는 멀리서도 이 교회를 양육하며 사람들을 보내 교인들의 상태를 살폈고, 적어도 한 통 이상의 편지를 보냈다. 무엇보다도 중요한 것은 그가 에베소 교회를 자신이 가장 아끼는 제자인 디모데에게 맡겼다는 사실일 것이다.

"이를 위하여 우리가 수고하고 힘쓰는 것은"

에베소는 대리석으로 건축된 도시였다. 도로에도 대리석을 깔았고, 건물의 기초도 대리석으로 놓았으며, 기념물을 떠받치는 기둥도 대리석이었고, 빗물을 비디로 빼내는 수로도 대리석이었다. 심지어 공중 화장실도 윤이 반들반들 나는 대리석으로 지었다. 에베소는 마치 세상을 향하여 "이 도시는 영원히 빛날 것이다"라고 말하는 듯 흰빛으로 눈부시게 반짝거렸다. (오늘날에도 관광 가이드들은 이 고대 도시의 웅장한 잔해를 찾아오는 관광객들에게 낮 시간 동안 눈에 피해가 가지 않도록 선글라스를 낄 것을 권한다.) 그렇다면 에베소 교회도 똑같이 견고한 재료로 지어져야 했다. 교회의 기초를 강타하는 지독한 혼돈을 견디려면 교인들에게 무엇보다 질서가 필요했다. 또한 개성이 강한 사람들이 워낙 많은 곳인지라 목사가 단호하면서도 애정 어린 손길로 그들을 이끌어야 했다.

바울은 이 편지의 핵심 목적을 디모데전서 3장 14–15절에서 이렇게 밝혔다. “이것을 네게 쓰는 것은… 너로 하여금 하나님의 집에서 어떻게 행하여야 할지를 알게 하려 함이니 이 집은 살아 계신 하나님의 교회요 진리의 기둥과 터니라.” 물론 사도는 중요한 신학적 진리들도 언급하고 있지만, 이 편지는 주로 디모데를 준비시켜 교회를 잘 이끌고 안정시키게 하려고 쓴 것이다. 우선 바울은 개인적인 격려로 시작하여 디모데에게 복음을 위하여 힘써 싸우라고 권면한다(1:3–20). 진리의 적들은 진리를 무너뜨리려고 인정사정없이 덤빌 것이다. 이어 바울은 디모데가 교인들에게 꼭 길러주어야 할 자질들을 묘사했다(2:1–3:16). 그는 그들의 이런 모습이 도시 전역에 영향을 미치기를 바랐다. 끝으로 바울은 자신의 제자에게 목자의 역할을 가르쳤다. 목자는 말씀을 충실히 가르치고 전해야 하고, 양 떼들 가운데서 행실에 본을 보여야 하며, 안팎에서 닥쳐오는 불가항력적인 저항들에 잘 대처해야 한다(4:1–6:21).

편지 전반에 걸쳐 바울은 디모데의 시선을 목자의 궁극적인 상급에 고정시키는데, 그 상급이란 바로 경건한 교인들이다. 그래서 그는 “육체의 연단은 약간의 유익이 있으나 경건은 범사에 유익하니 금생과 내생에 약속이 있느니라”(4:8)고 썼다. 바울은 자기가 세우고 굳건하게 한 모든 교회들에서 바로 그것을 위하여 “수고하고 힘”썼다. 이 편지에서 사도는 목자로서 자신의 모든 것을 제자인 디모데에게 전수했다. 당신이 현재 목사나 영적 지도자로 섬기고 있다면 그것은 당신에게도 전수된 것이다.

주

1. C. E. Arnold, "Centers of Christianity", *Dictionary of the Later New Testament and Its Developments*, Ralph P. Martin & Peter H. Davids 편집(Downers Grove, IL: InterVarsity Press, 1997), 147.
2. *Plutarch' Morals*, William W. Goodwin 편집(Boston: Little, Brown, & Company, 1878), 5:414.
3. Arnold, "Centers of Christianity," 147.

사도 바울이
목사 디모데에게

디모데전서 1:1-20

목사의 직무는 무엇인가?(디모데전서 1:1-11)

1우리 구주 하나님과 우리의 소망이신 그리스도 예수의 명령을 따라 그리스도 예수의 사도 된 바
울은
2믿음 안에서 참 아들 된 디모데에게 편지하노니 하나님 아버지와 그리스도 예수 우리 주께로부
터 은혜와 긍휼과 평강이 네게 있을지어다
3내가 마게도냐로 갈 때에 너를 권하여 에베소에 머물라 한 것은 어떤 사람들을 명하여 다른 교
훈을 가르치지 말며 4신화와 끝없는 족보에 몰두하지 말게 하려 함이라 이런 것은 믿음 안에 있는
하나님의 경륜을 이룸보다 도리어 변론을 내는 것이라 5이 교훈의 목적은 청결한 마음과 선한 양심
과 거짓이 없는 믿음에서 나오는 사랑이거늘 6사람들이 이에서 벗어나 헛된 말에 빠져 7율법의 선생
이 되려 하나 자기가 말하는 것이나 자기가 확증하는 것도 깨닫지 못하는도다
8그러나 율법은 사람이 그것을 적법하게만 쓰면 선한 것임을 우리는 아노라 9알 것은 이것이니
율법은 옳은 사람을 위하여 세운 것이 아니요 오직 불법한 자와 복종하지 아니하는 자와 경건하지
아니한 자와 죄인과 거룩하지 아니한 자와 망령된 자와 아버지를 죽이는 자와 어머니를 죽이는 자
와 살인하는 자며 10음행하는 자와 남색하는 자와 인신 매매를 하는 자와 거짓말하는 자와 거짓맹세
하는 자와 기타 바른 교훈을 거스르는 자를 위함이니 11이 교훈은 내게 맡기신 바 복되신 하나님의
영광의 복음을 따름이니라.

사람이 들어설 수 있는 모든 직업 분야 가운데서 기독교 사역야말로 가장 혼란스러운 직업이다. 의대를 나온 사람에게 논리적인 다음 단계는 간판을 내걸고 개업하는 것이다. 구체적인 의료 행위는 복잡할 수 있지만 사명만은 분명하다. 의사의 직무란 만인이 알다시피 환자를 치료하고 건강을 지켜주는 것이다.

변호사도 마찬가지다. 일단 법대를 졸업하고 엄격한 사법고시를 통과하고나면 변호사는 자신의 실력을 가지고 법적인 문제에서 의뢰인을 대변하고 조언한다. 공인 회계사도 학위를 받고 어려운 시험에 합격하면 재정 분야에서 자신의 전문 지식을 구사하면 된다.

하지만 사역자의 직무는 그렇게 두부 자르듯 분명하지 않다. 사역의 길이란 숭고하고 고결하지만, 거기에 예상되는 일은 정말 모호하기 짝이 없다. 젊은 사역자는 자신의 의지와 상관없이 전설적인 전임자의 자리를 물려받아, 그 높은 기대에 부응할 엄두가 나지 않을 수 있다. 한 지방에서 성장하고 교육받은 사람이 누구라도 문화 차이 때문에 좌절할 만

한 다른 지방으로 하나님의 인도하심을 받을 수도 있다. 그런가 하면 교회가 신학적 식견과 설교의 경력을 겸비한 목사를 찾다가 막상 그런 사람이 부임하면, 그의 영적 리더십에 반항하고 기질을 비판하며, 설교에 불평을 늘어놓는 것은 흔히 있는 일이다.

광범위한 신학의 문제는 또 어떤가. 교회와 관련된 무수한 주제들을 온갖 다양한 관점에서 파헤친 서적이나 기사, 목소리가 너무 많고, 소위 권위자도 너무 많다. 목사는 성경 지식을 완비한 걸어다니는 백과사전, 최신의 신학적 동향에 두루 해박한 전문가, 흠잡을 데 없는 설교자, 감화력 있는 최고 지도자, 종의 마음을 지닌 목자, 뛰어난 상담자, 어린이와 청소년 분야의 권위자, 노인과 환자와 임종을 맞은 사람과 유가족 등을 돌보는 사람이 되어야 한다. 그 밖에도 헌신적인 남편과 성실하고 가정적인 남자가 되어야 함은 기본이다!

이렇게 일인다역을 하며 온갖 기대에 부응하다보면 젊은 목사는 자기가 애초에 왜 사역의 길에 들어섰는지 잊어버릴 수 있다. 그렇다면 목사의 직무는 무엇인가? 다행히 성령이 하나님의 한 놀라운 종에게 감화하셔서 어느 뛰어난 목사에게 편지를 쓰게 하셨다. 그래서 주님이 목자들에게 기대하시는 바가 무엇이고, 사역자들이 어떻게 그분의 지도 아래 섬길 수 있으며, 교인들이 모든 전임 사역자를 어떻게 격려하고 지원할 수 있는지를 오늘날의 목자들에게도 확실히 알게 해주셨다.

—1:1–2—

이 편지는 친한 친구 사이에서 볼 수 있는 따뜻한 인사로 시작된다. 턱수염을 길렀고, 아마 머리가 벗어졌을 노련한 사도는 고난의 흉터를 몸에 지닌 채 사역의 노고를 잘 아는 선배로서 이 편지를 쓰고 있다. 그런데도 바울은 "사도"라는 직함을 넣고 있는데, 절친한 동지에게 보내는 사적인 인사임을 감안하면 그것이 이상해 보일 수 있다. 마치 내가 아들에게 편지를 쓰면서 이렇게 끝을 맺는 것과 같다.

"담임 목사인 아빠로부터."

바울이 "사도"라는 직함을 넣은 데는 두 가지 이유가 있다.

첫째, 에베소 교회를 위해서였다. 비록 수신자는 디모데지만 바울은 편지의 모든 내용을 여러 교회에서 공적으로 읽게 할 의도로 이 글을 쓰고 있다. "사도"란 보낸 사람을 대신

묵상의 서재

"당신은 기도하세요…"

때로 사역자는 자기가 이동할 때가 되었음을 알 필요가 있다. 1965년에 나는 매사추세츠 주 월덤의 한 교회로부터 담임 목사로 와달라는 청빙을 받고 수락했다. 아내도 나도 본토박이 텍사스 사람인지라 양키스 지방과는 문화적으로 잘 맞지 않았다. 그 도전만으로도 모자라다는 듯 아내는 날씨에도 적응하지 못했다. 지금도 아내는 그때를 회상하며 그 2년 동안 온기라고는 느껴보지 못했다고 말한다.

나는 본래 도전을 피하여 달아나는 사람은 아니지만, 뉴잉글랜드에서 사역에 적응하는 데 워낙 난관이 많다보니 그곳이 우리가 섬기기에 맞지 않는 곳임이 분명해졌다. 그래서 나는 사역지를 옮길 뜻이 있음을 공개적으로 알렸다. 그동안 우리는 월덤에 있는 하나님의 사람들을 헌신적으로 돌보았다. 우리의 앞날을 주님의 손에 맡긴 채 "때를 얻든지 못 얻든지" 계속 본분에 충실했던 것이다.

머지않아 나는 텍사스 주 댈러스 근교에 있는 어빙 성경교회의 청빙을 받았다. 그곳은 햇빛이 많이 나고 훨씬 따뜻한 곳이었다. 나는 이것이 바른 결정인지 확신을 얻고 싶어 아내에게 "이 문제로 기도를 해봐야겠소"라고 말했다. 그러자 아내는 기다렸다는 듯 이렇게 대답했다. "당신은 기도하세요. 난 짐을 싸고 있을게요!"

하여 업무를 수행하도록 파송된 사람을 가리킨다. 1세기의 모든 문화들에 똑같이 인식되고 있던 기본 원칙이 있었다. 사자(使者)를 대우할 때는 그를 보낸 사람에게 하듯 하라는 것이다. 자신이 받을 대우도 그에 따라 달라질 것이기 때문이다. 하나님은 바울을 보내셨고, 바울은 디모데를 보냈다.

둘째, 디모데에게 확신을 주기 위해서였다. 바울이 인사말에 "하나님(의)… 명령을 따라"는 말을 쓴 편지는 이 편지와 디도서뿐이다(딛 1:3 참고). 바울이 설교하고, 가르치며, 글을 쓰고, 지도할 수 있는 권위는 하나님의 명령에서 난 것이며, 그 권위를 바울은 디모데에게 전수하여 그를 에베소로 보냈다. 이는 결코 '사도직의 승계'에 관한 말이 아니다. 사도직과 그 권위는 마지막 사도가 죽으면서 종결되었다. 그러나 교회들이 수집과 심사를 거쳐 신약 성경을 확정짓기 전까지는 어떤 사람의 가르침을 진정성 있는 것으로 받아들이려면 믿을 만한 권위자의 추천이 있어야 했다.

하나님이 바울에게 사역의 권한을 주셨듯이, 디모데도 똑같은 권위를 가지고 에베소 교인들 가운데 있었다. 그 권위로 디모데는 그들을 가르치고 지도할 수 있었다.

이 두 가지 외에도 바울은 또 다른 유익을 생각했을 수 있다. 하나님의 군대의 병사인 디모데는 이 동지의 말을 읽으며 자신이 혼자가 아니라는 생각이 들었을 것이다. 안타깝게도 사역은 외로운 길이며 목사는 특히 더하다. 목사는 가장 믿을 만한 동지들이 아니고는 누구에게도 자신의 삶을 깊이 털어놓지 못한다. 이상적으로 그 동지들은 같은 교회에 있지 않은 친구들이 좋다.

제자인 디모데를 향한 바울의 애정은 그를 "믿음 안에서 참 아들"이라 부른 데서 볼 수 있다. 사도는 디도에게도 비슷한 인사를 했다(딛 1:4). "참 아들"이라는 말은 *gnēsios*라는 전문 용어의 의미에 달려 있는데, 이 말이 '자녀'와 함께 쓰이면 입양아가 아닌 친자식으로서의 상속자라는 의미가 된다. 바울의 축복의 말에서도 우리는 그의 애정을 좀 더 엿볼 수 있다. 대개 사도 바울은 인사할 때 '은혜'와 '평강'을 비는데, 유독 디모데에게만 '긍휼'을 함께 빌고 있다(딤후 1:2 참고). 헬라어로 '긍휼'은 아주 애틋한 마음이 담긴 단어이며, '은혜롭고 신실한 사랑'을 뜻하는 히브리어 단어 *chesed*가 흔히 그 단어로 번역되었다. 기질이 여린 디모데가 그 어지러운 에베소에서 섬기려면 주님의 공감이 필요함을 바울은 알고 있었을 것이다.

—1:3–4—

비교적 짤막한 인사말을 마치고 바울은 곧바로 본론으로 들어간다. 그는 젊은 친구에게 구체적으로 네 가지를 지시하는데, 아마 바울이 에베소에서 온 소식을 들었거나, 또는 자신의 경험을 통해 그 도시에 대해서 알고 있던 어떤 구체적인 내용에 대한 답변이었을 것이다.

첫째, 하던 일을 계속하라(1:3).

바울은 디모데에게 그대로 있으라고 권한다. 헬라어로 단순 동사 *menō*는 '머물다, 남아 있다'는 뜻이며, 흔히 '거하다'는 의미로 쓰인다. 하지만 바울이 여기에 쓴 *prosmenō*라는 동사는 '기다리다, 계속 남아 있다'는 뜻이다. 아울러 "권하여"로 옮겨진 헬라어 단어는 강한 권면을 암시한다. 이전에 사도는 여행을 재개하여 북쪽으로 드로아를 거쳐 마게도냐로 건너가기 직전에 밀레도에서 디모데를 만났는데, 바울이 디모데에게 에베소에 머물라고 권한 시점은 아마 그때였을 것이다. 그런데 이제 바울은 디모데가 예상보다 더 힘들어하고 있다는 소식을 접했던 것 같다. 그래서 그는 여행 계획을 변경하여 다시 에베소로 돌아가기로 했고, 그전에 우선 디모데에게 자신이 곧 도착하리라는 다짐을 주었다(3:14–15, 4:13).

목사에게 교회를 사임하고 싶은 생각이 얼마나 자주 드는지 알면 대부분의 교인들은 충격을 받을 것이다. 도무지 격려라고는 해줄 줄 모르는 교인들을 섬기고 있을 때는 특히 더하다. 물론 목자가 임지를 떠나 다른 곳으로 옮길 만한 정당한 사유들도 있다. 하지만 대개 목사는 절망감이 들고, 아무도 알아주는 것 같지 않으며, 혼자라고 느껴지는 게 힘들어서 새로 이력서를 작성한다. 월요일 오전은 특히 힘든 시간이다. 주일날 최선을 쏟아 붓느라 감정적으로 소진된데다 돌아오는 가시적인 결과는 별로 없는 것이다. 그래서 목사는 자기가 과연 적임자인지 의문을 갖게 된다.

디모데는 그동안 바울과 동행하면서 적잖은 고난도 겪었고, 힘든 일들도 맡았던 사람이다. 그러니 에베소의 문제는 틀림없이 보통 이상의 어려움이었을 것이다. 그럼에도 불구하고 바울은 곤경에 처한 그에게 하던 일을 계속하라고 권하고 있다.

둘째, 진리를 전하라(1:3–4).

바울은 디모데가 하는 일도 없이 그냥 에베소에 남아 있기를 원한 것이 아니다. 바울은 그에게 전보다 더 마음을 굳게 먹고 본연의 가르치는 사명을 다하라고 권했다.

"명하여"라는 말이 영어 성경 NASB에는 "가르쳐(instruct)"라고 되어 있는데 그것은 너무 약한 표현이다. "명하여" 또는 "지시하여"가 헬라어 동사의 권위적인 뉘앙스를 더 잘 살려낸 말이다. 바울은 복음을 어지럽히는 두 가지 구체적인 잘못을 디모데가 권위를 가지고 막기를 바랐다. 하나는 신학적으로 무언가를 지어내는 잘못이었고, 또 하나는 신화와 족보에서 권위를 얻으려는 잘못이었다.

"다른 교훈을 가르치지"라는 말은 *hetero*와 *didaskaleō*가 결합된 합성어를 번역한 것으로, 직역하면 "다르게 가르치다"가 된다(6:3 참고). 에베소는 이미 오래전부터 많은 스승들이 학교를 세우고 학생들을 모아 자기들이 새로 지어낸 철학 체계를 가르치던 곳이었다. 그러나 교회에서는 어떤 가르침도 최고의 계시에 어긋나서는 안 된다. 오늘의 우리에게 그 최고의 계시란 바로 성경이다. 에베소 교인들의 경우 어떤 가르침도 그들이 특정한 사람들에게서 구두로 받은 교훈에 어긋나서는 안 되었는데, 그 특정한 사람들이란 바로 예수님께 배우고 그분이 보내신 사람들, 즉 사도로 위임받은 사람들이었다.

고대 문화는 옛것에 거의 절대적인 신임을 주었다. 신화란 사람들이 어떤 특정한 것을 믿게 된 경위나 이유를 설명할 목적으로 소위 고대의 사건들을 전해주는 설화다. 사람들은 만인이 중요시하는 어떤 것과 자기 자신을 족보를 통하여 연결시킨다. 그렇게 해서 신임이나 정당성을 얻으려는 것이다. "몰두하지"로 번역된 말은 무언가에 '사고나 노력을 쏟는다'는 뜻이다(참고 4:13, 행 16:14). 에베소 교인들은 기독교의 가르침을 신화나 족보와 연결시킴으로써 권위를 얻으려 했던 것으로 보인다. 오직 하나님의 말씀 위에만 확신 있게 서지 못했던 것이다.

결국 바울의 명령은 모든 사역자에게 해당된다. 물론 이 진리가 적용되는 사역의 장은 사람에 따라 비교적 좁을 수도 있다. 당신의 사역 분야가 음악, 장애인, 여성, 남성, 설교, 빈민 구제, 전도 등일 수 있다. 그러나 당신의 소명이 무엇이고 사역 현장이 어디이든 간에 성경의 권위 위에 확신 있게 서서 담대히 진리를 전하라.

묵상의 서재

표적을 주목하라!

우리 해병대원들은 몇 주 동안 혹독한 체력 단련과 밀집대형 훈련(행군)과 각종 사격 자세 교습을 마쳤다. 마침내 교관은 우리를 인솔하여 소총 사격장으로 갔다. 그러더니 총을 들고 땅바닥에 엎드린 다음 전방 200미터, 300미터, 최고 500미터 거리에 올라올 표적을 주목하고 있으라고 했다. 이윽고 확성기로 "표적을 주목하라!"는 한 마디가 사격장에 울려 퍼지자 일제히 표적들이 올라왔고, 곧이어 여기저기서 사격 소리가 들렸다.

그러는 내내 지휘관은 "표적을 주목하라! 표적을 주목하라!"고 뻔해 보이는 명령을 계속 되풀이했다. 어차피 표적 훈련을 하러 온 우리에게 말이다. 하지만 사격 경험이 없는 사람은 처음에는 생각이 산민하고 시선이 여기저기로 분산될 수 있다. 나도 생각을 표적에 집중시키기 위해 지휘관의 명령을 계속 혼자서 복창해야 했다.

지금도 가끔씩 그 명령이 내 머릿속에 떠올라 맴돌 때가 있다. 디모데전서 1장 5절 말씀이 바로 그것과 같다. "표적을 주목하라! 순수한 마음으로 사랑하라. 선한 양심으로 사랑하라. 위선이 없는 믿음으로 사랑하라. 네 표적을 주목하라!"

—1:5—

셋째, 목표에 집중하라(1:5).

우리에게 말씀을 주신 하나님은 이제 우리가 하던 일을 계속하며 그 진리를 전해야 할 이유를 밝혀주신다. 그것은 바로 사랑이다. 우리의 목표는 사랑이다. 사역자가 회중에게 전하는 메시지도 사랑이고 그 동기도 사랑이다. 사람들이 당신에게 배우고나서 집으로 돌아갈 때, 삶의 현실에 대하여 당신과 의논한 후 상담실을 나설 때, 당신을 우연히 만났거나 약속을 잡아 점심 식사를 했던 일을 되돌아볼 때, 그 밖의 어떤 기회로든 당신이 진리를 전했을 때 그들의 기억에 남는 것은 당신이 사랑을 실천하던 모습이다. 그것을 모본으로 삼아 그들은 자신도 다른 사람들에게 똑같이 해주는 법을 배울 것이다.

사역자는 자신이 옳음을 입증하거나 똑똑해 보이려고 진리를 가르쳐서는 안 된다. 주님이 순수한 교리를 바라시는 것은 교회가 지식의 저장소가 되기를 원하셔서가 아니다. 순수한 교리는 청결한 마음과 선한 양심(1:5,19, 3:9, 4:2)과 "거짓(위선)이 없는" 믿음을 낳는다. 그리고 거기에서 하나님을 향한 사랑과 사람들을 향한 사랑이 나온다.

—1:6-7—

동사 *astocheō*는 예컨대 활을 쏠 때처럼 '과녁을 빗나가다'는 뜻이다. 물론 비유적으로는 자신이 의도했던 일을 이루지 못한다는 의미가 된다. 어떤 사람들은 사랑이나 선행을 낳지 못하는 신학적인 변론에 빠져 있었다. 바울은 그런 변론을 가리켜 "헛된 말" 또는 "공허한 변론"이라 했다.

물론 신학적인 난상토론을 벌여야 할 때와 장소도 있다. 예를 들어 사역자가 되려고 준비 중인 사람들은 신학교라는 학문의 체육관에서 마음껏 신학적 근육을 단련해야 한다. 사람의 잘못된 교리를 바로잡아주는 데는 신학교의 훌륭한 토론보다 더 좋은 것이 없다! 하지만 사역자는 언제나 건전한 교리를 바탕으로 가르쳐야 한다. 목사의 설교는 언제나 탄탄한 주해에서 출발하여 실제적인 적용으로 나아가야 한다. 평소에 교인들의 필요를 잘 알고 있다가 적용을 거기에 맞추어야 함은 물론이다.

이런 실제적인 적용에는 "공허한" 또는 "헛된" 가르침이 들어설 자리가 없다.

—1:8-11—

넷째, 기준을 명심하라(1:8-9, 11).

모든 가르침은 결국 복음을 떠받쳐야 하며, 그것은 모세의 율법을 가르칠 때도 마찬가지다. 이 구절들의 문장 구조와 "영광의 복음을 따름"이라는 말에서 알 수 있듯이, 기쁜 소식은 모든 교훈을 평가하는 기준이 된다. 다시 말해서 10절 끝에 나오는 "바른 교훈"의 기초는 "영광의 복음"이다. 바른 교훈의 토대와 규범과 기준은 바로 복음이다.

바울은 율법이 선한 것이고 하나님의 거룩한 성품을 표현해주는 것이라며 율법을 변호한다. 율법은 하나님이 인류를 구속하실 목적으로 주신 것이다. 하나님이 우리에게 율법을 주신 것은 우리가 그분의 의로운 기준에 비추어 자신을 평가하여 자신의 부족함을 깨닫고, 그분의 은혜에 의지하게 하시기 위해서다. 우리 모두는 이미 실격되었기 때문에 율법을 지켜서 구원을 얻어낼 수 있는 사람은 아무도 없다. 그러므로 율법이란 곧 불법한 사람들을 위하여 있는 것이다.

자신의 무력함을 인정하고 하나님의 아들을 믿어 그분이 값없이 선물로 주시는 영생을 받아들인 사람들은 이제 율법과의 관계가 달라졌다. 신자들은 더 이상 율법 "아래" 있지 않고 – 즉, 율법의 정죄를 받지 않고 – 율법을 오히려 하나님을 배우고 그분을 기쁘시게 하는 방편으로 수용한다.

사역이라는 직업은 지독한 한면과 혼란을 안겨줄 수 있다. 사역의 길에 들어서려는 많은 사람들에게 나는 이런 단순한 질문으로 자신의 소명을 시험해보라고 조언하곤 한다. "혹시 나에게 어느 정도 만족을 가져다줄 만한 다른 직업이 하나라도 있는가?" 만일 그런 직업이 있다면 사역 쪽으로 인생의 중대한 방향을 틀기 전에 먼저 그 직업을 따라가보라고 나는 권해준다.

그렇다고 나는 사역, 특히 목자의 사역이 암담한 길이라고 말할 생각은 없다. 하나님이 당신을 목사로 섬기도록 부르셨다면 그 밖의 다른 일로는 만족할 수 없을 것이다. 수입이나 특전이나 지위나 겉멋에 관계없이 다른 모든 직업은 결국 좌절감만 안겨줄 것이고, 그것도 아주 빠른 시일 내에 그렇게 될 것이다. 평화봉사단의 옛 구호를 빌려 말하자면 목사의 길은 당신에게 '가장 힘들지만 가장 즐거운 일'이 될 것이다.

그동안 내가 깨달은 바로, 목사가 환멸에 빠지지 않고 무수히 많은 문제를 헤쳐나가는 최선의 길은 자신이 무엇을 의지하고 누구의 말을 들을 것인지를 잘 선택하는 것이다. 목회의 성공을 인기에 두고 여론에 귀를 기울이는 사람들은 실망과 위험을 자초할 수밖에 없다. 그러나 주님을 의지하고 그분의 말씀을 듣는 사람들은 힘들거나 고생할 수는 있어도 늘 표적에서 벗어나지 않는다. 그리하여 그들은 역경 중에 인내하며 문제를 헤쳐나가 결국 도전을 딛고 승리한다. 이런 사람들은 열정이 더 깊어져 화요일 아침이 오기 전에 새 이력서를 찢어버린다.

적용
모든 시대를 위한 교회

교회가 분열로 치닫고 있다. 내가 다니는 교회가 그렇다는 것이 아니며, 당신의 교회도 아니기를 바란다. 전체 교회가 그렇다는 말이다. 한 쪽에는 성경보다 전통에 더 깊이 헌신하는 부류가 있고, 다른 한 쪽에는 전통이라면 무조건 – 그리하여 하나님의 진리까지도 함께 – 거부하는 부류가 있다. 마지막 일격으로 이 분열을 완성시킬 칼날은 바로 포스트모더니즘이다.

포스트모더니즘은 실용주의 윤리를 지향하는 교활한 철학이다. 물론 그 밖에도 다른 폐해가 많이 있지만 말이다. 포스트모더니즘에서는 다수의 사람들에게 당장 필요한 것들이 옳고 그름의 기준이 된다. 그러다보니 교회들도 성공의 정의를 바꾸고 있다. 영적 성숙이나 회중의 연합 같은 눈에 보이지 않는 요인들에는 별로 신경을 쓰지 않는 대신, '통하는' 프로그램들과 '필요를 채워주는' 방법들을 찾는 데 혈안이 되고 있는 것이다. 교회 성장 전문가들이 혁신적인 프로그램이니, 도전적인 계획이니, 의욕을 자극하는 설법 따위를 가르쳐 자신들의 위상을 높이는 현실을 보면 나는 슬퍼진다. 마음이 불안정한 목사들은 그런 것들에 속아 자기가 무슨 비결, 이를테면 대형 교회를 만드는 공식 같은 것을 놓치고 있다고 생각하게 된다. 이런 교회 성장 전략들 때문에 어쩔 수 없이 목회자들은 세상의 까다로운 반감을 줄이려면 교회가 바뀌어야 한다고 확신하게 된다.

그러나 전통주의자들도 별 뾰족한 답을 내놓지 못하고 있다. 그들은 기존의 믿을 만한 방법들에 의존하며, 그것들이 여태 교회의 필요를 채워준 것 같다는 이유로 한사코 그것들을 고집한다. 그들은 시대에 부응하려는 모든 시도에 저항하며, "여태까지 그런 식으로 한 적이 없다"는 외마디 주문만 되뇌어 교회를 무력하게 만든다. 말만 들어보면 전통주의는 굉장히 거룩한 것 같지만 사실은 다른 종류의 실용주의에 지나지 않으며, 앞에서 말한 교회 성장 전략들 그 이상도 그 이하도 아니다.

교회의 관건은 전통주의도 아니고 실용주의도 아니다. 우리는 사람들의 필요에 반응해야 할까? 물론이다! 하나님을 영화롭게 하는 성경적인 전통들을 존중해야 할까? 그러지 않는다면 어리석은 일일 것이다. 하지만 우리는 전통주의나 실용주의를 사역의 지도 원리로 삼아서는 안 된다. 문제를 지나치게 단순화할 생각은 없지만, 나는 1959년 신학교에 입학할 때 성경을 가르치는 법을 배우기로 헌신했다. 4년 교육을 마친 뒤로 나는 평생을 바쳐 성경의 진리를 가르쳤다. 그리고 내 적지 않은 경험으로 보건대 하나님의 말씀 자체가 얼마든지 사람들의 필요를 채우고, 교회당이 차고 넘치게 하며, 새로운 사역들을 태동시키고, 지역 사회의 변화를 활성화시킬 뿐 아니라 가치 있는 전통들까지 유지시킨다.

무슨 수법도 필요 없고, 대대적인 홍보 활동도 필요 없다. 그냥 충실하고 일관되게 말씀을 전하면 된다. 그러면 교인의 숫자는 하나님이 알아서 하신다. 성령이 은혜의 메시지로 모든 듣는 사람의 필요를 채워주신다.

지친 병사의 사기를 돋우는 함성(디모데전서 1:12-20)

12나를 능하게 하신 그리스도 예수 우리 주께 내가 감사함은 나를 충성되이 여겨 내게 직분을 맡기
심이니 13내가 전에는 비방자요 박해자요 폭행자였으나 도리어 긍휼을 입은 것은 내가 믿지 아니
할 때에 알지 못하고 행하였음이라 14우리 주의 은혜가 그리스도 예수 안에 있는 믿음과 사랑과 함
께 넘치도록 풍성하였도다 15미쁘다 모든 사람이 받을 만한 이 말이여 그리스도 예수께서 죄인을
구원하시려고 세상에 임하셨다 하였도다 죄인 중에 내가 괴수니라 16그러나 내가 긍휼을 입은 까
닭은 예수 그리스도께서 내게 먼저 일체 오래 참으심을 보이사 후에 주를 믿어 영생 얻는 자들에
게 본이 되게 하려 하심이라 17영원하신 왕 곧 썩지 아니하고 보이지 아니하고 홀로 하나이신 하나
님께 존귀와 영광이 영원무궁하도록 있을지어다 아멘

18아들 디모데야 내가 네게 이 교훈으로써 명하노니 전에 너를 지도한 예언을 따라 그것으로 선
한 싸움을 싸우며 19믿음과 착한 양심을 가지라 어떤 이들은 이 양심을 버렸고 그 믿음에 관하여는
파선하였느니라 20그 가운데 후메내오와 알렉산더가 있으니 내가 사탄에게 내준 것은 그들로 훈계
를 받아 신성을 모독하지 못하게 하려 함이라.

노련한 지휘관은 낙심의 위험을 안다. 낙심은 멀쩡한 병사를 무력하게 만들 뿐 아니라, 질병처럼 급속히 퍼져 주변의 모든 병사에게까지 영향을 미칠 수 있다. 아무리 수적으로 우세한 병력과 고성능 무기와 치밀한 정보와 흠 없는 작전을 갖춘 군사령관이라 해도 휘하의 병사들이 낙심에 빠져 있으면 그 사령관은 차라리 무덤을 파는 게 낫다. 승리는 이미 적군의 것이다.

바울이 이 편지를 쓸 때쯤 디모데가 에베소에서 사역한 기간이 얼마나 되었는지는 알 수 없다. 마게도냐로 가던 길에 아마도 밀레도에서 디모데를 잠깐 만났을 때(1:3) 분명히 바울은 그의 얼굴에서 벌써 싸움에 지친 흔적을 보았을 것이다. 그래서 바울은 이 젊은 사역자에게 교회가 그를 영적 지도자로 존중하지 않음에도 불구하고 계속 그곳에 머물 것을 권했었다. 내 경험으로 볼 때 목사는 교회가 지지해주기만 하면 어떠한 고난도 견뎌낼 수 있다. 그러나 교인들이 목사를 존중하지 않으면, "선한 싸움을 싸우"려는 목사의 의지를 그보다 더 빨리 무너뜨리는 것은 없다. 그래서 사도는 계기가 오자 – 아마 자신이 감옥에서 풀려나리라는 소식을 듣고서였을 것이다 – 에베소에 직접 가기로 마음먹었다(3:14-15, 4:13). 사면초가에 놓인 병사의 사기를 북돋아줄 뿐 아니라, 에베소 교회를 이끌고 가르칠 그의 권위를 다시 한 번 확인해줄 필요가 있었던 것이다.

—1:12—

위대한 운동들은 대개 새로운 메시지를 가지고 있는 한 사람의 강력한 지도자로부터 시작된다. 그것이 세상의 방식이며, 그것이 늘 잘못된 것만은 아니다. 우리에게는 경건한 성품으로 악을 물리치고 질서를 회복시킬 강력한 정치 지도자들이 필요하다. 예컨대 독일의 선량한 지도자들이 조국을 이끌고 나치에 대항하여 싸운 것은 하나님께 감사한 일이다.

미국을 세운 국조(國祖)들에 대해서도 나는 감사를 드린다. 카리스마가 넘치던 그 인물들은 동료 시민들을 감화하여 종래의 규범과는 완전히 다른 원칙들에 따라 새 나라와 정부를 세웠다.

그러나 바울은 애써 자신이 그런 인물이 아니라고 말한다. 그는 복음이 자기에게서 기원한 것이 아님을 분명히 밝힌다. 은혜의 기쁜 소식은 하나님에게서 난 것이다. 바울은 또 자신이 이 분야의 가장 뛰어난 학문적 권위자도 아니라고 말한다. 지금 그가 은혜를 남들보다 더 깊이 알고 있는 것은 한때 그가 누구보다도 더 은혜가 필요했던 사람이라는 이유뿐이었다. 바울은 자신이 하나님의 놀라운 자비를 선포하기에 적격이라고 느꼈지만, 그 이유는 자신이 남들보다 공부를 열심히 했거나, 말주변이 좋거나, 자격이 뛰어나서가 아니라, 하나님의 다른 어떤 종보다도 자신이 받은 은혜가 더 많기 때문이었다. 적어도 본인은 그렇게 생각했다.

11절부터 바울의 강조점은 자신을 돌아보는 쪽으로 넘어간다. 그래서 '너'와 '그들'이라는 대명사가 여기서 '나'로 바뀐다. 바울은 복음을 마치 흥미로운 새 이론이나 위대한 과학적 발견을 대하듯이 사무적으로 태연하게 대하지 않는다. 그에게 복음보다 더 인격적으로 중요한 것은 없었다. 그는 하나님의 신기한 은혜를 대단히 깊고 강하게 받아 누렸기에 도저히 가만히 있을 수가 없었다. 바울은 기쁜 소식을 선포하는 일이 많고 많은 사람 중에 자신에게 맡겨진(11절) 놀라운 이유를 이렇게 설명한다.

그리스도 예수 우리 주께서
"나를 능하게 하"시고
"나를 충성되이 여겨"
"내게 직분을 맡기심"이다.

우선 그리스도가 "나를 충성되이 여겨"주셨다는 바울의 말은 자랑처럼 들릴 수 있다. 마치 "주께서 온 인류를 내려다보시다 내가 충성된 것을 보시고 내게 직분을 맡기셨다"는 식으로 말이다. 하지만 그가 사용한 헬라어의 미묘한 말뜻을 자세히 보면 의미가 완전히 달라진다.

"여겨"로 번역된 단어는 *hēgeomai*로 '이끌다, 생각하다, 간주하다'는 뜻이다. 주님은 외부적인 영향 없이 그분 스스로 바울이 충성될 것으로 판정하시고 간주하셨다. 그래서 그를 불러 직분을 맡기신 것이다. 바울이 동사들을 제시하는 순서를 잘 보라. 그리스도는 먼저 그를 능하게 하셨고, 그다음에 그를 (말하자면) 믿기로 하셨으며, 그다음에 이 사도에게 직분을 맡기셨다.

당연히 그것은 사역을 보는 바울의 관점에 영향을 미쳤다. 그에게 사역은 무거운 짐이나, 골치 아픈 일이나, 부담이나, 장애물이나, 귀찮은 일이 아니다. 바울은 사역을 희생이라 부르지도 않는다. 그는 자신의 일을 *diakonia*, 즉 "집사의 일"이라 표현한다(개역개정에는 "직분"으로 번역되었다 – 역주). 이 헬라어 단어는 본래 종의 신분과 관련된 말로 종이 부엌에서 하던 '식탁 시중'을 가리킬 때 쓰였다.

지금쯤 목회 초보자는 이런 생각을 할 수 있다. '바울은 특별한 사람이었음에 틀림없다. 정말 모든 것을 갖춘 사람이었을 것이다. 복음의 창시자이신 하나님이 이 사람에게 그분의 진리를 주시고 평생 그것을 전하는 직분을 맡기셨으니 바울은 정말 대단한 사람이었음에 틀림없다!'

그렇지 않다. 잘못된 생각이다.

—1:13-14—

사실 바울이 복음을 받아들이기 전부터 그런 대단한 사람이었다면 13절에 그를 칭송하는 내용이 나와야 문맥상 맞다. 그런데 반대로 그는 자신에게 도덕적인 자격이 전무했음을 밝히면서 세 가지 부정적인 말로 자신을 설명한다.

- **비방자.** 말로 다른 사람들에게 해를 입히고, 신성한 것들을 모욕하거나 가볍게 말하는 사람이다.
- **박해자.** 다른 사람을 쫓아다니면서 어떻게든 공격하고, 필요하다면 없애기까지 하는 사람이다.

• **폭행자.** 거만하거나 도도하게 다른 사람들을 학대하는 사람이다.

바울이 디모데와 에베소 교회에 확언하고 있듯이 복음을 전하는 그의 권위는 자신의 대단한 자격에서 난 것이 아니라 오히려 한없이 부족한 그에게 하나님이 주신 것이다. 디모데는 이것을 이미 알고 있었으므로, 바울이 이 말을 쓴 것은 아마 이 편지가 낭독될 때 들을 사람들을 위해서였을 것이다. 그렇다면 디모데가 에베소에서 부딪힌 어려움은 그곳의 교인들이 바울에게 집요한 애착을 품고 있었기 때문이 아닌가 싶다.

그런 문제를 나는 평생 동안 정말 많이 보았다. 깊이 존경받는 충실한 복음의 사역자가 떠나면 그 빈자리가 굉장히 크다. 특히 재임 기간이 길었을수록 더하다. 예를 들어 찰스 스펄전(Charles Spurgeon) 목사님의 때아닌 죽음으로 런던 메트로폴리탄 태버내클의 강단이 비었을 때 그 후임자가 느꼈을 압박감을 생각해보라.

나는 그 시기의 〈뉴욕타임스(The New York Times)〉에서 이런 기사를 찾아냈다.

> 스펄전 목사의 후임은 누가 될 것인가?
>
> 런던 태버내클의 강단을 물려받을 수도 있는 아서 T. 피어슨(Arthur T. Pierson) 목사가 어젯밤 브루클린 하이츠 개혁교회에서 설교했다. 피어슨 박사는 최근에 스펄전 박사의 후임으로 많이 거론되는 인물이다. 스펄전 박사가 세상을 떠난 직후에 필라델피아 출신의 피어슨 박사는 런던 태버내클에 설교자로 초빙되어 1년 동안 임시직으로 봉직했다. 교인들의 반응이 좋아 그가 종신직으로 맡게 될 것이 거의 확실시되고 있었는데, 그때쯤 일부 교인들 사이에 스펄전 박사의 아들이 아버지 때문에 유명해진 그 자리를 물려받아야 한다는 정서가 강하게 싹텄다.
>
> 아들 스펄전의 실력을 시험하는 차원에서 최근에 교회는 1년 기한으로 그를 그 자리에 위임했다. 이 기한이 끝나면 런던의 교인들은 그를 유임시킬 것인지, 아니면 피어슨 박사를 청빙할 것인지를 결정할 예정이다.
>
> 전달력이 뛰어난 피어슨 박사는 최고 수준의 훌륭한 설교자로 꼽힌다.[1]

교인들은 '아들 스펄전의 실력'을 그가 계속 유임해도 될 만큼 탄탄하다고 여겼던 모양이다. 그 뒤로 그는 15년 동안 교인들을 충실히 섬겼다. 하지만 대다수의 교회들은 지도자 승계를 별로 잘 해내지 못하고 있다.

바울은 자신이 받은 은혜를 환기시킴으로써 복음의 직분이 자신에게 과분한 영광임을 재차 강조하고 있다. 하나님은 그에게 기쁜 소식을 맡기셨고, 그를 능하게 하셨으며, 무지한 그에게 성공을 주셨다. 하나님의 긍휼하심으로 그는 그런 기회를 받았던 것이다.

어쩌면 바울은 디모데를 비판하는 사람들을 향하여 이 '부족한' 젊은 지도자에게 하나님의 긍휼을 베풀어달라고 이런 식으로 촉구한 것인지도 모른다.

—1:15-17—

하나님은 무엇 때문에 다소의 사울에게 개입하셔서 그의 인생을 통하여 당신의 은혜를 보이기로 하신 것일까? 바울에 따르면 하나님의 아들은 죄인들을 구원하기 위하여 세상에 오셨는데, 하필 자기야말로 구원이 필요한 죄인의 가장 좋은 예였다. 사도의 말은 이런 것이나 같다. "주께서 죄인들을 찾아 세상에 오셨다면, 나야말로 그냥 지나치실 수 없는 너무 큰 죄인이었다."

바울은 또 주님이 사람을 변화시키는 엄청난 능력을 보이시기에 자기보다 더 좋은 대상은 없었을 거라고 암시한다. 그는 자신을 *hypotypōsis*라고 부르는데, 이 말은 어떤 하나를 따라 더 많은 것을 복제할 수 있는 원형, 모형, 본이라는 뜻이다.

요컨대 종교를 빙자한 광적인 살인자가 예수 그리스도를 따르는 사람의 원형으로 뒤바뀐 셈이다. 주께서 한 인생을 이렇게 극적으로 변화시켜주시면 이제 그 사람은 찬양으로 반응할 수밖에 없다. 그래서 하나님의 자비와 은혜로 변화된 자신의 간증을 회고하던 바울의 입에서 노래가 터져 나오는데, 그 내용은 구약 성경에서 온 것이다.

영원하신 왕(출 15:18, 시 145:13)
곧 썩지 아니하고(시 90:2, 102:26-27)
보이지 아니하고(욥 23:8-9)
홀로 하나이신 하나님(신 4:35, 사 44:6).

그 하나님의 비할 데 없는 은혜 때문에 바울은 더 이상 비방자가 아니다!

—1:18-20—

1장 3-17절을 요약해보면 바울은 디모데에게 사실상 이렇게 말했다. "네 임지인 에베소에 그대로 남아 교인들에게 하나님의 은혜의 복음에만 충실하고 다른 것은 일체 가르치지 말라고 알려주어라. 내가 모세 율법의 전문가로서 직접 증언할 수 있거니와 복음은 능력이 있으나 율법은 사람을 구원할 능력이 없다. 그럼에도 불구하고 이 진리의 권위는 나나 다른 사람에게 있지 않다. 이 진리는 하나님의 말씀에서 온 하나님의 진리다." 그러고나서 바울은 3절에서 시작했던 엄숙한 명령으로 다시 돌아간다. 이번에도 자신감이 약해진 디모데를 위해서만 아니라, 또한 이 편지가 낭독될 때 들을 에베소 교인들을 위해서였다.

복음은 하나님에게서 났고 따라서 하나님의 권위에 의거하고 있지만, 그럼에도 바울은 디모데가 가르칠 자격이 있음을 두 가지 방식으로 인정하고 있다. 첫째, 디모데는 사도로 인정받은 바울 자신이 위임한 사람이다. 둘째, 이 젊은이는 예언을 통하여 하나님의 부르심을 받았다. 이 두 가지 근거를 바탕으로 사도는 디모데에게 "선한 싸움을 싸"울 책임을 맡기고 있다(참고 고후 6:7, 10:4, 엡 6:12, 딤전 6:12, 딤후 2:3-4, 4:7). 이 헬라어 문구를 좀 더 뉘앙스를 살려 번역하면 "선을 위한 현재의 이 싸움에 병사로서 혼신을 다하라"가 될 것이다.

이처럼 바울은 자신의 부관에게 "선한 싸움을 싸"우라는 일반 수칙을 주었는데, 그것을 수행하는 구체적인 방법은 19절에 설명되어 있다. 그것은 바로 "믿음"과 "착한 양심"을 지키는 것이다. 다시 말해서 "네 노력이 비록 헛수고처럼 보일지라도 이미 받은 명령을 따라 계속 행하라. 그렇게만 하면 네가 사령관이신 주님이 시키신 대로 다 했음을 확신하고 안심해도 좋다."

안타깝게도 에베소에는 이미 받은 참된 가르침을 버린 사람들이 있었다. 그런데 자연은 진공 상태를 싫어하기 때문에 그들의 빈 머리와 가슴을 잘못된 가르침이 신속히 채웠다. 바울은 그런 사람 둘의 이름을 후메내오와 알렉산더라고 밝혔는데, 아마도 그 두 사람이 에베소에서 디모데를 가장 괴롭힌 적들이었기 때문일 것이다. 바울은 죽음을 앞둔 시점에서 디모데에게 두 번째 편지를 보냈는데, 거기에 보면 후메내오와 빌레도는 "부활이 이미 지나갔다"고 가르쳐 "어떤 사람들의 믿음을 무너뜨"렸다(딤후 2:16-18). 구리 세공업자 알렉산더는 유대인 신자였는데(행 19:33), 에베소 교회는 그의 웅변술을 높이 샀던 것 같다. 하지만 그 역시 복음에서 돌아섰다. 그가 무엇을 가르쳤는지는 모르지만 그는 "해를 많이" 입혔고, 바울과 디모데의 가르침을 "심히 대적"했다(딤후 4:14-15).

바울은 후메내오와 알렉산더의 가르침이 "신성을 모독"한다고 보았다. 이는 하나님의 성품을 욕되게 하는 죄인데, 그 죄라면 바울 자신도 범한 적이 있어 잘 알고 있었다(1:13, 헬라어 원문과 저자가 사용하고 있는 영어 성경 NASB에는 13절의 "비방자"와 20절의 "신성을 모독하지"에 같은 단어가 쓰였다 - 역주). 그래서 바울은 그들을 "사탄에게 내"주었는데, 이것은 후메내오와 알렉산더를 교회에서 출교시켰음을 강하게 암시하는 말이다. 자기 계모와 성관계를 맺고도 회개하지 않았던 고린도의 젊은이에게도 바울은 똑같이 한 적이 있었다(고전 5:1-13). 강한 영적 지도자인 바울은 회개하지 않는 죄와 공공연한 반항을 엄하게 다루었다. 교회의 순전함을 보호하기 위해서만 아니라 또한 죄의 결과를 통하여 고집스런 신자들을 치리하기 위해서였다(고전 11:32, 히 12:7-10). 물론 바울은 디모데도 똑같이 하기를 바랐다.

젊은 남녀들은 기껏 사역의 길에 들어섰다가 악이 자신의 이상을 무너뜨리면 환멸에 빠질 때가 많다. 어느 시점에서 사역자는 자신의 이상을 희생하지 않으면서도 사역의 현실을 받아들여야 한다. 이 땅은 선을 멸하려는 악을 상대로 하여 보이지 않는 전면전을 치르고 있는 전쟁터다. 사탄은 하나님과 그분을 섬기는 모든 사람을 증오한다. 자기 주변에서 벌어지고 있는 보이지 않는 전투를 보지 못하거나 인정하지 않는 사역자는 결국 환멸과 혼란과 실망과 불만에 빠져 싸움을 그만둘 수밖에 없다. 이런 문제로 누구보다도 힘들어하는 사람들이 목사이며, 특히 작은 교회에서 혼자 섬기는 목사일수록 더하다.

바울은 디모데에게 비록 겉으로는 적이 이기는 것처럼 보일지라도 계속 싸울 것을 독려한다. 예수님이 이미 보장해주신 것처럼 우리는 궁극적으로 악을 이기고 승리할 것이다. 그러므로 사역자가 싸움에서 지는 유일한 길은 싸움을 그만두는 것이다. 사탄은 하나님이 구속하신 영혼들을 멸할 수 없다. 하지만 사탄이 우리로 하여금 무기를 버리고 낙심에 빠지게 만들 수 있다면, 그는 자유자재로 나머지 세상을 계속 유린할 수 있다.

윈스턴 처칠은 그의 조국 영국을 규합하여 나치 독일에 맞서 싸웠는데, 이때 그가 남긴 유명한 말이 있다. "교훈은 이것입니다. 절대로 굴복하지 마십시오. 무슨 일이 있어도 굴복만은 절대로 금물입니다. 큰일이든 작은 일이든, 중요한 일이든 사소한 일이든 그 무엇에도 굴복해서는 안 됩니다. 명예롭고 가치 있는 소신에만 굴복할 뿐 그 밖에는 무엇에도 굴복하지 마십시오. 절대로 무력 앞에 굴복하지 마십시오. 적이 아무리 난공불락처럼 보여도 절대로 굴하지 마십시오."[2]

주

1. *The New York Times*, "Mr. Spurgeon's Possible Successor", 1893년 9월 18일, p. 1.
2. 윈스턴 처칠이 1941년 10월 29일 해로우 스쿨(Harrow School)에서 한 연설.

사역의 일

디모데전서 2:1–3:16

때로 목사에게는 누군가가 다시금 그의 확신을 다져줄 필요가 있다. 단지 사기를 북돋우거나 상한 자존심을 달래주기 위해서만이 아니라, 복음이 정말 사람들의 인생을 변화시키고 있으며, 자신이 하는 일이 결코 헛되지 않으리라는 사실을 상기시켜주기 위해서다. 목사에게 수시로 그것이 필요한 이유는, 솔직히 말해 사역의 일이 마치 찻숟가락으로 바닷물을 퍼내듯이 부질없게 느껴질 수 있기 때문이다. 세상의 필요는 너무 큰데 우리가 미칠 수 있는 영향력은 그에 비하면 아주 미미해 보인다. 그래도 우리는 잘 규정된 일련의 직무들로 부름받았다. 그것은 교회가 매일, 매주 꼭 수행해야 하는 일들이다. 상황에 따라 목사는 그 일들을 직접 수행하든지, 아니면 잘 훈련된 경건한 교역자들을 세워 그들을 효과적으로 이끌든지 둘 중의 하나를 해야 한다.

지금까지 우리는 바울의 긴 도입부를 살펴보았는데, 거기에는 통상적인 분량의 개인적인 권면과 직무상의 권고 이상이 들어 있다. 그는 디모데가 하는 일을 재차 인정해주었고, 자신이 경험한 사역을 되돌아보았으며, 복음의 신빙성을 찬양했고, 사면초가에 놓인 목사에게 그 일을 견고히 계속하라고 격려했다. 이제부터 그는 관심을 돌려 목회 사역의 일을 자세히 설명하면서, 특히 교회의 질서를 확립하고 유지하는 일에 주목한다. 바울은 지금 성령의 감화로 이 글을 쓰고 있는데, 그에 따르면 모든 사람은 하나님의 집에서 감당할 역할이 있으며, 모든 역할에는 책임이 따른다.

의미 있는 사역에서 첫자리에 두어야 할 일은 무엇인가?(디모데전서 2:1–8)

1그러므로 내가 첫째로 권하노니 모든 사람을 위하여 간구와 기도와 도고와 감사를 하되 2임금들
과 높은 지위에 있는 모든 사람을 위하여 하라 이는 우리가 모든 경건과 단정함으로 고요하고 평
안한 생활을 하려 함이라 3이것이 우리 구주 하나님 앞에 선하고 받으실 만한 것이니 4하나님은
모든 사람이 구원을 받으며 진리를 아는 데에 이르기를 원하시느니라 5하나님은 한 분이시요 또
하나님과 사람 사이에 중보자도 한 분이시니 곧 사람이신 그리스도 예수라 6그가 모든 사람을 위
하여 자기를 대속물로 주셨으니 기약이 이르러 주신 증거니라 7이를 위하여 내가 전파하는 자와
사도로 세움을 입은 것은 참말이요 거짓말이 아니니 믿음과 진리 안에서 내가 이방인의 스승이 되
었노라

8그러므로 각처에서 남자들이 분노와 다툼이 없이 거룩한 손을 들어 기도하기를 원하노라.

핵심 용어

ἀνήρ [*anēr,* 아네르] *(435)** '남자, 남편, 남성, 인간'

'남자'에 해당하는 이 단어와 그 복수형 *ἄνδρες*(*andres*)는 일반적으로 남성을 가리키지만, 특별히 남편을 뜻하거나 소년과 대비되는 성인 남성을 뜻하기도 한다. 헬라어 문헌에는 이 단어가 인류 전체를 통칭하는 말로 쓰이기도 한다. 예를 들면 "사람이 성내는 것이 하나님의 의를 이루지 못함이라"(약 1:20)와 같다.

γυνή [*gynē,* 구네] *(1135)* '여자, 아내, 여성'

바울은 이번 단락에서 이 단어를 여덟 번 사용했다. 이 단어는 여성 전반을 가리킬 수도 있고, 아내를 가리킬 수도 있다. 독자들이 문맥을 보고 저자의 의중을 파악해야 한다. 경우에 따라 이 단어는 호칭으로도 쓰인다. 예수님이 당신의 어머니를 "여자여"(요 2:4)라고 부르신 것이 그런 경우다.

διάκονος [*diakonos,* 디아코노스] *(1249)* '집사, 종, 식탁에서 시중드는 사람'

가장 기본적이고 문자적인 의미에서 이 말은 '식탁에서 시중드는 사람'을 뜻한다. 의미가 확장되어 자원하는 마음으로 순종하며 섬긴다는 개념도 들어 있다. 즉, 복종하는 자세로 봉사를 베푼다는 뜻이다. 초대 교회 때 과부들에게 양식을 나누어주는 일을 감독할 사람들이 필요해지자 지도자들이 이 직분을 만들었다(행 6장). 그 뒤로 집사의 직무가 확장되기는 했지만, 이 직분으로 섬기는 사람들은 자신이 본래 식탁에서 시중드는 사람임을 결코 잊어서는 안 된다.

ἐπίσκοπος [*episkopos,* 에피스코포스] *(1985)* '감독, 장로, 수호자, 보호자'

가장 일반적인 의미에서 이 말은 어떤 기관이나 영토를 지키는 사람을 가리킨다. 아테네 사람들은 정부 관리들을 이 단어의 복수형인 *episkopoi*라 불렀다. 70인역(구약 성경의 헬라어 번역본)에는 재판관이나 재무관으로 섬긴 사람 또는 성전에서 일하던 제사장들과 레위인들의 감독자가 *episkopos*로 표기되었다. 신약 성경에서 베드로는 예수님을 우리 영혼의 '보호자' 또는 감독(*episkopos*)이라 부른다(벧전 2:25). 이런 의미에서 이 단어로 지칭되는 교회 직분은 주님의 작은 목자로 섬기면서, 그분의 권위 아래에서 그분을 위하여 그분의 양 떼를 이끄는 사람이다.

σώφρων [*sōphrōn,* 소프론] *(4998)* '절제, 중용'

어근 *sōzō*('구원하다, 안전하다')와 *phrēn*('지성')이 느슨하게 합성된 말로 성경에는 드물게 나타나지만, 일반 헬라인들은 이것을 시민의 한 덕목으로 중요하게 여겼다. 여러 형태로 변형되어 쓰인 이 단어의 바탕에는 '감수성, 명료한 사고'라는 뜻이 깔려 있다(개역개정에는 주로 "신중하다"로 옮겨졌다 – 역주).

*괄호 안의 숫자는 스트롱 원어 코드임.

해마다 한 번 정도 나는 인턴 사역자들과 함께 6-10개 교회를 순방하면서, 회중을 이끄는 일에 대해 의견을 나눈다. 그중에는 작은 교회도 있고 큰 교회도 있다. 성장하고 있는 교회도 많지만 살아남기 위해 몸부림치는 교회도 있다. 우리는 한두 곳 이상의 대형 교회도 꼭 방문한다. 그런데 어느 교회를 가든지 예외 없이 만나는 도전이 있다. 바로 우선순위를 지키는 일이다. 신학교를 졸업하자마자부터 시작되는 이 싸움은 목사가 은퇴하거나 죽을 때까지 계속된다. 담임 목사만 아니라 사역의 역할이 다른 사람들도 – 전임이든 시간제든, 직업이든 자원봉사자든 – 결국 동일한 질문을 던지게 된다. 해야 할 일은 너무도 많은데 어디서부터 시작할 것인가? 제일 먼저 무엇부터 해야 하는가?

리처드 디 한(Richard De Haan)은 1966년에 간행된 「하나님이 보내신 사람들(*Men Sent from God*)」이라는 책에서 어느 사역자의 하루를 다음과 같이 기술했다. 다소 오래된 책이지만 그 내용은 놀랍도록 지금과 일치한다.

> 아침 8시에 교회 사무실에 도착한 목사는 적어도 두 시간은 주일 설교, 정오에 지역 봉사회에서 할 연설, 다음 주중에 있을 5회의 라디오 강연 등을 준비하는 데 보내려고 했다. 그런데 그가 교회 신문에 글을 쓰기로 했었다는 사실을 비서가 상기시켜주었다. 신문은 정오에 인쇄에 들어갈 예정이라고 했다. 그는 또 세 사람에게 전화를 걸어야만 했는데 그중 한 사람은 교회 재정위원장이었다. 거기까지 다 마치고나니 각종 메시지를 준비할 시간은 30분밖에 남지 않았다. 10시에는 교역자협회 위원회에 참석해야 했기 때문이다. 다시 막 연구에 들어가려는데 여전도회 회장의 어머니가 돌아가셨다는 소식과 함께 즉시 그 집으로 와달라는 연락이 왔다. 물론 그 바람에 그는 교역자 모임에 빠져야 했으니 다행히 12시 반에 있는 여성 사역자 모임의 오찬에는 참석할 수 있었다. 뒤이어 그는 어느 성경공부반에서 말씀을 나누었고, 오후 2시에는 결혼식 주례를 섰다. 3시에 병원에 있는 성도들에게 정기 심방을 나갔다가 겨우 남전도회 저녁 식사 시간에 맞추어 도착해 기도를 인도했다. 식사가 7시 반까지 계속되는 바람에 목사는 겨우 시간에 맞추어 기금조성 위원회에 참석할 수 있었다. 단지 의견을 보태고 위원들의 사기를 북돋아주기 위한 참석이었다. 그것으로 드디어 하루 일과가 모두 끝나 그는 밤 9시 반쯤 집에 들어갔다.[1]

당신이 전임 사역자가 아니라면 이것은 극단적인 예외라고 생각할지도 모른다. 하지만 정말이지 결코 예외가 아니다. 웬만한 나라의 웬만한 목사라면 얼마든지 하루 일과가 이와 같을 수 있다. 최소 인원의 교역자만 둔 작은 교회를 섬기는 목사라도 마찬가지다. 교인들의 눈치를 보는 목사, 섬기는 일을 사람들의 비위를 맞추는 일로 착각하고 있는 목사라면 특히 더 말할 것도 없다.

교인들이 비판만 일삼고 신임을 주지 않아 힘들어하는 목사일수록 교인들의 비위를 맞추고 싶은 유혹을 물리치기가 그만큼 더 어려워진다. 바울은 틀림없이 그 사실을 알고 있었다. 지금까지 사역자인 디모데 자신에게 초점을 맞추었던 사도는 이제 사역자가 하는 일로 논제를 바꾼다. 우선 그는 디모데가 제일 첫째로 해야 할 직무를 환기시키는 데 그것은 바로 기도다.

—2:1–2—

"첫째로"라는 말은 괜히 있는 말이 아니다. 기도는 모든 사역자에게 최고의 우선순위가 되어야 한다. 그래야 자기가 맡은 사역을 제대로 감당할 수 있다. 기도는 사역자에게 최종 권한이 인간에게 있지 않고 하나님께 있음을 상기시켜준다. 최종 권한은 교인들이나 담임목사나 교역자들이나 장로들에게 있지 않다. 사역자는 먼저 하나님을 섬기고 그다음에 사람을 섬기는 것이다. 뿐만 아니라 기도할 때 사역자는 늘 급한 일과 당장의 요구에 쫓기지 않고 자신의 소명에 집중할 수 있다.

바울은 기도를 하라고 "권하"고(1장 3절에 사용된 것과 같은 단어) 있다. "하되"에 쓰인 동사는 현재 시제로 그 행동이 계속 이어진다는 의미가 들어 있다. 더욱이 원문에서 바울은 그 동사를 수동태로 썼는데, 이는 "기도하는 주체가 누구인가?"라는 의문을 불러일으킨다. 답은 지도자인 디모데를 포함하여 모든 교인이다. 바울은 기도의 책임을 목사에게만 떠넘기지 않는다. 기도로 시작되는 사역의 짐은 공동체 전체가 지는 것이다.

바울은 서로 다르면서도 밀접하게 연결된 네 단어를 사용하여 우리가 하나님과 나누는 의사소통의 네 가지 종류를 서술한다.

- '간구(*deēsis*)' – 필요를 채움받고자 하나님께 아뢰는 것이다.
- '기도(*proseuchē*)' – 기도라는 영적 훈련을 가리키는 가장 보편적인 용어다. 필요를 아뢰는 것(*deēsis*)까지 포함하여 일반적인 방식으로 하나님을 부르는 행위를 가리킨다.
- '도고(*enteuxis*)' – 물 흐르는 것처럼 편안하고 친밀하게 하나님과 나누는 대화를 말한다.
- '감사(*eucharistia*)' – 감사나 고마움을 표현하는 것이다.

디모데와 에베소 교회에게 바울은 상대방이 구원받았는지 여부를 떠나 모든 사람을 위하여 기도의 모든 차원 – 공식, 비공식, 간구, 감사 등 – 을 동원하라고 권하고 있다. 일각에서는 우리가 하나님의 권속들을 위해서만 기도해야 하며, 구원받지 못한 사람들을 위해서 기도할 때는 그들이 죄를 깨닫고 구원받게 해달라는 기도만 해야 한다고 가르친다. 하지만 바울은 친한 친구나 가족을 위해서 기도할 때와 마찬가지로 정부 관리들을 위해서 기도할 때도 하나님과 나누는 대화의 모든 차원을 동원하여 그들의 필요를 위해서도 기도하라고 분명히 명하고 있다. 디모데 자신은 물론 교회도 그렇게 기도하도록 이끌라는 것이다.

에베소는 시 관리들이 교회를 지역 경제를 위협하는 요소로 생각하던 곳이었던 만큼(행 19:23-27), 그곳의 교인들에게 이것은 쉬운 당부가 아니었을 수도 있다. 설상가상으로 로마 제국은 네로라는 실성한 지도자의 피투성이 손안에서 놀아나고 있었다. 그럼에도 불구하고 사도는 교회가 사랑하는 사람을 위해서 기도하듯이 그런 지도자들을 위해서도 기도하기를 바랐다.

왜 그랬을까? 왜 우리는 우리를 해치려는 사람들이 잘되기를 위해서 기도해야 하는 것일까? 바울은 우리가 그렇게 기도할 때 누리게 될 두 가지 유익을 설명한다. 하나는 박해에서 해방되는 것이고(2절), 또 하나는 세상이 구원을 받는 것이다(3-4절).

사도는 정부 지도자들이 잘되기를 위해서 기도하면 우리가 그들의 권위 아래에서 방해받지 않고 서로 공존공생하는 상태가 가능해진다고 설명한다. 그런 평화로운 '생활'을 그는 헬라어의 두 형용사로 수식하는데, *ēremos*는 '바깥에서부터 오는 고요함'[2]을 가리키는 반면, *hēsychios*는 '안에서부터 오는 고요함'[3]을 가리킨다. 일반적으로 말해서 모든 정부는 시민들이 평화롭게 생산적으로 살아가면서 세금만 잘 납부하면 그들에게 그 이상 바라지 않는다. 예외가 있기는 하지만 대부분의 정부는 교회로부터 아무런 위협도 느껴지지 않으면 대개 신자들이 그들 마음대로 예배하도록 둔다.

"경건"과 "단정함"은 헬라어의 동일한 어근에서 왔는데, 바로 '공경하다'는 뜻의 *sebomai*라는 단어다. 전자가 하나님을 예배하는 태도를 가리킨다면, 후자는 안에서부터 우러나오는 일반적인 단정한 품행을 가리킨다. 다시 말해 박해에서 해방되면 주님을 그리고 그분이 통치권을 허락하신 이 땅의 권위들을 공경하는 행위가 가능해진다(롬 13:1–2). 하지만 이런 혜택을 누리려면 지도자들이 잘되고 평안하기를 위해서 우리가 기도해야 한다. 그들의 성품에 반감이 들고 그들의 정책에 동조할 수 없을 때라도 마찬가지다.

—2:3–4—

우리에게 기도를 명하시는 주님의 궁극적인 동기가 3–4절에 나온다. 정부 관리들이 전체적으로 잘되기를 위해서 기도하는 것 말고도 우리는 그들이 구원받기를 위해서 기도해야 한다. 간단히 말해서 주님은 모든 사람 – 높은 지위에 있는 사람들까지 포함하여 – 이 복음의 진리를 깨닫고 하나님의 진리의 권위에 복종하기를 원하신다(참고 딤전 2:6, 4:10, 딛 2:11, 벧후 3:9).

하나님의 이러한 소원을 선포하면서 바울이 동사의 시제와 법을 사용하는 데 신중을 기하고 있음을 잘 보기 바란다. 그는 "하나님은 모든 사람을 구원하시기를 원하시느니라"고 하지 않고, "하나님은 모든 사람이 구원을 받(기를)… 원하시느니라"고 썼다. 하나님은 모든 사람이 복음의 진리를 받아들여 영생을 받기 원하시는데, 그렇다고 해서 성경에 나오는 선택의 교리가 무효해지는 것은 아니다.[4] 바울은 지금 하나님의 주권과 인간의 제한적 자율성이 한 인간의 구원에 어떠한 영향을 미치는가에 대한 신비를 풀려는 것이 아니다. 그는 다만 사람들이 죄 때문에 멸망하는 모습을 주님이 기뻐하지 않으신다는 사실을 확언하고 있을 뿐이다(겔 18:23, 33:11).

구원은 궁극적으로 하나님의 소관이지만, 그럼에도 불구하고 그분은 우리에게 모든 사람이 구원받기를 위하여 기도하라고 명하신다. 거기에는 우리를 다스리는 사람들과 특히 우리의 원수들도 포함된다. 다른 모든 기도 제목에 대해서와 마찬가지로 하나님은 당신의 자비롭고 의로우신 속성에 조금도 어긋남 없이 모든 사람이 최대한 가장 잘되도록 응답하실 것이다. 그들의 영원한 운명과 관계없이 기도라는 행위는 기도하는 사람들 자신에게 영향을 미친다. 내 경우에 어떤 사람에게 복을 주시도록 주님께 구하면서 그 사람을 혹평하거나 경멸하는 일은 불가능하다. 오히려 기도하는 사이에 내 시각이 점점 바뀌어 하나님의 시각을 닮아간다.

—2:5–6—

하나님의 진리를 언급한 바울은 그 기회를 차마 떨치지 못하고 복음을 다시 말한다. 다만 이번에는 기도를 권하는 문맥 속에서 복음을 제시하고 있다. 예수님은 온 인류를 위하여 속죄의 희생 제물(요일 2:1–2 참고)이 되시기 전날 밤 제자들에게 "내가 곧 길이요 진리요 생명이니 나로 말미암지 않고는 아버지께로 올 자가 없느니라"(요 14:6)고 확실히 말씀하셨다. 바울은 그 개념을 이어받아 예수님을 하나님과 인류 사이의 유일무이한 "중보자"로 표현하고 있다.

"중보자"로 번역된 헬라어 단어는 주로 '믿을 만한 중립적 존재'라는 뜻이다. 안타깝게도 영어 단어 '중보자(mediator)'는 바울이 생각한 이미지를 잘 전달해주지 못한다. 바울은 지금 하나님과 인류를 법정에서 쟁의 중인 대등한 존재로 그리려는 것이 아니다. 오히려 그가 생각한 것은 '제사장 같은 중재자'다. 인류는 하나님이 예비하신 누군가가 도와주어야만 자신들의 부족한 상태를 넘어설 수 있다.

죄는 인류를 하나님과 분리시켰다. 죄에는 영원한 죽음이라는 형벌이 따르며(롬 6:23, 계 20:14–15), 하나님의 공의를 만족시키려면 반드시 그 형벌이 치러져야 한다. 하지만 하나님은 모든 사람이 영원히 자신과 함께 살기를 원하신다. 그런데 인류가 그 형벌을 치르고도 살 수 있는 길은 없다. 이런 의미에서 중보자란 양쪽 모두에게 이로운 상호 만족의 길을 찾아주는 존재다. 하나님이자 인간이신 예수님은 유일하게 양쪽을 다 대변할 수 있는 자격을 갖추신 분이다. 뿐만 아니라 그분은 친히 우리 인류를 대신하여 죽으심으로 이 문제를 해결하셨고, 하나님 아버지는 그것을 죄에 대한 공정한 형벌로 받으셨다. 이제 우리는 오직 예수님을 통하여(행 4:12) 천국 보좌에 자유로이 나아갈 수 있게 되었고, 따라서 아직 하나님을 모르는 사람들을 포함하여 다른 사람들을 위한 기도 제목도 하나님 앞에 가져갈 수 있게 되었다.

"기약이 이르러 주신 증거"라는 말은 해석하기도 어렵고, 그 의미에 대해서도 의견이 분분하다. 하지만 의미를 너무 깊이 생각하려는 유혹을 떨친다면 한 가지 가능성이 뚜렷이 드러난다. 즉, 예수님이 오셔서 우리 대신 죄의 형벌을 당하셨다는 사실은 하나님이 "모든 사람이 구원을 받"기 원하신다는 부인할 수 없는 증거다.

기도는 시민의 의무다

놀랍게도 교회는 예로부터 이교도 지도자들을 위하여 충실히 기도해왔으며, 그것은 혹독한 박해 기간에도 마찬가지였다. 암울한 시대에 살았던 교회 교부들이 무엇이라고 말했는지 잘 보라.

> 주여, 주께서는 우리의 통치자들과 지도자들에게 나라를 다스릴 권세를 주셨습니다. 주님의 은혜롭고 형언할 수 없는 능력으로 그리하셨습니다. 이는 우리로 하여금 주께서 그들에게 주신 영광과 영예를 알게 하시고, 또 주님의 뜻을 조금도 거스르지 않고 그들에게 복종하게 하시기 위함입니다. 주여, 그들에게 건강과 평안과 일치와 안정을 주소서. 그리하여 그들이 주께 받은 권위를 과실 없이 잘 행사하게 하소서.[5]
>
> *로마의 클레멘트(AD 96년경), 도미티아누스 황제의 잔혹한 통치 기간.*

> 우리는 하나님 한 분만을 예배하지만 다른 일들에서는 즐거이 당신들을 섬기고, 당신들을 인간들의 왕과 통치자로 인정합니다. 아울러 우리는 당신들이 왕의 권세와 더불어 건전한 판단력도 갖추게 되기를 기도합니다.[6]
>
> *순교자 저스틴(AD 110-165), 안토니우스 피우스 황제에게 쓴 글.*

> 마르쿠스 아우렐리우스로 알려진 '철학자 베리시무스'도 공동 수신자로 되어 있으며, 저스틴은 바로 그의 치하에서 순교를 당했다. 군주가 공물을 바칠 것을 명한다면 나는 바칠 준비가 되어 있다. 내 주인이 내게 노예로 섬길 것을 명한다면 나는 그 예속을 인정한다. 사람은 동료 인간으로서 공경해야 하지만 경외할 분은 오직 하나님뿐이다.[7]
>
> *타티안(AD 110-172), 철학자 황제인 마르쿠스 아우렐리우스 시대.*

> 그러므로 나는 (그대의 신들보다) 왕을 공경하되 그를 숭배하지는 않고 그를 위하여 기도할 것이다. 왕을 지으신 분도 하나님임을 알기에 내가 예배할 분은 살아계신 참 하나님뿐이다. 그렇다면 그대는 내게 "왜 왕을 숭배하지 않느냐?"고 물을 것이다. 그것은 왕은 숭배할 대상이 아니라 법에 따라 공경하고 존중할 대상으로 지어졌기 때문이다. 왕은 신이 아니라 하나님이 세우신 인간이다. 그러므로 왕은 숭배를 받아서는 안 되며, 오히려 왕은 정의롭게 판결

—2:7—

하나님은 모든 사람이 복음의 진리에 복종하여 구원받기를 원하시며, 바울은 주님의 그 소원을 마음속 깊이 공유하고 있다. 그 두 가지 이유 때문에 주님은 그를 이 놀라운 소식을 전하는 메신저로 세우셨다. 바울은 자신을 "전파하는 사람(전달자)", "사도(사자)", "이방인의 스승"이라 불렀다.

평소의 관행대로 바울은 자신의 말이 참말이라는 확언을 덧붙이고 있는데(참고 롬 9:1,

해야 한다. 어떤 면에서 왕의 정부는 하나님이 그에게 맡기신 것이다… 따라서 왕을 공경하고, 그에게 복종하며, 충성스런 마음으로 그를 위하여 기도하라. 그러면 그대는 하나님의 뜻을 행하게 된다.[8]

테오필루스(AD 181년경), 마르쿠스 아우렐리우스가 죽은 직후이자
변덕스럽고 부패한 황제로 유명한 그의 아들 코모두스의 재임 기간.

우리의 모든 황제를 위하여 우리는 쉬지 않고 기도한다. 황제의 장수(長壽)를 위하여, 제국의 안정을 위하여, 황실의 보호를 위하여, 용감한 군대와 충실한 원로원과 덕 있는 백성과 세상의 평화를 위하여, 인간으로서나 카이사르로서나 황제의 모든 소원을 위하여 기도한다.[9]

터툴리안(AD 160-225), 그리스도인들을 잔혹하게 박해한
셉티무스 세베루스 재임 기간에 쓴 글.

그리스도인들은 언제나 주님과 하나님 안에서 기뻐하고 즐거워합니다. 우리는 장차 받을 선물과 형통을 내다보기 때문에 세상의 모든 악과 역경도 담대히 감수합니다… 동시에 우리는 적군이 격퇴당하고, 제때에 비가 내리며, 역경이 걷히거나 감해지기를 위해서 늘 기도합니다. 아울러 당신이 평화와 구원을 얻도록 우리가 하나님을 달래고 위무하며 밤낮으로 끊임없이 기도하고 간구합니다.[10]

키프리안(AD 252년경), 아프리카 총독인 데메트리아누스에게 보낸 답변.
이 총독은 전쟁과 기근과 역병이 그리스도인들 탓이며,
그리스도인들이 신들을 숭배하지 않기 때문이라고 주장했다

이것은 우리가 지도자들을 향하여 품어야 할 얼마나 귀한 태도인가? 당신은 오늘의 정치 지도자들을 어떻게 대하고 있는가? 그들을 비난하는 데 들이는 시간만큼 그들을 위하여 기도하고 있는가? 바울은 디모데가 교회의 적들까지도 포함해서 높은 지위에 있는 모든 사람을 위하여 기도하도록 양 떼를 이끌기 원했다.

고후 11:31, 갈 1:20), 이는 에베소 교인들이 자기를 거짓말한다고 책잡을까봐서가 아니라 자신의 말이 얼마나 중요한지를 강조하기 위해서다.

—2:8—

디모데에게 기도를 사역에서 최고의 우선순위에 두라고 권한 바울은 이제 전 교회적으로 그것을 어떻게 실행할 것인가를 설명한다. 그는 사람들이 "각처에서", 즉 모든 곳에서 기도하기를 원했다. 그는 사람들이 특별한 건물을 짓거나, 신성한 자리를 따로 구별하거나, 특별한 시간을 떼어놓거나, 어느 특정한 곳에서만 모이기를 원하지 않았다. 물론 그런 것들도 잘못된 일은 아니지만, 바울은 최고의 우선순위에 아무것도 방해가 되지 않기를 바랐다. 최고의 우선순위란 바로 에베소에 살고 있는 모든 사람이 구원받고 잘되기를 위하여 온 교회가 협력해 지속적으로 기도하는 것이었다. D. L. 무디(D. L. Moody)는 이렇게 말했다. "사탄은 당신의 기도를 막을 수만 있다면 무슨 일이라도 한다. 하다못해 창문의 블라인드라도 조정하게 만든다." 얼마나 맞는 말인가!

계속해서 바울은 "거룩한 손을 들어" 기도하라고 명한다. 여기서 강조점은 '손'이 아니라 '거룩한' 상태다. 기도하는 자세야 집중에 도움이 될 수도 있고 방해가 될 수도 있지만, 지금 바울의 관심은 몸의 자세라기보다 기도하는 사람의 정결한 상태에 있다. 그 당시 문화에서는 사람들이 손과 고개를 하늘로 들고 기도했다. 이것은 오늘날 교회에서 교인들이 기도할 때 고개를 숙이는 것만큼이나 흔한 자세였다. 만약 지금 시대였다면 바울은 "거룩한 고개를 숙이고, 거룩한 눈을 감고" 기도하라고 했을 것이다.

'거룩하다'는 말은 '완전하다'는 뜻이 아니다. 거룩함이란 '성별되었다, 더럽혀지지 않도록 지켜졌다, 하나님의 특별한 목적을 위하여 구별되었다'는 뜻이다. 주님은 당신의 사람들이 '모든 사람'을 위하여 중보할 수 있도록 자신들을 죄에서 지키기 원하신다. 이스라엘을 위하여 성전에 들어가던 히브리 제사장처럼 말이다.

바울은 또 디모데와 에베소 교인들에게 '분노'와 '다툼'이 없이 기도하라고 가르친다. 분노란 남을 향하여 격한 화가 '솟구치는' 것을 말하고, 다툼은 연합을 해치는 논쟁과 불화를 말한다. 성경에 그 이유나 경위는 설명되어 있지 않지만 불화는 기도를 막는 것 같다(벧전

묵상의 서재

무릎에 기름을 치라

의미 있는 사역에서 첫자리에 두어야 할 일은 무엇인가? 노련한 영적 지도자인 바울에 따르면 그것은 기도다. 바울만 그렇게 생각한 것이 아니다.

열두 사도는 예루살렘 교인들에게 이렇게 권했다. “형제들아 너희 가운데서 성령과 지혜가 충만하여 칭찬 받는 사람 일곱을 택하라 우리가 이 일을 그들에게 맡기고 우리는 오로지 기도하는 일과 말씀 사역에 힘쓰리라”(행 6:3-4).

히브리서 저자는 신자들에게 기도를 통하여 아버지께 나아갈 수 있는 특권을 십분 활용하라고 권고했다. “그러므로 우리는 긍휼하심을 받고 때를 따라 돕는 은혜를 얻기 위하여 은혜의 보좌 앞에 담대히 나아갈 것이니라”(히 4:16).

야고보는 자신의 필요를 채우려고 서로를 이용하는 그리스도인들을 책망했다. 그는 그들의 문제를 간단한 원인으로 추적해 올라갔다. “너희는 욕심을 내어도 얻지 못하여 살인하며 시기하여도 능히 취하지 못하므로 다투고 싸우는도다 너희가 얻지 못함은 구하지 아니하기 때문이요”(약 4:2).

요한은 박해당하고 있는 아시아의 교회들을 이렇게 안심시켰다. “그를 향하여 우리가 가진 바 담대함이 이것이니 그의 뜻대로 무엇을 구하면 들으심이라”(요일 5:14).

베드로는 기도를 교회의 주된 사역으로 보았다. “만물의 마지막이 가까이 왔으니 그러므로 너희는 정신을 차리고 근신하여 기도하라”(벧전 4:7).

나의 할아버지는 일이 되게 하려면 “팔꿈치에 기름을 쳐야 한다”고 말하곤 하셨다. 힘든 육체노동을 완곡하게 표현하신 것이다. 그렇다면 우리는 사역을 하려면 무릎에 기름부터 쳐야 한다고 말할 수 있다. 기도는 교회의 가장 매력적인 사역이 아니다. 분명히 말하지만 기도는 어려운 일이며, 몇 시간씩 고독한 노동을 하려는 이타적인 자세와 자원하는 마음이 요구된다. 하지만 기도는 충분히 투자할 가치가 있는 일이다. 순교한 선교사 짐 엘리엇(Jim Elliot)의 말처럼 “무릎으로 전진하는 성도는 절대 후퇴하지 않는다.”

3:7). 어쨌든 바울은 교회를 한 몸으로 결속하지 못하도록 막는 것이면 무엇이든 버리라고 명한다. 그래야 사역이 하나님의 목적을 이룰 수 있다. 하나님의 목적이란 모든 사람이 진리를 아는 지식에 이르러 구원을 받는 것이다.

나는 평생의 3분의 2를 목회를 하며 보냈는데, 단언컨대 사역을 처음 시작하던 날 못지않게 지금도 당장 급한 일들이 내 주목을 끌려고 시끄럽게 외치고 있다. 자질구레한 일들과 온갖 모임이 최고의 우선순위의 자리를 노리며 다급하게 내 소매를 잡아끈다. 그러면서 기도란 활력을 가져다주는 기쁨이 아니라, 영적인 의무이자 고상한 시간 낭비라고 나를 설득하려 든다. 하지만 나는 바울이 성령의 지시를 받아 명한 대로, 하나님의 사람들을 기도로 연합하도록 이끌어야 한다. 다행히 나는 그동안 사역의 실패를 해볼 만큼 해보았고, 그래서 이제 내 월급의 출처가 달력이나 교인들이나 심지어 장로들이 아니라 주님임을 잊지 않고 있다. 그러므로 일에 착수하기 전에 내 인생의 최종 권위이신 그분께 신고부터 하는 것은 지당한 일이다.

제일 중요한 일을 첫자리에 두어야 한다. 하나님을 영화롭게 하는 의미 있는 사역에서 그것은 바로 기도다.

적용
실제적인 기도

사역의 일에 관한 이야기를 시작하면서 바울은 "첫째로"라는 말로 기도가 우선임을 강조했다. 그는 디모데에게 에베소의 비신자들이 잘되기를 위해서 기도하고, 하나님이 복 주시기를 구하며, 그들을 인하여 감사하라고 명했다. 아울러 그는 디모데가 교회 지도자들도 똑같이 하도록 이끌어주고, 지도자들은 다시 교인들을 그렇게 이끌어주기를 바랐다.

당신이 사역의 지도자라면 당신의 첫 번째 책임은 다른 사람들을 기도하도록 이끄는 것이다. 물론 거기에는 모임을 기도로 시작하고 모임에 속한 사람들을 위하여 기도해주는 일도 포함되지만, 단지 거기서 그치지 않는다. 영적 리더십을 갖추려면 지도자들이 하나님과 자연스럽게 습관처럼 대화하는 삶을 가꾸어야 하고, 나아가 다른 사람들도 똑같이 하도록 도와주어야 한다. 지금까지 내 사역에 도움이 되었던 간단한 지침을 몇 가지 소개하면 다음과 같다.

기도에 습관을 들이라. 매일 기도할 시간을 따로 떼어놓는 것은 누구라도 권하는 방법이다. 나도 이 방법을 강력히 권하지만, 현실적으로 대다수 사람들이 그렇게 하지 못한다는 것도 나는 충분히 알고 있다. 새해의 결심처럼 기도도 습관이 들기 전에 작심삼일이 되고 만다. 그보다 당신이 이미 꾸준히 하고 있는 어떤 활동을 하나님과 대화하는 시간으로 삼아보라. 당신이 꾸준히 운동을 하고 있다면 걷거나, 달리거나, 자전거를 타거나, 역기를 들거나, 수영을 하면서 기도하는 것이다. 차 안에서도 음악을 듣기보다 매일의 출퇴근 시간을 주님과 함께하는 경건의 시간으로 만들어보라. 혼자서 일상적인 일을 하는 시간을 습관적인 기도 시간으로 전환하는 것이다.

기도에 제한을 두지 말라. 원수는 두 가지 거짓말로 당신의 기도를 막으려 들 것이다. 첫째, 사탄은 당신이 하나님의 도움 없이도 문제를 처리할 수 있다고 믿게 만들려 한다. 당신도 이미 들어본 거짓말이다. "이런 시시한 문제로 하나님을 귀찮게 하지 말라. 네가 아는 대로 해도 아무 문제없다." 둘째, 사탄은 당신에게 주님이 이 문제를 도와주실 마음이 없다고 말한다. "네 문제로 그분을 귀찮게 하지 말라. 네 일상적인 관심사 따위에나 신경을 쓰고 계시기에 그분은 너무 바쁘다."

둘 다 기도에 제한을 두는 거짓말이다. 하나님은 우리가 낙심하지 말고 기도하고(눅 18:1), 항상 기도하고(엡 6:18, 살전 5:17), 담대히 기도하고(히 4:16), 믿음으로 기도하고(마 21:22, 약 1:6), 각처에서 기도하고(딤전 2:8), 모든 일에 기도해야 한다고(빌 4:6) 말씀하신다.

무엇으로도 기도를 대신하지 말라. 책을 찾아보거나, 전화를 걸거나, 어떤 행동을 취하기 전에 일단 멈추라. 우선 그 문제를 하나님께 가져가라. 먼저 기도하라. 그렇다고 책임감 있게 행동해야 할 때 기도만 하고 있으라는 말은 아니다. 하지만 기도를 행동으로 대신하는 죄를 범해서는 안 된다. 기도를 무엇과도 바꾸어서는 안 된다. 하나님과 대화하는 일을 최고의 우선순위로 삼으라.

교회 안의 여자들(디모데전서 2:9–15)

9또 이와 같이 여자들도 단정하게 옷을 입으며 소박함과 정절로써 자기를 단장하고 땋은 머리
와 금이나 진주나 값진 옷으로 하지 말고 10오직 선행으로 하기를 원하노라 이것이 하나님을 경외
한다 하는 자들에게 마땅한 것이니라 11여자는 일체 순종함으로 조용히 배우라 12여자가 가르치는
것과 남자를 주관하는 것을 허락하지 아니하노니 오직 조용할지니라 13이는 아담이 먼저 지음을
받고 하와가 그 후며 14아담이 속은 것이 아니고 여자가 속아 죄에 빠졌음이라 15그러나 여자들이
만일 정숙함으로써 믿음과 사랑과 거룩함에 거하면 그의 해산함으로 구원을 얻으리라.

당신이 현대의 립 밴 윙클(Rip Van Winkie, 미국의 작가 어빙이 쓴 소설의 주인공으로 20년 동안 잠들었다 깨어보니 세상이 온통 바뀌어 있었다 – 역주)이 되어 1970년에 잠들었다 지금 깨어났다고 상상해보라. 길게 기지개를 켜며 늘어지게 하품을 하고 보니 당신은 어느새 딴판으로 변해버린 문화 속에 돌아와 있다. 첨단 기술, 교통수단, 경제, 정부, 심지어 가정생활까지도 당신이 잠들어 있던 사이에 완전히 달라져버렸다. 드디어 당신이 깨어난 뒤 처음으로 교회에 간다고 상상해보라. 찬송가는 사라졌고, 초대형 로비의 서점 바로 옆에는 커피숍이 있으며, 파이프 오르간은 록밴드로 바뀌었고, 당신 옆에 앉아 있는 남자는 손바닥만 한 컴퓨터로 성경을 읽고 있다. 주변의 여자들에게도 엄청난 변화가 있었음이 눈에 띌 것이다.

오늘날의 여성은 1970년대의 여성과는 거의 닮은 데가 없다. 사실 내가 보기에 여성들은 적어도 세 가지 영역에서 극적인 변화를 겪었다.

첫째는 가정의 영역이다. 1970년대 이전에만 해도 대부분의 여성들은 가사를 하며 아이들을 키웠고, 돈을 벌어 온 가족을 먹여 살리는 일은 남편들의 몫이었다. 그런데 지금은 소득을 보충하기 위해서나 편모 가정이기 때문에 집 밖에서 직장생활을 하는 여성들이 집에만 있는 여성들보다 더 많다.[11] 가정주부들의 수는 점점 줄고 있으며, 그들은 가정에 헌신한다고 칭찬을 받기보다 오히려 남들이 깔보는 것처럼 느낄 때가 많다. 뿐만 아니라 종종 게으르거나 나약하다고 오해를 받기도 한다.

둘째는 직장의 영역이다. 1970년대 이전에만 해도 여성들이 하지 않던 일들이 있었다. 예컨대 여성들은 뉴스를 전하거나, 스포츠 행사를 보도하거나, 전쟁터에 나가거나, 비행

기를 조종하거나, 기업체를 운영하지 않았다. 그 밖에도 전통적으로 남자들이 맡아서 하던 모든 역할을 여자들은 맡지 않았다. 그런데 지금은 대부분의 성인 여성들이 집 밖에서 돈을 버는 정도가 아니라 전체 노동력의 거의 50퍼센트를 점유하고 있다. 이제 여성은 착취의 대상이 아니라 훨씬 더 존중의 대상이 되었고, 여성들이 직장 동료들의 희롱이나 폭행에서 보호받을 수 있는 법적인 장치도 크게 향상되었다. 이제 여성도 직업전선에서 적극적인 정도가 아니라 공격적이어야 하는 시대가 되었다. 그러다보니 남성들도 점차 직장에서 여성을 동료로 받아들이게 되었고, 이것은 배우자와 어머니로서 여성을 보는 남성들의 관점에도 당연히 영향을 미쳤다.

셋째는 교회의 영역이다. 말할 것도 없이 이것은 가장 복잡하고 헷갈리는 영역이다. 1970년대 이전에만 해도 우리 문화에서 여성이 걸어갈 길은 좁았으나, 오늘의 여성은 일반 세상에서 그보다 훨씬 광범위하게 활동하고 있다. 그러다보니 교회 안에서도 여성의 역할이 완전히 달라지기를 기대하는 사람들이 당연히 많이 있다. 따라서 많은 주류 교단들과 몇몇 독립 단체들이 성경 해석을 조정하여 – 또는 완전히 성경을 무시하여 – 여성들에게도 사제와 담임 목사로 안수를 주기 시작한 것은 놀랄 일이 아니다. 여성이 기업체를 이끌거나 민간 항공사의 조종사로 일할 수 있다면, 양 떼를 목양하지 못할 이유가 무엇이란 말인가?

일부 보수 교회들이 이에 대해 보인 반응은 성경 해석을 조정하되 지나치게 문자적인 해석을 택한 것이다. 이런 입장은 여성의 역할을 오히려 후퇴시켜, 여성들에게 교회에서 모자를 쓸 것을 강요했고, 교회 내에서는 입도 뻥긋하지 못하게 했다. 안타깝게도 이들 보수파는 사도 베드로와 사도 바울의 말을 자유주의 교회들 못지않게 심히 왜곡했다. 물론 본인들은 자신들의 궁극적인 권위가 성경에 있다고 주장했다. 나도 그들의 진심성을 의심하지 않지만, 그들이 떠받들려 한 '이상'은 성경에서 왔다기보다 1950년대 대중문화의 우상들에게서 온 것으로 보인다. 〈비버는 해결사(Leave It to Beaver)〉나 〈아빠가 최고야(Father Knows Best)〉 같은 텔레비전 프로그램은 대다수 미국인들의 머릿속에 일정한 여성상을 굳혀주었고, 그래서 21세기를 사는 우리도 하나님의 말씀을 읽을 때 자칫 그런 여성상을 잣대로 삼기가 쉽다. 솔직히 내 유년기를 구성한 것도 그 시대이므로 나도 선입견에 빠지지 않도록 조심해야 한다.

사실 2천 년 전의 가정은 지금 우리에게 이상(理想)으로 통하는 현대의 '핵가족'과는 달랐다. 뿐만 아니라 잠언 31장 10-31절에 묘사된 여성은 대식구를 거느린 대가족이라는 기업체를 남편과 함께 이끄는 동업자였고, 뛰어난 사업 감각과 장사 수완으로 막강한 영향력을 발휘했다. 잠언의 현자가 묘사한 이 여성을 극단적인 보수파의 입장에서 본다면 건방지다 못해 위험하게 여길 사람들이 많을 것이다.

물론 신자들은 삶을 성과 속의 영역으로 나누지 않도록 조심해야 하며, 이제 우리는 어디를 가나 '구별된' 사람들이다. 하지만 그럼에도 불구하고 우리는 교회가 세상이 아님을 인식해야 한다. 예컨대 흔히들 세상에서 말하는 "너 많이 컸구나"라는 정서가 주님의 교회에는 어울리지 않는다. 전후(戰後)에 사람들의 마음을 훈훈하게 해주던 준 클리버(June Cleaver, 〈비버는 해결사〉의 여주인공인 아내의 이름 - 역주)라는 원형적 인물도 교회에 어울리지 않는다. 물론 주님은 우리가 교회 안에 들어설 때 사회의 영향을 완전히 벗기를 원하지 않으신다. 그분은 밀려왔다 밀려가는 문화의 흐름을 묵묵히 견디신다. 하지만 그분의 집 안에서 우리의 태도와 관습은 일정한 지침에 부합되어야 하며, 그런 지침은 시대를 초월하는 성경 말씀에 명시되어 있다.

에베소의 남존여비 문화는 대지의 여신인 아데미를 숭배하면서도 여성을 한낱 재산으로 간주했다. 나머지 로마 제국도 마찬가지였다. 여성을 떠받들고 숭배하면서도 한편으로 소유하고 지배하던 그 문화는 당시의 여성들을 몹시 혼란에 빠뜨렸을 것이다. 바로 그런 정황 속에서 한 사도가 하나님의 기쁜 소식을 가져와 이렇게 가르친다. "너희는 유대인이나 헬라인이나 종이나 자유인이나 남자나 여자나 다 그리스도 예수 안에서 하나이니라 너희가 그리스도의 것이면 곧 아브라함의 자손이요 약속대로 유업을 이을 자니라"(갈 3:28-29). 그리하여 갑자기 여성의 가치는 남성과 대등한 수준으로 훌쩍 비약한다. 사실 기독교가 뿌리를 내리는 곳이면 어디서나 여성의 지위가 몰라보게 향상된다.

그러나 연합이 획일을 뜻하지 않듯이 대등함도 동일하다는 뜻은 아니다. 성자 하나님은 성부 하나님과 완전히 대등한 분이시지만, 머리 되신 아버지께 복종하신다. 한편 성부 하나님은 아들을 사랑하시고 영화롭게 하시며 아들에게 천지를 다스릴 모든 권세를 주신다. 이와 마찬가지로 주님은 남녀의 가치는 대등하지만 남녀에게 주신 역할은 다르다고 말씀하신다. 이 문제를 다 공부하려면 다음과 같은 본문들을 자세히 살펴보아야 한다.

- 고린도전서 11:1–16
- 고린도전서 14:34–35
- 디도서 2:3–5
- 베드로전서 3:1–6

분명히 말하지만 지금 우리의 목적은 교회 내의 남성과 여성의 문제를 공부하는 것이 아니라, 바울이 디모데와 에베소 신자들에게 준 메시지의 문맥 안에서 이번 단락을 살펴보는 것이다. 문맥은 교회의 공예배이고, 주제는 에베소의 비신자들에게 영향을 미치기 위하여 기도가 최우선이 되어야 한다는 것이다.

—2:9–10—

바울은 '남자'라는 단어로 남성과 여성을 통칭하여 인류 전체를 가리킬 때가 많다(2:1–7 참고, 한글 성경의 경우 "모든 사람"으로 표기되었으나, 영어 성경의 경우 "man"이라는 단어를 사용 – 편주). 그러나 2장 8절의 "남자들(men)"은 에베소 교회의 남자 교인들을 가리킨다. 우리가 그것을 아는 이유는 헬라어에 '남자'에 해당하는 단어가 둘이 있는데, *anthrōpos*는 인류 전반을 뜻하고, *anēr*는 '남편'이나 '남성'을 뜻하기 때문이다.

바울은 지금 남자들만 기도하고 여자들은 기도를 삼가야 한다고 말하는 것이 아니다. 그보다 그는 남자들에게 교인들을 선도할 것을 명하고 있고, 기도할 책임이 남자들에게 있음을 강조하고 있다. 바울의 말은 이런 것이나 같다. "내가 명하노니 남자들이 솔선수범하라. 남자들이 본을 보여 이끌어야 하고, 남자들을 통하여 교회에 기도가 일어나야 한다." 남자들은 에베소의 비신자들에게 영향을 미치기 위하여 자신도 기도할 뿐 아니라 또한 교회를 기도하도록 이끌 책임이 있었다. 이렇게 남자들의 책임을 먼저 못 박고나서 이제 사도는 "이와 같이"라는 말로 여자들에게로 화제를 돌린다. 여자들에게도 책임이 있다는 것이다.

바울은 여자들이 공적인 자리에서 취할 외모를 "단정하게 옷을 입"고 "소박함"과 "정절"로 해야 한다고 세 개의 헬라어 문구로 설명한다.

우선 "단정하게 옷을 입으며"라는 말은 헬라어의 두 단어 문구를 번역한 것으로, '예의 바른 태도'를 뜻할 수도 있고, '단정한 옷차림'을 뜻할 수도 있다. '단정하다'는 번역에는 안타깝게도 '여자답다'는 뉘앙스가 깔려 있는데 이것은 바울의 의도와는 거리가 멀다. 오히려 '잘 맞춰 입었다'는 일상어의 표현이 더 적절할 수 있다. 다시 말해서 그리스도인 여성들은 옷차림이 촌스럽거나 패션에 문외한이 되어야만 경건해지는 것이 아니다. 그들은 얼마든지 시대에 맞고, 당대의 스타일과 자신이 살고 있는 지역의 풍습에 맞게 옷을 입어도 된다. 일부 주석가들은 그리스도인 여성들은 무조건 현재 유행하는 옷차림과 반대로 입거나, 일부러 전혀 눈에 띄지 않게 입어야 한다는 식으로 말한다. 하지만 바울은 그리스도인 여성들에게 그런 극단을 피하라고 권하면서, 일반 여성들이 자연스럽게 그리하듯 그들도 외모를 즐거워하라고 권하고 있다.

반대쪽 극단도 피하고자 바울은 또한 여자들에게 옷차림을 소박하게(직역하면 "소박함을 갖추어") 하라고 권하고 있다. 이 헬라어 단어의 옛 어근에는 '부끄러움'이라는 개념이 들어 있으나, 바울의 시대에는 '공손하게, 정중하게, 삼가는 자세로'라는 뜻으로 정의가 발전되었다. 이 말의 의미는 단순히 몸을 가리는 것보다 더 포괄적이며, 감각적인 자극이나 성적인 유혹으로 비칠 수 있는 옷차림을 일체 피한다는 개념이 들어 있다.

다음으로 "정절"은 헬라어의 두 단어 문구를 옮긴 것으로 직역하면 '신중한 질서'를 뜻한다. '신중하다'는 단어는 목회 서신에 단골로 등장하는 말로 '적당하다, 마땅하다, 알맞다, 절제하다, 자제하다'는 뜻이다.[12] 이 단어는 바울이 남녀노소 모두에게 똑같이 적용하여 쓴 유일한 단어다.

여성의 옷차림에 관한 자신의 명령을 더 명백히 하고자 사도는 구체적으로 세 가지 유행을 지적하는데, 셋 다 그 자체로는 부도덕한 것이 아니다. 베드로처럼 바울도 땋은 머리와 비싼 보석(베드로전서 3장 3절의 "금" 참고)과 값진 옷이 어우러진 상태를 일종의 자기중심적인 허영의 예로 제시하고 있다. 이것은 주님이 남녀를 가리지 않고 모든 신자 안에 빚기 원하시는 아름다움과는 거리가 멀다. 주님이 원하시는 아름다움이란 바로 선행으로 표현되는 경건한 성품이다(엡 2:10, 딛 2:12). 바울은 아름다운 외모를 비난하지도 않고, 여자들에게 아름다운 외모를 즐기지 말라고 막지도 않는다. 그는 다만 에베소의 여자들이 어리석고 허세에 찬 극단을 피하기 원했다. 그런 극단을 우리는 영화계에 종사하는 사람들이나 뉴욕과 파리에서 패션쇼를 벌이는 사람들에게서 흔히 볼 수 있다. 바울의 말은 이런 것이다. "겉으로 더 예뻐지려고 엄청난 시간과 막대한 돈을 쏟아부을 것이 아니라 내면의 아름다움을 가꾸는 데 힘쓰라. 외적인 아름다움은 시들지만 내면의 아름다움은 나이가 들수록 더 빛나는 법이다"(딤전 4:8 참고).

—2:11-12—

여기서 바울은 외모에서 행실로 주제를 돌리는데, 본문을 살펴보기 전에 당신에게 꼭 당부할 말이 있다. 이 말씀을 가지고 하나님을 비판하는 사람들의 관점을 일단 접어두고, 본문이 하는 말만 잘 듣기 바란다. 그런 비판자들은 일시적인 유행과 함께 역사 속으로 왔다가 사라졌지만 성경은 여전히 든든히 서 있다. 하나님의 말씀은 11절에서 세 가지 가르침을 준 다음, 12절에서 그것을 부연하고, 13-15절에서 그에 대한 주님의 근거를 설명하고 있다. 우선 11절에 나오는 세 가지 가르침은 다음과 같다.

- 여자는 목소리를 내지 말고 조용히 있어야 한다.
- 여자는 가르치지 말고 가르침을 받아야 한다.
- 여자는 주관하지 말고 권위를 행사하는 행위를 삼가야 한다.

"조용히 배우라"는 말에는 정신적으로 차분하다는 개념이 들어 있다. 이것은 여자들이 교회 내에서 말도 해서는 안 된다는 엄격한 함구령이 아니다. 극단주의자들은 이 가르침을 완전히 문자적으로 적용하기를 좋아한다. 여자들을 지배하고 통제해야 한다는 자신들의 세상적인 원칙에 그것이 잘 부합되기 때문이다. 하지만 하나님은 여자들을 열등하게 보시는 분이 아니다. 그분은 결코 여자들을 2등 시민으로 대하지 않으신다. 예수님은 소수의 남자들을 훈련하고 준비시켜 자신이 승천하신 후에 교회를 이끌게 하셨지만, 많은 여성 제자들에게도 가르침을 베푸셨다(예 - 마 27:55, 막 15:40, 눅 8:1-3, 23:55-56, 24:10). 나아가 바울은 자신의 여러 편지에서 여자들의 큰 공로를 언급했다(롬 16:1,6, 고전 16:19, 빌 4:1-2, 몬 1:2). 본문의 이 가르침은 교회를 가르치고 이끄는 문맥에서 나왔는데, 교회를 가르치고 이끄는 일은 남자들이 맡아야 할 책임이다.

여기서 우리가 유념할 것이 있다. 1세기의 교회들에는 주일학교, 여성 분반 공부, 예배 이외의 성인 교육, 기타 오늘날 교회들에 있는 많은 프로그램들이 없었다. 바울의 이 말은 예배와 교육을 위한 공적인 모임에 참석하는 여자들을 대상으로 한 것이다. 설교의 책임은 여자들이 아니라 남자 지도자들에게 있었다. 아울러 바울의 이 가르침은 여자들에게만 아니라 지도자가 아닌 남자들에게도 똑같이 해당되었다. 남자들도 자원하는 마음과 복종하는 마음으로 이 가르침을 받았다(참고 고전 16:15-16, 히 13:17). 성경은 아내가 남편에게 복종할 것을 명하지만(엡 5:22-24, 벧전 3:1-2), 지금 우리가 살펴보고 있는 본문의 복종은 교회 지도자들의 가르침을 대하는 모든 신자의 태도를 가리킨다. 여자들이 남자들에게 복종해야 한다는 말이 아니다.

오늘 우리는 이 가르침을 부정적인 렌즈로 보며 여자들이 할 수 없는 일에 초점을 맞출 수 있다. 하지만 우리는 예루살렘 성전과 지역 회당들에서 시행되고 있던 관행도 생각해야 한다. 거기서는 여자들이 예배와 교육 시간에 남자들과 나란히 함께 설 수 없었다. 그런데 에베소의 여자들은 바울의 편지가 낭독되는 것을 통로 주변에 서서 들은 것이 아니라 전체 회중 속에서 함께 들었다. 1세기의 여자들은 바울이 가르쳤던 이 부분을 여성의 평등을 위한 일대 승리로 간주했을 것이다!

성령의 지도하심을 받아 바울은 그리스도의 몸 된 교회에서 여자의 지위가 남자의 지위와 대등함을 천명했다. 그럼에도 불구하고 되풀이해 말하는데 바울은 교회를 이끄는 책임만은 남자에게 두었다. 그는 11절의 가르침을 부연하면서 여자들이 사도나 목사나 장로 같은 안수직의 권위를 가지고 교회를 이끄는 일을 금했다(신약 시대에 '집사'의 직분에는 다스리는 권위가 없었다).

—2:13-14—

일부 주석가들은 바울에게서 이 가르침을 받은 교회가 우리와는 아주 다른 문화 속에서 살고 있었음을 지적한다. 그들의 주장대로라면 사도는 지역 사회 내에서 교회의 명예로운 지위가 훼손되지 않게 하려고 그 시대의 그 지역에 한해서 여성 지도자를 금했다. 다시 말해서 그 당시 사람들은 여성 지도자를 너무 급진적이고 심지어 불온한 일로 여겼을 것이고, 그것 때문에 비신자들이 정말 중요한 문제인 복음의 필요성을 자칫 외면하게 될 수도 있었다는 것이다. 너무 성급하게 너무 많은 변화가 오지 않도록 바울이 속도를 조절할 것을 권한 셈이다.

하지만 사도가 13–15절에서 제시한 근거를 보면 이 가르침의 뿌리가 지역 사회의 상황보다 훨씬 더 시대를 초월하는 영원한 것에 있음을 알 수 있다. 바울은 지구상에 생명체가 처음 생겨난 시점으로까지 거슬러 올라간다. 그리고 버려진 창조의 원리를 재천명하면서 창세기에서 두 가지 증거를 제시한다.

첫째, 태초에 하나님은 당신의 형상대로 인류를 창조하셔서 만물을 다스리는 관리인으로 세우셨다(창 1:26). 그런데 그분은 먼저 아담을 지어 에덴에 두시고 인류에게 주신 그 소기의 목적을 이루게 하셨다(창 2:15). 하지만 남자는 자기에게 없는 부분을 보완해줄 '대등한 이성(異性)'이 없이는 자신이 지음받은 목적을 수행할 수 없었다. 그래서 하나님은 첫 여자인 하와를 지어 남자에게 꼭 필요한 "돕는 배필"이 되게 하셨다(참고 시 30:10, 37:40, 54:4, 118:7).

하나님은 인류를 창조하여 목적을 수행하게 하시되, 창조의 순서상 지도자가 될 책임을 남자에게 두셨다. 그래서 범죄의 책임도 남자가 지게 된다. 그것이 바울이 말하는 두 번째 증거의 요지다.

하와는 사탄에게 속아서 죄를 지었지만, 아담은 속아서가 아니라 자신의 자유 의지로 죄를 선택한 것이다. 어떤 면에서 하와는 핑계라도 댈 수 있었지만, 아담은 두말할 나위 없이 아무런 핑계도 댈 수 없었다. 하나님은 이들의 죄를 지적하실 때 대표로 아담에게 말씀하셨다. 아담이 머리이고 책임자였기에 그분은 아담에게 책임을 물으셨다. 딱하게도 남자는 그 책임을 자기 아내에게 떠넘기려 했다(창 3:12). 물론 여자도 자기가 지은 죄의 결과로 신고를 겪게 되었지만(창 3:16), 하나님의 마지막 말씀은 남자에게 떨어졌다. 최종적인 책임은 아담에게 있었던 것이다.

일부 주석가들은 태초에 여자가 사탄에게 속았던 것은 여자가 남자보다 정신적으로 약하기 때문이라고 허튼소리를 하지만, 그것은 그야말로 궤변에 지나지 않는다. 솔직히 나는 그 반대인 부부들을 정말 많이 보았다! 여기서 문제는 힘이 아니라 책임이다. 하나님은 남자에게 지도자의 일을 맡기셨고, 따라서 그 직무를 수행했는가에 대한 책임을 남자들에게 물으실 것이다. 아담이 태초에 하와를 넘어지게 한 것은 하와를 지도하고 보호하지 못했기 때문이다. 그래서 남자의 불순종에 대한 사법 선고를 남자와 여자가 둘 다 계속 당하고 있는 것이다. 남자의 경우는 노동이 고역이 되었고(창 3:17), 여자의 경우는 극한 고통을 통해서만 출산의 기쁨을 맛보게 되었다(창 3:16).

—2:15—

이 단락을 마무리 짓는 바울의 말에 대해서는 많은 사람들이 지독히도 해석에 어려움을 겪고 있다. 따로 떼어놓고 읽으면 그런 혼란이 충분히 이해가 된다. 하지만 이 말은 문맥 없이 홀로 있는 것이 아니다. 지금까지 바울은 이 주제를 정리하면서 주님의 이런 질서가 오히려 여자들을 위한 것임을 그들에게 거듭 확인해주었다. 바로 그 가르침 끝에 이 마지막 말이 나온다.

예수 그리스도는 온 인류를 죄의 저주에서 구속하시려고 이 땅에 오셨다. 그것이 복음의 핵심이다. 미래의 어느 날 그분은 다시 오셔서 이 망가지고 변질된 만물을 새 하늘과 새 땅으로 바꾸어주실 것이고(계 21:1), 모든 신자를 타락의 저주, 곧 사법 선고로부터 구하실 것이다. 남자는 더 이상 먹고살려고 땀 흘리지 않아도 되고, 여자는 더 이상 산고를 겪지 않아도 된다. 하지만 그때까지는 온 땅이 해산하는 여인처럼 구속을 기다리며 탄식하고 있다(롬 8:22).

주님은 자신이 말세에 재림하여 만물의 구속을 완성하실 때까지 교회 - 구속받고 변화된 남자들이 이끄는 그분의 신실한 제자들 무리 - 에게 위임하여 새 하늘과 새 땅의 표징이 되게 하셨다. 사람들은 하나님의 은혜로 구원받고 끝까지 보존될 것이며(롬 8:26-39), 그 구원과 보존의 통로로 주님은 교회를 쓰실 것이다.

태초에 남자의 리더십은 공급하고 보호하는 일에 실패했고, 그래서 여자들이 지금까지 고생하고 있다. 그러나 남자의 구속받은 리더십은 그리스도가 재림하실 때까지 여자들이 공급과 보호를 받는 통로가 될 것이다. 그러다 그분이 재림하시면 그분이 죄의 저주를 완전히 없애실 것이다.

그러므로 이런 배경을 바탕으로 나는 15절을 (헬라어의 원뜻을 살려) 이렇게 풀어쓸 수 있다. "여자들이 계속 복음대로 살고 끝 날까지 견딘다면 산고라는 사법 선고를 계속 겪는 중에도 구원을 받을 것이다."

바울이 이 편지를 오늘날에 썼다면 이 일곱 구절이 일곱 장이 되었을지도 모른다. 지난 2천 년 동안 우리는 이 부분에서 큰 발전을 이루었지만, 나는 그것을 반드시 발전이라고만 보지는 않는다. 내 생각에 바울은 자신의 이 말이 여자들을 때려서 복종시키는 몽둥이로 쓰일 줄은 꿈에도 몰랐을 것이고, 이 말이 여자들을 하나님 나라의 2등 시민으로 만드는 빌미가 될 줄도 몰랐을 것이다. 하지만 용케도 남자들은 이 말을 과장하고 확대하고 악용하여 여자들 위에 군림하려는 자신들의 육신적인 욕구를 채워왔다.

바울은 과도한 남성 우위의 문화 속에 있는 사람들에게 이 말을 썼다. 그가 이 말을 여자들에게 제약을 가하기 위해서가 아니라 오히려 여자들을 안심시키기 위해서 썼다고 보면 우리는 바울의 말을 바로 이해한 것이다. 바울이 교회 안에서 여자의 역할이 무엇인지를 설명한 것은 남자들에게 권력을 주기 위해서가 아니라 오히려 남자들에게 도전하기 위해서였다. 이를테면 그는 온 회중을 내다보며 여자들에게 남자들의 리더십에 안심하고 따르라고 권한 셈이다. 이 말을 들은 남자라면 누구나 바울이 자기들에게 주는 다음과 같은 간접적인 메시지를 알아들었을 것이다. "남자들이 일어나 이끌어야 한다! 이곳의 여자들이 너희를 믿고 있으니 이번에는 망치지 말라."

바울은 고대의 한 문화를 대상으로 이 편지를 썼지만, 성령은 이 말이 고금의 모든 문화에 지침이 되도록 감화하셨다. 주님은 그로부터 2천 년 후 이 글을 읽는 우리를 보시며 허를 찔리시는 분이 아니다. 1세기의 에베소는 교회 안의 남녀평등이라는 신기한 개념을 비웃었겠지만, 21세기의 서구 문화는 오히려 교회가 이 부분에서 발전을 거부하고 있다고 질타한다. 하지만 청중의 태도는 변했어도 메시지는 변하지 않았다.

남자들이여, 이 말을 들으라! 우리 남자들이 일어나 이끌어야 한다. 우리 남자들이 공급하고 보호해야 한다. 우리가 예수 그리스도라는 지도자 안에서 더 큰 자유를 얻듯이, 그리스도인 여자들은 교회의 남자 지도자들을 통하여 더 큰 해방을 누려야 한다.

적용

여성의 해방인가, 제약인가?

나는 착시 현상을 아주 좋아한다. 특히 처음에 혼란스러워하던 사람들이 내막을 깨닫고 한바탕 웃다가 결국 신기해하는 그 과정을 지켜보는 것이 즐겁다. 착시 현상을 담은 가장 유명한 그림 중 하나는 1888년에 나온 독일의 엽서로 거슬러 올라간다. 보는 사람이 어떻게 해석하느냐에 따라 그 그림은 아름다운 아가씨로 보일 수도 있고, 쭈글쭈글한 노파로 보일 수도 있다. 흥미롭게도 대부분의 사람들은 아름다운 아가씨를 먼저 보며, 노파의 모습은 누가 알려주었을 때에야 눈에 들어온다. 역시 흥미롭게도 둘 중 어느 쪽이 먼저 보였든지 당신에게는 영원히 그것이 주된 이미지로 남는다. 이런 착시 현상이 증명해주는 것이 있다. 인간의 시력은 정확할지라도 지각은 매우 주관적일 수 있다는 사실이다.

지금까지 바울은 교회 안의 바람직한 여성상을 그렸다. 당신의 관점에 따라 이 그림은 반감을 줄 수도 있고, 아니면 희망을 줄 수도 있다. 이미 여성 혁명을 겪은 오늘의 관점에서 보면 바울이 여자들을 교회생활의 주변부로 몰아내고 최고의 명예로운 자리를 남자들에게만 내주는 것처럼 보이기 쉽다. 실제로 많은 교단들이 그렇게 보아왔다. 오늘 우리가 디모데전서 2장 9-15절에 그려진 그림을 바라보면 전면에 큼직하게 '제약'이라는 단어가 찍혀 있는 것처럼 보인다. 남자들에게나 여자들에게나 똑같이 그렇게 보인다.

그러나 진짜 제약을 보고 싶다면 시계를 거꾸로 돌려 예루살렘의 헤롯 성전으로 가보면 된다. 솔로몬 성전이나 이전의 성막과 달리 헤롯의 복합 성전에는 두 개의 제한 구역이 있었다. 첫 번째 담 안에는 유대인들과 유대교로 개종한 사람들만 들어갈 수 있었고 이방인들은 들어갈 수 없었다. 두 번째 담 안의 예배 장소에는 여자들은 들어갈 수 없었고 남자들만 제물을 가져가 예배 의식에 참여할 수 있었다. 1세기의 회당들에도 남녀를 갈라놓는 *mechitza*라는 분리대가 있어 여자들은 구경만 할 수 있을 뿐 예배에 참석할 수는 없었다. 그러나 이런 제약들은 성경에서 온 것이 아니다. 구약 성경 어디에서도 그것을 찾아볼 수 없다. 이런 제약들은 바리새인들이 포로 생활 이후에 다른 수많은 율법주의적 전통과 함께 만들어낸 것들이다.

바울이 그린 여성상을 그런 관점에서 바라보던 1세기의 그리스도인들에게는 오히려 굵은 글씨로 '해방'이라는 단어가 똑똑히 보였을 것이다. 여자들은 더 이상 분리대를 통하여 나누어지지 않고 남자들과 함께 회중석에 앉거나 서서 남자들과 함께 가르침을 받았다. 뿐만 아니라 우리는 신약 성경 전체에서 기독교 사역에 유례없이 자유롭게 동참하는 여자들을 볼 수 있다. 물론 바울은 남자들이 교회의 지도자가 되어야 함을 확언했고, 그리하여 '감독'의 지위를 남자들의 몫으로 남겨두었다. 하지만 동시에 그는 남자들이 지도자의 책임을 포기하지 않는 한 여자들에게 사역의 모든 면에 동참할 것을 권했다.

그렇다면 1970년대를 이미 지난 오늘의 시대에 우리는 이런 본문을 어떻게 적용할 것인가? 우선 우리의 관점부터 바꾸도록 하자. '제약'으로 보기 쉬운 것을 '해방'으로 보자. 이 말씀을 비롯한 성경의 여러 본문을 이용하여 여자들을 교회에서 섬기지 못하게 막을 것이 아니라 오히려 남자들이 강하고 담대하게 그리스도를 닮은 리더십을 구사하자. 그리고 최대한 기회를 찾아 모든 사람에게 사역에 동참할 자유를 주자.

신약 성경에는 성령이 규정하신 비교적 소수의 제약들이 있다. 나는 지금 그것을 무시하자는 말이 아니다. 다만 지금부터 교회에서 여성들이 차지하는 역할을 속박의 렌즈가 아니라 기회의 렌즈로 보자는 말이다.

교회 지도자를 뽑는 기준(디모데전서 3:1–7)

1미쁘다 이 말이여, 곧 사람이 감독의 직분을 얻으려 함은 선한 일을 사모하는 것이라 함이로다
2그러므로 감독은 책망할 것이 없으며 한 아내의 남편이 되며 절제하며 신중하며 단정하며 나그네
를 대접하며 가르치기를 잘하며 3술을 즐기지 아니하며 구타하지 아니하며 오직 관용하며 다투지
아니하며 돈을 사랑하지 아니하며 4자기 집을 잘 다스려 자녀들로 모든 공손함으로 복종하게 하는
자라야 할지며 5(사람이 자기 집을 다스릴 줄 알지 못하면 어찌 하나님의 교회를 돌보리요) 6새로
입교한 자도 말지니 교만하여져서 마귀를 정죄하는 그 정죄에 빠질까 함이요 7또한 외인에게서도
선한 증거를 얻은 자라야 할지니 비방과 마귀의 올무에 빠질까 염려하라.

교회는 목재와 타일과 벽돌과 모르타르로 지어지지 않는다. 하나님의 사람들이 곧 교회다. 그러므로 교회의 지도자들은 당연히 최고가 되어야 한다. 어느 저자의 말처럼 "교회는 지도자가 가는 길을 그대로 따라간다."[13] 지도자들이 비틀거리면 교인들이 길을 잃는다. 지도자들이 꼭 필요한 자격을 갖추지 못하고 있으면 교회가 시들어 죽는다. 안타깝게도 내

가 50년 동안 사역을 하면서 본 바로는 대부분의 교회들은 지도자를 뽑을 때 네 가지 잘못된 자격을 기준으로 뽑는다.

인기. 어떤 사람들은 열정과 카리스마를 뿜어낸다. 그런데 대개 지혜는 거기에 못 미친다. 그래도 그들은 사교술이 좋고 사람들에게 영향을 미치는 법을 알기 때문에 어느 기관에 가든 여론을 등에 업고 최고로 부상한다. 그들은 쉽게 직분을 얻고 여간해서 지위를 잃지 않는다. 웬만한 사람 같으면 좌초해버렸을 아주 망신스러운 일을 저지른 후에도 그들은 여전히 쌩쌩하다.

세습. 세간에는 한번 직책은 영원한 직책이라는 전통이 있다. 그러다보니 본인이 은퇴하거나 죽으면 자연히 아들이나 딸이 그 자리를 물려받아야 한다. 내 경험으로 보건대 이런 부류의 지도자들은 자격을 제대로 갖춘 경우가 드물며, 대개 교회로 하여금 과거를 답습하게 만든다.

정치. 이런 지도자들은 인맥이나 연줄 때문에 높은 자리에 오른다. 정치꾼들은 자기가 원하는 지위를 얻는 법과 장기 집권하는 법을 알지만, 그렇다고 매번 훌륭한 지도자가 되는 것은 아니다. 오히려 그들의 정치 수완은 그들에게 지도자로서 결함이 있다는 강력한 단서일 수 있다.

재력. 부자 교인들이 지도자의 자리에 오르는 일이 가끔 있다. 물론 부 자체가 잘못된 것은 아니다. 하지만 사람들은 재물을 무조건 하나님의 복과 연결시키고, 또 지혜가 부에 따라온다고 생각할 때가 많다. 그러나 비상한 사업 감각을 갖추려면 때로 겸손, 협력, 배우는 자세, 절제 등을 저버려야 한다. 물론 부자도 재물에 대한 바람직한 시각을 갖추면 훌륭한 지도자가 될 수 있음을 우리는 잊어서는 안 된다. 하지만 어느 경우든 많은 재산 자체는 교회를 지도할 자격과는 전혀 무관하다.

바울은 교회 지도자의 중요성을 잘 알았고, 특히 에베소라는 어수선한 도시의 경우에는 더 말할 것도 없었다. 디모데에게는 좋은 자격을 갖춘 일단의 장로들이 필요했다. 회중을 지도하는 일을 돕기 위해서만 아니라 디모데를 지원하고 격려하기 위해서도 필요했다. 그러나 사도는 이제껏 말한 네 가지 요건 – 인기, 세습, 정치, 재력 – 을 제쳐두고 기준이 되는 탁월한 목록을 제시한다. 교회 장로가 반드시 지녀야 할 성품의 특징들이라 할 수 있다.

—3:1—

“감독”으로 번역된 단어는 *episkopos*로 ‘파수꾼, 보호자, 수호자’라는 뜻이다. 예를 들어 아테네 사람들은 정부 관리들을 이 단어로 지칭했다. 바울은 감독의 직분을 “선한 일”, 즉 얻고자 할 가치가 있는 고결한 직분으로 보았다. 오늘날에는 이 감독직을 둘로 나누어 부르는 경우가 많다. 즉, 교회를 섬기는 전업 사역자의 경우 ‘목사’라 부르고, 다른 직업이 있으면서 교회를 이끄는 사람이면 ‘장로’라 부른다. 장로교에서는 종종 그들을 각각 ‘가르치는 장로’와 ‘다스리는 장로’, 직업 목사와 평신도 지도자로 구분한다. 침례교에서는 흔히 목사를 교회의 영적인 책임자로 보고, 장로직과 집사직을 묶어 교회를 운영하는 통치 기구를 결성한다. 여기서는 논의의 취지상 ‘장로’라는 단어를 영적인 문제와 운영상의 문제 둘 다에서 교회를 이끌 책임을 부여받은 남자들을 통칭하는 말로 사용하기로 한다.

이 구절을 처음 읽으면서 나는 내 관점을 바꾸어야 했다. 야심과 대망의 중요한 차이를 인식해야 했다. 야심은 자신을 위하여 권력을 얻고 휘두르려 하는 것이다. 반면에 대망은 지위 자체보다 그 지위에 합당한 사람이 되는 데 더 관심을 쏟는다. 바울이 차차 설명하듯이 ‘감독’의 지위를 얻을 자격을 갖추려면 이상적으로 말해서 모범적인 그리스도인이 되어야 한다. 그래서 바울은 감독직의 가치를 인정한 뒤에 곧바로 만만찮은 자격 목록을 제시한다. 이 자격은 예비 지도자의 삶의 모든 영역에 두루 해당된다. 2–3절은 그 사람의 내면생활을 드러내고, 4–5절은 그의 가정생활을 점검한다. 그리고 6절과 7절은 각각 교회에서 나타나는 품행과 바깥세상에서 드러나는 행실을 기술하고 있다.

—3:2–3(감독의 내면생활)—

“책망할 것이 없으며”(직역하면 “흠잡거나 비난할 것이 없으며”)라는 말은 죄 없이 완벽하다거나 과거가 깨끗하다는 의미가 아니다. 한 사람의 성숙도와 평판에 대한 전반적인 평가로 보면 된다. 장 칼뱅(John Calvin)은 이 개념을 “망신스러운 일로 훼손되지 않은” 상태라 풀어썼다. 이 전반적인 성품이 나머지 모든 요건의 기본 틀이 된다. 나머지 요건은 가정생활, 사회생활, 교회생활 등 넓게 세 가지 범주로 구분될 수 있다.

“한 아내의 남편”(직역하면 “한 여자의 남자”)이란 한 여자와 결혼하여 그 여자에게 정절을 지키며 화목하게 살아가는 남자를 가리킨다. (이 자격 요건에 대해서는 이 책의 디도서 1장 6절 주해 부분에서 더 자세히 설명했다. 367쪽의 ‘한 아내의 남편과 이혼의 문제’를 참고하기 바란다.)

“절제하며”는 정신이 맑거나 술 취하지 않은 상태를 가리키는 헬라어 단어를 번역한 것이다. ‘정신이 맑거나 술 취하지 않은’ 사람은 자신의 심신을 온전히 통제하며, 따라서 술 따위에 조금이라도 영향을 받아 실없는 행동을 하는 일이 없다. 그는 무엇이든 자신의 사고력이 흐려지게 하는 일을 삼가며, 매사에 한도와 균형을 지킨다. 그리고 일, 약, 음식, 섹스 같은 선한 것들에도 지나치게 빠지지 않는다. 그는 또 마약이나 술이나 포르노 같은 파괴적인 것들에 중독되지 않는다.

“신중하며”는 적당하다, 분별이 있다, 판단력이 건전하다는 뜻이다. 바울이 단골로 사용하는 이 단어는 디도서 전반에 걸쳐 나타난다. 이 ‘신중한’ 또는 ‘절제하는’ 자질을 그는 “늙은 남자”(딛 2:2), 늙은 여자에게 배우는 “젊은 여자들”(2:5), “젊은 남자들”(2:6), 나아가 전체 교인들(2:12)에게서 보기를 원했다. 다시 말해서 신중함은 영적 지도자들을 필두로 하여 온 교인의 분명한 자질이 되어야 한다.

“단정하며”는 헬라어 단어 *kosmos*의 형용사형을 번역한 것으로 ‘질서정연하다’는 뜻이다. 대체로 고대 철학자들은 우주가 복잡하면서도 논리적이고 체계적이며 수학적 원리들을 따라 운행된다고 보았다. 그래서 헬라 사회와 로마 사회는 행동이 변덕스럽거나 제멋대로가 아니라 훌륭한 이상 내지 ‘덕’을 따르는 사람들을 존중했다.

고대인들의 사고에서 “나그네를 대접하며”(직역하면 “나그네를 사랑하며”)는 타관 사람이나 자기와 다른 사람을 대하는 태도를 가리킨다. 나그네를 대접하는 사람은 자기와 다른 사람들을 반가이 맞이하며, 서로의 차이점 때문에 양쪽 사이에 존재하는 당연한 긴장을 쉽게 극복한다.

“가르치기를 잘하며”는 ‘가르치다’라는 뜻의 헬라어 단어에서 파생되었으며, 지식을 전달하는 소질을 나타낸다. 그렇다고 장로가 꼭 가르쳐야 한다는 의미는 아니다. 다만 장로는 성경을 설명하여 사람들이 그것을 이해하고 적용하도록 도와줄 수만 있으면 된다.

“술을 즐기”다는 말은 ‘술 가까이에 있다’는 뜻의 헬라어 단어에서 왔다. 이 말은 습관적

묵상의 서재

한 사람의 인생에 영향을 미친 훌륭한 남자들

나는 텍사스 주 휴스턴에서 자랐는데 내 성장기를 떠올릴 때마다 하나님께 감사하는 제목이 있다. 몇몇 남자 어른들이 나에게 자상한 관심을 보여준 일이다. 그 전까지만 해도 나는 성경이 실제로 어떻게 삶으로 연결될 수 있는지 모르고 있었다. 그런데 어느 날 두 집사님이 주일학교 공과가 끝난 뒤에 나를 한쪽으로 데려가 이렇게 말씀하셨다. "찰스야, 우리가 보기에 너는 성경에 남다른 관심이 있단다. 이 간단한 성경 암송 방법을 익히면 너의 그 관심을 발전시키는 데 도움이 될 거야." 그러면서 그분들은 내게 네비게이토 선교회에서 나온 암송 카드를 소개해주었다.

그분들의 말은 옳았다. 그분들의 그런 분별 덕분에 나는 내 마음이 성경을 공부하고 설명하는 일에 끌리는 것을 알게 되었다. 그분들의 지혜로운 지도 덕분에 나는 이 길에 들어섰고, 지금까지 이 길을 가고 있다. 그분들은 십대 후반의 늦된 아이 안에서 나 스스로는 결코 보지 못했을 무언가를 보게 해주었다.

으로 술을 옆에 두는 사람 또는 술을 멀리할 수 없는 사람을 가리킨다. 이 개념은 꼭 극단적인 알코올 중독에만 국한되지 않으며, 술에 관한 자신의 한도를 수시로 무시하는 사람들도 여기에 포함된다. 감독은 술이나 약물 따위에 지나치게 의존해서는 안 된다.

"구타하지 아니하며"는 걸핏 하면 싸우거나 말다툼을 벌이지 않는 사람을 가리킨다. 헬라어 원어를 직역하면 '때리는 사람'이지만, 꼭 구타까지 가지 않더라도 경건한 감독은 쉽게 주먹부터 불끈 쥐는 사람이 아니다. 의견 차이가 있을 때에도 그는 결코 사람을 감정적으로 대하지 않는다.

"관용하며 다투지 아니하며"는 남에게 손부터 날아가기 쉬운 '구타하는' 사람의 반대말이다. "관용하며"는 '온건하다, 적당하다, 알맞거나 꼭 맞다'는 뜻이다. 그의 반응은 언제나 경우에 합당하며, 혹평이나 욕설을 들을 때도 마찬가지다(잠 15:1). 뿐만 아니라 그는 "다투지 아니"한다(이것은 원어를 직역한 표현이며, '온화하다'로 옮길 수도 있다). 이런 사람은 물리적인 언쟁의 자리를 피한다. 비록 싸울 만한 힘과 수단이 자신에게 있을지라도 그는 화평하게 하는 사람, 자신의 권리를 기꺼이 양보하는 사람으로 알려져 있다.

"돈을 사랑하지 아니하며"는 부를 얻으려는 지나친 욕심이 없는 기질을 가리킨다. 경건한 남자들은 사업에 성공하여 큰돈을 벌더라도 굳이 '돈을 사랑하지' 않을 수 있다. 부를 바른 시각으로 보는 사람들은 대개 후히 드리고 베푼다.

내면에 이러한 자질들을 갖춘 사람은 팀워크를 잘 이루면서도 스스로 사고하는 힘과 지혜가 있다. 그는 다른 사람들을 이끌 수 있지만, 무조건 자기 뜻을 관철시키려 하지는 않는다. 그는 자신의 생각을 떳떳이 밝힐 수 있지만, 꼭 누가 그 말을 들어주어야 하거나 남들의 주목을 받지 않아도 된다. 그는 자신의 입장을 고수하며 기준을 타협하지 않지만, 또한 자기와 다른 사람들도 대범하게 수용한다.

—3:4–5(감독의 가정생활)—

우리는 장로나 목사를 새로 증원하려 할 때마다 늘 그들의 아내와 자녀를 만나보기를 좋아한다. 교회는 어디까지나 기업체가 아니라 가정이다. 감독의 영적인 자질은 그가 이끄는 가정에서 가장 잘 나타나게 마련이다.

이 영역에는 융통성을 많이 두는 것이 지혜롭다. 내가 아는 부모들 가운데 한시도 예외 없이 늘 공손한 자녀를 둔 완전한 부모는 하나도 없다. 사실 나는 자녀들이 한 번도 말썽을 부리지 않거나, 아이들이 지나치게 조숙해 보이는 가정은 그리 좋게 보지 않는다. 대개 그런 가정을 지배하는 것은 "모든 공손함"이 아니라 엄한 강압일 때가 많다.

이 요건은 그보다 넓은 의미에서 적용되어야 한다. 건강한 자녀들은 그 나이에 맞게 행동하며, 사춘기 아이들은 때로 통제력을 잃기도 한다. 대체로 말해서 우리는 그 점을 염두에 두고 이렇게 물어야 한다. 이 사람은 평온하고 질서 있는 가정환경을 만들어내고 있는가? 자녀들에게 적절한 기대를 품고 바른 성품을 길러주고 있는가? 자녀들은 그를 존중하며 존경심을 보이는가? 자녀들은 훌륭한 청년이 되는 방향으로 제대로 가고 있는가, 아니면 외부의 개입이 없는 한 장차 문제를 일으킬 소지가 높은가?

자녀는 한 남자의 성품과 지도력을 나타내주는 아주 정확한 지표다. 그래서 바울은 5절의 괄호 안에 정신이 번쩍 드는 말을 덧붙인다. 사도의 이 말에는 두 가지 의미가 함축되어 있다. 첫째, 자녀를 자제력이나 바른 성품이 없는 사람 – 방종에 빠지거나 조용히 자해하는 사람 – 으로 기르는 남자는 필시 성인들을 이끄는 일도 그 이상으로 잘할 수 없다. 둘째, 다른 면으로 다 자격을 갖추었더라도 가정이 혼란에 빠져 있거나 자녀가 위기에 처해 있다면, 그 남자는 교회를 이끄는 일에 충분한 관심을 쏟기 힘들다. 지도자의 가정생활에 장기간 어려움이 있다면 교회에서 그에게 충분한 기간 동안 휴가를 주어 먼저 가정부터 살리게 해야 한다. 가정의 위기는 더없이 훌륭한 남자들에게도 닥칠 수 있다.

—3:6(감독의 교회생활)—

나는 새로 그리스도인이 된 사람들, 특히 꽤 나이가 들어 예수님을 믿게 된 사람들과 함께 있기를 아주 좋아한다. 그들을 보노라면 내 인생을 목회에 바친 이유를 다시금 상기하게 된다. 그들은 아직 감격이 살아 있고, 여기저기 보낸 모습도 아직 그대로다. 복음이 가져다준 자유에 아직 매혹되어 있고, 하나님의 기이한 은혜를 이제 막 깨닫고 있다. 그들은 성경을 스펀지처럼 빨아들이며, 기존 신자들이 왜 하나님의 말씀대로 더 언행일치의 삶을 살지 못하는지 답답해한다. 하지만 이 모든 진실함과 열정에도 불구하고 그들은 안정된 지도자가 될 수는 없다. 감독 노릇을 하려면 우선 자신이 안정되어 있어야 한다. 새 언약의 흙 속에 깊이 뿌리를 내리고 성경을 양분으로 삼아 성령의 양육을 받으며, 악천후의 시험을 통과해야만 한다. 이렇게 복음대로 생활하며 다른 사람들을 그런 생활로 이끄는 검증된 능력은 하룻밤 사이에 생겨나는 것이 아니다.

바울의 말은 "제대로 모르면 아예 모르는 것만 못하다"라는 속담과 맥을 같이한다. "교만하여져서"로 옮겨진 헬라어 단어는 문자적으로 '연기에 싸여 있다'는 뜻이다. '뜬구름 잡듯 공상에 잠겨 있는' 셈인데, 이는 새 신자들이 열정과 이상만 믿고 문제 속으로 곤두박질치기 때문이다. 그들은 말이 거창하고 생각이 완고한데다 고집이 세며, '믿음으로' 성급한 결정들을 내린다. 그러다 와장창 무너지고 만다. "마귀를 정죄하는 그 정죄"는 지나친 교만이 불러온 비참한 추락을 말한다. 마귀의 리더십은 겸손이 갖추어지지 않아 반역으로 치닫고 말았다.

—3:7(감독의 사회생활)—

신자가 세상으로부터 예상할 수 있는 것은 적대뿐이라는 통념이 신자들 사이에 있으나, 바울은 그 개념을 받아들이지 않는다. 세상 체제가 하나님의 방식을 대적하는 것은 사실이며, 성령이 우리를 변화시키실수록 우리는 세상이 불편하게 느껴질 것이다. 하지만 우리가 비신자들과 좋은 관계를 유지하지 못할 이유는 별로 없다. 교회 바깥의 사람들은 정직함, 공정함, 성실함, 친절함, 환대, 민감함, 기타 우리가 감독에게 기대하는 모든 최선의 자질들을 좋게 여긴다. 어떤 사람이 교회 바깥에서 좋은 평을 듣고 있다면, 대체로 이를 통해 우리는 그 사람에 대하여 많은 것을 알 수 있다. 본래 우리는 복음을 위하여 지역 사회에 영향을 미치려는 사람들이다(2:1-6, 골 4:5, 살전 4:12). 그러므로 우리의 좋은 평판은 교회 지도자들로부터 시작되어야 한다.

"마귀의 올무"는 그 사람이 신자인지 외인인지에 따라 두 가지 의미가 있다. 바울은 디모데후서 2장 26절에 거역하는 자의 운명을 기술하면서 "마귀의 올무"라는 똑같은 말을 사용했다. 비신자들은 "그(마귀)에게 사로잡힌 바 되어 그 뜻을 따르"고 있으며(한글 개역개정은 이 문구의 "그에게"를 "하나님께"로 번역했다 – 역주), 결국은 자신들의 죄 가운데 죽어 영원한 고통을 당하게 된다. 하지만 신자들은 그런 운명을 당할 수 없다. 대신 마귀의 올무는 신자들의 증언을 무력하게 만들고, 그들을 일찍 죽게 만들 수 있다(딤전 6:9).

이것은 바울이 교회 지도자들을 향한 마귀의 계략을 두 번째로 언급한 대목이다. 군대의 저격병들이 적군의 고위급 장교들을 노리듯이 사탄도 같은 이유로 감독들에게 시선을 겨누고 있다. 우리는 이 일에 대해 새삼 놀라서는 안 된다. 마귀가 지도자들을 해치울 수 있다면 온 교회가 혼란에 빠질 것이다. 그러면 교회는 지역 사회에 영향을 미쳐 사람들을 회심하게 하는 것이 아니라 오히려 복음을 욕되게 할 것이다.

목회 서신 전체에 걸쳐 바울은 교회의 성품을 중시하는데, 교회의 성품은 질서와 신중함이라는 두 단어로 압축될 수 있다. 질서란 위대한 건축가이신 하나님의 영광을 위하여 혼탁한 세상을 견뎌낼 영원한 건물을 짓는 것이다. 그러려면 견고한 기초(엡 2:19-22) 위에 한 줄씩 차례로 돌을 쌓아 올리고 복음이라는 모르타르를 발라야 한다. 신중함은 그 건물을 이루고 있는 모든 돌 하나하나에 목적을 부여한다는 뜻이다. 그 건물은 하나님의 은혜를 선포하는 그분의 위대한 기념물이다.

하지만 건축가라면 누구나 말하듯이 우리가 쌓아 올리는 돌은 아랫줄과 윗줄이 똑바로 수직과 수평을 이루어야 한다. 그렇지 않으면 한 줄씩 올라갈 때마다 모퉁잇돌이신 주님으로부터 점점 멀리 어긋나게 된다. 결국은 건축에 전혀 문외한인 사람이 보기에도 아주 뻔한 부실 공사가 되고 만다.

그러므로 우리는 교회 지도자들을 잘 뽑아야 한다.

적용

마땅히 따를 만한 사람을 지도자로 뽑자

자기 교회의 장로들이 그렇다는 것을 알면 놀랄 사람들도 있겠지만, 장로들은 단순히 이름이 투표용지의 맨 위쪽에 표기되었다는 이유만으로 뽑혔을 수 있다. 이름이 상단에 적힌 사람들이 표를 세일 많이 얻는 경우가 비일비재하다. 대부분의 사람들은 후보들을 잘 모르는 상태에서 그냥 필요한 숫자만큼 기표를 하기 때문이다. 투표용지를 알파벳순으로 작성하는 교회이고 규모가 꽤 큰 교회라면, 장로들의 성의 첫 글자가 A에서 G 사이에 분포되어 있을 소지가 높다. 성이 Z로 시작되는 가엾은 사람은 아무리 교회에서 가장 자격이 뛰어난 인물일지라도 끝내 묻히고 말 것이다.

물론 과장일 수 있지만 장담컨대 약간의 과장일 뿐이다. 사람들이 장로를 뽑는 다른 이유들도 별로 나을 것이 없다. 그래서 나는 어떤 사람을 교회의 영적 지도자 자리에 앉히기 전에 적어도 다음 세 가지 질문을 던지고 답할 것을 권하고 싶다.

첫째, 내면생활과 겉으로 드러나는 모습이 서로 일치하는가? 사람들 앞에서야 말도 잘하고 처신도 훌륭하게 할 수 있다. 하지만 배후의 삶은 어떤가? 그는 남들이 보지 않는 데서 영적인 삶을 가꾸고 있는가? 이런 물음들에 답하려면 일대일 대화가 필요할 것이고, 충분히 시간을 두고 지켜보아야 한다.

둘째, 아내와 자녀들이 그의 자격을 확증해주는가? 그가 장로로 뽑힐 수도 있다는 말에 가족이 빈정대듯 웃을 것인가, 아니면 그를 유능하고 진실한 영적 지도자로 인정해줄 것인가? 따로 가족들을 만나 물어볼 만한 질문이다.

셋째, 직장 동료들과 경쟁 업체 사람들 등 일반인들이 그를 인정할 것인가, 아니면 그의 자격에 우려를 표할 것인가? 물론 인기 투표를 하자는 것은 아니다. 다만 장로들은 교회 바깥의 사람들과 좋은 관계를 유지해야 한다. 어떤 비신자가 예비 장로의 정직성이나 순수성이나 그 밖의 성품의 문제에 우려를 표한다면 그것은 좋은 신호가 아니다.

어떤 특정인이 교회 지도자가 되기에 적합한 사람인가를 평가할 때는 신중을 기해야 하지만, 그렇다고 비현실적인 기준을 들이대서는 안 된다. 장로의 직분이 도덕적인 완벽함이나 초인적인 영성을 요구하는 것은 아니다. 하지만 그렇더라도 장로는 나머지 교인들에게 마땅히 갖추어져야 할 자질들을 삶으로 보여주어야 한다.

아울러 신임 장로를 뽑을 때는 미리 몇 주 전부터 교인들을 준비시켜야 한다. 디모데전서 3장 1-7절과 디도서 1장 5-9절을 본문으로 설교나 성경 공부를 하면서 목사나 장로의 핵심적인 역할을 강조해주고 자격을 자세히 설명해주면, 교인들이 그것을 기준으로 삼아 잘 숙고할 수 있다. 그다음에는 예배나 특별 행사나 분반 공부 중에 시간을 내어 교인들에게 후보자들을 소개해야 한다. 각 후보의 사진과 약력을 담은 팸플릿도 예비 지도자들을 교인들에게 미리 알리는 데 도움이 된다.

대부분의 교회들은 영적 지도자를 뽑을 때, 사무총회가 있을 것을 오전에 강단에서 광고하고는 바로 저녁 예배 때 투표용지를 돌리는 정도로 그친다. 하지만 언제부터 장로가 회중의 투표로 뽑혔던가? 신약 성경으로 돌아가보라. 그때는 장로들이 어떻게 세워졌는지 잘 보라. 그들은 선출된 것이 아니라 임명되었다. 교회가 한 해 동안 내릴 수 있는 모든 결정 중에서 장로들을 뽑는 일이야말로 가장 중요한 일에 들어간다. 그래서 나는 마지막 한 가지 제안으로 당신에게 도전하고 싶다. 교회가 해마다 다른 결정들을 내리는 데 들이는 시간과 수고의 양을 따져보라. 그에 비해 장로들을 세우는 일은 어떤가? 지도자의 직분에 세울 사람을 뽑을 때는 시간을 충분히 들여야 한다. 그러면 결코 후회하지 않을 것이다.

종의 자리는 존엄하다(디모데전서 3:8-13)

8이와 같이 집사들도 정중하고 일구이언을 하지 아니하고 술에 인박히지 아니하고 더러운 이를
탐하지 아니하고 9깨끗한 양심에 믿음의 비밀을 가진 자라야 할지니 10이에 이 사람들을 먼저 시험
하여 보고 그 후에 책망할 것이 없으면 집사의 직분을 맡게 할 것이요 11여자들도 이와 같이 정숙
하고 모함하지 아니하며 절제하며 모든 일에 충성된 자라야 할지니라 12집사들은 한 아내의 남편
이 되어 자녀와 자기 집을 잘 다스리는 자일지니 13집사의 직분을 잘한 자들은 아름다운 지위와 그
리스도 예수 안에 있는 믿음에 큰 담력을 얻느니라.

세상 속에서 그리스도를 위하여 살기로 결단하는 사람치고 별명을 얻지 않기란 어려울 것이다. 특히 군인들과 운동 선수들은 자기들 속에 있는 그리스도인을 '집사'니 '목사'니 '설교자'라고 부르기 좋아한다. 내가 해병대 3사단에 소속되어 오키나와에 주둔하고 있을 때 한 냉소적인 하사관이 나를 '척(찰스의 애칭 - 역주) 수도사'라 부르곤 했다. 해병대 규율만 아니었다면, 아마 그는 내 머리를 박박 밀고 내 군복을 모자가 달린 갈색 수도복과 샌들로 바꾸어주었을 수도 있다. 어쨌든 그 별명은 그 뒤로 계속 나를 따라다녔다.

별명이 '집사'였다면 나도 싫지 않았을 것이다. 물론 그 명칭이 그런 식으로 쓰이는 것은 주님의 의도와는 거리가 멀지만 말이다. 그럼에도 나는 오히려 그 아이러니를 즐겼을 것이다. 하사관이 나를 모욕할 뜻으로 불렀을 그 명칭이 사실 기독교 세계에서는 큰 칭찬이다. '집사'는 헬라어 단어 *diakonos*를 번역한 것으로 '종'이나 '식탁에서 시중드는 사람'을 뜻한다. 예루살렘에 살던 초대 교회 그리스도인들은 이 비천한 용어를 택하여 교회 안에서

매우 존경받는 직분을 지칭하는 데 썼다.

사도행전 6장을 보면 믿는 유대인들의 수가 순식간에 크게 불어났다. 수만 명의 사람들이 부활하신 메시아께 몰려들었는데, 그중에는 헬라어와 헬라 문화를 받아들인 유대인들(헬라파)도 있었다. 사람들이 급속도로 늘어나자 자연히 혼란이 생겼다. 큰 성공은 언제나 평화를 어지럽히고 극복해야 할 도전들을 만들어낸다. 이 경우에 헬라파 유대인들은 히브리 그리스도인들이 다함께 식사하는 자리에서 음식을 배분할 때 헬라파 과부들을 소홀히 하고 있다고 불평했다. 사도들이 동시에 모든 곳에 있을 수는 없었다. 게다가 교회의 사역이 커질 때마다 사도들이 일일이 직접 감독하는 것도 시간을 지혜롭게 사용하는 일이 못 되었을 것이다. 사도들을 대신하여 사역의 세세한 부분들을 맡아줄 경건한 성품의 믿을 만한 사람들이 필요했다. 정말 중요한 것은 그들의 인품이 사도들과 같은 수준이어야 한다는 것이다.

그래서 사도들은 '집사'라는 직분을 만들었다. 처음에는 배고픈 사람들에게 음식을 차려주는 직분이었다. 사도들은 교인들에게 "성령과 지혜가 충만하여 칭찬 받는 사람 일곱"을 찾게 했다(행 6:3). 그러고나서 엄숙한 위임 예식을 통하여 그들에게 정식으로 안수를 주고 사역을 맡겼다. 집사들은 웨이터장들이 되어 사역 조수들을 감독하기도 하고 직접 식탁에서 시중을 들기도 했다. 덕분에 사도들은 이 일에서 해방되어 교회에서 그들의 주된 역할인 기도와 말씀 사역에 전념할 수 있게 되었다(행 6:4).

바울이 빌립보 신자들에게 편지를 쓸 즈음에는 집사직이 이미 교회생활의 일부로 정착되어 있었다(빌 1:1). 이런 관행은 예루살렘에서 안디옥을 거치고 아시아와 에게 해를 가로질러 유럽의 동쪽 끝인 마게도냐로까지 퍼져나갔다. 교회가 수적으로 많아지고 더 복잡해지면서 집사가 맡은 책임의 범위도 넓어졌지만, 이 역할의 정신만은 지금도 웨이터의 역할과 밀접하게 연결되어 있다. 다음번에 당신이 외식하러 갔다가 남달리 훌륭한 웨이터를 만나거든 그 사람의 자질들을 눈여겨보라. 배고픈 손님들을 섬기는 데 필요한 기술들을 잘 관찰하라. 집사라는 개념에 그와 똑같은 종의 사고방식이 기본으로 깔려 있다. 집사는 긍휼히 여기는 마음과 실무적인 기술을 갖춘 다음 민감하고 유능하게 교인들을 섬기는 사람이다.

묵상의 서재

끝없이 이어지는 세부적인 일들

집사들을 세워 세부적인 사역을 감당하게 한 교회 지도자들의 지혜는 아무리 강조해도 지나치지 않다(행 6:1-7). 열두 사도로 이루어진 초대 교회의 감독들은 사역의 세부적인 실무에 일일이 개입해야 한다는 부담이 막중했을 것이다. 그런데도 그들은 자신들의 우선순위를 지키는 쪽을 택했다. 모든 목사와 장로가 이 유혹으로 씨름한다. 특히 돕는 손길을 찾기 힘든 작은 교회일수록 더 그렇다. 예산상 유급 직원을 쓸 수는 없고, 그렇다고 자원봉사자들이 목사의 방문 앞에 서서 일을 달라고 애원하는 것도 아니다. 그럼에도 불구하고 목사와 장로는 자신들의 한계를 수용하고 분명히 선을 그어야 한다. 그리고 자신들의 일차적 책임에 전념해야 한다. 목사와 장로의 일차적 책임이란 바로 기도하고, 성령 충만한 리더십을 행사하며, 탁월한 성경 교육을 베푸는 것이다.

이것은 쉬운 일이 아니다. 사실 이것은 목사나 장로가 부딪혀야 하는 가장 큰 도전일 수 있다. 목사나 교역자들이나 장로들이 그 우선순위를 지킬 수 있도록 해주는 교회는 거의 없다. 대부분의 교회들은 무슨 일이 있을 때 목사가 오지 않았다든지, 어려운 상황에 처했을 때 목사가 곁에 있어주지 않았다는 이유로 온갖 불평이나, 추한 이메일이나, 헐뜯는 말이나, 장황한 비판 따위로 목사를 미치게 만들 것이다. 그렇다 하더라도 목사와 장로는 그런 오해가 지도자의 자리에 따르는 일종의 직업병임을 받아들이고 묵묵히 정도(正道)를 걸어야 한다. 어쨌든 지도자들이 우선순위를 제대로 지키도록 도와주는 교회는 사역의 세계에서 거의 찾아보기 힘들다.

—3:8-9—

여기서 바울은 감독(*episkopos*)의 자격에서 집사의 자격으로 넘어간다. 그는 이 단락을 *hōsautōs*라는 말로 시작하는데, 이 단어는 '이와 같이, 같은 식으로, 마찬가지로'라는 뜻이다. 사도는 다른 자질들도 몇 가지 열거하고 있지만, 나는 "정중하고"라는 말에 집사의 기본 특성이 잘 압축되어 있다고 본다. 평가의 엄격성은 혹시 덜할지 몰라도 여전히 그 말이 등장하는 것만은 사실이다. "정중하고"로 번역된 이 헬라어 단어는 직역하면 '위엄이 있다, 웅대하다, 존경할 만하다'라는 뜻으로 과단성, 헌신, 안정성 등의 개념이 들어 있다. 다시 말해서 집사 후보들은 시간이 지나 더 무르익기만 하면 감독이 될 만한 그런 사람들이어야 한다.

"아니하고"가 붙은 세 가지 부정적인 진술을 보면 정중함의 의미가 더 분명해진다.

"일구이언을 하지 아니하고"는 사려가 깊고 표리부동하지 않다는 뜻이다. 자격을 갖춘 집사들은 일의 비밀을 지킬 줄 안다(잠 11:13). 나아가 그들의 삶은 겉과 속이 다르지 않으며, 따라서 집사들의 행동은 주중에도 교회에서와 똑같고, 누구를 대하느냐에 따라 진실이 달라지지 않는다. 말과 행동과 실생활이 모두 일치하는 것이다.

"술에 인박히지 아니하고"(3:3 주해 참고). 이것이 그저 발효되지 않은 포도 주스를 가리키는 말이라면, "많은 술"(딛 2:3 참고, 헬라어 원문과 저자가 사용하고 있는 영어 성경 NASB에는 "많은"이라는 단어가 있다 – 역주)이라는 말은 무의미해질 것이다. 하지만 그렇더라도 우리는 바울이 "많은"이라는 단어를 넣은 것을 너무 지나치게 강조해서는 안 된다. 적은 술에 중독되는 일과 많은 술에 중독되는 일을 서로 대비한다는 것은 아무런 의미가 없다. 바울의 요지는 똑같다. 그의 말은 이런 것이다. "술을 너무 많이 마시는 사람에게는 집사의 일을 맡기지 말라."

"더러운 이를 탐하지 아니하고"는 헬라의 고전 작가들인 헤로도투스와 아리스토파네스의 번역으로 "더럽게 이익을 탐하지 않는" 또는 "부자가 될 욕심에 부끄러운 방식으로 부를 얻으려 하지 않는" 기질을 가리킨다. 다시 말하지만 돈이나 부 자체가 잘못된 것은 아니다. 나는 우리 모두가 크게 풍족함을 누리기를 바란다! 그러나 집사들은 정직한 이익을 추구해야 하며, 후히 베푸는 정신을 가꾸어야 한다. 현대의 교회들에서는 이 자질이 특히 더 중요

디모데전서에 기록된 감독과 집사의 자격

감독	집사
책망할 것이 없으며	책망할 것이 없으면
한 아내의 남편이 되며	한 아내의 남편이 되어
절제하며	
신중하며	
단정하며	정중하고
나그네를 대접하며	
가르치기를 잘하며	
술을 즐기지 아니하며	술에 인박히지 아니하고
구타하지 아니하며	
관용하며	
다투지 아니하며	
돈을 사랑하지 아니하며	더러운 이를 탐하지 아니하고
자기 집을 잘 다스려	자기 집을 잘 다스리는 자일지니
새로 입교한 자도 말지니	먼저 시험하여 보고
외인에게서도 선한 증거를 얻은 자라야 할지니	깨끗한 양심에 믿음의 비밀을 가진 자라야 할지니
	일구이언을 하지 아니하고

해진다. 헌금을 거두고 계수하여 은행에 입금하는 일을 대개 집사들이 하기 때문이다.

"깨끗한 양심"이 따로 더 거론되고 있음에 주목하라(1:5, 19 참고). 집사는 "깨끗한 양심에 믿음의 비밀을 가진 자"라야 한다. 이것은 교회의 사명에 영적으로 깊이 헌신되어 있어야 한다는 말이다. "믿음의 비밀"이란 곧 복음을 말한다. 복음은 예수 그리스도를 통하여 계시되었고, 사도들이 증언하고 가르쳤으며, 온 세상에 선파되도록 교회에 맡겨졌다. 집사는 믿음으로 복음을 굳게 붙들 뿐 아니라, 복음의 진리에 합당하게 늘 섬기며 살아야 한다. 집사들은 다른 직분들보다 더 직접적으로 교회의 손과 발이 된다. 그래서 사도는 집사들에게 진실함과 도덕적 순결함을 몸으로 실천하고 성경의 진리에 복종할 것을 주문하고 있다.

—3:10—

"이에 이 사람들을 먼저 시험하여 보고"라는 헬라어 문구에서 핵심이 되는 단어는 동사 *dokimazō*의 수동태 명령형이다. '지켜보다'는 뜻의 *dokeō*라는 어근에서 파생된 이 단어는 흔히 금속의 주조와 거래에 쓰이던 단어였다. 동전이나 주괴를 감정하는 가장 확실한 방법은 녹을 때까지 가열하여 결과를 관찰하는 것이다. 일반 사회의 저자들이나 종교계의 저자들 모두 전쟁 중의 용사들과 역경 중의 지도자들을 묘사할 때 이 단어를 사용했다.

교회는 사람들을 충분히 관찰한 후 집사로 세워야 한다. 이것은 몰래 뒷조사한다는 의미가 아니라 그 사람이 역경에 어떻게 반응하는지 알고자 장기간 지켜본다는 의미다.

—3:11—

교회 지도자의 문제를 논하던 바울이 갑자기 화제를 여자들에게로 돌린다. 이번에도 그는 '이와 같이, 같은 식으로, 마찬가지로'라는 뜻의 *hōsautōs*라는 말로 시작한다(3:8 주해 참고). 여기서 세 가지 해석의 가능성이 생겨난다.

(1) 이 구절은 집사의 아내들이나 어쩌면 교회의 모든 직분자(감독과 집사)의 아내들에 관한 말이다. 믿을 만한 일부 주석가들은 이 구절의 여자들을 '아내들'로 번역해야 한다는 증거를 설득력 있게 제시한다. 헬라어 명사 *gynē*는 문맥에 따라 '아내'나 '여자' 중 어느 쪽으로도 해석이 가능하다. 바울은 아내도 내조자로서 남편과 함께 섬기기 때문에 지도자들의 아내들에게 말하고 싶었을 수 있다.

그러나 나는 두 가지 이유에서 이런 해석을 인정할 수 없다. 첫째, 소유대명사가 없다는 사실을 무시하기 어렵다. 이 구절은 "그들의 여자들(아내들)도"로 시작되지 않고 그냥 "여자들도"로 시작된다. 다른 곳들에서는 자신이 말하는 대상을 애써 분명히 밝히는 사도가 유독 여기서만 그렇게 하지 않았다는 것은 설득력이 떨어진다.

둘째, 11절의 어법은 8절과 거의 정확히 일치하며, 따라서 바울이 '여자들'에게 준 가르침은 전체 지도자들(감독과 집사)이 아닌 '집사들'에게만 한정된 가르침과 상통한다고 볼 수 있다. 그렇다면 바울은 집사들의 아내에게만 말하고 감독들의 아내는 완전히 무시한 셈이 된다.

8절	*diakonous*	*hōsautōs*	*semnous*
	집사들	이와 같이	정중하고(남성형)
11절	*gynaikas*	*hōsautōs*	*semnas*
	여자들	이와 같이	정숙하고(여성형)

(2) 이 구절은 여자들 전반을 가리키고 있다. 나는 이 해석의 가능성이 아까보다도 더 납득이 가지 않는다. 여자들 전반에게라면 바울은 2장 9-15절에서 이미 말했다. 그런데 집사들에게 주는 두 번의 가르침 사이에 추가로 이 말을 끼워 넣었다고 생각하면 머리가 어찔해진다. 본래 바울이 말하다가 곁가지를 잘 치기로 유명하기는 하지만 그래도 이렇게까지 한 적은 없다.

(3) 이 구절은 집사로 섬기는 여자들에게 한 말이다. 이 직분을 '여집사'라고 부르는 사람들도 있다. 이렇게 보면 8절과 11절의 유사성이 가장 잘 풀린다. 두 구절 모두 교회에서 섬길 사람의 자격을 명시하고 있다. 더욱이 이 구절은 교회의 공식 직분들이라는 문맥 속에 등장하고 있다.

현대의 일부 교단들은 감독직과 집사직을 하나로 묶어놓고, 여자들에게는 "가르치는 것과 남자를 주관하는 것"이 허용되지 않았다는 이유로(2:12) 이 세 번째 해석의 가능성을 반박한다. 하지만 초대 교회는 이 두 직분을 결합시키지 않았으며, 집사는 누구에게도 권위를 행사하지(즉, 누구도 주관하지) 않았다. 남녀 집사는 그냥 교인들을 섬겼을 뿐이다.

여자 집사들도 남자 집사들과 마찬가지로 자신의 혀를 다스리고 "절제하며"(3:2-3 주해 참고) 직무를 충실히 수행해야 한다. 다시 말하지만 8절과의 유사성은 주목할 만하다.

—3:12—

바울은 다시 남자 집사들에 대한 말로 돌아가 집사의 자격을 마무리 짓는데, 여기서는 안정된 가정생활의 중요성을 강조한다. 집사는 집 밖의 사람들을 섬기려 하기 전에 우선 자기 집 안의 사람들부터 섬겨야 한다. 감독들과 마찬가지로 집사들도 한 여자의 남자여야 하고, 자기 가정과 자녀의 감독 노릇을 할 수 있어야 한다(참고 3:2, 4, 딛 1:6).

—3:13—

세상 체제는 아무런 보답도 바라지 않고 자신을 희생하는 사람들을 나쁘게 보지도 않지만, 그렇다고 그런 이타적인 섬김에 상을 주지도 않는다. 세상에서 출세하려면 남의 눈에 띄어야 하고, 승부수를 던져 이목을 끌어야 하며, 자신의 결점을 감추어야 한다. 오늘의 문화에서 무명의 영웅이 성공이라는 보상을 거머쥐는 경우는 드물다.

하지만 하나님 나라는 원리가 다르다. 예수님은 출세의 사다리를 거꾸로 뒤집어 사실상 이렇게 선포하셨다. "내 나라에서 위로 올라가는 길은 사다리의 맨 아래 칸으로 내려가 모두의 종이 되는 것이다"(마 20:26-28). 바울도 주님의 말씀을 이어받아, 식탁에서 시중드는 사람은 다른 사람들을 섬긴 대가로 두 가지 상을 얻는다고 단언한다. 첫째, 충성된 집사는 지금 옆에 있는 동료 신자들로부터 존경을 얻고 미래에 하나님 나라에서 높은 지위를 얻는다. 둘째, 충성된 집사는 복음의 진리에 대한 굳건한 확신을 얻게 된다. 선행을 하면 언제나 구원의 확신이 깊어지는 법이다. 선행의 삶과 성령이 우리 안에 빚고 계신 경건한 성품이 서로 일치하기 때문이다.

종으로 섬긴다는 개념("집사의 직분을 잘한 자들"을 직역하면 "잘 섬긴 자들"이 된다 - 역주)은 헬라와 로마의 문화에 잘 들어맞지 않았다. 정치적으로 고위직에 있는 사람들은 말로는 백성의 종이었지만, 전토나 감투나 아첨이나 특전 없이 그냥 '섬긴' 사람은 아무도 없다. 솔직히 말해서 로마 황제로 '섬기고' 싶지 않은 사람이 누가 있겠는가? 늘 암살당할 위험이 있다는 점만 빼고는 그런 종의 자리는 얻을 수만 있다면 당연히 괜찮은 일이다! 실제로 섬기는 일은 노예들의 몫이었다. 헬라인들과 로마인들은 노예를 소나 말과 같은 수준의 열등한 존재로 취급했다.

예수님은 종의 개념을 뒤집어 친히 만인의 종이 되셨다(마 20:28, 눅 22:26-28). 그분의 나라에서는 종이 가장 큰 사람이다. 기독교 세계에서 '종'이라는 호칭보다 더 명예롭고 존귀한 호칭은 없다. '집사', 즉 충실하고 자상하며 근면하게 식탁에서 시중드는 사람으로 불린다는 것은 얼마나 놀라운 찬사인가. 교회 안의 모든 공식 직분 중에서 집사야말로 가장 그리스도를 닮은 직분이다. 그러므로 집사의 자격 요건은 계속 엄격하게 유지되어야 한다. 그토록 숭고한 호칭은 아무나 얻을 수 있는 것이 아니다.

적용
섬김의 문화를 창출하라

이 낡은 세상은 인간의 교만에 짓눌려 신음하고 있다. 사람들은 얼마나 권력의 지위를 애지중지하고, 얼마나 권세를 좋아하며, 얼마나 계급에 의미를 부여하는가! 유명 인사의 이름을 팔거나, 자신을 과시하거나 자랑하고 싶은 욕심이 없는 사람은 찾아보기 힘들다. 그런데 서글프게도 지위나 권력을 탐하는 교만한 마음은 세상에만 있는 것이 아니라 교회 안에서도 볼 수 있다. 대부분의 교회들에는 감독이 되고 싶어하는 사람들은 많이 있다. 하지만 종이 되려는 사람들은 어떤가? 그거라면 이야기가 달라진다.

바울은 식탁에서 시중드는 교회의 집사들이 존귀한 사람들이라는 짤막한 강론을 마치면서 이렇게 선포한다. "집사의 직분을 잘한 자들은 아름다운 지위와 그리스도 예수 안에 있는 믿음에 큰 담력을 얻느니라"(3:13). "큰 담력(확신)" 부분은 충분히 이해가 된다. 주님은 신실하셔서 교회의 종들에게 그들의 신행을 통하여, 복음을 믿는 믿음과 구원의 확신을 더 강하게 해주실 것이다. 하지만 "아름다운 지위"(NASB에는 "높은 지위"로 되어 있다 – 역주) 부분은 어떤가? 적어도 이 땅에서는 집사들을 그렇게 높여주는 책임이 그 집사들이 섬기고 있는 교회에 있지 않을까 생각된다.

당신의 교회는 종들을 높여주는가? 어떤 교회들은 예비 장로들에게 장로 후보로서 자격을 갖추기 위해 몇 년 동안 집사로 섬길 것을 요구한다. 하지만 그것 외에 당신의 교회는 말 없이 이타적으로 자신을 희생하는 사람들을 귀히 여기고 존중하는가? 다음에 당신이 생각해볼 만한 몇 가지 아이디어를 소개한다. 공식적으로 전 교회 차원에서 해도 좋고, 아니면 비공식적으로 당신 혼자서 해도 좋다.

그들에게 사적으로 감사를 표하라. 감사를 글로 표현하면 더 좋다. 그 사람에게만 해당되는 내용을 담아 직접 손으로 쓴 쪽지가 가장 좋다. 공식적인 편지지보다는 당신이 직접 택한 편지지가 좋다. 상대방의 섬김에서 어느 부분이 고마운지 구체적으로 표현하라. 선물이나 가시적인 감사의 표시물을 동봉하고 싶은 충동은 물리쳐야 한다. 정말이지 그들은 당신의 진실한 칭찬과 감사의 표현을 소중히 여길 것이다.

당신이 목사나 장로나 기타 직분자라면 해마다 이런 글을 같은 시기에 대량으로 발송하려 하지 말라. 사람들은 똑똑해서 교회에서 의례적으로 보낸 편지는 대번 알아본다. 그보다 장로 회의나 교역자 회의 때마다 이것을 의제에 넣어, 장로들이나 교역자들로 하여금 평소에 잘 섬기고 있거나 힘에 넘치도록 희생하고 있는 소수의 사람들을 칭찬하게 하라. 거기서 나오는 이름들을 잘 적어두었다가 적어도 한 달에 한 번씩 서너 명에게 감사의 쪽지를 보내라.

그들을 사람들 앞에서 높여주라. 교회 안에 있는 무명의 영웅들을 잘 보아두었다가 다른 사람들에게 그들을 칭찬해주라. 거창하게 하거나 너무 극적으로 할 필요는 없다. 그냥 평상시의 대화중에 그들의 이타적인 섬김의 행위를 언급하면 된다. 당신이 목사라면 그런 이타적인 섬김의 행위를 설교나 가르침 도중에 예화로 사용하라. 물론 사전에 본인의 허락을 받아야 한다.

그들에게 단체로 보상해주라. 교회에서 해마다 연회를 열어 교인들을 충성되게 섬기는 사람들을 치하해주면 좋다. 이 시간이 대대적인 축제의 시간이 되게 하라. 가능하면 교인들을 전부 초대하고, 그 특별한 종들을 상석에 앉히라. 품격 있고 기억에 남을 만한 시간이 되도록 모든 면에서 최선을 다하라. 실내 준비와 요리와 뒷정리와 무엇보다도 식탁 시중을 교인들에게 부탁하면 더 의미가 살아난다.

우리가 진정 교회의 종들에게 '높은 지위'를 주고자 한다면 섬김의 문화를 창출해야 한다. 이타적인 헌신에 감사를 표하는 일을 우선으로 해야 한다. 당신이 오늘부터 시작할 수 있는 방법들을 생각해보라.

희망, 집, 찬송(디모데전서 3:14–16)

[14]내가 속히 네게 가기를 바라나 이것을 네게 쓰는 것은 [15]만일 내가 지체하면 너로 하여금 하나님의 집에서 어떻게 행하여야 할지를 알게 하려 함이니 이 집은 살아 계신 하나님의 교회요 진리의 기둥과 터니라 [16]크도다 경건의 비밀이여, 그렇지 않다 하는 이 없도다

그는 육신으로 나타난 바 되시고
영으로 의롭다 하심을 받으시고
천사들에게 보이시고
만국에서 전파되시고
세상에서 믿은 바 되시고
영광 가운데서 올려지셨느니라.

바울이 에베소의 낙심한 제자에게 준 메시지의 첫 단락(1:3–3:13)은 사역의 일에 중점을 두고 있다. 바울은 디모데에게 목사인 그의 직무를 상기시켰고(1:3–20), 기도를 사역의 최고 우선순위로 꼽았으며(2:1–8), 교회 안의 여자들의 지위와 역할을 밝혔고(2:9–15), 장로의 자격을 규정했으며(3:1–7), 집사와 여집사의 숭고한 직분을 예찬했다(3:8–13). 나머지 두 번째 단락(4:1–6:21)에서는 목자의 측면에 특히 강조점을 두면서 사역자의 내면생활과 품행을 깊이 살펴보고 있다. 이러한 가르침의 두 단락 사이에 연결부(3:14–16)가 나온다. 양쪽을 연결하는 짤막하고 흥미로운 사적인 간주곡이라 할 수 있다.

실제적인 가르침의 큰 단락들 사이에 끼어 있는 이 작은 이음매를 그냥 대충 넘어가고 싶은 유혹이 들 수 있다. 하지만 갑옷의 부드럽고 유연한 접합부 사이로 사람의 실제 형체가 드러나듯이, 바로 이 부분에서 우리는 바울의 인간적인 면모를 볼 수 있다. 디모데전서 1장 3절–3장 13절과 4장 1절–6장 21절에 나타난 바울이 백전노장의 사도라면, 3장 14–16절에 나타난 바울은 디모데의 친밀한 친구다. 내가 성경에서 가장 좋아하는 대목들로서 이런 본문들을 빼놓을 수 없다. 이런 본문들이 성령의 감화를 통하여 일깨워주듯이, 하나님의 말씀은 현실을 살아가는 실제 인간들을 위한 것이며, 오늘의 우리와 똑같이 육신의 연약함을 이겨내려 씨름했던 사람들을 통하여 주어진 것이다.

—3:14—

내가 믿기로 바울의 계획은 2년 동안 에게 해 주변을 돌며 첫해 겨울은 드로아에서 지내고, 이듬해 겨울은 니고볼리에서 지낸 뒤 로마로 돌아가 고별 여행을 마치는 것이었다. 1차 로마 투옥에서 풀려나 순회 여정에 오른 바울은 우리가 알다시피 디도를 그레데에 "남겨"두었고(딛 1:5), 마게도냐로 가던 중에 디모데를 권하여 에베소에 "머물라" 했다(딤전 1:3). 아마 디모데는 바울이 옥에 갇혀 있던 동안 이미 많은 시간을 에베소에서 사역했을 것이고, 그러다 밀레도에서 잠깐 바울을 만났을 것이다. 전에도 바울은 에베소의 일에 연루되지 않으려고 밀레도라는 항구를 이용한 적이 있었다(행 20:15-17). 아울러 바울은 드로아에 겉옷과 책들을 남겨둔 것으로 보아(딤후 4:13) 아무래도 드로아에 꽤 오래 머물렀던 것 같다. 디도에게 편지를 쓰던 시점에만 해도 바울은 이듬해 겨울을 에베소에서 멀리 떨어진 그리스 본토의 반대편 끝에 있는 니고볼리에서 보낼 예정이었다. 그런데 그때 무언가 일이 벌어져 그의 계획을 바꾸어놓았다.

—3:15—

바울이 결국 마게도냐까지 갔는지는 알 수 없다. 나는 그렇다고 생각하는 쪽이다. 하지만 에베소의 디모데에게 닥친 위기 때문에 그는 부득이 방향을 돌려야 했다. 어떤 상황이었든 간에 바울이 편지를 먼저 보낸 것만은 확실하다. 이는 디모데의 자신감을 북돋아주고, 에베소 교회에 영속적인 강령을 확립해주며, 그 교회의 영적인 지도자로서 디모데의 권위를 다져주기 위해서였다. 안타깝게도 바울은 친구 옆으로 바로 달려갈 수 없었다. 헬라어로 '지체하면'이라는 동사 형태에 불확실하다는 의미가 깔려 있기는 하지만, 바울은 수동태가 아닌 능동태를 선택했다. 그러므로 "내가 지체되면"(NASB에 그렇게 되어 있다 – 역주)보다 "내가 지체하면"이 더 좋은 번역이다. 물론 바울은 친구를 – 최대한 일찍 직접 만나서 – 지원해주고 싶었지만, 사도의 사역에도 나름대로 지켜야 할 우선순위가 있었다.

바울이 편지를 쓴 목적은 "너(단수)로 하여금… 어떻게 행하여야 할지를 알게 하려 함"이었는데, 편지의 내용은 디모데에게 새로운 정보가 아니었을 수도 있다. 이 선배 사역자

는 제자가 스스로 교회를 목양하게 될 날에 대비하여 이미 부지런히 그를 훈련시켰다. 그러나 때로 스승은 제자의 사고에 다시 중심을 잡아주며 기본으로 돌아가게 해줄 필요가 있다. 여기서 바울은 신자들의 몸인 지역 교회를 집, 주민 회의, 진리의 기둥이라는 세 가지 이미지를 빌려 묘사하고 있다.

"하나님의 집"은 고대 근동의 대다수 문화에서 볼 수 있었던 여러 세대의 가부장적인 가족 구조

위: 고대의 7대 불가사의 가운데 하나인 거대한 아데미 신전으로 오늘날에는 기둥을 얼기설기 쌓아올린 이 부분만 잔해로 남아 있으며, 주변은 늪지로 둘러싸여 있다. 아래: AD 6세기 말에 유스티니아누스 황제는 현재의 터키 이스탄불에 있는 성 소피아 성당의 거대한 돔을 이런 막강한 기둥들로 떠받치게 했다

에 근거한 개념이다. 그 당시에는 남자가 결혼하면 그의 아버지가 집을 넓혀 신혼부부에게 따로 방을 내주었다. 대가족의 삶에 필요한 것들은 온 가족이 가부장의 지시를 받아 서로 협력하여 채워나갔다. 종종 가부장은 지도자의 권한을 다른 사람에게 맡기기도 했는데, 대개 그 대상은 맏아들(1:2 주해 참고)이나 입양한 상속자였고, 신임을 얻은 종에게 맡기는 경우도 있었다(창 15:2).

"살아계신 하나님의 교회"에는 헬라어 단어 *ekklēsia*가 쓰였다. 일반 헬라어에서 이 말은 특정한 문제를 의논하고자 소집된 주민들의 모임을 기술할 때 가장 흔히 쓰였다(행 19:32,39-40 참고). 아마도 바울은 구약 성경의 헬라어 역본을 염두에 두었을 것이다. 거기에 보면 이 단어가 하나님의 언약 백성, 이스라엘(예 - 신 23:2), 여호와의 '총회'를 가리키는 말로 쓰였다.

"진리의 기둥과 터"는 에베소의 아주 익숙한 광경에서 따온 것이다. 웅장한 아데미 신전에는 높이 18.3미터의 기둥이 127개나 하늘 높이 치솟아 정규 풋볼 경기장(가로 130미터 세로 69미터)보다 60퍼센트나 더 큰 지붕을 떠받치고 있었다. 바울에 따르면 주님은 하나님

에베소: '말씀'의 발상지

BC 5백 년경에 에베소의 귀족 헤라클리투스라는 헬라인은 우주가 어떤 합리적 구조 내지 통일된 지배 원리에 따라 운행되며, 반복되는 현상들을 잘 관찰하고 많은 난제들을 풀면 그것을 알아낼 수 있다고 가르쳤다. 이 이론에 따르면 물리학과 수학과 이성과 나아가 도덕의 많은 법칙들은 이 하나의 지배 원리로 거슬러 올라갈 수 있으며, 그 원리를 그는 *logos*, 즉 '말씀'이라고 불렀다.

스토아 학파 등 다른 철학자들은 아직 발달되지 않은 이 개념을 가져다 그들 나름의 이론들로 살을 붙였고, 결국 '말씀'을 우주에 팽배하여 생기를 불어넣는(생명을 주고 생명을 움직이는) 신적 원리로 표현하기에 이르렀다. 플라톤의 영향을 많이 받은 유대인 철학자 필로(Philo, BC 20-AD 50)는 *logos*가 하나님의 창조 원리이며, 하나님은 순전한 사고 영역에 계셔서 가시적 물질 영역의 무엇과도 직접 관계하실 수 없기 때문에 *logos*가 필연이라고 가르쳤다.

에베소는 *logos* 개념을 대중화시켰을 뿐 아니라 헬라어 원전들을 소장한 유명한 보고(寶庫)가 되었고, 많은 철학 학파들을 끌어들였다. 일각에는 요한이 헬라의 *logos* 개념에 잘못 빠져 영지주의로 기울었다고 비난하는 학자들도 있다. 그러나 헬라 철학자들은 *logos*가 육신이 되었다는 사실을 극구 반박했을 것이다. 요한은 공통분모 위에서 그리스도의 진리를 전하려고 헬라 철학의 타당한 부분들을 인정했을 뿐이다. 그러면서도 그는 구약에서 배운 히브리 특유의 *logos* 개념을 타협하지 않았다. 창세기에 보면 만물은 하나님의 말씀으로 말미암아 생겨났다.

결국 에베소 교회는 기독교 신학의 요새가 되었다.

의 진리를 떠받치는 구조물로 지역 교회를 세우셨다.

—3:16—

진리를 언급하는 순간 바울은 노래 하나가 떠올랐다. 신약 학자들에 따르면 16절은 운율과 박자의 요소가 아주 강하며, 모두 여섯 소절로 나누어져 그리스도의 신성과 승리를 노래하는 찬송가를 이룬다.

"그는 육신으로 나타난 바 되시고." 여기 "그"는 물론 하나님의 아들을 가리킨다. 원문의 대명사에 선행사가 없는 이런 경우는 헬라어 시에 전형적으로 나타나며, 바울의 저작에서도 적지 않게 볼 수 있다(참고 빌 2:6, 골 1:15). 사도 요한이 복음서 서문(요 1:14)을 쓰려면 이때로부터 아직 상당한 시일이 더 지나야 했지만, 초대 그리스도인들은 인간의 몸을 입고 이 땅에 오신 하나님을 노래했다. 에베소는 철학의 *logos* 개념의 발상지였던 만큼 이런 성육신이라는 개념을 쌍수를 들고 환영할 곳은 아니었다.

바울이 사용한 "나타난 바 되시고"라는 단어는 그리스도가 세상에 오셔서 하나님을 계시하셨다는 신약의 개념을 그대로 담아낸 것이다(벧전 1:20, 요일 3:5, 8).

노래의 소절	예수님의 생애의 단계	관련 성경 구절
"그는 육신으로 나타난 바 되시고."	성육신	요 1:14, 롬 1:3, 갈 4:4, 빌 2:5-7, 히 2:14, 요일 1:1,4:2, 요이 1:7
"영으로 의롭다 하심을 받으시고."	부활	롬 1:4, 벧전 3:18, 요 13:31-32
"천사들에게 보이시고."	승천	막 16:19, 눅 24:51, 행 1:9-11
"만국에서 전파되시고."	복음화	마 28:16-20, 행 1:8
"세상에서 믿은 바 되시고."	인정받으심	롬 10:17-18, 14:11, 빌 2:10-11, 계 5:9, 7:9-11
"영광 가운데서 올려지셨느니라."	통치	단 7:13-14, 고전 15:27, 엡 1:20-22, 빌 2:9-11, 계 1:6

"영으로 의롭다 하심을 받으시고." 여기 "의롭다 하심을 받으시고"라는 말은 "의"를 뜻하는 헬라어 단어의 특이한 형태로 '옳음이 입증되었다'는 뜻이다. 복음서에서 예수님은 대개 성전의 종교 당국자들이 그분을 신성 모독죄로 고발할 때 그에 대한 반응으로 자신이 "영광을 얻을" 때를 자주 언급하셨다. 주님이 십자가에서 죽으시고 부활하시고 승천하신 일과 그 뒤로 성령이 오신 일은 주님의 가르침이 진리임을 입증했고, 그분의 정체가 하나님의 아들이심을 확증해주었다.

"천사들에게 보이시고." 이것은 그리스도가 이 땅의 사역을 다 마치신 후 하늘로 거처를 옮기셨다는 말을 시적으로 표현한 것이다. 그분은 세상을 복음화하는 일을 제자들에게 위임하시고 천국으로 승천하셨고, 약속대로 다시 오실 때까지 그곳에 계신다.

"만국에서 전파되시고." 과거 시제로 쓰인 이 문구는 1세기에 시작되어 오늘날까지 교회를 통하여 계속되고 있는 복음화 사역을 가리킨다.

"세상에서 믿은 바 되시고." 세상 모든 사람이 복음을 믿게 된다는 말이 아니라, 세상 모든 지역에서 그리스도를 믿는 사람들이 나오게 된다는 뜻이다.

"영광 가운데서 올려지셨느니라." 역시 과거 시제로 된 이 말은 그리스도가 승천하신 사건(행 1:2,11,22)을 과거의 실제 사건으로 보면서, 또한 동시에 미래를 이미 이루어진 사실처럼 확실히 내다보고 있다. 이 미래의 사건은 바로 그리스도의 영원한 통치, 즉 그분이 마지막 때에 모든 권세를 받으셔서 온 땅을 다스리시고 모든 영혼을 심판하실 일을 가리킨다. 그분의 승천과 통치가 각각 현 교회 시대의 양 끝을 장식한다.

많은 주석가들처럼 나도 이 옛 찬송가의 여섯 소절이 시간 순서대로 진행되고 있다고 본다. 이 노래는 예수님의 생애를 그분이 인간의 몸을 입고 이 땅에 오신 일로부터 시작해서 그분의 부활, 승천 그리고 마침내 모든 악을 물리치실 궁극적 승리에 이르기까지 차례대로 이야기하고 있다. 바울이 이 편지를 쓴 취지상, 네 번째와 다섯 번째 소절이 굵은 글씨로 뚜렷이 부각된다. 예수님은 복음을 "만국에" 전파하는 일에 교회를 참여시켜주시며, "세상에서 믿은 바 되시"는 일이 성령이 하시는 일임에도 불구하고 그 성공의 공을 우리에게 돌려주신다.

우리는 하나님의 진리를 확증할 책임이 있으며, 그러려면 우리 마음대로 메시지를 지어내는 것이 아니라 반대로 그 진리에 우리를 맞추어야 한다. 나아가 "그렇지 않다 하는 이

묵상의 서재

진리의 씨앗

당신은 복음의 진리를 처음 들었던 곳을 기억하고 있는가? 내 기억은 텍사스 주 엘캄포로 되돌아간다. 어렸을 때 나는 그곳 회중석의 나무 의자에서 어머니와 아버지 사이에 드러누워 설교 시간에 천장의 네모난 타일들을 세곤 했다. 딱히 기억나는 설교는 없지만 강단에서 꾸준히 전해지던 메시지만은 기억에 남아 있다. 지옥이 실재하는 곳이며, 예수 그리스도를 믿는 모든 사람에게는 천국의 소망이 확실하다는 말이 내 어린 귀에도 들려왔다. 나는 또 우리 교회의 목사님이 자신의 가족들을 사랑하고 하나님의 가족들을 신실하게 돌보았던 것이 기억난다. 그분이 자식과 사별하고 슬퍼하던 일도 기억난다. 내 어린 마음으로 그분의 엄청난 고통을 다 알 수는 없었지만, 그분이 그런 비통한 일을 겪고도 주일마다 늘 메시지에 충실하여 우리 부모님으로부터 존경을 받으시던 일이 떠오른다. 이 모두가 엊그제 일처럼 내 기억에 선하다.

바로 거기서 진리의 씨앗이 처음으로 내 영혼 깊숙이 심겨졌다. 메시지가 충실히 선포되었기 때문이다. 그 메시지는 하나님이 육신을 입고 오셨고, 성령이 그분의 사역을 확증해주셨으며, 천사들이 그분의 사명을 인정했고, 복음이 전파되어야 하며, 잃어버린 죄인들이 믿게 될 것이고, 장차 예수님이 최고의 통치자가 되어 변화된 세상을 다스리시리라는 것이었다. 그 교회의 많은 사람들이 금발머리의 찰스라는 부산한 철부지 꼬마가 과연 교회 천장의 타일을 세는 일 말고 무엇을 할 수 있을지 의아해했을지 모른다. 하지만 나는 복음을 들었을 뿐 아니라 온 마음으로 믿었으며, 그것은 한 충실한 사역자의 일관된 삶과 메시지가 있었기에 가능했다.

없도다"라는 말은 우리의 공통된 고백을 가리키는데, 이 고백의 구심점은 주 예수 그리스도의 인격과 사역이다.

사역의 일에 관한 가르침인 이번 단락을 바울은 하나님의 진리를 고백하는 찬송가로 마무리한다. 주님은 사역자들을 부르셔서 굶주린 사람들을 먹이고, 헐벗은 사람들을 입히며, 집 없는 사람들에게 잠잘 곳을 주고, 정의를 옹호하며, 자비를 부르짖고, 악을 선으로 갚게 하신다. 그러나 그리스도인의 이 모든 사역과 일은 우리의 메시지요, '공통된 고백'인 예수 그리스도의 기쁜 소식으로 이어져야 한다.

주

1. Richard W. De Haan, *Men Sent from God*(Grand Rapids: Radio Bible Class, 1966), 26.
2. W. E. Vine, Merrill F. Unger, & William White, *Vine's Complete Expository Dictionary of Old and New Testament Words*(Nashville, TN: Nelson, 1996), 2:503.
3. 같은 책.
4. 이 문제는 「찰스 스윈돌의 신약 인사이트 시리즈-로마서」 244-263페이지의 '예정에 대한 솔직한 이야기(로마서 9:1-33)' 부분에서 더 자세히 다루었다.
5. *The Ante-Nicene Fathers Translations of the Writings of the Fathers Down to A. D. 325*, Alexander Roberts, James Donaldson, & A. Cleveland Coxe 편집 및 번역(Grand Rapids: Eerdmans, 1968), 10:247, *1 Clement* 61.
6. 같은 전집 1:168, *First Apology 17*.
7. 같은 전집 2:66, *Address to the Greeks 4*.
8. 같은 전집 1:92, *Apology to Acrolytus 1.11*.
9. 같은 전집 3:42, *The Apology 33*.
10. 같은 전집 5:463, *Treatise 5: Address to Demetrianus 20*.
11. 2009년 미국 노동부 통계에 따른 것이다.
12. Gerhard Kittel & Gerhard Friedrich 편집, *Theological Dictionary of the New Testament: Abridged on One Volume*, Geoffrey W. Bromiley 번역(Grand Rapids: Eerdmans, 1985), 1150. 「신약성서 신학사전: 킷텔 단권 원어사전(요단출판사)」.
13. Peter Scazzero, *The Emotionally Healthy Church*(Grand Rapids: Zondervan, 2003), 36.

사역하는 사람

디모데전서 4:1–6:21

기독교 사역에 관한 바울의 가르침이 다분히 사역자 자체에 초점을 맞추고 있음은 놀랄 일이 아니다. 진실한 사람됨과 바른 성품은 모든 직업에서 중요한 것이지만, 하나님의 백성을 가르치고 이끄는 독특하고 거룩한 소명에는 특히 더 중요하다. 정직한 의사가 양심이 불량한 의사보다 수술실에서 일을 더 똑바로 하지만, 부정직한 의사도 환자의 병을 고칠 수 있고 실제로 고친다. 부도덕한 경찰관도 법을 수호할 수 있고, 불공정한 사업가도 수익성 있는 거래를 성사시킬 수 있으며, 부정직한 세일즈맨도 양질의 제품을 공정가에 판매할 수 있고, 뒤가 구린 정치가도 좋은 공공 정책을 펼 수 있다. 대부분의 직업에서 위선은 그 분야의 성공에 방해가 될 수는 있어도 반드시 걸림돌이 되는 것은 아니다.

그러나 기독교 사역에서는 위선을 그냥 두면 반드시 조만간 심각한 결과를 당하게 되어 있다. 사역자의 도덕적 순수성은 사역의 열매에 직접적인 영향을 미친다. 사역자란 무엇보다 자신이 모범을 보임으로 이끄는 사람이다. 사역자는 복음에 대하여 살아 숨 쉬는 진정하고 투명한 모델이 되어야 한다. 구원받는 순간부터 변화되는 과정 내내 그리고 마침내 이 땅의 삶에서 천국의 삶으로 넘어갈 때까지 그래야 한다. 성경을 가르칠 때도 사역자는 우선 자신부터 가장 진지한 학생이 되어, 건전한 교리가 자신의 삶 속에 흠뻑 배어들게 해야 한다. 그러면 그 결과로 경건함이 눈에 보이게 된다. 사역자는 또한 복음의 진리를 관계 속에서 전해야 한다. 물론 각종 프로그램과 사역이라는 정황 속에서이기는 하지만, 그래도 그 일은 주로 교회 안의 사람들 및 지역 사회에 속한 사람들과의 인격적인 접촉을 통하여 이루어진다.

지금까지 사역의 일을 사역의 지도자와 전반적인 질서라는 관점에서 개괄한 바울은 이제 편지의 더 많은 부분을 할애하여 디모데에게 하나님의 사람으로서 그의 정체성을 환기시켜준다. 바울은 목사의 역할을 설명하되 목사가 다양한 연령 집단과 사회 계층을 어떻게 대해야 하는가의 관점에서 설명한다. 요컨대 이런 내용이다. "목사는 거짓 교사들에 맞설 때는 이래야 하고, 남자 노인들 앞에서는 이렇게 행동해야 하며, 젊은 과부들과 늙은 과부들을 대할 때는 이래야 한다. 이번에는 노예들을 격려하는 법을 설명하겠다." 편지가 끝날 때쯤 디모데는 여러 다른 관점들 및 서로 부딪히는 관심사를 앞에서 교회 지도자로서 어떻게 처신해야 하는가에 대하여 실제적이고 현실적인 조언을 듣게 된다.

핵심 용어

διδασκαλία [*didaskalia*, 디다스칼리아] *(1319)* '교훈, 교리'

바울은 이 단어를 디모데에게 주는 가르침에 열한 번, 디도에게 보낸 편지에 네 번이나 사용했다. 이 단어는 "미쁜 말씀"(딛 1:9), "바른 말"(2:8), "진리"(딤후 3:8) 등의 여러 동의어와 나란히 함께 쓰인다. 이 교훈은 그리스도인의 성숙에 필수적이며, 그레데 섬에 특히 필요했다. 이 교훈의 기초는 "경건함에 속한 진리의 지식"(딛 1:1)이다.

εὐσέβεια [*eusebeia*, 유세베이아] *(2150)* '경건함, 독실함'

'경건함'으로 대개 번역되는 이 단어는 문자적으로 '앞에서 물러나다, 움츠리다'는 뜻의 어근 *sebomai*에서 파생되었다. 신 앞에서 보이는 행동이 거기에 해당된다. *Sebomai*가 더 발전하여 '공경하다'는 뜻이 되었다. 따라서 명사형 *eusebeia*는 하나님을 예배하는 태도를 가리킨다. 그 태도를 우리는 사람의 몸가짐과 행실을 보아 알 수 있다.

καλός [*kalos*, 칼로스] *(2570)* '좋은, 건강한, 쓸모 있는, 덕이 있는, 질서가 있는'

일반 헬라인의 사고에서 이 단어는 '질서가 있거나 건전한 것'을 뜻한다. 도덕성도 포함되어 있기는 하지만 좀 더 실용적인 뉘앙스를 풍기는 단어다. 예컨대 금은 쓰임새와 아름다움과 시장에서 매매되는 가격 면에서 '좋은' 금속이라고 말할 때가 대표적인 예다. 바울은 목회 서신에서 이 개념을 좀 더 높은 차원으로 끌어올려 "철학적 의미에서 '옳다, 질서가 있다, 탁월하다'는 의미로 썼으며, 그것은 바른 행동, 바른 교훈, 세상을 대하는 바른 태도 등으로 나타난다."[1]

πίστις [*pistis*, 피스티스] *(4102)* '믿음, 확신, 의지, 신뢰'

디모데와 에베소 신자들은 이 단어를 70인역(구약 성경의 헬라어 번역본)에 쓰인 대로 알았을 것이다. 유대인들에게 – 자연히 그리스도인들에게도 – *pistis*는 하나님과 관계를 맺는 방편을 뜻한다. 이 단어는 자신이 '신뢰'하거나 '확신'하고 있는 신념의 내용(즉, '믿음')을 가리키기도 한다. 바울에게 '믿음'이란 구약 성경, 예수 그리스도의 본래의 가르침, 예수님께 훈련받은 사람들의 가르침 등을 바르게 이해한다는 의미였다. '믿음'은 그리스도인의 바른 신념과 실천이다.

χήρα [*chēra*, 케라] *(5503)* '과부, 버림받은, 박탈당한'

결핍을 뜻하는 헬라어 단어에서 파생된 이 단어의 핵심 개념은 '버림받은' 상태를 나타낸다. 불행히도 대부분의 역사에서 남편을 잃은 여자는 오래 살아남기가 힘들었고, 그중 다수가 굶주림, 추위, 습격 등으로 죽었다. 미개한 문화일수록 지역 사회에 소용되는 정도에 따라 사람의 가치를 매겼다. 가임 연령을 넘긴 여자들은 인구수를 늘릴 수도 없었고, 너무 늙어 노동을 할 수도 없었다. 그래서 여자들은 자식 없이 과부가 되는 것을 두려워했다.

배교의 필연적인 공격(디모데전서 4:1-6)

[1]그러나 성령이 밝히 말씀하시기를 후일에 어떤 사람들이 믿음에서 떠나 미혹하는 영과 귀신의 가
르침을 따르리라 하셨으니 [2]자기 양심이 화인을 맞아서 외식함으로 거짓말하는 자들이라 [3]혼인을
금하고 어떤 음식물은 먹지 말라고 할 터이나 음식물은 하나님이 지으신 바니 믿는 자들과 진리를
아는 자들이 감사함으로 받을 것이니라 [4]하나님께서 지으신 모든 것이 선하매 감사함으로 받으면
버릴 것이 없나니 [5]하나님의 말씀과 기도로 거룩하여짐이라

[6]네가 이것으로 형제를 깨우치면 그리스도 예수의 좋은 일꾼이 되어 믿음의 말씀과 네가 따르
는 좋은 교훈으로 양육을 받으리라.

어느 주일 아침에 한 남자가 내게 다가왔다. 그는 마음속에 아주 심각한 질문을 가지고 거기에 대한 나의 답변을 꼭 듣고자 했다. "목사님과 말씀을 좀 나누려고 끝날 때까지 기다렸습니다. 제게 질문이 하나 있는데 답하시는 데 오래 걸릴지도 모르거든요."

"어떤 질문이신지요?" 내가 청했다.

"진리가 무엇인지 목사님한테 직접 듣고 싶습니다. 저는 목사님을 비롯해서 여러 설교자들의 설교도 들었고, 사람들이 진리에 대해 말하는 것도 들었습니다. 목사님이 진리라고 하실 때 그 말은 무슨 뜻입니까? 빌라도도 예수님을 심문할 때 '진리가 무엇이냐'고 묻지 않았습니까?"

마침 그가 팔에 끼고 있던 성경책이 보였다. 나는 성경책을 달라고 해서 가볍게 표지를 탁탁 치면서 말했다. "이 책에 들어 있는 모든 것입니다."

그는 내 대답을 머릿속으로 곱씹어보는 듯 몇 번 눈을 깜빡거렸다. 아무래도 나한테서 좀 더 복잡한 답변이 나오기를 기대하는 눈치였다. 나는 이렇게 말을 이었다. "당신이 알아야 할 진리가 성경책에 들어 있습니다. 모든 진리는 하나님의 진리이지만, 특히 성경은 하나님이 당신에게 주시는 백 퍼센트 확실하고 진실한 정보입니다."

그 대답으로 족했던지 그는 만족스런 표정을 지으며 떠나갔다. 아무쪼록 그가 새로운 확신과 더 깊은 관심을 가지고 성경을 읽게 되었기를 바란다. 만일 그렇게 성경을 읽는다면 그는 크게 오해받는 소수 집단에 속하게 된다. 대다수 사람들이 성경의 진실성을 의심할 뿐 아니라, 아예 진리라는 것이 존재하는지조차 의심을 품는 사람들이 점점 늘고 있다!

하지만 우리는 걱정할 필요가 없다. 하나님은 거기에 놀라지 않으신다. 진리를 대적하는 원수들은 새삼스러운 일이 아니며, 그들이 사용하는 방법들도 마찬가지다.

바울은 예수 그리스도의 기쁜 소식을 노래하는 옛 찬송가로 이전 단락을 마쳤다. 이제 그는 엄숙한 경고로 새 단락을 시작한다. 하나님은 인간의 모양으로 – 진리의 화신으로 – 이 땅에 오셨으나 사탄이 지배하는 세상 체제는 그분을 배척했다. 뿐만 아니라 세상 체제는 지금도 진리를 배척하고 있다. 바울의 경고를 다음과 같이 나누어볼 수 있다.

배교의 사실(1절 상)
배교의 속성(1절 하-5절)
배교의 특징(1절 하-3절 상)
배교의 오류(3절 하-5절)
배교의 패배(6절)

—4:1—

바울은 "그러나"라는 짤막한 대조 접속사로 이 가르침을 찬송가(3:16)와 대비시킨다. 앞에서 그는 교회가 "진리의 기둥과 터"라고 썼다. 하지만 일부 사람들이 떨어져나가, 진리에 대항하는 사상 체계들을 추구하며 진리의 원수가 될 것이다. 그래도 우리는 그 일에 대해 놀라서는 안 된다. 헬라어 동사 *aphistēmi*는 직역하면 '무엇으로부터 떨어져나가다'는 뜻이다. 언제나 이 단어는 무언가나 누군가를 배반한다는 의미로 쓰인다. 이것은 본인의 선택이다. 어쩌다 우연히 '배교자(명사형 *apostasia*)'가 될 수는 없다.

이미 주님은 "후일에", 즉 그분의 승천과 재림 사이에 많은 사람들이 복음의 진리를 버리고 배교할 것을 우리에게 경고하셨다(마 24:10-11, 막 13:22, 벧후 3:3-4. 유 1:17-18). 사실 바울도 예루살렘에서 체포되기 전에 에베소 교회에 이 위험을 경고했었다(행 20:29-30). 그때 예고했던 위험이 디모데가 지도자로 있는 지금 이 교회를 강타한 것으로 보인다. 바울의 설명에 따르면 배교란 미혹하는 영들을 "따르"고(1장 4절에 쓰인 "몰두하지"와 같은 단어다) 귀신들의 가르침을 진리로 받아들이는 것이다(엡 6:12 참고). 그의 경고는 이렇게 강경한 의미의 어휘들로 이루어져 있다.

장담컨대 배교는 뻔히 귀신들의 모습을 하고 오지 않는다. 당신의 교회에 거짓 교훈은 보란 듯이 '사탄의 교회'라는 이름을 내걸고 들어오는 법이 없다. 기만하는 영들은 교활하게도 자신들의 교리에 점잖다 못해 경건한 종교의 옷을 입힌다. 이들의 교훈은 육신에 호소하며, 매력적이고 카리스마 있게 제시된다. 거짓 교사들은 당대의 문제들에 대하여 설득력 있게 말하며, 진실한 교훈이라는 인상을 주려고 성경을(거의 언제나 문맥과 무관하게) 들먹일 때가 많다(마 4:6 참고). 물론 거기에 속을 사람들도 있지만 그것은 본인이 승낙해야만 가능한 일이다. 사람들이 오류의 위력에 끌리는 것은 스스로 그 오류를 간절히 믿고 싶기 때문이다. 다시 말하지만 이런 거짓 교훈은 육신에 호소한다.

—4:2—

바울은 배교가 건전한 교회에 뿌리를 내리게 되는 경위를 설명한다. 거짓 교훈은 위선을 통하여 들어온다. "외식함"으로 옮겨진 *hypokrisis*는 '가식, 위장'을 뜻한다. 이 단어는 세상 체제와 복음의 차이를 다른 어떤 단어보다도 잘 보여준다. 동사 *hypokrinomai*는 대개 토론이나 연기(演技)의 정황에서 단순히 '말대꾸하다'는 뜻이다. 헬라의 일반 작가들은 이 단어를 상황에 따라 긍정적인 의미와 부정적인 의미 둘 다로 썼다. 예를 들어, 백악관 공보비서관은 주어진 문제에 대한 미국 대통령의 정책에 설령 자신이 동의하지 않더라도 대통령의 정책을 대변하고 변호한다. 헬라인의 사고방식에 따르면 이 사람은 공직을 수행하기 위하여 자신의 사견을 충실하게 뒷전으로 미루어두는 것이다.

그러나 히브리 작가들은 거의 언제나 이 단어를 부정적인 의미로 썼다. 신약 성경 저자들은 생각과 행동이 서로 다른 사람을 최악의 의미에서 연기자로 보았다. "무대는 가짜 세상이고 배우들은 사기꾼들이다."[2] 하나님께 받은 진리에서 떨어져나갔으면서도 아닌 척하는 사람들을 예수님은 *hypokritēs*('외식하는 자')라는 말로 표현하셨는데, 바울도 지금 예수님의 본을 그대로 따르고 있다.

바울은 거짓 교사들의 못쓰게 된 양심을 "화인을 맞"았다는 말로 생생하게 표현한다. "화인을 맞아서"라는 문구는 헬라어로 한 단어인데, 직역하면 '벌겋게 단 쇠로 지지다'는 뜻이다. '소작(燒灼)하다(cauterize, 출혈이나 감염을 막기 위해 상처를 지지는 것)'라는 의료 용어가 헬라어의 이 단어를 차용한 라틴어에서 왔다. 이 헬라어 단어에는 두 가지 중요한 이미지가 결합되어 있는데 번역 과정에서 그것이 소실되곤 한다. 첫째는 표시한다는 개념이다. 거짓 교사들은 자기들의 주인인 사탄의 표시를 달고 있다. 둘째는 신경이 죽었다는 개념이다. 거짓 교사들은 낙인이 새겨지는 과정에서 도덕적인 신경 세포가 죽어버렸다. 그러므로 죄에 어떻게 반응하는가를 주의 깊게 보면 배교자들을 쉽게 식별할 수 있다.

거짓 교사들은 자신의 죄를 축소하거나, 아니면 자신이 유죄인 상태를 대수롭지 않게 여긴다. 그들은 죄가 발각되면 겉으로는 제대로 처리하는 것처럼 행동할지 모르지만, 일단 사람들의 공분이 가라앉으면 이전에 권력과 영향력을 행사하던 지위로 금세 되돌아간다. 뿐만 아니라 그들은 다른 사람들의 죄에 대해서 완전히 자기에게 편리한 대로 반응한다. 자기네 눈 밖에 난 사람들의 죄는 무자비하게 벌하면서, 자신의 죄와 자기네 측근들의 죄는 축소하거나 합리화한다.

—4:3–5—

영지주의가 하나의 철학으로 형태를 굳힌 것은 AD 2세기가 되어서였지만, 이미 AD 50년경부터도 그 이단의 초기 형태들이 교회들을 괴롭히고 있었다. 이러한 초기의 가르침은 플라톤의 영향에 크게 의존하고 있었다. 플라톤의 기본적인 우주관은 종교와 철학까지 포함하여 사실상 서구의 모든 사상을 형성했다.

플라톤은 우주가 두 가지 세계로 존재한다고 보았다. 우선 이데아의 세계는 개념들이 변질되지 않고 완전하게 존재하는 세계다. 반면 물질의 세계는 개념들의 가시적인 예들이 변질되어 불완전하게 존재하는 세계다. 예를 들어 이데아의 세계에는 사과라는 개념이 영원히 완전하게 존재한다. 그러나 물질의 세계에는 사과들이 그 완전한 개념의 가시적인 표현으로 존재한다. 그런데 이 사과들은 흠이 있으며 결국은 썩는다. 플라톤에게 신이란 완전한 이데아의 세계에 존재하는 반면, 우리 인간은 흠 있는 물질의 세계에 존재한다.

그래서 영지주의자들은 물질세계와 관계된 것들은 모두 내재적으로 죄가 있고 악한 반면, 이데아 세계에 있는 것들은 모두 죄가 없고 순수하다는 논리를 편다. 또한 그들은 인간이 그 두 세계의 요소들을 공유하고 있다고 주장한다. 영혼은 순결한 이데아 세계와 관련이 있고, 몸은 타락한 물질세계의 일부라는 것이다. 초기에 기독교를 변질시킨 일부 영지주의는 몸을 부인하거나 학대해야만 영이나 혼이 자랄 수 있다고 가르치기도 했다. 이것을 금욕주의라 하는데, 금욕주의는 생존에 꼭 필요한 수준 이상으로 몸의 욕망을 채우는 행위를 무조건 단죄한다. 배가 고파도 참고, 목이 말라도 무시하며, 피곤할수록 더 열심히 일해야 한다.

본문에서 바울이 규탄한 대상은 특히 결혼을 정죄하고 음식물을 최소한의 필요한 수준으로 제한한 사람들이다(골 2:20-23 참고). 바울은 금욕주의의 거짓된 가르침을 비난하면서, 거룩하신 하나님이 악한 것을 공급하실 리가 없으므로 하나님이 주신 것은 다 선할 수밖에 없다고 역설한다. 주님은 결혼을 제정하셨고, 죄가 세상에 들어오기 전부터 그것을 인류에게 복으로 주셨다(창 2:18, 21-25). 그분은 또 첫 사람들에게 오직 하나의 나무 열매만 먹지 말라고 금하셨을 뿐 온 땅에 음식물이 가득하게 하셨다.

바울은 이런 진리를 아는 사람들은 또한 금욕주의의 속박에 매이지 않고 그리스도를 믿어 의를 얻는다고 선포한다. 신자들은 하나님에게서 받은 모든 복을 죄책감 없이 감사함으로 마음껏 누릴 수 있다(창 1:29-30, 9:1-3, 행 10:9-15).

—4:6—

에베소 교회를 공략하고 있던 특정한 형태의 배교와 그 특성과 오류를 기술한 바울은 이제 배교와 싸우는 법을 설명한다. 이것은 이 특정한 배교에만 아니라 모든 종류의 오류에 다 해당된다. 우리 생각에는 바울이 철저한 준비를 거쳐 복잡한 공격 계획을 짠 다음, 오류에 맞서 치열한 장기전에 돌입하라고 권할 것도 같다. 하지만 그가 내놓은 전략은 아주 간단하다. "그리스도 예수의 좋은 일꾼"은 거짓 교훈을 일관되고 충실하게 식별하며, 거짓 교사들에게 진리로 맞선다. 영적인 지도자들은 무엇이든 사실대로 말하고, 진리를 말한다. 그들은 거짓 교훈을 성경으로 바로잡고, 건전한 교리를 더 강화한다. 정치나 세력 다툼 따위는 필요 없다. 신실한 목자들은 단순히 어둠에 진리의 빛을 비추고(마 10:27-28, 엡 5:11), 약탈자들을 양 떼에게서 떼어놓는다(롬 16:17-18, 딛 3:10-11, 요이 1:10).

많은 젊은 목사들은 세상을 – 적어도 세상의 작은 구석인 자기 주변이라도 – 변화시킬 포부를 안고 목사가 된다. 초보 목사들이 품는 비전은 사회적으로 활기차고, 영적으로 뜨거우며, 정서적으로 건강한 교인들이 서로 손을 맞잡고 지역 사회를 변화시켜나가는 것이다. 이런 목사들은 영의 양식이 될 교육 과정과 도전적인 설교를 준비한다. 각종 사역 위원회들을 이끌고 개인들을 상담한다. 조직과 체계와 전략을 갖춘다. 그러는 내내 그들은 이렇다 할 진척이 없어 점점 좌절하면서 그 좌절감을 소화하느라 힘들어한다. 그들이 어떻게 하든 악은 계속 교회를 짓누르고 해친다. 여기서 무언가가 바뀌지 않으면 젊은 사역자가 품은 열정의 불길은 금세 사그라지고 만다.

그러나 노련한 목사들은 젊은 날의 이상을 잃지 않는다. 다만 '성공하는 사역'의 정의를 바꿀 뿐이다. 그들은 중단 없이 이상을 향하여 매진하며, 결코 기대치를 낮추지 않는다. 하지만 그들은 그리스도가 재림하실 때까지는 어떤 사역으로도 악을 완전히 없앨 수 없다는 사실을 수용한다. '성공'을 가장 잘 설명하는 말이 '충성됨, 깨어 있음, 한결같음' 등임을 그들은 결국 경험을 통하여 배운 것이다.

에베소 교회의 목사로서 위기를 맞은 디모데에게 바울은 건강한 현실주의를 충분히 알려주어 젊은 목사의 기대치를 조절해준다. 교회에 존재하는 악은 누가 실패한 결과가 아니라 당연한 현상이다. 배교는 신학적으로 가장 건전한 교회들과 기관들과 단체들 안에도 항상 위험 요소로 남아 있다. 사도의 말은 사실상 이런 것이다. "어떤 설교 시리즈로도 교인들의 타락을 막는 예방 접종을 할 수 없다. 그러니 죄 때문에 계속 좌절하게 될 것을 예상하라. 교회의 어떤 프로그램으로도 지도자들을 거짓 교훈에서 보호할 수 없다. 그러니 부지런히 배교에 맞서 싸우라."

물론 우리는 공공연한 악의 행위들을 교회 안에 절대로 용납해서는 안 된다. 하지만 동시에 우리는 예기치 못한 구석구석에 악이 도사리고 있는 것을 보더라도 놀라서는 안 된다.

적용

이상한 사람들 속에서 사역할 때

아무런 문제도 없는 교회에서 사역할 수 있다면 얼마나 좋을까. 하지만 문제가 없는 교회는 안타깝게도 텅 빈 교회뿐이다! 사람들이 늘수록 문제도 늘어난다. 교인 수가 많아질수록 문제도 급증한다. 모든 교회는 삐딱한 사람들의 부정적인 영향을 물리치느라 고생하고 있다. 그중에서 가장 치명적으로 삐딱한 문제는 거짓 교훈이다. 앞에서 함께 살펴본 본문을 바탕으로 배교의 문제에 대하여 세 가지 실제적인 지침을 나누고 싶다.

첫째, 배교의 끊임없는 위협은 우리가 말세를 살고 있음을 지속적으로 상기시켜준다. 거짓 교훈이 일어나 많은 자칭 그리스도인들이 그것을 널리 받아들이는 현상은 놀랄 일이 아니다. 이미 성경에 그렇게 경고되어 있기 때문이다. 성경이 정죄하는 행동으로 이끄는 거짓 교훈, 그것이 말세의 특징이다.

거짓 교훈이 존재한다는 사실을 자칫 우리 쪽의 실패로 해석하기 쉽다. 하지만 내 잘못이 무엇인가를 따지기 전에, 잡초가 정원을 공격하는 것만큼이나 확실하게 배교가 교회에 침투할 것을 우리는 마땅히 예상해야 한다. 하나님의 진리를 충실히 선포할수록 원수의 공격도 치열해지는 예가 적지 않다.

둘째, 모든 거짓의 근원은 사탄이며, 사탄은 속이는 일에 아주 능하다. 훌륭한 경력과 흠 없는 신앙 이력과 믿을 만한 품행을 갖춘 그럴 듯한 사람들이 하나님의 영, 꿈, 이런저런 환상이나 기적 등을 통하여 새로운 정보를 받았다고 주장할 것이다.

우리는 그런 겉모양에 현혹되어 자칫 알맹이에서 눈길을 뗄 수 있다. 하지만 거짓 교사들의 겉모습이 아무리 대단할지라도, 우리는 그들의 교리를 이미 성경 66권을 통하여 받은 진리에 비추어보아야 한다.

셋째, 거짓 교훈이 조장하는 운동을 당해내는 것은 어렵다. 사탄의 대변자들은 하나님의 사람들보다 수적으로 우세하며 유난히 말재주가 좋다. 그들의 카리스마를 당해낼 수 있는 사람은 별로 없다. 그래서 많은 사람들이 그들의 운동에 휩쓸린다. 설상가상으로 거짓 교사들은 대개 돈이 많고 매력이 넘친다. 그들 중 다수는 불문곡직하고 자신들에 대한 헌신을 불러일으키기 때문에, 성경의 진리는 그에 비하면 차라리 고리타분하거나 따분해 보인다.

우리는 거짓 교사들의 형편없기 짝이 없는 성품을 부각시키면서 그들의 위선을 폭로하고 싶을 수 있다. 하지만 너무 그쪽으로 치우치면 오히려 진리를 위해 싸우는 우리의 이미지만 나빠질 것이다. 대신 우리는 그들의 교훈의 내용에 집중하여 그것이 정말 성경에 얼마나 어긋나는지를 폭로해야 한다.

바울은 배교가 교회에 침투할 때 거기에 반격을 가하는 단순하고 직접적인 전략을 내놓았다. 우리는 단순히 "이것으로 형제를 깨우치면" 된다. 즉, 일관되게 진리를 선포하면서 배교자들의 교훈과 하나님의 말씀 사이의 모든 괴리를 부각시키면 된다.

건강한 사역에서 해야 할 일들과 하지 말아야 할 일들 (디모데전서 4:7-16)

7망령되고 허탄한 신화를 버리고 경건에 이르도록 네 자신을 연단하라 8육체의 연단은 약간의 유
익이 있으나 경건은 범사에 유익하니 금생과 내생에 약속이 있느니라 9미쁘다 이 말이여 모든 사
람들이 받을 만하도다 10이를 위하여 우리가 수고하고 힘쓰는 것은 우리 소망을 살아 계신 하나님
께 둠이니 곧 모든 사람 특히 믿는 자들의 구주시라

11너는 이것들을 명하고 가르치라 12누구든지 네 연소함을 업신여기지 못하게 하고 오직 말과 행
실과 사랑과 믿음과 정절에 있어서 믿는 자에게 본이 되어 13내가 이를 때까지 읽는 것과 권하는
것과 가르치는 것에 전념하라 14네 속에 있는 은사 곧 장로의 회에서 안수 받을 때에 예언을 통하
여 받은 것을 가볍게 여기지 말며 15이 모든 일에 전심 전력하여 너의 성숙함을 모든 사람에게 나
타나게 하라 16네가 네 자신과 가르침을 살펴 이 일을 계속하라 이것을 행함으로 네 자신과 네게
듣는 자를 구원하리라.

스승의 가치는 아무리 강조해도 지나치지 않다. 내 경우에도 몇몇 경건한 사람들의 참을성 있고 실제적인 영향력이 지금도 내가 내리는 결정들에 영향을 미치고 있고, 내 행동의 동기가 되고 있다. 분별력 있으신 어느 두 집사님은 내가 청소년일 때 성경 암송을 시작할 수 있도록 인도해주셨다. 내가 젊은 해병대원으로 샌프란시스코에 주둔하고 있을 때는 레이 스테드먼(Ray Stedman) 목사님의 가르침을 통하여 건강한 목양 사역을 처음으로 배웠다. 그때만 해도 나는 계속 기계공학을 공부할 계획이었다. 나중에 나는 페닌슐라 성경교회에 실습 전도사로 다시 부임해 섬기면서 레이 목사님으로부터 실제적인 지혜를 더 많이 배웠다. 외딴섬인 오키나와에 주둔하고 있을 때는 네비게이토 선교회의 밥 뉴커크(Bob Newkirk)가 내게 말씀에 갈급한 마음을 길러주었고, 나를 사역의 길로 부르시는 하나님의 소명을 분별하고 확인하게 해주었다.

제대하고 얼마 안 되어 나는 달라스 신학교에 입학하여 세 명의 스승을 만났다. 하워드 헨드릭스(Howard Hendrick) 박사와 드와이트 펜티코스트(Dwight Pentecost) 박사와 스탠 투세인트(Stan Toussaint) 박사는 내 평생의 사역에 지금까지도 영향을 미치고 있다. 그들은 나를 가르쳐주고 바로잡아주고 격려하는 일 외에도 자신들의 성공과 실패를 바탕으로 실제적인 조언을 들려주었다. 나는 당회를 제대로 인도하는 법, 병원에 심방 갈 때 예의를 지키는 법, 거짓 교사들에 맞서 죄를 직접 다루는 법, 심지어 체구가 큰 사람에게 침례를 줄 때 상대방이나 나를 익사시키지 않는 법까지 배웠다! 그 스승들은 나중에 나 혼자서 부딪히게 될 많은 도전들을 미리 접하게 해주면서, 거기에 성공적으로 대처하도록 나를 준비시켜주었다. 스승의 가치는 아무리 강조해도 지나치지 않다는 내 말은 그래서 나온 것이다. 그들이 내 삶에 미친 영향은 가히 측량할 수 없다.

물론 디모데는 2차 선교 여행이 시작된 후로 바울과 나란히 함께 사역했다. 하지만 비행할 때 교관이 옆에 있는 것과 단독 비행은 다른 문제다! 거짓 교사들은 에베소의 신자들을 사방으로 잡아끌고 있었고, 이교의 압제는 계속 확신을 허물고 있었으며, 부(富)는 교인들을 꾀어내고 있었고, 지도자들 속에도 어둠의 세력이 침투하고 있었다. 이런 상황에서 디모데는 노련하고 강건한 영적 지도자의 실제적인 지도가 필요했다.

바울이 이미 상기시켰듯이 디모데의 일차적인 책임은 "그리스도 예수의 좋은 일꾼"이 되는 것이다(4:6). 목사는 사람들의 노예가 되어서는 안 된다. 그래서 목사는 사람에게 겁을 먹어서도 안 되고, 사람을 조종하거나 통제하려고 해서도 안 된다. 목사는 사람들의 비현실적인 기대에 끌려다니는 존재가 아니라 그리스도의 종이다. 더욱이 그리스도의 종은 생각 없는 중개인이 아니다. 그는 왕의 사신이며, 하나님이 배석을 모든 진리로 이끌도록 훈련받고 무장된 사람이다. 그러면서도 예수 그리스도의 종은 교인들보다 조금이라도 우월한 지위나 특별한 인정을 마땅히 받아야 할 명사(名士)가 아니다. 오히려 그는 종들 중의 종이다.

그렇다면 예수 그리스도의 종은 어떻게 섬겨야 할까? 바울은 '해야 할 일과 하지 말아야 할 일'의 구체적인 목록을 제시하며 자신의 제자에게 실제적이고 현실성 있는 가르침을 주고 있다. 디모데를 목표에서 빗나가지 않도록 도와줄 긍정적인 명령들과 부정적인 명령들이라 할 수 있다.

부정적인 명령	긍정적인 명령
"망령되고 허탄한 신화를 버리고"(7절 상).	"경건에 이르도록 네 자신을 연단하라"(7절 하). "이것들을 명하고 가르치라"(11절).
"누구든지 네 연소함을 업신여기지 못하게 하고"(12절 상).	"믿는 자에게 본이 되어"(12절 하).
	"(성경을 공적으로) 읽는 것과 권하는 것과 가르치는 것에 전념하라"(13절).
"네 속에 있는 은사(를)… 가볍게 여기지 말며"(14절).	"네 자신과 가르침을 살펴"(16절).

—4:7—

"망령되고 허탄한 신화"(NASB에는 "늙은 여자들에게나 어울리는 세상적인 우화")로 옮겨진 헬라어 문구는 '잡담과 시시한 이야기'로 번역하는 것이 더 좋다. 나는 "불경하고 속기 쉬운 사람들에게나 어울리는 신화"라고 번역한 NET 성경의 표현이 특히 마음에 든다. 오늘날 우리는 목사들에게 도시의 전설들과 민속 신학을 피하라고 권해줄 수 있다(참고 1:4, 6:20, 딤후 2:16, 4:4, 딛 1:14).

바울은 디모데에게 그런 신화를 버리고 영적인 체육관에 들어가라고 권한다. "연단"으로 번역된 헬라어 단어 *gymnazō*는 시합에 나가려고 몸을 준비하는 운동선수를 연상시키는 말이다. 그는 역기를 들고, 지구력을 기르고, 해당 종목의 제반 요소를 익히고, 기본기에 집중하고, 스파링을 하고, 스크럼을 짜고, 땀을 흘리고, 예행연습을 한다. 실전에 대비하여 자신을 훈련하는 것이다. 다만 디모데의 경우는 신체 훈련이 아니라 영적 훈련이며, 목표는 건강한 몸이 아니라 "경건"이다. 경건이라는 말의 어근은 *sebomai*로, 본래 '앞에서 물러나다, 움츠리다'는 뜻이다. 신 앞에서 보이는 행동이 거기에 해당된다. 바울 시대에 이 단어는 전반적인 공경이나 예배의 태도를 가리키는 말로 쓰였다. 아마도 가장 좋은 정의는 '하나님을 진지하게 대하다'가 될 것이다.

흥미롭게도 신자에게 예배의 태도는 저절로 생겨나지 않으며, 그것은 사역으로 부름받은 사람에게도 마찬가지다. 경건함은 결코 자동으로 되지 않는다. 시합을 위해 체력 단련을 해야 하듯 경건도 훈련이 필요하다.

—4:8-9—

서구 문화는 몸에 대해 강박적으로 집착하고 있으며, 특히 미국에서 그렇다. 온갖 다이어트 방법이 시장에 쏟아져 나오고, 헬스클럽이 우후죽순처럼 생겨나며, 각종 영양 보충제가 광고 전쟁을 벌이고, 유기농 식품이 기록적인 판매고를 올리고 있으며, 성형 수술은 흔한 일이 되었다. 이렇게 몸에 집착하는데도 비만율은 별로 꺾이지 않고 계속 악화되고 있으니 참 이상한 일이다.

바울은 건강한 몸의 가치를 무시하지 않는다. NASB에는 헬라어에 없는 '-만'이라는 단어가 들어가 이 부분이 "약간의 유익만 있으나"라고 옮겨져 있다. 바울은 몸을 건강하게 지키기 위한 체력 단련의 유익함을 인정한다. 다만 그는 영적 훈련의 가치가 영원한 데 비하여 몸을 위한 운동의 가치는 한시적임을 지적할 뿐이다. 고린도는 고대에 이스미아 경기가 열리던 곳이었는데, 그곳의 신자들에게 쓴 편지에서 바울은 "썩을 승리자의 관"을 언급했다(고전 9:24-27). 승리자는 나뭇잎을 엮어 만든 관을 받았다. 하지만 그것이 다가 아니었다. 승리자들은 경기장과 고향에서 성대한 대접을 받았다. 시 관리들은 그 도시의 성벽에 큰 구멍을 뚫고 놋쇠 판에 승리자의 이름을 새겨 그 자리를 메웠다. 업적이 특히 뛰어난 운동선수는 남은 생애 동안 면세의 지위를 누리며 평생 시에서 식량을 공급받기도 했다. 말 그대로 월계관이 평생을 보장해준 셈이다.

하지만 스타 운동선수가 누릴 수 있던 이 모든 명성과 돈에도 불구하고 그의 월계관은 시들었고, 명성은 사라졌으며, 은행 잔고는 점점 줄어들었다. 결국 그는 세월의 편린과 흙더미에 영원히 파묻혀 무덤에서 썩었다. 삶이 끝나면 몸은 부패하여 무로 돌아갔다. 건강한 몸과 썩을 관은 우리가 얻고자 힘쓰는 영적인 상급에 비할 바가 못 된다. 우리는 '경건'이라는 상을 얻고자 훈련하며, 장차 그 경건을 천국에까지 가져가 우리 왕의 발밑에 내려놓을 것이다.

"미쁘다 이 말이여 모든 사람들이 받을 만하도다"라는 말은 바울이 어떤 특정한 가르침을 유독 더 강조하려 할 때마다 쓰던 문구다(참고 딤전 1:15, 3:1, 딤후 2:11, 딛 3:8). 이 경우에 그가 미쁘다고 한 "이 말"은 한시적인 가치밖에 없는 몸의 건강에 비하여 경건의 가치는 영원하다는 말이다.

—4:10–11—

계속해서 바울은 운동과 관련된 두 개의 단어로 경건의 가치를 강조한다. *Kopiaō*는 '지치게 하다'는 뜻이고, *agōnizomai*는 '승리를 얻고자 힘쓰다'는 뜻이다. 목표에 도달하고자 전심전력한다는 이 헬라어의 개념에서 '고뇌(agony)'라는 말이 나왔다. 우리가 힘쓰는 까닭은 하나님을 예배하는 마음 때문이다. 하지만 여기서 우리의 목표는 구원도 아니고 경건도 아니다. 경주자가 결승선에만 시선을 고정시키듯이 우리도 영혼의 눈으로 "살아 계신 하나님"만 바라본다. 주님이 우리의 목표다. 우리는 그분을 향하여 달려가고 있다. 왜 그런가? 그분이 우리를 구하셨기 때문이다!

바울이 "모든 사람"이라는 말과 "특히 믿는 자들의 구주시라"는 말을 합해놓은 것은 몇 가지 중요한 진리를 전달하기 위해서다.

첫째, 우리는 "수고하고 힘쓰"지만 우리의 목표는 구원이 아니다. 우리 신자들이 "수고하고 힘쓰는" 이유는 구원을 얻기 위해서가 아니라 이미 구원받았기 때문이다. 하나님은 구주이시다. 구원은 그분이 하시는 일이지 우리가 하는 일이 아니다.

둘째, 하나님은 선택받은 사람들만의 구주가 아니라 모든 사람의 구주이시다(요일 2:2 참고). 예수님은 세상을 구원하러 오셨고, 모든 사람의 죄를 위하여 죽으셨다.

셋째, 하나님은 모든 사람의 구주이시지만 모든 사람이 구원을 얻는 것은 아니다. 이 땅에서는 그분 덕분에 모든 사람에게 생명과 호흡이 있지만, 장차 모든 사람이 영생을 받는 것은 아니다. 바울은 "특히 믿는 자들의"라는 말을 덧붙여 말뜻을 분명히 하고 있다. 영원한 의미에서 하나님은 잠재적으로는 모든 사람의 구주이시지만, 실제로는 일부 사람들만의 구주이시다. 그 둘을 가르는 차이는 믿음이다. 그래서 바울은 "믿는 자들"이라는 말을 쓴 것이다.

바울은 "네 자신을 연단하라"고 한 이전의 명령을 더 보강하고 확대하여, 이제 디모데에게 교인들의 삶 속에도 디모데 자신의 경건을 재생산하라고 가르친다. "명하고"는 바울이 1장 3절("명하여"), 5장 7절("명하여"), 6장 17절("명하여")에 쓴 단어와 같은 동사다. 안타깝게도 "명하다"라는 말에는 헬라어 동사가 품고 있는 권위의 맛이 다 살아나지 않는다. 바울이 디모데에게 바라는 것은 교인들이 스스로 연단하여 경건에 이르도록 그가 권위를 행사하여 '명령' 또는 '지시'하는 것이다.

—4:12—

에베소의 신자들이 특정한 방식으로 반응하도록 디모데가 그들에게 '명령' 또는 '지시' 해야 한다는 바울의 이 권고를 우리는 문맥 속에서 보아야 한다. 바울의 말은 디모데가 무례하게 행동하거나, 또는 권위주의적이고 독재적인 리더십을 행사하라는 뜻이 아니다. 바울은 다만 디모데가 강한 확신을 품고 자신감 있는 행동으로 교인들을 이끌기를 바라고 있다. 소심한 지도자들은 따르는 사람들을 불안하게 만든다. 그래서 따르는 사람들은 지도자 자신도 본인의 말에 확신이 없는 것이 아닌가 하는 의문을 갖게 된다.

아마 디모데는 사람들의 신임을 유지하기가 힘들었던 것 같다(고전 16:10-11 참고). 어떤 주석가들은 디모데가 아직 어려서 나이 든 신자들의 존중을 얻기가 어려웠을 것이라고 본다. 하지만 이 편지가 쓰였을 즈음 디모데의 나이는 마흔에 가까웠을 것이다. 다른 사람들에 비하면 '연소'했을지 모르지만 그래도 어리다고 할 나이는 아니었다.

다른 주석가들은 디모데가 소극적인 성격에 말씨도 부드럽고 감수성이 예민했을 거라고 추측한다(딤후 1:4). 나도 그 말이 이 젊은 사역자를 정확히 표현해준다고 본다. 하지만 바울이 디도에게도 비슷한 말을 쓴 것으로 보아(딛 2:15) 다른 설명이 필요할 것이다. 분명한 것은 바울 자신의 영향력이 워낙 컸다는 사실이다. 그러다보니 그의 제자들은 누구나 스승만큼 존경을 얻기가 힘들었고, 특히 바울이 직접 세운 교회들에서는 더했다. 그것이 바울을 제외한 모든 사람에게 현저한 불이익으로 작용했다.

어쨌든 바울은 지도자가 연소하거나 젊음이 넘치는 모습에는 교인들이 개의치 않아도, 지도자의 미성숙한 모습에는 교인들이 반감을 느낀다고 말한다. 그래서 바울은 디모데에게 외적인 행동을 통하여 내면의 지혜를 보이라고 권한다. 그러면 반드시 교인들의 존중을 얻을 수밖에 없다. 나아가 바울은 자신의 후임자인 디모데가 몸소 본을 보이는 지도자가 되기를 바랐다.

—4:13—

바울의 세 번째 긍정적인 명령은 공동체의 세 가지 활동에 "전념하라"는 것이다(1장 4절과 4장 1절에도 같은 단어가 쓰였지만, 그 두 곳은 부정적인 내용이다). 첫째, 성경을 공적으로 낭독하는 것이다. 헬라어 원문에 '성경'이라는 단어가 나오지는 않지만 문맥상 분명히 암시되어 있다. 유대인들은 대부분의 남녀가 지역 회당에서 글을 읽는 법을 배웠지만, 이방인들은 아주 부자들만 글을 읽을 줄 알았다. 게다가 문서를 필사하려면 비용이 워낙 많이 들어 보통 사람이 성경 사본을 갖는다는 것은 불가능에 가까웠다. 그러다보니 교회에서 성경을 공적으로 낭독해주어야만 사람들이 하나님의 말씀을 들을 수 있었다.

하나님의 감동으로 기록된 말씀을 낭독하며 들으면, 혼자만의 경건의 시간도 더욱 풍성해질 것이라 생각한다. 그래서 나는 규칙적으로 시간을 내 서재에서 성경 본문을 혼자 소리 내어 읽는다. 그러면 잡념도 달아날 뿐더러 시각 외의 다른 감각들이 더해지는 유익도 맛보게 된다. 아울러 한 음절씩 일일이 발음하다보면 어휘의 억양과 운율에도 더 유의하게 된다. 또 한 가지 유익은 아무것도 대충 넘어갈 수 없다는 것이다. 소리 내어 읽으려면 속도를 늦추어 진리가 흡수되게 해야만 한다.

둘째, "권하는 것(*paraklēsis*)"은 동사 *parakaleō*('권면하다')와 관계가 있는데, 성령을 지칭하는 '보혜사(Paraclete)'라는 단어가 여기서 나왔다. 이 동사를 최대한 현대식으로 정의해본다면 '코치하다'가 될 것이다. 적어도 개인과 개인 간의 관계라는 문맥에서 쓰일 때는 그 정의가 잘 들어맞는다. 이런 맥락에서, "읽는 것"의 공적인 성격이 발전하여 "권하는 것"과 "가르치는 것"까지 그 안에 포괄하게 된다. 공적인 권면은 다름 아닌 설교다.

설교와 교육에는 둘 다 가르침에 이어 행동의 촉구가 들어간다. 그러나 설교는 방식이나 강조점 면에서 교육과 다르다. 교육의 강조점이 정보를 전달하여 가르치는 데 있다면, 설교는 동기를 불러일으키기 위하여 가르치는 것이다. 설교는 교인들을 설득하거나 동기를 유발하여 자신들이 들은 정보를 실천에 옮기게 한다. 불행히도 요즘 흔히들 말하는 강해 설교는 다분히 강단에서 하는 교육에 지나지 않는다. 좋은 정보는 많이 전달되지만 적용과 도전과 설득은 없다.

셋째, "가르치는 것"이다. 낯선 사람들 앞에서 설교하노라면 나는 그들이 잘 배운 사람들인지 아닌지 알 수 있다. 그 차이는 종(鐘)과 벽돌만큼이나 현격하다. 종은 공명하지만, 벽돌은 쿵 하면 그만이다. 앞에서 설교의 강조점은 설득에 있다고 했는데, 지식을 갖춘 청중은 그런 설교에 크고 맑은 소리로 공명하지만, 무지한 청중은 별로 자극을 받지 못한다.

그래서 설교로 그치지 않고 교육이 있어야 한다. 이 둘은 다른 종류의 은사이며 각기 특정한 기술을 요한다. 교육에서 활용하는 방법들은 공동체를 세워나가는 데나, 서로 감시자의 역할을 하게 하는 데도 유익하다. 대개 오류는 교육 중에 드러나며, 그럴 때 성숙한 신자들이 그것을 온유하게 지적하고 철저히 바로잡아줄 수 있다.

—4:14-15—

다시 부정적인 쪽으로 돌아와 바울은 디모데에게(또한 모든 사역자들에게) 마지막 한 가지 '하지 말아야 할 일'을 제시한다. 그의 말은 "네 은사를 묵혀두지 말라"는 뜻이다. 바울은 디모데가 안수받은 일(1:18)을 에베소 교인들을 위하여 다시 한 번 지적한다. 이미 예언자들이 하나님이 디모데를 목자로 세우신다는 계시를 받았고, 장로들 – 아마도 예루살렘의 장로들이었을 것이다(행 11:30) – 이 디모데의 소명을 확증했다.

'안수'하는 관행은 히브리 민족의 초창기 시대로 거슬러 올라간다. 이 몸짓은 복(창 48:14, 마 19:14-15), 죄(출 29:10), 심판(레 24:14), 권위(민 27:18-20, 행 6:5-6), 정체(행 8:17-20) 등 무인가 눈에 보이지 않는 것을 한 사람에게서 다른 사람에게로 전내준다는 상징이다. 신약 교회는 누군가를 위임하여 특정한 직무를 담당하게 할 때 이 관행을 흔히 사용했다(행 6:5-6, 9:17, 13:3).

"전심 전력하여"는 헬라어의 한 단어를 번역한 것으로 내개 무언가를 숙고하거나 사세한 계획을 구상한다는 뜻이다. 열매 맺는 건강한 사역은 저절로 이루어지지 않는다. 바울은 디모데에게 계획을 잘 세워 충분히 소통한 다음, 그 계획대로 밀고나갈 것을 권하고 있다. 성경을 읽고 설교하고 가르치는 일에 진척을 보이는 지도자라면 교인들도 차차 그를 존중할 수밖에 없다. 그런 모습들이 공적으로 나타날 때 양 떼는 목자를 사랑하게 된다.

—4:16—

바울이 해야 할 일과 하지 말아야 할 일의 목록의 맨 마지막에 주는 명령은 아마 젊은 사역자가 받을 수 있는 가장 유익한 긍정적 명령일 것이다. "살펴"라는 말은 '꼭 붙잡다, 응시하다'는 뜻의 헬라어 단어에서 파생되었다. 그렇다고 바울이 지금 디모데에게 자아에 함몰되라는 뜻으로 하는 말은 아니다. 바울은 디모데에게 그의 시선을 변덕스러운 결과에 두지 말고 그가 통제할 수 있는 것, 즉 자기 자신과 자신의 가르침에 집중하라고 권하고 있다.

교회를 이끄는 일은 기업체를 운영하는 일과는 다르다. 훌륭한 사업가는 늘 성공 여부를 파악하여 다음번 행보를 결정한다. 결과가 좋으면 계속 똑같이 하면 되고, 결과가 나쁘면 문제점을 찾아내 고치면 된다. 하지만 사역의 방법들은 변하지 않는다. 사역자들은 명령받은 그대로 한다. 즉, 경건한 모범을 보이고(4:7–12), 성경을 설교하고 가르치며(4:13), 이 두 가지를 변함없이 일관되게 한다(4:14–16).

오랜 시간이 지나도 결과가 나쁘면 영혼을 진지하게 성찰하여 어려운 결단을 해야 할 수도 있다. 하지만 여태까지 내가 본 바로는, 결과에 집중해서는 아무런 좋은 결과도 나올 수 없다. 여기서 결과란 교인들의 수를 늘리려는 노력, 회심자의 수를 강조하는 일, 한 주간의 헌금액을 자주 언급하는 일 따위를 말한다. 좋은 결과는 나를 교만하게 할 수 있고, 나쁜 결과는 나를 패배감에 빠뜨릴 수 있다. 그러나 이런 문제들은 장로들과 동역자들에게 맡기고, 내가 마땅히 해야 할 일들에 충실하고 부지런하고 일관되게 집중한다면 결과는 저절로 따라오게 마련이다. 바울이 고린도 교인들에게 한 말을 잊지 말라. "나는 심었고 아볼로는 물을 주었으되 오직 하나님께서 자라나게 하셨나니"(고전 3:6).

사역에서 성공하는 비결은 한 마디로 인내다. 사실은 인내가 곧 사역의 성공이다. 따라서 사역에 실패하는 유일한 길은 손을 떼고 포기하는 것이다. 그러므로 인내가 사역자의 가장 큰 도전이기도 하다는 사실은 놀랄 일이 아니다. 낙심은 난데없이 찾아와 우리를 쓰러뜨린다. 비난은 내가 왜 이 자리에 계속 있어야 하는지 의문이 들게 한다. 게으름은 내일 일하면 더 쉬울 거라고 속삭인다. 탐심은 더 좋아 보이는 다른 직업으로 눈길을 돌리게 한다. 이상(理想)은 무의미함과 싸우느라 진이 빠진다. 희망은 좀처럼 피로를 막아내지 못한다. 결국 회의를 이겨내는 것은 끝까지 인내하려는 확고한 의지다. 그래도 결과가 보이지 않거나 교인들의 격려가 없으면 그 사역자는 사임하게 되기 쉽다. 신실한 설교자들은 굳이 다른 것들이 없어도 버틸 수 있지만, 교인들의 격려만은 꼭 필요한 것 가운데 하나다.

적용
젊은 사역자들에게 주는 다섯 가지 교훈

예비 목사들을 가르치는 일은 나에게 특별한 즐거움이자 특권이다. 그중에는 교회 사역에 관한 박사 과정의 세미나 수업도 있다. 잠시 당신이 강의실에 들어와 그런 수업을 받고 있다고 상상해보라. 한 젊은 학생이 이런 질문을 한다. "바울이 디모데에게 준 조언과 지금까지 목사님이 목회자로서 직접 경험하신 바에 비추어볼 때, 앞으로 전임 사역자들이 될 저희가 알아야 할 것은 무엇입니까?" 이것은 실제로 있었던 일이다. 그래서 나는 깊이 생각해본 끝에 답변을 가록했다.

꼭 명심해둘 만한 교훈으로 나는 다음 다섯 가지를 주고 싶다.

첫째, 사역에 섬김보다 높은 목표는 없다. 정말 당신이 큰 사역을 하고 싶다면 스스로 지도자가 되려 하지 말고 오히려 섬길 수 있는 기회를 찾으라. 목표를 높게 두지 말고 낮은 데로 내려가라. 다른 사람의 일을 더 쉽거나 즐겁게 해줄 방법을 찾으라. 좌중에서 제일 똑똑한 사람으로 튀려 하지 말고 오히려 다른 사람이 주목을 받게 하라. 사람들에게 좋은 인상을 주려 할 것이 아니라 남이 잘한 일을 부각시켜주라. 당신이 지도자가 될 사람이라면 하나님이 다 알아서 세워주실 것이다. 그분은 모세와 다윗과 엘리야와 에스더를 찾아내신 분이다. 당신도 남들을 섬기고 있으면 그분이 찾아내실 것이다. 그리고 그분의 때에 당신을 쓰실 것이다.

둘째, 사역에 극단적 성향보다 큰 유혹은 없다. 사역자들은 사역이나 영성에서 자신의 성미에 맞는 부분들로 치우칠 때가 많다. 조심하지 않으면 회중의 필요가 아니라 사역자의 적성이 우선순위를 좌우할 수 있다. 전임 사역자로 하나님을 섬기려면 균형이 필요하다. 사람들에게 헌신하는 일과 진리에 헌신하는 일, 이론과 적용, 자아 인식과 이타심, 기도와 행동, 교육과 교제 등에 균형을 유지하라. 어느 쪽으로든 극단으로 치우치지 말라.

셋째, 사역에 강해보다 중요한 책임은 없다. 강해란 성경을 읽고 풀이한 뒤 적용과 권면으로 연결시키는 일이다. 이는 담임 목사의 직분에 특히 더 해당되지만 행정 목사, 상담자, 음악 사역자, 어린이 사역, 구역 인도자, 손님 대접, 심지어 주차 사역 책임자까지 모든 직분에 똑같이 해당된다. 성경은 우리가 교회에서 하는 모든 일의 기초이며, 모든 직분과 책임에 대한 중요한 가르침이 성경에 들어 있다. 그러므로 하나님의 말씀을 굳게 붙들라!

넷째, 영적 리더십에 사역자의 지속적인 성장보다 효과적인 무기는 없다. 바울은 디모데에게 스스로 본이 될 것(4:12)과 자신의 진보를 모든 사람에게 나타낼 것(4:15)을 권고했다. 목사를 비롯한 기독교 사역자가 성경의 진리에 푹 젖어 지혜와 경건함에서 자라가면 사람들이 그것을 알아본다. 교인들이 진정성을 알아보고 존중하게 된다. 결국 교인들은 자신도 똑같은 변화를 경험할 수 있다고 믿게 된다. 당신의 행실에서 계속 성숙해지라. 나이가 들수록 더 깊어지라.

다섯째, 진정한 사역에 인내보다 나은 증거는 없다. 사역자들이 사역에서 성공하는 것은 두뇌나 재능이나 카리스마나 대인 관계 기술 때문이 아니다. 사역자들은 힘든 시기에도 꿋꿋이 견뎌서 성공하는 것이다. 힘든 시기가 마땅히 있을 것을 예상하라. 성공하는 사역자들은 실망 중에도 인내한다. 당신도 꿋꿋이 견디라. 성공하는 사역자들은 더러운 정치에 지지 않는다. 그들은 남들이 비난하거나 이단을 쫓아다녀도 결코 그만두지 않는다. 사역자의 성공은 좋을 때나 궂을 때나 결과에 연연하지 않고 하루 이틀, 한 해 두 해 사역의 본분을 충실히 수행하는 것이다.

성도를 존중하고 책망하는 일(디모데전서 5:1-2)

---

[1]늙은이를 꾸짖지 말고 권하되 아버지에게 하듯 하며 젊은이에게는 형제에게 하듯 하고 [2]늙은 여자에게는 어머니에게 하듯 하며 젊은 여자에게는 온전히 깨끗함으로 자매에게 하듯 하라.

자고로 괴로운 사람들을 편안하게 하고 편안한 사람들을 괴롭게 하는 것이 선지자의 일이라 했다. 목사의 일도 마찬가지라 생각한다. 이 두 가지 사명을 다 감당하려면 목사는

– 사실상 어느 사역자나 마찬가지다 – 성경을 다루는 것만큼이나 사람들을 잘 다룰 줄 알아야 한다. 내가 아는 사역자들 가운데 사역을 힘들어하는 대부분의 사람들은 건축 사업을 잘못 이끌었거나, 교회 공금을 착복했거나, 성경이나 신학을 잘못 다룬 것이 아니다. 대부분의 실패하는 사역자들은 사람들을 상대하거나 사람들과 대화할 줄을 몰라 파국을 맞이한다. 지성과 재능은 뛰어나지만 친화력과 정서적인 감각이 부족한 것이다.

목사 겸 목자는 하나님의 말씀을 연구하고 강해하기를 좋아하는 만큼이나 사람들과 어울리는 일도 즐겨야 한다. 그리고 그 두 가지를 다 잘해야 한다. 내 경험으로 보건대 이 두 가지 자질이 겸비된 경우는 대체로 일반인들 사이에도 드물 뿐 아니라, 강단의 사역자들 사이에는 안타까울 만큼 드물다. 어떤 사람들은 사람들을 좋아하기 때문에 그리고 사람들을 섬기는 데서 큰 만족을 얻기 때문에 목자의 직분을 맡는다. 그들은 대중과 어울리는 기술은 뛰어나지만, 그 바람에 진리를 가르치고 전하는 일이 희생될 때가 많다.

보수 진영에서는 성경을 사랑하고 다른 사람들 앞에서 말하는 은사가 있는 사람들이 목자가 되는 경우가 많다. 안타깝게도 그들은 하나님의 말씀을 더 깊이 배울수록(대개는 신학교에서) 더 세상과 담을 쌓고, 심지어는 냉소적이 된다. 지식은 깊어지지만 책밖에 모르며, 계속 세상과 멀리 동떨어져 있다. 머지않아 모든 성경 지식은 무용지물이 되고 만다. 그들이 아주 둔한 사람들만 빼고는 모든 사람을 멀리했기 때문이다. 이처럼 그들은 자아 인식이 부족할 뿐 아니라 그것이 주변 사람들에게도 피부로 느껴질 정도가 된다.

물론 바울은 이런 위험을 알고 있다. 그래서 교리적 순수성에 대한 강론과 "(성경을 공적으로) 읽는 것과 권하는 것과 가르치는 것에 전념하라"(4:13)는 명령에 이어, 이제 바울은 목사가 교인들과 좋은 관계를 유지할 책임이 있다는 주제로 넘어간다. 디모데전서 5장에서 바울은 교회 안에 존재하는 각기 다른 여섯 부류의 집단에게 무엇이 필요한지를 살펴보고 있다.

- 늙은 남자들(1절 상)
- 젊은 남자들(1절 하)
- 늙은 여자들(2절 상)
- 젊은 여자들(2절 하)

- 과부들(3–16절)
- 장로들(17–25절)

바울은 디모데가 과부나 장로 이외의 일반 교인들을 대하는 부분에 대해서는 두 문장밖에 할애하고 있지 않지만, 그럼에도 그 짧은 말 속에 많은 내용을 담고 있다. 먼저 5장의 첫 두 구절에서 바울의 통찰을 살펴본 후에 '과부'와 '장로'에 대한 구체적인 조언으로 넘어가기로 하자.

—5:1—

헬라어 단어 *presbyteros*는 '늙은 남자'로 번역할 수도 있고, '장로'로 번역할 수도 있다. 고대 문화들에서는 지혜 없는 노인을 안타까운 비정상으로 여겼다. 이상적으로 노인들은 지혜로운 지도자여야 한다. 그럼에도 바울은 '늙은 남자들'과 '장로'라는 교회 직분을 구분하고 있다. 둘 중 어느 쪽으로 번역해야 할지는 문맥을 보아 알 수 있다. 이 경우에, 17–25절의 주제가 장로이기 때문에 지금은 바울이 장로나 '감독'이라는 교회 직분이 아니라, 노령의 남자들을 지칭하고 있음을 알 수 있다.

바울은 디모데에게 어느 경우를 막론하고 지도자의 권위를 행사할 것을 조언하고 있는데, 그러려면 가끔씩 교인을 바로잡아주어야 할 필요도 있다. NASB에는 "꾸짖지" 앞에 "엄히"라는 부사가 들어 있으나, 헬라어 원문에는 그 말이 없다. 많은 번역자들이 '엄히' 또는 '엄격히'라는 수식어를 미루어 첨가하는 데는 두 가지 이유가 있다. 첫째, 바울은 나중에 디모데에게 "오래 참음과 가르침으로 경책하며 경계하며(헬라어로 5장 1절의 "꾸짖지"와 같은 단어다) 권"할(딤후 4:2) 책임을 맡긴다. 그러므로 꾸짖는 행위 자체는 부적절한 일이 아니다. 둘째, 명령의 나머지 부분인 "권하되 아버지에게 하듯 하며"에 잘못을 지적할 필요성이 인정되고 있다. 다만 늙은 남자들에게는 더 부드럽게 접근하라는 것이다.

늙은 남자들의 경우에 바울은 '권면하다, 위로하다, 가르치다, 격려하다, 변호하다'라는 뜻의 익숙한 단어 *parakaleo*를 써서 디모데에게 "권하"라고 조언한다. 늙은 남자의 어깨를 붙잡고 흔드는 식으로 엄히 대하지 말라는 것이다. 오히려 바울은 디모데가 노인 남자를 대할 때 자신의 아버지에게 마땅히 해야 하듯 충분한 예의를 갖추어 존중하고 공경하는 자세로 하기를 바랐다.

내가 "마땅히 해야 하듯"이라고 부연한 것은 일부러 강조하기 위해서다. 바울이 이 편지를 쓴 뒤로 시대가 변해도 한참 변했다. 고대 문화들은 비록 부도덕한 경우도 많았지만, 그래도 가정을 나라의 축소판으로 생각했다. 그래서 가부장은 공정하고 지혜로운 왕처럼 한 가족을 주관했다. 가족은 왕에게 합당한 예의와 복종을 똑같이 아버지에게 바쳤다. 서글프게도 우리 시대에는 많은 아버지들이 가족을 예의와 존중과 신망을 갖추어 통솔하지 못하고 있고, 자연히 자녀들은 그런 존경스럽지 못한 아버지를 존경할 리가 없다. 그래서 "권하되 아버지에게 하듯 하며"라는 조언은 디모데가 살던 시대의 문화에는 통했지만, 오늘의 문화에는 공감을 주지 못할 수 있다. 표현을 약간 바꾸어 "권하되 명망 높은 왕이나 대통령이나 수상에게 하듯 하며"라고 해도 좋을 것이다.

결론적으로 말해서, 단호한 태도는 괜찮지만 무례한 태도는 금물이다.

그러나 같은 또래의 잘못을 지적할 때는 격식을 덜 차려도 되고 긴장을 좀 늦추어도 된다. 일반적으로 우리는 함께 자란 형제를 꾸짖거나 그의 잘못을 지적할 때는 약간 직설적으로 나가도 괜찮다. 아버지를 대할 때보다 격식과 예의를 덜 갖추고 곧장 핵심으로 들어가도 된다. 그러므로 목사는 동년배나 자기보다 젊은 남자를 대할 때는 간결하고 솔직하게 진실을 말하되, 상대방의 체면이 깎이지 않게 하면 된다. 온유함은 나이나 직분과 관계없이 범사에 두루 통한다.

—5:2—

늙은 여자들의 잘못을 지적하는 부분에서도 바울은 가정의 비유를 이어간다. 목사는 늙은 여자를 엄히 꾸짖지 말고 자신의 어머니에게 마땅히 해야 하듯(역시 "마땅히"라는 말을 강조하고 싶다) 권해야 한다(문맥상 *parakaleō*라는 동사가 암시되어 있다). 아버지의 잘못을 지적할 때는 '존중'이 핵심 단어라면, 어머니의 경우는 '부드러움'이다. 목사는 모든 늙은 여자들을 온유하고 친절하게 대해야 하며, 특히 까다로운 대화 중일 때는 더욱 그래야 한다.

흥미롭게도 바울은 젊은 여자들의 잘못을 지적할 때 자매에게 하듯 하라고 하면서 "온전히 깨끗함으로"라는 말을 덧붙인다. 바울이 쓴 헬라어 문구는 몸을 씻는다든가, 성전 기구들을 구별하는 등 의식상의 정결을 가리킬 때 가장 많이 쓰이지만, 여기서는 '순수함'을 염두에 둔 말이다. 흔히 오누이의 관계는 다른 어느 관계와도 다르다. 남자 쪽에서 자신의 누이의 여성성을 늘 인식하면서도 성적인 암시는 조금도 없는 관계다. 노련한 사역자 바울은 디모데도 – 그리고 뒤따르는 모든 사역자들도 – 그와 똑같이 여자들과 더불어 무의식중의 순수한 관계를 가꾸기 원했다.

바울은 비유를 아무렇게나 고르는 사람이 아니다. 부모형제를 언급함으로써 그는 목사가 여러 부류의 교인들을 어떻게 대해야 하는가를 더할 나위 없이 잘 예시해주었다. 바울은 일부러 기업이나 정부와 관련되는 용어를 피했다. 교회는 기업도 아니도 정부도 아니기 때문이다. 물론 기업의 많은 요소들이 교회 운영에 유익할 수 있으나 교인들은 직원이 아니다. 또한 모든 교회에는 질서 있는 행정이 필요하지만 하나님의 양 떼는 신민이 아니다. 모든 교인은 한 아버지를 두었고, 그리스도를 맏형제로 바라보며, 비유컨대 대가족과 함께 한 식구로 살아간다. 그러므로 우리는 서로를 형제자매로 대해야 한다. 그중에는 나이가 더 많은 사람들도 있고 적은 사람들도 있겠지만, 어쨌든 다 한 가족이다. 기업의 의식 구조는 교회에는 치명적이다.

이렇게 일반 원리를 정한 바울은 이제 교회 내의 특정한 두 집단으로 넘어가, 디모데를 비롯하여 모든 목사가 각 집단의 독특한 필요를 어떻게 채워줄 것인가의 문제를 다룬다.

적용
사역자들에게 주는 여섯 가지 경고

또 한 사람의 사역자가 실족했다는 소식보다 더 나를 슬프게 하는 일은 별로 없다. 나는 그것이 죄지은 사역자 본인을 생각해서도 싫고, 그들의 가족과 교회들을 생각해서도 싫으며, 복음에 입힌 피해를 생각해서도 싫다. 비극이란 능히 피할 수 있는 것이다. 실족하는 사역자치고 사전에 수많은 경고를 듣지 않은 사람은 없다. 본인이 일부러 경고를 무시하는 것뿐이다. 한순간에 갑자기 파멸에 이르는 사람은 없다.

당신이 또 하나의 가슴 아픈 통계 수치가 되지 않도록 내가 들려주고 싶은 여섯 마디 경고의 말이 있다.

경고 1: 권위주의. 교인들이 사역자를 점점 신임하고 그의 말을 귀담아 듣게 되면서 자칫 사역자에게 교만이 찾아올 수 있다. 자기도 모르는 사이에 이것은 독재적이고 권위주의적인 리더십 유형으로 발전할 수 있다. 그때부터 사역자는 자신의 방법이 더 낫다고 생각하기 쉽고, 다른 방식들이 가능한데도 무조건 자기 방식을 고집할 수 있다. 사역자는 융통성이 없고, 강압적이며, 전횡을 일삼고, 심지어 폭군처럼 행세할 수 있다. 전에는 겸손히 배우던 사역자가 더 이상 정중하고 온유하게 요청하지 않고 독단적인 지시를 외쳐대기 시작하면, 그 사역자는 이미 리더십을 버리고 독재를 택한 것이다.

경고 2: 배타주의. 사역자가 점점 시간을 많이 투자하여 하나님의 말씀을 모든 뉘앙스까지 연구하게 되면, 자기만 특별한 진리를 알고 있는 것처럼 생각되기 쉽다. 그래서 '내가 옳고 다른 사람들은 다 틀렸다'는 생각이 들기 시작한다. 하지만 진리에 관하여 누구의 도움도 필요 없는 사람은 내가 알기로 딱 한 분뿐이며, 그분은 지금 육신으로 이 땅에 계시지 않는다. 나머지 우리는 성경을 읽고, 해석하며, 이해하고, 적용하는 과정에서 서로서로 생각을 점검해주어야 한다.

신자들의 공동체도 마찬가지다. 배타주의가 겸손을 몰아내면 집단 전체가 편집증을 보이며 이단처럼 변할 수 있다. 그렇게 되면 하나님의 말씀이 진리를 규정하는 것이 아니라, 특정한 인물이나 단체와의 관계가 진리를 규정하게 된다.

경고 3: 탐욕. 사전에는 탐욕이란 돈을 실제 필요한 만큼보다 더 많이 욕심내는 것으로 정의되어 있다. 하지만 사역자에게 필요한 돈은 얼마나 되는가? 자족하는 마음을 잃으면 어느새 주관적 욕심이 객관적 필요로 둔갑하고, 사역자의 영혼은 유혹의 온상이 된다. 탐욕이란 미묘하게 서서히 싹틀 수 있기 때문에 나는 돈에 관한 한 엄격한 불간섭 정책을 고수하고 있다. 나는 다른 사람이 주는 현금을 받지 않고, 기부금을 관할하지 않으며, 헌금을 계수하지 않고, 기금을 분배하는 방식을 결정하지 않는다. 사실 나는 내가 섬기는 교회에서 누가 무슨 헌금을 내는지도 모른다(헌금 계수를 누가 하는지도 모른다). 하지만 내가 확신하는 것이 하나 있다. 모든 직분을 성실한 사람들이 맡고 있기 때문에 헌금을 누가 계수하든 믿을 수 있다는 것이다.

경고 4: 합리화. 사람이 스스로 보기에 의로워질 수 있는 방법은 둘 중 하나다. 하나는 마땅히 의롭게 행동하는 것이고, 또 하나는 기준을 낮추는 것이다. 합리화는 잘못을 정당화하거나 축소하여 기준을 낮추는 행위다. 합리화는 악한 행위를 옳다 하려고 사실을 왜곡하거나 성경을 곡해한다.

오래전에 내가 알던 한 목사는 여자 교인들을 만나기 시작했다. 감시를 피하려고 그는 자기 말로 '프라이버시의 교리'를 설교하곤 했다. 교묘한 논리로 성경을 짜깁기하여 '프라이버시의 교리'를 설교의 중심 주제로 삼은 것이다. 그러다보니 교인들은 오랫동안 균형을 잃었고, 그래서 목사는 여러 해 동안 부적절한 생활 방식을 이어갔다.

하지만 모든 합리화가 다 그렇게 공공연히 악한 것은 아니다. 사역자들은 선한 일을 하려는 열망이 강하다보니 '결과가 수단을 정당화한다'는 관점을 취할 수 있고, 그리하여 교회를 위해서 합리화의 덫에 빠질 수 있다. 예를 들어, 선교 헌금이라고 표시된 꽤 고액의 수표가 교회에 들어온다. 그런데 마침 직원들에게 월급을 줄 날이 코앞에 다가왔는데 은행에 잔고가 부족하다. 이때 목사는 이렇게 합리화할 수 있다. "일단 이 수표로 이번 달 직원들 월급을 주고, 선교 헌금에서 '빌린' 돈은 다음 달 예산에서 갚으면 된다. 어차피 다 하나님의 돈인데 뭐 어떻겠나."

내가 존경하는 한 행정 목사는 우리가 불순한 결정을 합리화하려는 유혹에 부딪힐 때마다 '깨끗하고 떳떳한'이라는 표현을 썼다. 지금까지 나는 목사로서 어려운 결정을 내려야 할 때가 많았지만, '깨끗하고 떳떳한' 결정을 후회해본 적은 없다.

경고 5: 성적인 유혹. 사역자들은 전임으로 하나님을 섬기기로 결단하는 순간 갑자기 무성(無性)의 존재가 되는 것이 아니다. 그럼에도 도덕적 순결함에는 타협의 여지가 있을 수 없다. 상처받고 마음이 약해진 사람들을 돕다보면 남자고 여자고 자칫 도덕적인 선을 넘어가기 쉽다. 위로의 뜻으로 가볍게 껴안아준다는 것이 어느새 진한 포옹으로 변할 수 있다. 몇 달 동안 비난을 들으며 자존감이 손상된 사람은 성적으로 부도덕한 관계에서 위안을 얻으려 할 수 있다.

내가 권하고 싶은 방법이 있다. 우선 당신이 따르고자 하는 엄격한 행동 규범과 원칙을 작성하라. 예를 들면 다음과 같다.

나는 제3자가 동석하지 않은 상태에서는 절대로 이성의 사람을 사적으로 만나지 않겠다.

나는 이성의 사람과 악수 외에는 절대로 신체 접촉을 하지 않겠다.

나는 내가 평소에 사용하는 모든 컴퓨터에 감시 소프트웨어를 설치하겠다.

나는 자동차 안에 이성의 사람과 단둘이 있지 않겠다.

나는 식당에서 이성의 사람과 단둘이 식사하지 않겠다.

나는…

그다음에는 당신이 작성한 내용을 믿을 만한 동료와 나누고 그에게 감시를 부탁하라.

경고 6: 감시의 거부. 유혹에 면역이 된 사람은 아무도 없다. 감시는 심각한 죄에 빠지지 않으려는 본인의 결단을 확실히 받쳐주는 안전 장치다. 모든 지도자는 지휘 계통의 누군가에게 늘 감시를 받아야 하며, 지휘 계통의 맨 위에 해당하는 담임 목사는 동료 장로들의 감시를 받아야 한다. 감독을 받거나 정기적으로 확인받는 일에 반감을 품기보다 오히려 우리는 그것을 자청해야 한다.

솔직히 외부의 그런 감시가 내게는 큰 위안이 된다. 나는 엉뚱한 짓을 하다가는 걸리리라는 것을 안다. 그 사실을 알고 있는 것이 나는 참 좋다. 그것은 유혹에 충분히 거리를 두고 옳은 길을 가려는 내 결의를 더욱 굳혀준다.

과부들은 어떤가?(디모데전서 5:3-16)

3참 과부인 과부를 존대하라 4만일 어떤 과부에게 자녀나 손자들이 있거든 그들로 먼저 자기 집에
서 효를 행하여 부모에게 보답하기를 배우게 하라 이것이 하나님 앞에 받으실 만한 것이니라 5참
과부로서 외로운 자는 하나님께 소망을 두어 주야로 항상 간구와 기도를 하거니와 6향락을 좋아하
는 자는 살았으나 죽었느니라 7네가 또한 이것을 명하여 그들로 책망 받을 것이 없게 하라 8누구든
지 자기 친족 특히 자기 가족을 돌보지 아니하면 믿음을 배반한 자요 불신자보다 더 악한 자니라

9과부로 명부에 올릴 자는 나이가 육십이 덜 되지 아니하고 한 남편의 아내였던 자로서 10선한
행실의 증거가 있어 혹은 자녀를 양육하며 혹은 나그네를 대접하며 혹은 성도들의 발을 씻으며 혹
은 환난 당한 자들을 구제하며 혹은 모든 선한 일을 행한 자라야 할 것이요 11젊은 과부는 올리지
말지니 이는 정욕으로 그리스도를 배반할 때에 시집 가고자 함이니 12처음 믿음을 저버렸으므로
정죄를 받느니라 13또 그들은 게으름을 익혀 집집으로 돌아 다니고 게으를 뿐 아니라 쓸데없는 말

을 하며 일을 만들며 마땅히 아니할 말을 하나니 [14]그러므로 젊은이는 시집 가서 아이를 낳고 집을 다스리고 대적에게 비방할 기회를 조금도 주지 말기를 원하노라 [15]이미 사탄에게 돌아간 자들도 있도다 [16]만일 믿는 여자에게 과부 친척이 있거든 자기가 도와 주고 교회가 짐지지 않게 하라 이는 참 과부를 도와 주게 하려 함이라.

바울의 저작을 썩 좋아하지 않는 사람들은 흔히 바울을 여성 혐오자라고 생각한다. 언젠가 나는 월요일 오전마다 여성들의 모임에서 가르친 적이 있는데, 그들의 성경 지식은 아직 피상적인 수준에 머물러 있었다. 그들의 견해를 듣고 나는 깜짝 놀랐다. 1970년대에 여성 혁명이 불러일으킨 성경에 대한 적대감은 그동안 약간 식었지만, 지금도 많은 여성들은 바울이 무조건 여자들을 좋아하지 않았다고 생각한다. 그래서 내 강좌에 들어온 여성들도 바울의 가르침이라면 무조건 에누리하여 듣기로 작정했던 것이다. 나는 그들의 관점을 고쳐주고 바로잡아주느라 애를 먹어야 했다.

바울의 가르침을 수박 겉핥기식으로 보면 매정해 보일 수 있지만, 그것은 순전히 문맥과 떼어놓고 읽기 때문이다. 바울이 여자들에 대해서 쓴 모든 글은 "너희는 유대인이나 헬라인이나 종이나 자유인이나 남자나 여자나 다 그리스도 예수 안에서 하나이니라"고 한 갈라디아서 3장 28절의 렌즈를 통하여 읽어야 한다. 뿐만 아니라 각 본문의 대상이 특정한 부류로 명시되어 있지 않은 한 바울의 모든 가르침은 전반적으로 남녀 모두에게 해당된다.

바울 서신에 나타난 여성	
고린도전서 7:25-26	미혼 여성들에게 주는 조언
고린도전서 11:2-16	교회 안의 여자들
고린도전서 14:33-36	예배 중의 여자들
갈라디아서 3:26-28	여성의 평등
에베소서 5:22-24	아내들에게 주는 조언
디모데전서 2:9-15	예배 중의 여자들
디모데전서 3:11	여자 집사들(?)
디도서 2:3-5	젊은 아내들의 책임

바울의 가르침을 수박 겉핥기식으로 보면 매정해 보일 수 있지만, 그것은 순전히 문맥과 떼어놓고 읽기 때문이다. 바울이 여자들에 대해서 쓴 모든 글은 "너희는 유대인이나 헬라인이나 종이나 자유인이나 남자나 여자나 다 그리스도 예수 안에서 하나이니라"고 한 갈라디아서 3장 28절의 렌즈를 통하여 읽어야 한다. 뿐만 아니라 각 본문의 대상이 특정한 부류로 명시되어 있지 않은 한 바울의 모든 가르침은 전반적으로 남녀 모두에게 해당된다.

1세기의 서구 문명은 여자들에게 우호적이지 않았다. 이방 문화들은 모든 인간을 유용성의 관점에서 보는 경향이 있었다. 첫째는 가정에 대한 유용성이었고, 그다음은 국가에 대한 유용성이었다. 우선 건강한 남자 신생아들은 장차 가족의 부와 힘을 늘려주고 나라를 지킬 자원이므로 귀히 여겼다. 하지만 여자 신생아들과 건강하지 못한 남자 아기들은 기르는 데 짐만 된다 하여 종종 바깥에 버려 죽게 했다. 그런 관행을 '유아 유기'라 불렀다.

비슷하게 고대 문명은 여자의 가치를 주로 상속자를 출산하는 능력에 두었다. 따라서 남자가 없거나, 비참하게 가족과 사별한 여자는 혼자 살아남기에 절대적으로 무력한 상태가 되었다. 가정이 자체적으로 가족을 건사하는 것이 헬라와 로마의 관습이었다. 히브리 문화 바깥에는 공적인 지원이라는 것이 존재하지 않았다. 남자의 보호와 공급이 없는 이방인 여자들은 대개 매춘과 기아 중에서 하나를 선택해야만 했다.

오늘날의 많은 사람들(특히 여성들)에게는 이 말이 이상하게 들릴지 모르지만, 바울이 디모데에게 준 가르침은 1세기의 여성들에게는 일대 도약이자 진전이었다. 히브리 전통에 따르면 모든 인간은 하나님의 형상을 지닌 귀한 존재이며 따라서 마땅히 존엄한 존재다. 바울의 말은 자신이 물려받은 그 전통에 바탕을 둔 것이다. 뿐만 아니라 그리스도는 모든 사람을 위하여 죽으셨으며, 그것은 구원받은 사람들 중 누구도 갚을 수 없는 은혜의 선물이다. 예수님은 사람들을 당신이 지으셨다는 이유만으로 귀히 여기신다. 그렇기 때문에 교회도 사람들의 '유용성'과 무관하게 그들을 돌보아야 한다.

과부들을 대하는 바른 대도에 대한 사도의 교훈은 그들을 "존대하라" 또는 "존경하라"는 단순한 명령으로 시작된다(참고 롬 12:10, 13:7). 이어 그는 과부를 세 부류로 나누는데, 그중 '명부'에 올릴 대상은 하나뿐이다.

• 친척들이 살아 있는 과부(4-8절)

- "참 과부"(9-10, 16절)
- 재혼할 소지가 있는 과부(11-15절)

이 '명부'는 성경의 다른 곳에는 언급되어 있지 않다. 그래도 우리는 문맥으로 미루어 그 목적을 분별할 수 있다. 그 당시의 교회에는 물질적인 지원을 받을 자격이 되는 사람들 - 주로 과부들이었지만 과부로 국한되지는 않았다 - 을 올리는 공식 명단이 있었다. 그러자니 오늘날과 마찬가지로 교회는 누가 무엇을 받을 것인가를 정하는 공식 정책이 필요했다.

—5:3—

"존대하라(*timaō*)"에 해당하는 헬라어 단어는 베드로가 베드로전서 2장 17절에 그리스도인들에게 "왕을 존대하라"고 명하면서 쓴 단어와 같다. 큰 고난을 겪고도 신실함을 잃지 않은 사람들을 극진히 대할 때, 교회는 가장 밝게 빛나는 법이다. 나아가 이 동사의 시제는 "계속 존대하라"는 지속적인 행동을 의미한다.

이 단어에는 '값을 매기다'라는 뜻도 있어, 이 '존대'가 돈이라는 형태로 가시적으로 표현되었어야 함을 강하게 암시해준다. 인간이란 자신이 귀하게 여기는 사람들은 재정적으로 돌보게 마련이다. 아마도 이런 재정적 도움은 교회를 필수적으로 섬기게 한 뒤 그에 대한 보답으로 주는 급여의 형태를 띠었을 것이다(5:17-18 참고). 요즘 우리가 말하는 사례비라 할 수 있다. 이런 견해를 뒷받침해주는 사실이 있다. 조건 없이 베푸는 구제와 달리 이 '존대'에는 조건이 붙어 있다는 사실이다. 바울은 이러한 존대를 "참 과부", 즉 진정한 과부의 몫으로 남겨두었다. 이 특별한 부류가 누구인가에 대한 그의 정의가 4절부터 15절까지 나온다.

—5:4-5—

바울은 "참 과부"를 남편이 죽었지만 자녀나 손자가 살아 있는 여자들과 구분한다. 후자의 과부들은 가족이 돌보아야 한다고 권하면서 바울은 그 근거로 두 가지 원리를 제시한다.

묵상의 서재

사랑을 담은 공경

우리 어머니가 돌아가신 지 얼마 되지 않아 아버지가 우리 집으로 오셔서 나와 아내와 우리 네 자녀와 함께 사셨다. 우리는 아버지를 최대한 잘 보살펴드리려고 우리 자신과 집을 준비하려 했지만 도무지 막연하기만 했다. 다행히 첫 두어 해는 별 일 없이 잘 지나갔다. 다른 가정들은 부모님이 들어와 사시면 간섭이 심하다고 불평하지만, 우리 아버지는 혼자 있는 것을 좋아하셨다. 그래서 오히려 아버지를 방 밖으로 모셔 가족과 어울리시게 하는 것이 더 힘들었다.

그러나 생애 말년이 되시면서 아버지는 건강의 문제가 악화되셨다. 처음에는 잠깐씩 필요할 때만 우리가 도와드리면 되었지만, 나중에는 24시간 내내 곁에서 간호해야 하는 상황이 되었다. 아내와 나는 병수발을 직접 해드리고 싶었고, 필요하다면 어떤 변화라도 감수할 각오가 되어 있었지만 시간상 하루 종일 아버지 곁에 있을 수도 없었고, 의료적인 면에서도 한계가 있었다(자세한 병세까지는 언급하지 않겠지만 정말 중한 상태이셨다). 어려운 결정을 놓고 씨름하면서 우리는 죄책감과도 싸웠다. 하지만 많이 의논하고 많이 기도하고 성경을 세심히 검토한 끝에 우리는 아버지를 공경한다고 해서 반드시 의학적인 도움을 우리가 직접 베풀어야 하는 것은 아님을 깨달았다. 사실 아버지는 세세한 치료는 전문가들이 맡고 우리는(나의 누나 루시와 함께) 사랑으로 동참하는 것을 더 편안해하셨다. 돌아가시는 날까지 아버지는 공경과 존중을 받으셨다. 우리는 아버지가 버림받은 기분이 드시지 않도록 우리의 최선을 다했다.

우리는 연로한 부모님을 마땅히 공경해야 한다. 부모님을 치료하고 간호하는 일은 전문가들에게 맡길지라도 결코 부모님을 버려서는 안 된다.

하나는 그것이 마땅한 도리이기 때문이고, 또 하나는 부모에 대한 감사 때문이다.

우선 바울은 과부의 가족에게 "효를 행하"라고 명하는데, 이 단어는 '경건하다'는 형용사의 동사형으로 디모데전서 전체에서 굉장히 중요한 단어다(2:2, 3:16, 4:7–8, 6:3, 5–6, 11). 목회와 교회 사역의 목적은 교인들이 경건한 삶을 살도록 돕는 것이며(1:5), 특히 자기 가족을 돌보게 하는 것이다.

바울은 또 감사에 근거하여 그들에게 호소한다. 자녀들과 손자들은 부모가 자진해서 자신의 안락을 희생하여 그들을 보호해주고 그들에게 필요한 것들을 공급해주었기 때문에 그들이 존재할 수 있었던 것이다. 특히 어머니들은 그들을 몸 안에 품고 지내다가 엄청난 고생과 산고를 통해 낳아주었다. 도리를 다하려는 마음만으로 부족하다면 자녀들은 과부가 된 어머니를 감사의 마음 하나만으로도 봉양해야 한다.

—5:5–7—

주석가들은 이 세 구절에 대한 가장 좋은 해석이 무엇인지에 대해 의견이 갈린다. 각자의 해석은 다음 두 질문에 어떻게 답하느냐에 따라 달라진다. 첫째, 7절에 디모데가 "이것을 명"해야 할 대상은 누구인가? 과부들 자신인가, 아니면 전체 교회 안에 있는 과부들의 가족인가? 둘째, "향락을 좋아하는 자"란 무슨 의미인가? 대부분의 주석가들은 이 말을 쾌락을 찾아 죄를 일삼는다는 의미로 본다. 반면에 일부 주석가들은 바울이 매춘을 그렇게 완곡하게 표현했다고 본다. 먹고살기 위해서 자신을 '향락'의 대상으로 내준다는 의미로 말이다.

이해의 열쇠는 6절 전후의 전체 문맥을 정확히 파악하는 데 있다. 바울의 이 논의는 생계를 공급하는 문제로 시작되고 끝난다(4,8절). 다수의 궁핍한 과부들이 단순히 재미를 찾아서(즉, 자신의 '향락'을 위하여) 죄를 일삼는다는 것은 나로서도 잘 믿어지지 않는다. 반면에 역사적으로 매춘은 과부들이 기아에서 벗어나는 유일한 대안이었다. 공적인 지원이 생겨나기까지는 고금에 걸쳐 마찬가지였다. 아울러 '향락'을 공급의 수단으로 보면 5절과 6절의 대비도 가장 잘 이해가 된다.

살아 있는 가족이 없는 과부는 선하신 하나님이 자신의 필요를 채워주실 것을 믿고 그분께 맡겨야 한다. 목숨을 부지하는 것이 곧 믿음의 문제가 되는 것이다. 그러나 믿음을 버리고 하나님의 불확실한 공급 대신 매춘을 통한 확실한 공급을 택하는 과부는 "살았으나 죽었느니라"고 했다. 여기 바울의 말에 풍부한 아이러니가 들어 있다. 경건한 과부는 하나님께 소망을 두고 날마다 믿음으로 살아가려 애쓴다. 반면에 경건하지 못한 과부는 매춘을 믿지만 결과는 살아 있는 죽음이다.

6절이 매춘을 가리키는 것이라면 바울이 7절에 말한 "그들"은 전체 교회 안에 있는 과부들의 가족이 된다. 바울은 과부가 된 어머니를 돌보지 않는 가족은 윤리적인 견지에서 매춘의 죄에 공범자가 된다고 암시하고 있다. 물론 한 사람이 선택한 죄가 다른 사람의 책임일 수는 없다. 하지만 모든 가능한 방법으로 경건한 삶을 독려하지 못했다면 그 사람도 책망을 면할 수 없다. 그래서 바울은 디모데에게 가족들을 "명하여"(1:3, 18, 4:11, 5:7, 6:2에도 같은 단어가 쓰였다) 과부가 된 어머니를 돌보게 하라고 했다.

—5:8—

4절에서는 가족이 과부를 부양해야 한다는 것을 긍정적인 각도에서 보았다면 – "효를 행하여 부모에게 보답하기를" – 이제 바울은 8절에서 부정적인 각도로 돌아선다. 과부가 된 어머니를 돌보는 일이 마땅한 도리인 만큼 그 일을 하지 않는 사람은 도덕성이 철저히 결여된 것이다. 헬라와 로마의 타락한 이방인들도 자기 가족을 돌보았다. 진정한 그리스도인이 최소한 이웃의 비신자들만큼이라도 경우 있게 행동하지 않는다는 것은 바울로서는 상상할 수 없는 일이었다.

잘 보면 7절의 "그들"과 8절의 "누구든지… 자기 가족을 돌보지 아니하"는 사람이 서로 대비되어 있다. 이로써 우리는 "그들"이 과부들 자신이 아니라 과부들의 가족임을, 그리고 자기 가족을 성실히 돌보는 가족은 책망받을 것이 없게 됨(7절)을 좀 더 분명히 알 수 있다.

—5:9-10—

바울은 친척이 살아 있는 과부들을 교회가 부양해서는 안 된다는 말에 이어(4-8절), 젊은 과부들도 교회가 부양해서는 안 된다고 말한다(11-15절). 이번에도 그는 상황을 대비시키고 있다. 남편을 사별한 젊은 여자들을 교회가 장기적으로 지원하지 말아야 할 이유를 밝히기에 앞서 바울은 우선 "명부에 올릴" 과부의 기준부터 제시한다.

내가 "장기적으로"라고 토를 단 것은 두 가지 이유에서다. 첫째, 바울은 젊은 과부에게 꼭 필요한 의식주를 단기적으로 돕는 것까지 반대하지는 않았을 것이다. 그의 취지는 곤경에 처한 사람을 율법적으로 또는 냉담하게 대하자는 것이 아니며, 특히나 졸지에 남편을 잃은 젊은 여자에 대해서는 더 말할 것도 없다. 둘째, 11절에 보다시피 한 번 '명부'에 오른 이름은 다시 삭제되는 일이 없어야 했다. 일단 이름이 오른 사람은 영원히 인생의 새로운 단계에 접어드는 것이며, 일편단심 교회를 통하여 하나님을 섬기며 살아가야 했던 것이다(5:5, 참고 눅 2:37). 바울은 여자가 하나님을 섬기기로 헌신했다가 남자를 만나 그 약속을 어기는 것을 바람직하지 않은 일로 보았다.

사도는 명부에 오를 과부의 요건을 세 가지로 밝히는데 하나는 객관적이고, 나머지 둘은 주관적인 요건이다.

나이가 육십이 덜 되지 아니하고. AD 200년경에 랍비들의 구전을 기록하여 편찬한 유대교 문서인 「미쉬나(Mishnah)」에 보면, 공식적으로 노년에 들어서는 나이가 60세로 되어 있다. 남자는 예순이 되면 '장로'로 간주될 수 있었다(「미쉬나」 Avot 5:24).

한 남편의 아내였던 자로서. 직역하면 "한 남자의 여자"인데, 이 문구는 감독과 집사의 자격 목록에 나오는 "한 아내의 남편"이라는 말과 같은 구조로 되어 있다(3:2, 12, 딛 1:6). 감독이나 집사와 마찬가지로 과부의 경우에도 이 요건은 그 사람이 결혼을 몇 번 했는가보다는 그 사람의 성품과 더 상관이 있다. 성경은 배우자를 사별한 후에 또는 불의한 이혼을 당한 후에 재혼하는 사람을 결코 정죄하지 않는다(고전 7장).

선한 행실의 증거가 있어. 목회 서신 전체와 특히 디도서는 선한 행실을 거의 강박적이다 싶을 만큼 중시한다. 이는 바울이 최고의 유대교 신학에 의거하여 선한 행실을 의의 열매로 보기 때문이다. 선한 행실을 맺지 못하는 신앙은 무화과나무가 무화과를 맺지 못하고(눅 6:43-44, 13:7), 포도나무에 포도 열매가 없는 것만큼이나(사 5:1-7, 겔 15:1-5, 요 15:1-11) 쓸모없고 무의미하다.

그다음에 나오는 다섯 가지 자격은 별도의 요건이 아니라 "선한 행실"의 다섯 가지 구체적인 예이다. 처음의 세 가지 자격과 달리 이 예들은 "선한 행실의 증거가 있어"라는 말에 종속되는 조건절로 제시되며, 다섯 번 모두 "혹은"으로 시작된다.

- 자녀를 양육하며. 정서적, 영적으로 아주 폭넓은 성숙에 이르렀음을 보여준다.
- 나그네를 대접하며. 고대 근동의 모든 문화에서 예의범절의 전형적인 지표로 인식되었다.
- 성도들의 발을 씻으며. 겸손과 경건의 전형적인 지표로 기독교에만 있는 것이다(요 13:5).
- 환난당한 자들을 구제하며. 긍휼히 여기는 마음은 물론이고 순종하는 마음까지 보여준다(눅 10:25-37).
- 모든 선한 일을 행한 자라야 할 것이요. 선을 행할 기회를 기다린 것이 아니라 일부러 찾아서 선행에 동참했다는 뜻이다.

이 정도면 정말 대단한 자격이다! 감독이나 집사의 자격만큼이나 엄격함은 물론이다. 이는 '과부'가 자격 요건과 직무와 보수를 완비한, 교회의 공식 직분임을 뒷받침하는 강력한 증거가 된다. 실제로 초기의 몇몇 교부들은 '안수'까지 받는 '과부'라는 직분을 언급하고 있다.

- 이냐시오(Ignatius), 「이냐시오의 빌립보서(*The Epistle of Ignatius to the Philippians*)」 15
- 알렉산드리아의 클레멘트(Clement of Alexandria), 「교사(*The Instructor*)」 3.12.[3]
- 터툴리안(Tertullian), 「처녀들이 머리에 수건을 쓰는 문제(*On the Veiling of Virgins*)」 9

—5:11-13—

젊은 과부들을 "명부"에서 제외해야 한다고 말하면서 바울은 두 가지 주된 이유를 제시한다. 첫째, 젊은 과부들은 사랑과 성욕에 끌리는 자연스런 성향을 극복하기가 너무 힘들 것이고, 따라서 재혼하지 않고 교회를 섬기겠다던 서약을 깨고 결국은 남편에게 서약하게 될 것이다. 그들이 자초하는 '정죄'는 구원을 잃어버린다든가, 아니면 하나님의 노여움을 사는 것이 아니라 물의를 일으켜 바깥사람들의 비웃음을 사는 것이다. 재혼 자체는 죄가 아니지만, 평생 독신으로 하나님을 섬기겠다는 엄숙한 서약을 파기할 때는 죄가 된다.

두 번째 이유는 젊은 과부들이 비교적 미성숙하다는 점이다. 그들은 "게으름"을 익힌다(디도서 1장 12절에도 "게으름뱅이"라는 말이 나오며, 베드로후서 1장 8절의 "게으르지"는 "열매가 없지"로 옮길 수 있다). 열매가 없다는 뜻이 이 문맥에 더 잘 맞는다. 바울이 책망하는 것은 젊은 여자들의 게으름이 아니라 무분별함이다. 젊은 여자들은 성숙한 지혜가 없다보니 정보를 듣고 함부로 다룰 소지가 있다. 그래서 분별력을 길러주거나 지키기보다 자기도 모르게 숙덕공론에 빠져 소설을 쓸 수 있다.

—5:14-15—

바울은 젊은 과부들이 자연스런 성향을 힘들게 억제할 것이 아니라, 오히려 재혼하여 자기를 사랑해주는 남편과 성관계를 즐기며 가정생활의 복을 누리라고 권한다. 다시 말해서 젊은 과부들은 괜히 지키기 힘든 서약을 했다가 혹시라도 나중에 그것을 원통해하기보다는 차라리 나이에 맞게 행동하여 젊음을 누려야 한다. 결혼하면 앞에서 말한 "게으름"이나 한가함 때문에 문제가 될 일은 전혀 없을 것이다(내가 아는 어머니들 가운데 한가한 사람은 별로 없다).

—5:16—

바울은 과부라는 주제에 대한 가르침을 그들에게 필요한 생계를 공급해주는 것과 관련된 마지막 교훈으로 마무리한다. 8절에서는 과부가 된 어머니와 할머니를 보호하고 돌보는 일을 집안의 가장인 남자들에게 맡겼다. 그러나 독신인 여자들이나 과부들 가운데도 상당히 재력이 있는 사람들이 있다. 그런 여자들에게 바울은 그들보다 불우한 과부를 이를테면 가족으로 삼는 일에 앞장서라고 권하고 있다. 사역의 예산을 무리하게 쓰면 결국 프로

묵상의 서재

잊지 못할 메이 아주머니

신학생 시절에 아내와 나는 텍사스 주 휴스턴의 우리 교회가 생활비를 지원하던 한 과부 아주머니를 사랑하게 되었다. 우리는 다른 몇몇 사역자 부부와 더불어 그녀를 메이(Mae) 아주머니로만 알았으므로 그녀의 성은 기억나지 않는다.

대부분의 사람들이 말로만 "당신을 위하여 기도하고 있습니다!"라고 하는 것과 달리 메이 아주머니는 정말 말씀하는 대로 하셨다. 그녀는 우리의 기도 제목을 물어 일일이 다 적고나서는 나중에 이렇게 말씀하셨다. "내가 기도하고 있으니까 이제 너는 내게 경과를 알려줄 책임이 있단다."

댈러스에서 몇 달 동안 공부하다 휴스턴에 다니러 갈 때마다 나는 늘 메이 아주머니를 찾아뵈야 도리일 것 같은 생각이 들었다. 그녀는 기도 제목을 적은 종이를 꺼내놓고 – 많이 써서 늘 약간 닳아 있었다 – 하나씩 훑어나가셨다. "척, 우리가 지난번에 만났을 때 네가 이 문제를 얘기했었지. 그 뒤로 어떻게 됐지?"

"아주 잘됐어요." 내가 그렇게 대답하면 메이 아주머니는 펜을 꺼내 그 제목에 줄을 그어 지웠다.

"이건 어떻게 됐지?"

"그 문제는 아직도 도움이 필요합니다." 내가 그렇게 말하면 그녀는 그 제목을 계속 목록에 두었다.

메이 아주머니는 내가 신학교에서 공부하던 내내 우리와 늘 연락하며 지내셨다. 그리고 신실하게 우리를 위하여 주님께 기도해주셨다. 이따금씩 나는 그녀의 그런 신실한 기도가 없었다면 우리가 경험한 삶이 얼마나 달라졌을까 하는 생각을 한다. 아마 지금만큼 좋을 수 없었을 것이다.

그램이 효율성을 잃는다는 사실을 노련한 사역자인 바울은 알고 있다. 그는 다수의 사람들에게 적은 액수씩 주느니 소수의 사람들에게 실속 있는 도움을 주고자 했다.

적용

무력한 사람들을 위한 실제적인 도움

늙은 과부와 젊은 과부라는 주제에 대한 바울의 가르침에는 다른 부류의 어려운 사람들에게 적용할 수 있는 원리가 네 가지나 들어 있다.

첫째, 개인의 책임을 교회의 구제에 떠넘겨서는 안 된다(4절). 바울이 암시한 성경적, 문화적 원리들은 독자들이 워낙 잘 알고 있던 것들이라 굳이 그가 따로 인용할 필요조차 없었다. 주님은 부모들에게 어린 자녀들을 부양할 것을 명하셨고(잠 19:14, 고후 12:14), 성인 자녀들에게는 부모를 "공경"할 것을 명하셨다(출 20:12). 디모데전서 5장 3-16절의 주해에서 보았듯이 누군가를 "공경"(또는 '존대')하려면 재정적으로 상대방의 필요를 채워주어야 한다. 그러므로 자녀들과 손자들은 과부가 된 어머니를 직접 돌보아야 하며, 그들 개인의 책임을 교회가 덜어주기를 바라서는 안 된다.

넓은 의미에서 우리는 우리 개인들이 직접 할 수 있고, 또 마땅히 해야 할 일들을 교회에 의존해서는 안 된다. 물론 교회와 협력할 수는 있지만 그래도 교회만 바라보고 있어서는 안 된다. 교회가 행동을 취하지 않는다고 교회를 탓해서도 안 된다. 세상에 도움이 필요한 일이 보이거든 당신이 바삐 움직이면 된다!

둘째, 고난과 비애를 겪는다고 사람이 저절로 경건해지지는 않는다(5-6, 11-12절). 젊은 과부들은 사별의 아픔도 깊은 데다 생계를 이어갈 대책도 필요하다. 그런데 바울은 그것 때문에 그들이 인내로 고난을 견디며 주님의 도우심을 의지하는 것이 아니라 오히려 죄를 짓게 될까봐 우려했다. 고난은 우리에게 주님을 더 가까이하며 영적 성장을 경험할 기회를 가져다준다. 그런데 반대로 우리는 죄를 통하여 고통을 달래려 하기 쉽다. 그래서 하나님의 가족은 슬픔을 당한 사람들을 섬겨야 하고, 상실이 남긴 빈자리를 좋은 것으로 채우도록 도와주어야 한다.

슬픔을 당한 신자들의 필요를 채워주는 한 가지 확실한 방법은 그런 사람들을 잘 돕기 위한 훈련 프로그램을 갖추고 자원봉사자들을 모아 준비시키는 것이다. 이것은 심리학 훈련도 아니고 평신도 상담 프로그램도 아니며, 일반 그리스도인들을 대상으로 한 일종의 심방 과목이다.

셋째, 교회가 어려운 사람을 다 지원할 수는 없으며 우리가 그것을 기대해서도 안 된다(9-10절). 사도는 "명부"에 올릴 과부들만 아니라 올려서는 안 될 과부들도 똑같이 중요하게 보고 신중히 기술했다. 재정 지원, 특히 장기적인 지원은 절대로 무분별하게 할 일이 아니다. 지역 사회의 필요는 언제나 지역 교회의 역량을 능가하며 자원은 제한되어 있다. 그러므로 교회는 잘 분별하여 지혜롭게 대처해야 한다.

많은 교회는 헌금의 일부를 '구제용'으로 떼어놓고, 집사들과 다른 믿을 만하고 성숙한 교인들로 이루어진 소위원회에 그 집행을 맡기고 있다.

넷째, 꽉 차고 활동적인 삶이 한가하고 무관심한 삶보다 경건을 지키기에 훨씬 좋다(13-14절). 물론 이것도 자칫하면 극단으로 치우칠 수 있다. 지나치게 바쁜 삶은 오히려 해로울 수 있고, 경건함에서 자라가는 데 방해가 될 수 있다. 하지만 대체적으로 집에 아이들이 가득하고 힘든 직장일을 처리하느라 골몰할 때가, 집이 텅 비어 있고 시간이 남아돌 때보다 훨씬 안전한 경향이 있다. 당신이 돌보아야 할 사람이 없거나 더 이루어야 할 일이 없는 상황이라면, 무언가 의미 있는 일을 찾아 거기에 투신하라고 권하고 싶다. 세상에는 어려운 사람들과 문제들이 가득하며 늘 투사들을 필요로 하고 있다. 그러니 세상에 뛰어들어 늘 자원봉사를 하라!

건강한 목회를 위한 처방(디모데전서 5:17-25)

17잘 다스리는 장로들은 배나 존경할 자로 알되 말씀과 가르침에 수고하는 이들에게는 더욱 그리
할 것이니라 18성경에 일렀으되 곡식을 밟아 떠는 소의 입에 망을 씌우지 말라 하였고 또 일꾼이
그 삯을 받는 것은 마땅하다 하였느니라 19장로에 대한 고발은 두세 증인이 없으면 받지 말 것이
요 20범죄한 자들을 모든 사람 앞에서 꾸짖어 나머지 사람들로 두려워하게 하라 21하나님과 그리스
도 예수와 택하심을 받은 천사들 앞에서 내가 엄히 명하노니 너는 편견이 없이 이것들을 지켜 아
무 일도 불공평하게 하지 말며 22아무에게나 경솔히 안수하지 말고 다른 사람의 죄에 간섭하지 말
며 네 자신을 지켜 정결하게 하라

23이제부터는 물만 마시지 말고 네 위장과 자주 나는 병을 위하여는 포도주를 조금씩 쓰라

[24]어떤 사람들의 죄는 밝히 드러나 먼저 심판에 나아가고 어떤 사람들의 죄는 그 뒤를 따르나니
[25]이와 같이 선행도 밝히 드러나고 그렇지 아니한 것도 숨길 수 없느니라.

"잘 다스리는 장로들은 배나 존경할 자로 알되." 얼마나 맞는 말인가. 하지만 그런 사람을 찾는 일은 마치 사금을 가려내는 일과 같다. 사람을 모래에 비유할 생각은 없다. 다만 예리한 관찰력이 필요하다는 것을 강조하고 싶을 따름이다. 사금을 찾는 사람은 혼탁한 강물과 모래를 냄비에 담고 휘저으면서 작은 금 조각을 찾는다. 반짝이는 사금은 대개 크기가 겨우 핀 끝만 하다. 이와 마찬가지로 영적 지도자로 적임인 사람들은 대개 다른 사람의 이목을 끌지 않는다. 그들은 주제넘게 나서지 않으며 교인들 사이를 조용히 다닌다. 보석처럼 진기한 그들은 잠깐 빛나고는 그뿐이다. 그래서 그들을 찾아내서 지도자로 세우려면 눈이 훈련되어 있어야 한다.

바울은 선교 여행을 다닐 때마다 사금을 골랐다. 안디옥에서 아테네에 이르기까지 로마 제국에 복음을 전하고, 교회들을 세우고 지도자들을 훈련하면서 그는 사람들을 신중히 뽑아 점차 일행에 합류시켰다. 그중에서 일부만 꼽자면 바울은 자신의 본거지인 안디옥에서 디도를(갈 2:1-3), 루스드라에서 디모데를(행 16:1-3), 에베소나 골로새에서 두기고를(행 20:4), 에베소에서 드로비모를(행 21:29), 마게도냐에서 가이오와 아리스다고를(행 19:29) 발굴했다. 그러다 사역의 말년이 가까워오자 바울은 그들을 핵심 교회들에 배치하여 자기가 시작한 일을 이어가게 했다.

어지럽고 혼탁한 도시 에베소에 디모데를 파송한 바울은 이제 자신이 신중히 뽑은 이 조력자에게 "잘 다스릴" 만한 훌륭한 사람들을 찾으라고 권한다.

—5:17-18—

바울의 저작에서 우리는 "감독들(*episkopoi*)"과 "장로들(*presbyteroi*)"의 차이를 분간하기 어렵다. 자격 요건을 말할 때 그는 이 두 단어를 번갈아 사용한다(3:1-7, 딛 1:5-9). 둘 다 "다스리는" 책임이 있으며, 둘 다 가르치고 설교할 수 있어야 한다. 따라서 감독과 장로는 교회 안의 동일한 직분을 가리킨다. 아울러 명부에 오른 과부들처럼 이들도 섬김의 사

례비를 받아야 한다.

바울은 교회일을 훌륭하게 이끄는 장로들, 특히 가르치고 설교하는 장로들을 배나 존경하라고, 즉 그들에게는 정규 사례비의 배를 지급하라고 명한다. 헬라어를 직역하면 '특히 말씀과 가르침에 힘써 일하는 사람들'이 된다. 이 문맥에서 "말씀(*logos*)"이라는 단어는 성경의 강해를 뜻할 수밖에 없다. 이 단어는 성경을 가리키는 통상적 표현일 뿐 아니라, '공언하다'라는 당연한 의미까지 멋지게 아우르고 있다. 보다시피 장로라고 해서 누구나 다 가르치고 설교할 책임이 있는 것은 아니다. 누구나 다 할 줄은 알아야 하지만, 실제로 그 책임은 그중 일부에게만 돌아갔고, 나머지에게는 해당되지 않았다.

자신의 권고에 무게를 더하려고 바울은 구약의 본문을 두 곳에서 인용한다. 신명기 25장 4절 말씀은 베어놓은 곡식 위로 소가 타작용 널빤지를 끌고 가면서 낟알의 껍질을 벗겨내던 고대의 익숙한 광경에서 온 것으로, 1세기에는 이미 관용어구가 되어 있었다. 소는 일하는 동안 곡식을 어느 정도 먹어도 되었다. 모세의 율법에는 그것이 공정하고 당연한 일로 선포되어 있다(고전 9:9 참고). 소의 노동을 통하여 곡식을 얻는 농부는 소도 스스로 기력을 보충할 수 있도록 해주어야 한다.

바울은 또 예수님의 말씀을 인용하는데(마 10:10, 눅 10:7) 그분의 말씀에도 역시 구약 성경이 암시되어 있다(레 19:13, 신 24:15). 이방인들도 공정한 품삯을 주지 않으면서 사람에게 일을 시키지는 않는다. 장로들, 특히 가르치고 설교하는 일로 짐이 더 무거운 장로들은 교인들에게 귀한 섬김을 베푸는 것이며, 그러느라 다른 생계 활동을 희생해야 한다. 탁월한 가르침과 강력한 설교와 영적인 리더십을 존중하는 교회라면, 지도자들에게 보수를 충분히 주어야 한다. 그래야 그들이 일주일 내내 교회 사역에 전념할 수 있다.

—5:19—

대부분의 장로들과 목사들(또는 장로 겸 목사들)은 보수를 받을 자격이 있지만 모두가 그런 것은 아니다. 그중에는 시작은 잘했지만 자만에 빠져서 어이없이 죄를 지어 자신의 큰 성과를 퇴색시키는 사람들도 있다. 나는 사역자나 장로가 실족했다는 소식을 들을 때마다 슬퍼진다. 하지만 그것은 영적 지도자라면 누구나 피할 수 없이 부딪히는 현실이다. 바울은 이런 피할 수 없는 사태에 대비하여 세 가지 구체적인 권고로 디모데를 준비시킨다.

- 철저히 조사하라(19절).
- 공적으로 징계하라(20절).
- 편견 없이 처리하라(21절).

바울의 일차적인 관심은 교회가 본질을 잃지 않는 데 있다. 동일한 소명의 길을 가는 모든 사역자도 마찬가지다. 그는 단지 교회의 평판을 우려한 것이 아니다. 그거라면 대외적인 이미지에 지나지 않는다. 하나님은 교회를 그분의 복과 은혜의 통로요, 진리의 수호자로 위임하시고 능력을 주셨다. 따라서 교회는 순결함을 잃어서는 안 된다. 오염된 수돗

Artwork originally published in 1884 in Earthly Footsteps of the Man of Galilee by Bishop John H. Vincent, N.D. Thompson Publishing Co.

고대의 농부들은 이렇게 원시적이지만 효과적인 방법으로 곡식의 낟알에서 껍질을 벗겨냈다. 베어놓은 곡식 위로 소들이 타작용 널빤지를 끌고 지나갔다. 이때 소의 입에 망을 씌우면 소들은 자기가 타작하는 곡식을 먹을 수 없게 되는데, 주님은 당신의 백성들에게는 그런 행위가 합당하지 않다고 보셨다(신 25:4).

물을 마시고 싶은 사람은 없다. 마찬가지로 오염된 대변자에게 하나님의 말씀을 맡기는 사람도 없다.

철저히 조사하라. 바울의 첫 번째 권고는 무고한 모함으로부터 교회를 지키기 위한 것이다. 솔직히 말해서, 목사를 죽이는 일을 일삼는 교회들이 있다. 그들은 최고의 목사들을 데려다놓고 처음 6개월 동안은 모범적인 교회처럼 행동한다. 그러다 습관처럼 등을 돌린다. 그들은 목사가 이끄는 대로 따라갈 마음이 없고 오히려 자기들이 이끌려 한다. 우선 그들은 한때 자기들이 구세주처럼 환호하며 맞이했던 지도자에게 의심을 품고 그의 지도력을 문제 삼기 시작한다. 그래도 목사가 꿋꿋이 견디면, 그들은 그의 자격을 따지며 권위에 흠집을 낸다. 목사가 계속해서 귀에 거슬리는 말을 하면, 결국 그들은 온갖 죄를 들추어내거나 편리한 비난거리를 잡아내 그의 도덕적 자격에 딴죽을 건다.

살벌하게 피를 본 뒤에 그들은 한동안 임시 목사 체제로 가다가 다시 전체 사이클을 반복한다. 목사를 죽이는 교회들은 여간해서 변하지 않는다. 다행히 변하는 교회들도 일부 있는데, 변하는 교회들이 예외 없이 하는 일이 있다. 교회를 세속적으로 오염시킨 지도자들을 자기들 가운데서 쫓아내는 것이다.

에베소에도 목사를 죽이는 사람들이 소수 있었을지 모른다. 그래서 바울은 지혜롭게 디모데에게 이렇게 말한다. "변덕스러운 비난을 일일이 다 듣지 말라. 어떤 비난이든 일단 철저히 조사하여 시비를 가려낸 후에 행동을 취하라." 바울이 19절에서 한 말을 우리는 너무 고지식하게 해석해서는 안 된다. 그는 신명기 19장 15절을 인용하는데(신 17:6 참고), 이는 당시로서는 그것이 진실성을 가리는 최선의 기준이었기 때문이다. 다시 말해서 우리의 조사는 목격자의 증언으로 한정될 필요가 없다. 다른 확실한 증거를 통하여 오히려 다수의 증언이 오류로 밝혀지거나, 딱 한 사람의 고발이 사실로 입증될 수도 있다. 내 기억에 남아 있는 비참한 사례가 하나 있는데, 어느 교역자는 자신의 정부(情婦)와 주고받은 부적절한 이메일들 때문에 죄가 들통 났다.

—5:20—

공적으로 징계하라. "계속 죄짓는 자들"이라는 NASB의 번역은 헬라어 원문을 정확히 옮긴 표현은 아니다. 그 표현에는 우리가 따라야 할 이 지침이 회개하지 않고 완고하게 죄를 고집하는 사역자들에게만 적용된다는 의미가 암시되어 있기 때문이다. 바울은 '죄짓다'라는 동사의 복수형 분사를 사용하고 있다. 이 단어를 직역하면 '죄지은 자들'이나 '죄인들'이 된다. 교회가 지도자가 아닌 일반 교인을 치리할 때와는 달리(마 18:15–17, 고전 5장) 목사나 장로를 치리할 때는 회개와 관계가 없다. 먼 훗날에 최종 복직이 거론될 때는 지도자의 회개가 당연히 필요조건이 되지만, 일단 안수를 받은 목사나 장로는 교회 안에서 독특한 범주에 들어간다. 목사와 장로는 공직이며 하나님의 말씀을 대변하는 자리인 만큼 교회가 정식 규율에 따라 공적으로 징계해야 한다.

일단 목사나 장로의 죄가 확인되었으면 본인에게 증거를 제시해야 하고 소명할 기회를 주어야 한다. 아울러 죄를 고발한 사람들을 대면하여 본인이 직접 증거를 검토할 수 있도록 예의를 다해야 한다. 이것은 재판은 아니지만 그래도 지도자가 자신의 결백을 증명하거나 또는 잘못을 인정할 수 있는 기회다. 증거 자체는 이미 확정적인 것이라야 한다. 따라서 지도자에게 죄를 지적하는 주된 목적은 유죄를 입증해 보이고 결과를 알리기 위해서다. 이때 그에게 기대되는 행동은 자신의 죄를 인정하고 교회 앞에 사과하는 내용을 담아 겸손히 사직서를 제출하는 것이다. 어쨌든 바울은 다음 단계를 규정한다.

교회는 죄지은 목사나 장로를 "꾸짖어"야 한다. 신약 성경 바깥에서 이 헬라어 동사는 '망신시키다, 나무라다, 드러내다, 벌하다, 단죄하다, 유죄를 밝히다' 등과 같이 의미의 폭이 넓다. 모두 뜻이 강하고, 심각한 결과를 암시하는 말들이다. 그러나 신약 성경 안에서는 이 단어가 이 특정한 구문[4]에 사용되면 언제나 '사람들의 죄를 드러내고 회개를 촉구하다'는 뜻이다.[5]

더욱이 이 책망은 "모든 사람 앞에서", 즉 교회의 '모든 사람이 보는 데서' 이루어져야 한다. 이는 개인에게 굴욕감을 주기 위해서가 아니라 – 어쩔 수 없이 부끄럽겠지만 – 교회 전체의 투명성과 진실성을 지키기 위해서다. 뻔한 중죄를 은밀하게 쉬쉬하며 밀실에서 처리하면 교회가 신망을 잃게 된다. 진정한 교회는 누구나 볼 수 있게 스스로 책임을 진다. 그리고 지켜보는 세상 앞에서 의의 기준을 높인다.

묵상의 서재

스승을 존경하되 그리스도만 따르라

훌륭한 스승들을 찾아 그들과 가깝게 지내라. 그러나 그리스도 외에는 누구에게도 추종자가 되지 말라.

내 영적인 사춘기를 통틀어 가장 환멸을 느꼈던 경험은 내가 존경하고 헌신적으로 따르던 사람이 결국 이단 같은 지도자로 변했을 때였다. 내 신앙은 거의 굴대에서 벗겨져 나갔고, 거기서 다시 안정을 되찾는 일은 아주 쓰라린 경험이었다. 하지만 나는 귀중한 교훈을 배웠다. 처음부터 주님 외에는 누구도 내 신앙의 중심에 놓지 말았어야 한다는 것이다.

교회에는 귀한 스승이 될 만한 경건하고 훌륭한 사람들이 가득하다. 그들에게 훈련을 받으라. 그들에게 배우고 그들의 좋은 점들을 본받으라. 하지만 그 누구도 이 땅의 신이 되게 해서는 안 된다. 그랬다가는 당신이 믿고 있는 모든 것이 와르르 무너져내릴 것이다. 장담컨대 가장 경건한 스승들도 때로는 당신을 실망시킬 수밖에 없다. 오직 그리스도 한 분만을 중심에 모시라. 그 분은 결코 실망시키지 않으신다!

—5:21—

편견 없이 처리하라. 이 대목에서 바울은 디모데에게 더할 나위 없이 엄숙하게 명한다. 그는 천상의 모든 거룩한 재판관에게 – 성부 하나님과 성자 예수님은 물론 그분의 천사들에게까지(마 25:31, 막 8:38, 눅 9:26, 계 14:10) – 이 젊은 목사의 감시자가 되어줄 것을 청원한다. 감시할 영역은 다른 모든 것보다 이 한 가지다. 즉, 고발을 듣고 조사하여 사안의 진상을 파악하고, 목사나 장로의 도덕적 순결성에 높은 기준을 적용하는 과정에서 디모데는 한 치의 편견도 보여서는 안 된다는 것이다.

바울은 "지켜"(*phylassō*, '보호하다, 지키다, 경비하다, 돌보다, 간수하다')라는 동사의 직접 목적어가 무엇을 가리키는지 구체적으로 밝히지 않았다. 투박하게나마 내가 직역해본다면 이렇게 된다. "내가 네게 엄숙히 명하기는… 네가 이것들을 지키게 하기 위함이니…." "이것들"이 정확히 무엇을 말하는지는 확실하지 않다. 그래서 대부분의 번역에 "원리들"(NASB), "명령들"(NET), "교훈들"(NIV) 같은 단어가 들어가 있다. 아마도 "이것들"은 19절과 20절에서 말한 직무일 것이다. 바울은 디모데가 철저히 조사하여 필요하다면 공적으로 징계하되, 편견 없이(직역하면 예단하지 말고) 그렇게 하기를 원했다. 디모데는 사실 관계를 알아보기도 전에 마음을 정하거나 미리 판단해서는 안 되었다. 또한 이런 직무를 수행할 때 어느 쪽으로든 마음에 편견을 품어서도 안 되었다.

서구의 사법 제도에서 가장 잘 알려진 정의의 상징은 로마의 여신인 유스티티아(헬라인들은 디케라 불렀다)의 동상이다. 그녀는 편견을 피하려고 눈가리개를 하고 있고, 증거를 객관적으로 평가한다는 뜻으로 저울을 들고 있다. 오른손에 들고 있는 검(劍)은 정의를 시행할 준비가 되었다는 뜻이다. 바울은 디모데에게 교회 안에서도 이러한 정의의 이상들을 지키라고 엄히 당부하고 있다.

—5:22—

사역의 정황에서 누군가에게 "안수"한다는 것은 그 사람을 교인들을 섬기고 교회를 대표할 공직자로 임명하고 공인한다는 뜻이다. 바울은 디모데에게 아무에게나 너무 성급히 안수하지 말라고 경고한다. 이 말은 두 가지로 해석될 수 있다. 첫째, 교회는 사람의 성품이 성숙하고 정직하다는 일관된 이력을 보기도 전에 그 사람에게 안수를 주어서는 안 된다(3:6 참고). 둘째, 교회는 실족한 사역자가 충분한 기간 동안 성심껏 주님께 성품을 교정받았음을 확인하지도 않고 그 사람을 복직시켜서는 안 된다.

나는 후자의 견해를 선호하지만 어느 경우든 원리는 똑같다. 물론 우리가 완벽한 장로나 목사를 찾는 것은 아니다. 직분을 맡는 사람치고 죄로 얼룩진 과거가 없는 사람은 없다. 바울 자신도 그 점을 인정했다(1:12-14). 하지만 실족한 사역자는 그 뒤로 성숙하고 정직한 성품에 꾸준한 성장을 보였는가? 그는 중독, 강박 충동, 도덕적 부패, 윤리적 타협, 추한 습관에서 벗어났는가? 그는 일부 사람들의 감시를 받고 있으며 모든 사람에게 투명한가?

바울은 디모데가 부지런히 애쓰지 않으면 다른 사람들의 죄에 "간섭"하게, 즉 동참하게 될 거라고 경고한다. 여기에 쓰인 헬라어 단어는 *koinōneō*다. 이 단어의 명사형을 음역한 것이 코이노니아(*koinōnia*)인데, 신약 성경에 단골로 등장하는 이 단어는 그리스도인들 사이의 독특하고 초자연적인 교제를 가리킨다. 하지만 이 경우에는 바울이 이 단어를 부정적으로 썼다. 사람에게 경솔히 안수했다가 그 사람이 죄짓고 교회를 욕되게 하면 이는 기쁨이 아니라 수치에 동참하는 꼴이 된다. 나아가 교회는 안중에 없이 함부로 부적격자에게 안수를 주는 무심한 지도자들은 그 부적격자가 짓는 죄의 공범자가 된다.

다시 말하지만 교회는 가정이다. 어느 집의 딸이 배우자를 정하면 그 남자는 여자 집안의 모든 권리와 특권과 특전을 공유하게 된다. 그래서 여자의 일가친척은 그 남자가 믿을 만한 사람인지 확인하고 싶어하는 것이다. 부모는 오랜 세월을 들여 이 딸을 기르고 양육하고 보호하고 필요를 채워주었으며, 자나 깨나 늘 딸을 위하여 기도했다. 그러니 당연히 가족들은 이 딸이 남자에게 자신을 맡기기 전에 서두르지 않고 충분한 시간 동안 상대방을 잘 알아가고 심사숙고하기를 바랄 수밖에 없다. 일단 결혼한 뒤에는 남편이 도덕적으로 실패하면 온 집안이 다 고생하게 되기 때문이다.

이어 선배 사역자는 후배에게 "네 자신을 지켜 정결하게 하라"고 권한다. "정결하게"라는 말은 '의식상 정결하다, 의례상 깨끗하다'는 뜻이다. 구약 시대의 제사장은 의식상 부정을 입어서는 안 되었고, 또한 씻는 예식을 행해야 했다. 그래야 의례상 정결한 상태를 유지할 수 있었다. 그렇지 않으면 제사장은 예배를 인도하거나, 백성들을 위하여 제사를 드리거나, 성경을 가르치는 등의 제사장의 직무를 수행할 수 없었다. 더욱이 이 문장의 어순은 바로 앞의 경고와 날카로운 대조를 이루는 듯 "네 자신"을 강조해주고 있다.

나는 22절을 이렇게 번역하고 싶다. "아무에게도 성급히 안수하지 말고 (그 결과로) 다른 사람들의 죄에 동참하지 말라. 네 자신만은 정결하게 지키라."

—5:23—

솔직히 이 자리에 이 구절이 나오는 것에 대해 나도 당황스럽다! 이 말씀을 보면 언젠가 우리 부부가 매사추세츠 주의 어느 식당에 갔던 일이 떠오른다. 포도주 메뉴판의 표지에 예쁜 글씨로 이 말씀이 적혀 있었다. "물만 마시지 말고 포도주를 조금씩 쓰라." 솔직히 그 식당에서 못지않게 지금 이 본문에서도 이 말의 위치는 앞뒤 문맥과 맞지 않아 보인다.

나만 그렇게 느끼는 것은 아닌 모양이다. 내가 가지고 있는 대부분의 주석들은 이 구절을 앞뒤의 주제와 연결시켜보려 애쓰지만 허사다. 그래서 많은 주석가들은 금욕주의자들의 영향을 거론하면서, 디모데가 비난의 빌미를 주지 않으려고 포도주를 삼갔을 수 있다고 과감히 추론하기도 한다. 물론 그랬을 수도 있다. 그런 주장도 분명히 논리적인 연관이 있겠지만, 그것을 떠나서 본다면 이 구절은 그냥 여담으로 보는 것이 가장 좋다. 정결하게 지키라고 말하다가 아마 이 말이 튀어나왔을 것이다.

디모데는 자주 아팠는데 아마 위장에 문제가 있었던 것 같다. 바울은 단순히 "더 이상 물 마시지 말라"고 말했다. 여기 "물 마시다"라는 헬라어 동사는 물과 마신다는 개념을 하나로 묶은 한 단어다. 번역자들은 "물" 뒤에 "-만"이라는 말을 넣곤 한다(대부분의 한글 성경과 NASB, NIV – 역주). 문맥상 그것이 무난한 해석이기 때문이다. 그럼에도 바울이 디모데에게 준 처방은 물을 그만 마시라는 것이었다. 에베소는 꽤 정교한 상하수도 시설을 자랑하던 곳이었다. 물을 저장하는 수조들도 있었고, 테라코타로 만든 배수구도 쫙 깔려 있었으며, 폐수를 바다로 흘려보내는 하수 장치도 있었다. 하지만 위생 상태가 현대의 기준에 미치지 못했을 것은 당연하다. 반면에 적당히 발효된 포도주는 마시기에 보다 안전했을 것이다.

—5:24-25—

바울은 장로들을 대하는 법에 관한 조언을 한 가지 주의 사항으로 마무리한다. 누구에게나 똑같이 해당되는 말이기는 하지만 여기서는 장로들을 뽑고, 잘 다스리는 장로들에게 보상하며, 죄가 있는 장로들을 징계한다는 문맥에서 나온 말이다. 어떤 사람들은 죄를 너무 공공연히 지어 최후의 심판날에 그들의 참 성품이 드러나도 아무도 놀라지 않을 것이다. 그러나 어떤 사람들은 아주 경건하고 훌륭한 겉모습을 하고 있어 최후의 심판날에 모든 비밀이 밝혀지면 모두가 충격을 받을 것이다.

그래도 행위란 자명한 법이다. 공공연한 죄인의 죄가 명백하듯 선한 행위도 명백하며, 악한 행위도 결국은 다 드러나게 되어 있다. 우리는 사람의 영혼 속을 들여다보며 성품을 평가할 수는 없지만 행위만은 볼 수 있다. 성숙하고 정직한 성품을 갖춘 건강한 영혼은 선을 행할 수밖에 없다. 선행의 출처를 추적해 올라가보면 거기 훌륭한 장로가 있을 것이다.

지금까지 50년 동안 목회를 해오면서 내 기억에, 나약하고 부적격한 장로들이나 교역자들은 별로 없었고, 반면에 자격을 갖춘 충성된 동역자들은 많이 있었다. 하지만 진정 탁월한 장로나 목사가 이루 말할 수 없이 소중한 존재임을 나는 사역 초기에 배웠다. 아무리 목사가 프로그램을 마음껏 짜고, 모든 사역에 필요한 돈을 마련하며, 과감히 이것저것 큰 꿈을 꾸어도 제대로 된 동역자들이 없으면 그 모두가 물거품이 되고 만다. 그러나 잘 이끄는 장로나 교역자 – 그리스도의 진정하고 헌신적인 제자이자 사람들의 종 – 를 만나면 교회일이 늘 건강할 뿐만 아니라 열매가 풍성해진다.

적용

실족한 영적 지도자들의 희망

장로나 교역자가 부끄러운 죄를 짓고 실족하여 담임 목사가 그것을 지적해야 하는 날은 더없이 슬픈 날이다. 영적 지도자란 높은 기준이 요구되는 자리인 만큼 교회는 그들의 죄를 특별히 다루어야 한다. 하나님은 이 문제에 대한 자신의 뜻을 분명히 밝히셨다. 교회는 죄를 드러내고 죄지은 사람을 "모든 사람 앞에서 꾸짖어 나머지 사람들로 두려워하게"

해야 한다(20절). 자칫 이 정책은 필요 이상으로 엄해 보일 수 있다. 나도 실족한 사역자를 해임할 때면 이 부분을 회피하고 싶은 유혹을 느끼곤 했다. 하지만 우리가 꼭 명심해야 할 세 가지 진리가 있다.

첫째, 단지 한 사람의 기분이 아니라 전체 교회의 본질이 달린 문제임을 잊어서는 안 된다. 나는 성경의 이 명령을 수행하느라 힘들 때도 있었지만, 그 안에 담긴 지혜를 깨닫게 되었다. 사역자가 해임되는 두려운 일이 있고나면 온 교회와 다른 사역자들은 엄숙한 정적에 싸인다. 목사들은 자신의 거룩한 소명을 다시 돌아보게 되고, 다른 사역자들도 청결한 삶을 살려는 다짐을 더욱 굳히게 된다. 만일 죄지은 지도자에게 은밀히 해고 통지만 주고 죄를 대충 넘어간다면 그 파장이 어떠할지 상상해보라.

둘째, 교회가 하나님의 말씀에 일관되게 순종하는 모범을 보일 책임이 있음을 잊어서는 안 된다. 경험을 통하여 더 배우기 전까지만 해도 나는 사역의 지도자를 공적으로 책망하면 오히려 교인들의 신뢰감이 떨어지고, 지역 사회의 곱지 않은 시선이 더 악화될 줄로 생각했다. 사실은 반대로 모든 사람이 안심하게 된다. 충격과 슬픔이 가라앉고나면 평화로운 확신과 든든함이 찾아든다.

셋째, 교회 치리의 목적이 처벌이 아니라 회복에 있음을 잊어서는 안 된다. 바울이 22절에서 준 교훈은 지도자가 회개하고, 고치고, 의의 습성을 보인 후에 다시 복직될 수 있는 여지를 남기고 있다. 교회에는 성숙하고 경건한 지도자들이 필요하지만, 결국 교회를 연합하고 세우는 것은 은혜다.

언젠가 내 친구 목사가 자기 교회의 한때 믿었던 지도자 하나를 충실하게 공적으로 징계할 때 나도 곁에서 도운 적이 있다. 실족한 지도자는 그 지역에 잘 알려진 인물이라서 그의 죄는 뉴스가 되었다. 목사가 그를 공적으로 책망하고 지도자 자리에서 물러나게 하자 그 사람은 하나님을 떠나버렸다. 여러 해 동안 그는 주님께 분노를 품고 교회에 원한을 품었으나 나중에 다시 돌아왔다. 그는 교회에 사과의 편지를 썼고, 자신의 친구인 담임 목사에게 이렇게 시인했다. "목사님이 옳았습니다. 저는 죄 가운데 있었습니다. 목사님이 그것을 지적했을 때 저는 회개하지 않고 오히려 반항했습니다." 그는 완전히 회개했다.

기쁘게도 교회는 그 사람을 충심으로 받아주었다. 사실 그들은 다시 교제권으로 돌아온 형제를 특별히 환영하는 뜻에서 파티까지 열었다. 정말 놀라운 찬양의 밤이었다. 이 일

또한 뉴스가 되었다.

권위에 반응하는 바른 자세(디모데전서 6:1–6)

1무릇 멍에 아래에 있는 종들은 자기 상전들을 범사에 마땅히 공경할 자로 알지니 이는 하나님의
이름과 교훈으로 비방을 받지 않게 하려 함이라 2믿는 상전이 있는 자들은 그 상전을 형제라고 가
볍게 여기지 말고 더 잘 섬기게 하라 이는 유익을 받는 자들이 믿는 자요 사랑을 받는 자임이라 너
는 이것들을 가르치고 권하라
3누구든지 다른 교훈을 하며 바른 말 곧 우리 주 예수 그리스도의 말씀과 경건에 관한 교훈을
따르지 아니하면 4그는 교만하여 아무것도 알지 못하고 변론과 언쟁을 좋아하는 자니 이로써 투기
와 분쟁과 비방과 악한 생각이 나며 5마음이 부패하여지고 진리를 잃어 버려 경건을 이익의 방도
로 생각하는 자들의 다툼이 일어나느니라 6그러나 자족하는 마음이 있으면 경건은 큰 이익이 되느
니라.

모든 사람은 권위 아래 있다. 자녀에게는 부모가 있고, 직원에게는 상사가 있으며, 상사에게는 더 윗사람이 있다. 시민에게는 정부가 있고, 정부에게는 견제 장치가 있으며(그러기를 바란다!), 부자에게는 재정 고문이 있다. 인간의 모든 통제를 용케 벗어난 소수의 사람들도 결국은 하나님께 보고해야 한다. 모든 사람은 누군가에게 보고해야 한다. 그러므로 모든 사람은 이와 관련하여 네 가지 기본 진리를 받아들여야 한다.

첫째, 권위에 복종하지 않는 것이 인간의 본능이다. 우리는 죄성을 지닌 존재라 무엇이든 자기 마음에 맞지 않으면 반항한다. 저항이 복종보다 훨씬 만족스럽게 느껴진다. 인간의 마음은 저주받은 땅처럼(창 3:17–19) 잡초를 좋아하고 경작에 저항한다. 본질상 우리는 독립적이고 고집스러우며, 자기를 믿는 존재이고, 매사를 내가 정한 때에 내 방식대로 하려 든다.

둘째, 권위와의 관계는 대개 복잡하며 고통이 따른다. 우리 중에는 권위에 저항하는 마음이 뿌리 깊이 박혀 있는 사람들이 많이 있다. 권위를 잘못 사용하는 사람으로부터 고통을 당했기 때문이다. 이런 상처가 남기는 흉터는 아주 깊어서 진부한 말이나 긍정적인 사고로도 잘 지워지지 않는다. 하나님이 감화하신 진리를 잠깐씩 몇 번 접한다 해도 갑자기 모든 것이 나아지지는 않는다. 초자연적인 변화가 필요한데, 그런 변화가 한순간에 이루어

지는 경우는 드물다. 변화는 하나님이 주관하시는 과정이지만 우리의 순종이 필요하며, 우리가 협력하면 더 순탄해진다.

셋째, 존경심이 가지 않는 권위자들이 많이 있다. 해병대 시절을 돌아보면 나는 많은 상급자들에게 경례를 했지만, 사람에게가 아니라 그냥 계급장에만 경례할 때도 있었다. 그들의 생활 방식을 나는 알았다. 그들이 휴가 중에 부대를 나가면 어디에 가서 무엇을 하는지 나는 알았다. 솔직히 나는 살아남기 위해서 경례했다. 항명의 결과를 당하고 싶지 않았던 것이다.

당신에게 권위를 행사하는 사람들 가운데 대부분은 당신이 뽑은 사람들이 아니다. 사실 그중에는 권위의 자리에 있을 자격이 안 되는 사람들도 있다. 그럴 때면 당신은 그 자리에 더 훌륭한 다른 사람들을 앉히고 싶을 것이다. 하지만 안타깝게도 당신에게는 그럴 권한이 없으며, 그래서 당신은 그대로 감수할 줄 알아야 한다.

넷째, 권위에 저항하는 것이 늘 잘못은 아니다. 때로 이 땅의 권위들은 아랫사람들에게 하나님의 법을 어길 것을 강요한다. 사도행전 5장 40-42절에 보면 예루살렘의 종교 당국자들은 복음을 억압하려 했다. 그래서 사도들을 체포하여 채찍질하며 함구령을 내렸다. 하지만 그들은 "예수는 그리스도라고 가르치기와 전도하기를 그치지 아니"했다(42절).

어떤 때는 권위에 복종하는 것이 잘못일 때가 있다. 그럴지라도 우리는 경건하지 못한 권위에 소극적으로 저항한다든지, 적극적으로 타도한다든지, 아니면 노골적인 반역으로 맞서기로 할 때는 분별력을 잘 구사해야 한다.

로마가 통치하던 1세기에 권위의 문제는 바울에게 껄끄러운 신학적 문제가 되었다. 이미 노예 제도는 수도 로마를 비롯한 제국 전체에서 로마 문화의 주요한 특징으로 굳어져 있었다. 한 명망 있는 저자에 따르면 "클라우디우스(글라우디오) 시대에 성별과 연령을 불문하고 지방민이 시민보다 두 배로 많았고, 로마 제국의 노예 수는 최소한 자유인의 수와 맞먹었다."[6] 노예로 정해지는 기준은 인종이 아니었으므로 노예들은 수도의 로마인들에게 외관상 구분이 되지 않았다. 그래서 원로원에서 노예를 한눈에 알아볼 수 있게 하는 방법을 구상했으나 결국은 포기해야 했다. 노예들이 자신들의 수가 우세함을 보고 자신감을 얻어 봉기를 일으킬 수도 있었기 때문이다.

에베소의 신자들은 문화적으로 아주 다양한 사람들로 구성되어 있었다. 부유한 고위층과 평민들이 섞여 있었고 남녀가 함께 서거나 앉아서 예배를 드렸다. 지식층과 노동자층, 새 신자들과 장로들, 유대인과 이방인 모두가 복음을 받아들이고 십자가 밑에서 한 백성이 되었다. 물론 노예들도 있었고, 어쩌면 그들의 소유주들도 있었을 것이다. 지금까지 바울은 늙은 남자들, 젊은 남자들, 늙은 여자들, 젊은 여자들, 장로들, 과부들, 남편들, 아내들 등의 주제를 다루었다. 그리고 마침내 노예라는 불편한 주제에 이르렀다. 적어도 우리의 관점에서 보기에 불편하다는 것이다. 바울의 목표는 노예 제도의 폐지로 시작되는 사회 개혁이 아니었다. 여기에 실망과 혼란을 느낄 사람들이 우리 시대에는 많겠지만, 그 당시에는 그렇지 않았다.

그래서 현대의 비판자들은 바울이 노예 제도를 묵인했다며 그를 비난하곤 한다. 미국 남부에서 노예 제도를 찬성하던 주석가들은 바울 서신을 근거로 노예 제도 폐지를 반대하기도 했다. 당신은 아마 이런 의문이 들 것이다. "그렇다면 왜 바울은 더 강경한 입장을 취하여 노예 제도를 규탄하지 않았는가?" 솔직히 나도 처음에는 같은 의문이 들었다. 하지만 더 깊이 생각해보면 아마 다음과 같이 좀 더 발전된 질문이 나올 것이다. "인간의 노예화를 철저히 반대하는 기독교는 갓 시작된 운동이었고, 노예 제도는 난공불락의 제도였다. 그런 상황에서 기독교는 이제부터 어떻게 노예 제도에 대처해나갈 것인가?"

바울은 여기서 기독교 고유의 접근을 취했다. 이것은 워낙 혜안이라서 하나님에게서 온 것일 수밖에 없다. 바울은 아직 노예 제도가 최종 철폐되기 전인 당시의 노예들에게 실제적인 조언을 줄 뿐만 아니라, 복음을 장차 세계를 변화시키는 수단으로 제시하고 있다. 적극적인 활동은 사회를 변혁시킬 수 있으나 그러려면 시간이 무르익어야 한다. 무혈 혁명은 마음이 변화된 개인들로부터 시작되어 제도의 변화로 이어진다. 제도가 바뀌면 결과는 자명해진다. 기독교에서 기원한 서구 사회들은 2천 년 후에 노예 제도를 철폐시켰다. 요즘은 비신자들도 인간의 노예화라는 개념을 신랄하게 비판한다.

노예 제도는 미개한 역사의 유물이다. 그럼에도 바울이 디모데에게 준 말은 권위와 복종에 대하여 우리에게 많은 것을 가르쳐준다. 물론 우리에게 '상전'은 없지만, 그러나 직장 상사와 정부 관리와 경찰관과 부모와 교회 장로들이 있다. 제도는 바뀌었지만 독립을 좋아하는 우리의 본성과 권위라는 도전은 지금도 똑같다.

6장의 첫 여섯 구절을 다음과 같이 세 부분으로 나눌 수 있다.

- 그리스도인이 아닌 권위자에 대한 복종(1절)
- 그리스도인인 권위자에 대한 복종(2절)
- 하나님 말씀의 권위에 대한 복종(3–6절)

—6:1(그리스도인이 아닌 권위자에 대한 복종)—

"멍에"는 예속의 강력한 상징이다. 농부들은 나무를 깎아 만든 막대기를 짐승의 어깨에 대고 가죽 끈으로 단단히 묶은 다음, 쟁기나 기타 농기구에 맸다. 교사들은 때로 힘든 학업을 감수하라고 학생들을 격려하는 뜻에서 이 은유를 사용했다. 하지만 노예 제도의 문맥에서 멍에란 인간성을 말살하는 예속을 뜻했다. 노예들은 상전의 기분에 좌우되는 기계와 같았다. 로마 시민들은 확실한 보호를 받았고, 그 밖의 신민들도 정부와 비교적 조화롭게 살았지만, 노예들은 거의 아무런 권리도 없었다.

바울은 노예들에게 자신의 주인을 "마땅히 공경할 자"로 알라고 권한다. "알지니"라는 말은 '여기다, 이끌다, 생각하다, 믿다'라는 뜻이다. 이것은 노예 쪽에서 하는 선택이며 노예의 의지에서 비롯되는 결정이다. 바울은 노예들에게 외부의 상황과 무관하게 생각을 바꾸어, 자신의 상전을 실제의 행실보다 나은 사람으로 받아들이라고 권했다. "공경할"에 쓰인 단어는 5장 3절과 5장 17절에 쓰인 단어와 똑같다. 과부들이 존대를 받아야 하고 장로들이 "배나 존경"을 받아야 하듯이, 비신자인 노예 소유주는 자신의 그리스도인 노예로부터 "범사에… 공경"을 받아야 한다. 물론 이 경우의 공경은 금전적인 것이 아니라 존중하는 태도로 표현된다.

물론 그런 태도를 품기란 어려운 일이다. 그런데 사도가 그런 태도를 명하는 이유를 잘 보라. 그것은 그리스도인이 아닌 실세들에게 주님을 비방하거나 복음을 깎아내릴 구실을 주지 않기 위해서다. 답은 체제의 전복이 아니다. 경건한 영향력이 노예 제도를 허무는 최선의 방책이다. 온 세상에는 노예 제도가 지속될지 몰라도 우리의 상전이 우리의 형제가 된다면 실제적인 의미에서 목표가 달성된 것이다.

로마 제국의 노예 제도

노예 제도는 인류 역사가 기록되기 시작한 시점으로까지 거슬러 올라가며, 바울 시대에는 이미 존재한 지 오래되었다. 하지만 아테네인들과 로마인들은 그것을 국가에서 보증하는 제도로 탈바꿈시켰고, 그리하여 노예 제도는 세부적인 법 규정과 정교한 경제적 절차와 복잡한 사회적 관습을 완비하게 되었다. 로마 제국의 노예 제도는 잔혹할 때도 있었지만, 17–19세기 영국과 미국의 노예 제도와는 별로 닮은 점이 없었다.

그 당시에 한 사람이 노예가 되는 경로는 주로 네 가지였다.

(1) 아우구스투스가 죽기 전 그리고 로마의 대외 영토 확장이 끝나기 전까지만 해도 노예는 전쟁 중에 잡히거나 해적에게 납치되어 경매로 팔렸다. 바울은 이런 부류의 노예 제도를 *andrapodistēs*, 즉 '인신매매'라 하여 성적인 부도덕, 동성애, 위증 등과 함께 가증한 행위로 꼽았다(참고 딤전 1:10, 출 21:16).

(2) 아우구스투스가 죽은 후로는 세습이 노예의 주요 공급원이 되었다. 로마법에 따르면 여자 노예가 자식을 낳으면 역시 주인의 노예가 되었다.

(3) 빈곤한 자유인이 척박한 삶에서 벗어나는 아주 흔한 방법은 스스로 노예로 팔리는 것이었다. 로마인이 아닌 많은 사람들이 자발적으로 기한부 도제(徒弟)가 되었는데, 그 이유는 노동 기술을 익히기 위해서, 사회적으로 좀 더 높아지기 위해서, 노예 신분에서 해방된 후 – 로마법에 따르면 얼마든지 있을 수 있는 일이었다 – 에 시민권을 얻기 위해서, 심지어 공직에서 일하기 위해서 등 여러 가지가 있었다. 흔히들 고린도 시의 재무관이었던 에라스도(롬 16:23)도 이런 길을 갔을 거라고 보고 있다(노예의 권리에 대해서는 잠시 후에 더 자세히 살펴볼 것이다).

(4) 원하지 않게 아기를 임신했을 때 그 상황에 대처하는 방법은 아기를 낳아 바깥에 버려 죽게 하는 이른바 '유아 유기'였다. 버려진 아기가 살아 있으면 아무나 데려다 노예로 기를 수 있었다. 또한 극빈에 처한 부모는 일부러 자식을 노예로 팔기도 했는데, 이 경우는 꼭 돈을 위해서가 아니라 원시적인 형태의 입양이었다.

로마법은 노예를 재산으로 간주했다. 따라서 소나 나귀처럼 노예도 소유, 거래, 매매의 대상이었다. 노예는 법적으로 결혼할 수 없었고, 다른 사람을 상대로 소송을 제기할 수 없었으며, 재산이나 돈을 상속받을 수 없었고, 주인의 허락 없이는 아무것도 할 수 없었다. 노예가 범죄를 저지르면 자유인보다 더 심한 벌을 받았다. 하지만 요즘 우리의 동물 학대 방지법과 다르지 않게 노예도 지나친 학대로부터 보호받을 수 있는 법적인 장치가 있었다. 다만 그 법의 시행에는 일관성이 없었다.

긍정적인 면을 보자면, 노예도 자기 재산을 소유하고 그것을 주인의 간섭 없이 법적으로 관리할 수 있었다. 일부 노예는 따로 자신의 노예를 사고팔아 이익을 남기기도 했다. 노예는 또 부를 축적하여 그것으로 자유를 살 수도 있었다. 이는 빚을 청산하고 더 나은 사회적 신분의 삶으로 복귀하는 흔한 방법이었다.

로마 사회에서 노예는 법적으로는 분명히 하급 신분에 속했지만, 사회적으로는 비교적 높은 계층으로 올라서는 경우가 많았다. 사실 노예와 고용 노동자는 하는 일이 같아서 구분하기가 힘들었다.

> 헬라와 로마의 가정에서 노예는 요리사, 청소부, 개인 수행원으로 섬겼을 뿐 아니라 모든 연령대 사람들의 가정 교사, 의사, 간호사, 가까운 말동무, 집안의 청지기로도 섬겼다. 사업 분야에서 노예는 문지기와 배달원이었을 뿐 아니라, 재산과 점포와 선박의 관리인, 판매원, 계약 대행인이기도 했다. 관청에서 노예는 도로 포장과 하수구 청소에 투입되었을 뿐 아니라 자금과 인사를 맡은 사무관, 결정권을 지닌 행정관으로도 일했다… 이처럼 17–19세기 유럽과 미국의 노예 제도와는 판이하게 헬라와 로마의 노예 제도는 평생 헤어날 수 없는 상태라기보다 하나의 과정이자 삶의 일시적인 단계였고, 외부인이 사회 안으로 편입되는 수단이었다.[7]

많은 주인들이 유언장에 자신의 노예를 모두 풀어주라는 내용을 담곤 했으므로 대부분의 노예들은 서른 살이 되거나, 이르면 그 이전에도 자신이 해방될 것을 예견할 수 있었다.

—6:2(그리스도인인 권위자에 대한 복종)—

이 구절은 헬라어의 대조 접속사 *de*('그러나')로 시작되어, 주제를 주인이 그리스도인이 아닌 노예에서 주인이 그리스도인인 노예로 돌려놓는다. 이 조언은 6장 1-6절 전체에서 가장 이해하기 어려운 말로 다가올 수 있다. 여기서 우리는 바울에게 이런 말을 기대할 만도 하다. "그리스도인 주인들은 당장 자신의 노예들을 풀어주라. 그것이 옳은 일이다." 하지만 바울이 그렇게 말하지 않은 데는 적어도 세 가지 이유가 있다.

첫째, 노예마다 상황이 달랐다. 어떤 노예는 피정복 국가에서 잡혀와 경매장에서 재산으로 팔렸다. 구약의 율법(출 21:16)에 근거하여 바울은 '인신매매하는 자'를 다른 가증한 죄인들과 함께 취급하면서 그런 행위를 명백히 금했다(딤전 1:10). 그런가 하면 빚을 청산하려고 스스로 노예로 팔리는 사람들이나, 먹고 잘 곳을 얻으려고 도제를 자청하는 사람들도 많이 있었다. 또 주인집을 사랑해서 스스로 노예로 남는 사람들도 있었다(출 21:5-6 참고). 바울에게 복종의 문제는 이런 상황에 따라 달라지지 않았다.

둘째, 바울은 이 문제를 노예 소유주의 관점이 아니라 노예의 관점에서 다루고 있다. 다른 데서 바울은 노예 소유주인 신자들에게 명하여 각자의 노예에게 "의와 공평"을 베풀라고 했는데(골 4:1, 8, 몬 1:16), 사실상 이 말은 자유를 주라는 뜻이며, 혹시 금전적인 계약이 있었다면 그것도 떼어먹지 말라는 뜻이다. 잘 보면 바울은 그리스도인 주인을 둔 노예들에게는 '멍에 아래 있다'는 표현을 쓰지 않는데, 이런 노예들은 공평한 대우를 받아야 한다는 것을 아마 바울이 전제했기 때문일 것이다.

셋째, 본문의 주제는 노예 제도의 도덕성이 아니라 권위에 대한 복종이다. 기독교의 원리들이 결국 인간의 제도들에 변혁을 가져올 수 있으나, 그전에 그리스도인들의 성품이 먼저 변해야 한다.

바울은 노예들에게 상전이 그리스도인일수록 더 잘 섬기고 존중하라고 명한다. 이는 형벌을 면하기 위해서가 아니라 그 상황을 오히려 형제를 사랑하는 기회로 받아들이기 때문이다. 섬김이야말로 기독교의 덕의 주춧돌이다(마 20:26-28, 요 13:4-17). 바울의 말은 이런 것이나 같다. "네 신분을 활용하여 오히려 그리스도인 형제를 마음껏 축복하라. 네가 하는 일이 동료 신자를 섬기는 선물이 되게 하라."

—6:3–5(하나님 말씀의 권위에 대한 복종)—

권위의 문제는 4장 1절에서 시작된 이번 단락 전체를 관통하는 핵심 주제다. 지금까지 이번 단락에서 바울은 사역자의 태도와 책임을 다루었는데, 사역자는 배교(4:1–6), 교회 전반(4:7–16), 잘못을 범한 교인들(5:1–2), 과부들(5:3–16), 장로들과 목사들(5:17–25), 마지막으로 노예들(6:1–2)과 관련하여 권위를 행사해야 한다. 목사는 자신의 권위 위에 서는 것이 아니라 하나님의 말씀이라는 근본 진리 위에 서야 함을 바울은 여태까지 분명히 밝혔다. 모든 사람은 주 예수 그리스도가 남기신 본래의 순수한 가르침의 권위에 복종해야 한다. 바울 시대의 신자들은 그 가르침을 사도들을 통해서 받았다. 주님이 특사로 임명하신 사도들은 그것을 말과 글로 가르쳤다. 오늘 우리에게는 하나님의 감동으로 기록되고 보존된 성경 66권이 있다.

바울은 누구를 막론하고 그리스도의 정통한 가르침에 어긋나는 것을 가르치는 사람을 강력히 비난한다. "다른 교훈"에 해당하는 헬라어 단어는 *heteros*('다른, 별개의, 이질적인')와 *didaskō*('가르치다')가 합해진 합성어다. 바울은 "바른 말", "바른 교훈/ 교리"라는 문구를 자주 쓰는데(1:10, 4:6, 딤후 4:3, 딛 1:9, 13, 2:1–2), 엄밀히 말해서 이는 '그리스도가 사도들을 통하여 주신 정통한 가르침'을 뜻한다. 지금 바울이 지칭하는 사람은 교리의 사소한 부분에서 목사인 디모데와 의견이 다른 사람이나 또는 사역에 다른 방법을 주창하는 사람이 아니다. 바울이 염두에 두고 있는 사람은 하나님의 말씀에서 벗어나 자기 자신의 신념을 만들어낸 사람이다. 바른 교리를 시험하는 한 가지 기준은 그 교리가 경건에 부합되어야 한다는 것이다. 누군가의 교리가 선한 행실로 이어지지 않는다면 그것은 정통성을 가려내는 첫 번째 시험에서 탈락할 것이다.

성경의 권위에 복종하지 않는 사람들을 묘사할 때 사도는 대충 얼버무리지 않고 신랄하게 말한다. 바울은 그들의 세 가지 부정적인 특징에 이어, 교회를 죽이는 그들의 영향력이 초래하는 다섯 가지 결과를 지적한다.

성경의 권위를 거부하는 사람들은 우선 '교만'하다. 이는 바울이 새로 회심한 사람에게 너무 서둘러 과한 권위를 주지 말라고 말할 때 쓴 단어와 같다(3:6). '연기에 싸여 있다, 뜬구름 잡듯 공상에 잠겨 있다'는 뜻의 이 단어는 세상의 무엇이나 누구보다도 자신이 더 잘

났고, 자신의 생각이 더 낫다고 여기는 사람을 나타내는 말이다.

이러한 이단자는 자신이 잘난 줄 알지만 사실은 "아무 것도 알지 못하"는 사람이다. 여기에 쓰인 헬라어 단어(*epistamai*)에서 지식을 공부한다는 뜻의 '인식론(epistemology)'이라는 단어가 나왔다. 본문의 이 단어는 공식 교육과 개인적인 공부를 통하여 얻은 지식을 모두 가리킨다. 바울이 사용한 분사 형태를 직역하면 "그는 일자 무식쟁이다"가 된다.

헬라어 원문에는 "아무 것도 알지 못하고" 뒤에 *alla*라는 대조 접속사(드물게 쓰이지만 극적인 반전의 효과가 있는 단어)가 나오는데, 이것은 아무것도 모르는 교만한 사람이 철학의 신비를 풀려 한다는 아이러니를 부각시키고 있다. "변론"은 '철학적 탐구'를 뜻하는 단어를 번역한 것이다. 에베소는 철학적 탐구로 유명한 곳이었다. "언쟁"은 드물게 쓰이는 합성어에서 왔는데 직역하면 "말싸움"이 된다. 헬라의 한 풍자작가는 스토아 학파와 에피쿠로스 학파 사이의 변론을 "말싸움"[9]이라 표현했는데, 일부러 그 단어를 써서 그들의 미련함을 보이려 한 것이다.

사도는 교회를 죽이는 이단자들의 활동이 초래하는 다섯 가지 결과를 꼽는데("투기", "분쟁", "비방", "악한 생각" 그리고 "다툼" - 역주), 그중 다수는 그가 성경의 다른 곳에서 말한 타락한 인류가 가지고 있는 최악의 특성들에 포함되어 있다(롬 1:29 참고). 그중 가장 심각한 다섯 번째 문제는 그리스도인들의 연합을 갈가리 찢어놓는다. 그들이 "다툼"(5절, NASB에는 "끝없는 마찰")하는 핵심 이슈들은 세월에 따라 달라졌지만, 이 부패하고 무지한 사람들의 말다툼과 철학적 말잔치의 배후에 깔려 있는 동기는 딱 하나다. 바로 일신상의 금전적 이익이다. 이 교만하고 아무것도 모르는 사람들이 에베소와 그레데(딛 1:11)와 고린도(고후 2:17)와 마게도냐(살전 2:5)의 교회를 비롯하여 사실상 1세기의 모든 교회(벧후 2:14, 유 1:16)를 괴롭혔다. 여기서 우리가 똑바로 알아야 할 것이 있다. 오늘날에도 그들은 사탕발림으로 만사형통을 외치는 예언자들, 생글거리며 기복 신앙을 파는 장사치들의 모습으로 건재하고 있다. 이 모두가 종교라는 가면을 쓰고 이루어지고 있다.

이런 거짓 교사들은 성경의 권위를 인정하지 않고, 오히려 하나님의 말씀을 자신들의 변질되고 사심에 찬 신학에 뜯어 맞춘다. 뿐만 아니라 그들은 무슨 수를 써서라도 다른 사람들의 감시를 피한다. 그들 위의 권위는 바로 그들 자신이기 때문이다. 이로써 우리는 그들이 무언가를 감추고 있음을 확실히 알 수 있다.

—6:6—

역설적으로, 진정한 경건(2:2, 10, 3:16, 4:7-8, 6:11에 쓰인 단어와 같다)은 큰 유익을 가져다준다. 이것은 바울이 금전적인 이익을 생각하고 한 말은 아니지만, 나는 그가 물질적인 부를 배제하거나 눈에 보이지 않는 복에만 초점을 맞추려 했다고는 보지 않는다. 바울은 다만 "자족"의 본질적 특성을 강조한 것뿐이다. 조셉 헨리 세이어(Joseph Henry Thayer)는 헬라어 단어 "자족"을 "도움이나 원조가 필요 없는 온전한 상태의 삶"이라 풀이했다.[10] 찰스 갈렙 콜튼(Charles Caleb Colton)은 "참된 자족은 우리의 소유에 달려 있지 않다. 통 속에 살던 디오게네스에게는 그 통 하나도 충분히 컸지만 알렉산더에게는 이 세상도 너무 작았다"고 썼다.[11] 관건은 상황이 아니라 태도다(빌 4:11).

1852년에 해리엇 비처 스토(Harriet Beecher Stowe) 여사가 「톰 아저씨의 오두막(*Uncle Tom's Cabin*)」이라는 책을 펴냈는데, 많은 사람들이 이 책이 도화선이 되어 미국에 노예 제도 폐지 운동이 일어났다고 보고 있다. 이 책에는 악독하고 잔인한 주인 사이먼 리그리에게 '강의 하류 쪽으로 팔려간' 톰이라는 참을성 있는 노예의 이야기가 나온다. 톰이 동료 노예에게 채찍을 휘두르기를 거부하자 리그리는 톰을 때려서 그리스도를 믿는 톰의 신앙을 버리게 하려고 작정한다. 톰은 주인의 잔인한 매질에 거의 굴할 뻔했지만 환상 중에 예수님이 나타나셔서 톰의 의지를 굳게 해주신다. 톰이 그런 혹독한 상황 속에서도 자족하자 리그리는 톰을 더 심하게 때린다.

> 그러나 매질은 이전처럼 심중에 이르지 못하고 몸밖에는 건드리지 못했다. 톰은 철저히 복종했으나 그럼에도 리그리는 이 노예를 지배하는 자신의 힘이 어디론가 사라졌음을 깨달았다. 톰이 오두막으로 사라지고 리그리가 고삐를 잡아 말의 머리를 홱 돌리고 있는데 번득이는 섬광처럼 그의 뇌리를 스치는 것이 있었다. 어둡고 악한 영혼에 종종 찾아오는 양심이 빛줄기였다. 그 순간 리그리는 자신과 피해자 사이에 계신 분이 하나님임을 그리고 자신이 그분을 모독했음을 똑똑히 깨달았다. 소동이나 위협이나 매질이나 학대에도 아랑곳하지 않고 묵묵히 복종하는 한 인간이 리그리 안에 어떤 음성을 일깨웠던 것이다.[12]

세상의 불의와 부당한 권위는 언제까지나 우리를 괴롭힐 것이다. 우리는 우리가 처한 그러한 곤경을 수용해야만 한다. 우리가 살고 있는 이 세상은 악이 지배하는 세상이며, 그리스도가 없는 사람들은 결코 그리스도를 닮을 수 없다. 그들이 그러려고 전심으로 애쓴다 해도 그것은 불가능한 일이다. 그들에게는 그리스도가 필요하다! 그럼에도 불구하고 우리는 하나님의 계획 가운데 세상을 변화시키는 중대한 사명을 받았다. 때와 장소에 따라 사회 참여와 저항도 필요하지만, 우선 마음이 변화된 사람들이 충분한 수에 이르기 전에는 세상이 크게 달라질 수 없다. 그동안 주님은 권위가 경건하지 못할지라도 그 권위에 복종하라고 우리를 부르시고 명하신다. 우리가 권위들에 복종하면 그들이 우리의 신앙을 문제 삼거나, 우리의 하나님을 의심할 구실이 없어진다.

적용
철저히 섬기려는 자세

오늘날에는 노예 제도가 존재하지 않는다. 적어도 1세기에 있었던 그런 잔인한 제도는 없다. 그럼에도 바울이 제시한 원리들은 월급을 받는 사람이라면 누구에게나 적용된다. 그런 원리를 두 가지만 짚어본 다음, 그것을 구체적으로 일터에 적용할 수 있는 방법을 몇 가지 살펴보기로 하자.

첫째, 직장에서 권위에 복종하는 것이 최고의 전도 방법이다. 당신이 다니는 직장은 비기독교 직장이고, 당신의 상사는 비신자일 수 있다. 더욱이 당신이라면 그리스도인으로서 결정의 내용이나 리더십의 방식을 상사와 다르게 하고 싶을 수 있다. 하지만 그것은 당신의 소관이 아니며, 아무도 그 부분에서 당신에게 의견이나 제안을 부탁하지 않았다. 그러므로 상사가 당신에게 불법이나 부도덕한 일을 시키지 않는 한 당신은 지시대로 해야 하며, 그것도 긍정적인 태도로 해야 한다. 그래야 "하나님의 이름과 교훈으로 비방을 받지 않게" 하는 것이다(6:1).

자신의 직장을 전도의 장으로 보는 그리스도인들이 너무 많다. 직장에서 우리의 기본 직무가 전 사원에게 복음을 전하는 것이라고 생각하는 그리스도인들이 너무 많다. 그러다 보니 어쩔 수 없이 그들은 평판이 나빠지고 오히려 걸림돌이 된다. 그리스도의 이름을 영화롭게 하기는커녕 오히려 욕되게 하는 것이다.

물론 사람들에게 그리스도를 소개하고 싶고 기쁜 소식을 전하고 싶은 우리의 마음은 당연한 것이다. 그것은 우리의 동력원이자 영광의 희망이다. 하지만 우리가 일을 하도록 고용된 사람이라면 마땅히 부지런하고 탁월하게 그 일을 하는 것이 정직하다. 그렇게 성실하고 정직하게 일하다보면 놀랍게도 직장 동료들과 심지어 상사들에게 그리스도를 알릴 수 있는 뜻밖의 기회가 찾아온다. 다시 말해 그리스도인이 아닌 상사 밑에서 일할 때 우리는 상사에게 우리의 신앙을 문제 삼을 빌미를 추호도 남기지 않도록 하자. 그리스도를 믿는 우리의 신앙이 회사의 목표를 달성하는 데 방해가 될지도 모른다는 의문이 조금도 들지 않게 하는 것이다.

둘째, 그리스도인 상사에게도 우리는 그리스도인이 아닌 상사 못지않게, 아니 그 이상으로 마땅히 복종해야 한다. 바벨론 탈무드[13]에 보면 "히브리인이 히브리인 노예를 얻으면 그 노예가 주인 노릇한다"는 말이 있다(*Qiddushin* 22a). 바울도 그리스도인들에게서 동일한 성향을 보았는데 그것은 오늘날에도 마찬가지다. 세상의 직업 전선은 자신이 부당한 대우를 당할 가능성과 혹사당할 두려움이 있기에 누구도 결코 방심할 수 없는 냉혹한 곳이다. 그런데 상사가 그리스도인이라서 그런 두려움이 덜한 일부 신자들은 오히려 상사의 인내심과 호의를 이용한다. 종종 신자들이 기독교 회사를 선택하는 이유는 기본 가치관과 삶의 원칙이 자신과 같을 뿐 아니라, 회사도 자신처럼 하나님 아래 있기 때문이다. 그래서 기독교 기관에서 일하는 일부 신자들은 직업 윤리가 느슨해지거나, 일을 대충대충 하거나, 특별 대우를 바라는 경향이 있다.

바울은 신자인 노예들에게 자신의 주인이 그리스도인일수록 "더 잘 섬기"라고 권한다(6:2). 부당 대우에 대한 두려움이라는 부정적인 동기가 없어졌으니 이제 그리스도인들에게는 놀랍도록 긍정적인 동기를 추구할 기회가 왔다. 그것은 바로 동료 신자들을 사랑하는 것이다. 그리스도 안의 형제나 자매에게 유익이 되도록 더 부지런히 일하지 않을 이유가 무엇이 있겠는가?

하지만 동시에 그리스도인 사장이나 상사 쪽에서도 그리스도인 직원들에게 거는 기대가 무난하고 공평해야 한다. 어떤 그리스도인 상사들은 그리스도인 직원들을 이용한다. 서로 신앙이 같다는 점을 내세워 품행과 실적에 있어서 그들에게 비그리스도인들보다 더 높은 기준을 적용하는 것이다. 그래서 존중은 양방향으로 흘러야 한다.

자족하지 못하는 사역자들의 과오(디모데전서 6:7-10)

7우리가 세상에 아무 것도 가지고 온 것이 없으매 또한 아무 것도 가지고 가지 못하리니 8우리
가 먹을 것과 입을 것이 있은즉 족한 줄로 알 것이니라 9부하려 하는 자들은 시험과 올무와 여러
가지 어리석고 해로운 욕심에 떨어지나니 곧 사람으로 파멸과 멸망에 빠지게 하는 것이라 10돈을
사랑함이 일만 악의 뿌리가 되나니 이것을 탐내는 자들은 미혹을 받아 믿음에서 떠나 많은 근심으
로써 자기를 찔렀도다.

자족과 안일은 종이 한 장 차이다. 미리엄 웹스터 사전의 정의가 그러한 차이를 잘 드러내주고 있다.

> 자족: "자신의 재물이나 지위나 처한 상황에 만족감을 느끼고 표현하는 상태."
>
> 안일: "특히 실존하는 위험이나 결핍을 의식하지 못한 채 자기만족에 빠지는 상태."

양쪽 다 쉼을 얻고 양쪽 다 만족을 경험한다. 양쪽 다 자신이 처한 삶의 상태를 즐긴다. 하지만 두 가지 결정적인 차이가 양쪽을 갈라놓는다. 첫째, 자족은 범사에 하나님께 감사하는 마음이지만, 안일은 자화자찬이다. 둘째, 안일은 이미 성취한 일에 안주하지만, 자족은 열정적으로 탁월함을 추구한다. 바울은 모든 상황에서 자족을 누렸지만(빌 4:11-12) 빈둥거리는 삶이나 소극적이고 무관심한 삶을 거부했다. 그가 얼마나 지칠 줄 모르고 그리스도를 알고자 힘썼는지 보라.

> "또한 모든 것을 해로 여김은 내 주 그리스도 예수를 아는 지식이 가장 고상하기 때문이라 내가 그를 위하여 모든 것을 잃어버리고 배설물로 여김은 그리스도를 얻고 그 안에서 발견되려 함이니 내가 가진 의는 율법에서 난 것이 아니요 오직 그리스도를 믿음으로 말미암은 것이니 곧 믿음으로 하나님께로부터 난 의라 내가 그리스도와 그 부활의 권능과 그 고난에 참여함을 알고자 하여 그의 죽으심을 본받아 어떻게 해

서든지 죽은 자 가운데서 부활에 이르려 하노니"(빌 3:8–11).

안일이라곤 찾아볼 수 없는 말이다! 건강한 그리스도인의 삶은 자기만족에 시간을 허비하지 않는다. 반대로 바울은 이처럼 자족하면서도 한편으로 계속해서 추구하는 삶을 성공적인 사역자의 표지로 보았다. 디모데에게 보낼 첫 번째 편지가 거의 끝나가는 이 시점에서 바울은 이 젊은 목사에게 세상에서 만족을 찾지 말고 그리스도 안에서 자족할 것(6:7–10), 그 만족을 동력으로 삼아 계속 탁월함을 추구할 것(6:11–16), 그리고 이러한 자족과 추구를 다른 사람들 안에도 재생산할 것(6:17–19)을 권면한다. 이것이 곧 기독교 사역의 핵을 이루는 기쁨이다.

많은 사역자들이 이러한 기쁨을 경험하지 못한다. 그들은 자족함이 없기 때문에 엉뚱한 길을 추구한다. 이렇게 곁길로 빠지는 사역자들에 대한 바울의 말은 사실상 3절에서부터 시작된다. 거기서 그는 "다른 교훈을 하"는 거짓 교사들을 신랄하게 비판했다. 이 거짓 교사들은 교만하고 아무것도 알지 못하는 사람들, 물질적인 이익을 얻기 위하여 공허한 철학이나 늘어놓는 사람들이다. 그러나 노련한 사역자인 바울에 따르면, 참된 경건은 일시적인 차원의 물질적인 이익을 거부하고 영원한 차원의 영적인 이익을 추구한다(6절). 이것이 진정한 자족이며, 그 기초 위에 신자는 기쁨이 넘치는 삶을 구축한다. 케네스 웨스트(Kenneth Wuest)는 "여기서 바울은 경건한 신앙이 있으면 사람이 외부의 상황에 초연하여 자족하게 되고, 그리하여 순경 속에서나 역경 속에서나 영적인 평정을 유지할 수 있다고 가르치고 있다"고 썼다.[14]

6장 7–10절에서 바울은 자신의 관점을 변호하면서, 자족을 모르는 사역자는 – 자족을 모르는 모든 그리스도인도 마찬가지다 – 결국 파멸로 치달을 수밖에 없음을 설명한다. 그의 말은 사실상 이런 것이다. "자신의 욕심을 채우려고 사역의 길에 들어서는 사람을 내게 알려달라. 그러면 내가 그 사람을 기다리고 있는 파국을 보여주리라."

—6:7–8—

탈무드에 이런 말이 있다. "사람은 태어날 때는 손을 꼭 쥐고 나오지만 죽을 때는 손을 쫙 펴고 간다. 삶에 들어설 때는 모든 것을 움켜쥐려고 하지만 세상을 떠날 때는 모든 재산이 손에서 빠져나가고 없다."[15] 욥은 "내가 모태에서 알몸으로 나왔사온즉 또한 알몸이 그리로 돌아가올지라"(욥 1:21)고 했고, 솔로몬은 "그가 모태에서 벌거벗고 나왔은즉 그가 나온 대로 돌아가고 수고하여 얻은 것을 아무것도 자기 손에 가지고 가지 못하리니"(전 5:15)라고 했다. 좀 더 최근의 한 현자는 "이삿짐을 끌고 가는 영구차는 없다"고 꼬집었다.

바울은 자신이 정의한 자족을 변호하고자 부인할 수 없는 한 가지 진리를 천명한다. 모든 물질은 덧없이 사라진다는 사실이다. 물론 물질적인 부는 가치가 있고, 이 땅에 있는 동안 삶을 유지시켜주며, 선을 행하게 해준다. 하지만 그래도 그것이 일시적인 것이라는 사실은 분명하다. "먹을 것과 입을 것"이라는 말에서 바울의 어휘 선택이 좀 특이한데, 이것은 분명히 의식주의 기본적인 기능을 강조하기 위한 것이다.

자족하는 태도는 최고급 스테이크 요리나, 디자이너 의상이나, 15미터 길이의 요트나, 휴양지의 으리으리한 대저택을 요구하지 않고, 삶의 기본적인 필수품을 감사히 받는다. 그렇다고 그런 것들을 누릴 형편이 되는데도 불구하고 절대로 가져서는 안 된다는 말이 아니라, 다만 그런 것들을 바라거나 요구해서는 안 된다는 말이다. 나아가 그런 것들을 바라는 사람들은 결코 자족을 경험하지 못한다.

—6:9—

성령이 초자연적으로 바울의 생각을 인도하시는 가운데 바울은 어휘를 신중히 선택하고 있다. 잘 보면 그는 "부한 자들은 시험(에)··· 떨어지나니"라고 말하지 않는다. 성경은 결코 부자들을 그들이 풍족하다고 해서 정죄하지 않는다. 하나님은 돈이나 부를 악하다 하신 적이 없다. 다시 말하지만 자족은 환경과는 무관하며 철저히 태도의 문제다. 근본적인 질문은 "내가 무엇을 가지고 있는가"가 아니라 "내가 무엇을 원하는가"이다.

사도는 "원하다"("부하려 하는"은 원문에 "부해지기를 원하는"으로 되어 있다 - 역주)는 뜻으로 헬라어의 두 단어 중 하나를 고를 수 있었다. 하나는 *thelō*이고 또 하나는 *boulomai*인데, 신약 시대에 더 자주 쓰였고 더 의미가 강했던 말은 전자였다. 즉, *thelō*에는 의지를 구사한다는 의미가 있는 반면, *boulomai*는 의지의 본능적 성향을 가리킨다. 바울이 여기서 굳이 두 번째 단어를 썼다는 사실은 인간에게 본능적으로 물질적 부를 추구하는 성향이 있음을 시사한다. 그래서 인간은 그 성향이 아닌 다른 것을 선택하려면 의지를 구사해야만 한다. 본능적 성향에 끌려 일시적 안락을 좇는 사람들은 네 단계의 내리막길로 치닫는다.

단계 1: "시험." "시험(또는 유혹)"에 해당하는 헬라어 단어는 '시험하다, 시도하다, 검사하다'는 뜻의 동사에서 왔다. 시험의 취지는 대상을 시험해보아 그 진면목을 가려내는 것이다. 즉, 시험은 사람의 영혼이 어떠한가 측정한다. 그 결과 우리의 영혼은 연약한 것으로 드러날 때가 많다. 그래서 성경은 우리에게 시험을 이겨내라고 명하지 않고 시험을 피하라고 가르친다(고전 6:18, 10:14, 딤후 2:22). 더 큰 부나 더 많은 돈을 무절제하게 욕심내는 사람들은 끝없이 이어지는 도덕적 딜레마에 부딪히게 되고, 결국은 쓰러지고 만다.

단계 2: "올무." 여기에 쓰인 *pagis*라는 단어는 말 그대로 '덫'이라는 뜻이다. 헬라 문학에서는 트로이의 목마를 나무로 만든 *pagis*라 불렀다.[16] 거짓말 하나가 다시 수많은 거짓말을 낳듯이, 일단 사람이 한번 타협하기 시작하면 그것이 바른 성품을 야금야금 갉아먹어 결국은 바른 성품을 몽땅 다 잃어버리고 만다.

단계 3: "여러 가지 어리석고 해로운 욕심." "어리석고"로 번역된 헬라어 단어는 '지성, 생각'을 뜻하는 단어에 부정의 접두사 a-가 붙은 것이다. 따라서 직역하면 "생각이 없고"가 된다. "욕심"은 '정욕'이나 '육욕'으로 옮기면 더 좋다. 일반 헬라인들은 대개 이 단어를 음식이나 섹스와 연결시켜 사용한다. 다시 말하지만 바울이 강조한 것은 욕심이지 그 욕심의 대상이 아니다. 무엇이든 잘못된 동기로 추구하면 당장은 만족을 얻지만, 그 후에는 전보다 더 욕구가 절박해진다. 생각이 없는 욕망은 위험한 종착지로 치닫는다.

단계 4: "파멸과 멸망." 이 두 단어는 부패나 내적인 부식을 가리키며, 그 뒤에는 완전한 멸망이 따라온다. 특히 "멸망"이라는 단어는 신약 성경에서 영원한 저주를 뜻하는 말루 자주 쓰인다(마 7:13, 요 17:12, 롬 9:22, 빌 1:28, 살후 2:3, 벧후 2:1, 계 17:8,11).

—6:10—

어쩌면 신약 성경에서 가장 많이 잘못 인용되는 이 구절에서 바울은 그런 사람들이 네 단계의 내리막길로 치달아 영원한 멸망에 떨어지는 이유를 제시한다. 그 이유는 바로 돈을 사랑함이다. 돈 자체가 아니라 돈에 대한 잘못된 태도다. "돈을 사랑함"은 헬라어로 하나의 합성어인데 직역하면 "은을 사랑함"이 된다. 부를 쌓으려는 지나친 욕심은 악을 끝없이 뻗어나가게 하는 근원이다.

돈을 사랑하는 사람은 결국 무한하신 하나님, 사랑의 하나님을 버리고 부에서 만족과 안전을 구하게 된다. 그 결과 이 불운한 피해자는 "많은 근심"을 자초하게 된다. 건강이 나빠지고 만족감이 달아난다. 부부 관계가 허물어지고 자녀들이 반항한다. 중독에 빠져들고 경제가 파탄난다. 절망이 뒤따른다. 이 문장의 어순을 보면 강조점이 "자기를"이라는 대명사에 있다. 사람들은 지혜롭지 못한 선택들로 많은 근심을 자초하는데, 그 발단은 아무렇게나 엉뚱한 대상들을 사랑하는 데 있다. 그래서 결국 그들은 자기를 탓할 수밖에 없다.

바울의 엄숙한 경고는 모든 신자에게 다 해당되지만, 지금 그는 이 말을 사역과 관련하여 디모데에게 주고 있다. "다른 교훈을 하"는 사람들(3절)은 자족하는 마음이 없다보니 부와 육체적 안락을 추구하게 되고(5-6절), 그런 추구를 정당화하려고 다른 교훈을 내세운다. 이렇듯 그들은 일시적인 만족을 얻으려고 신앙을 버린다. 그러고는 그 미련함에 대한 대가를 톡톡히 치른다. 이것이 우리에게 주는 교훈은 무엇인가? 자족하지 못하는 사역자들은 위험하다는 것이다.

당신도 그랬겠지만 나도 기쁨이 없는 사역자들을 참 많이 보았다. 멍한 눈으로 어깨를 축 늘어뜨린 채 맥없이 다니면서, 사역이 무거운 짐이라고 탄식을 일삼는 사역자들이 많이 있다. 불행히도 그들은 하나님의 사람들에게 득보다 오히려 해가 된다. 그들에게 들려주고 싶은 조언이 있다. 그들은 최대한 빨리 다른 직업을 구해야 한다. 물론 삶이란 것이 다 그렇듯 전임 사역의 길에도 기복은 있다. 하지만 당신이 진정으로 하나님의 소명에 응답한 사람이라면, 당신에게 그 길보다 더 큰 만족을 줄 다른 일은 없다. 사실 나는 사역의 길에 들어서려 한다는 사람들에게 진심으로 다음과 같은 간단한 시험 문제를 내준다. "자네가 이 일 말고 다른 일로도 행복할 수 있다면 그 일을 하게나." 지금까지 내 경험으로 보건대 하나님의 부르심을 받은 사람들은 자신이 다른 어떤 일로도 결코 만족을 얻지 못하리라는 사실을 잘 안다.

적용

자족하는 마음과 그것을 잃어버리는 방법

신속한 변화를 추구하는 소비자 지향적인 우리 문화는 자족이야말로 자본주의를 해치는 중죄라고 세뇌시키려 한다. 기업들은 일부러 제품을 오래 사용하지 못하게 만든다. 그래서 웬만한 제품은 한두 해만 지나면 이미 고물이 된다. 마케팅의 대가들은 밤낮없이 매달려 우리에게 최신 제품을 기필코 사야만 한다고 설득한다. 내 말을 오해하지는 말라. 나는 언제라도 공산주의보다 자본주의를 선택할 것이며, 제품을 향상시키는 것이 잘못된 일도 아니다. 문제는 소비 방정식의 공급 쪽이 아니라 수요 쪽에 있다. 우리를 행복하게 해줄 것이 무엇인지는 광고업계가 일러줄 일이 아니다. 그것은 우리 자신의 독자적인 책임이다.

사실 아무리 물건을 손에 넣고 또 넣어도 우리의 행복은 결코 거기에 있지 않다. 반대로 자족이란 상황에 달린 문제가 아니라 우리의 결단이다. 자족하기로 선택하면 우리는 세 가지 아주 값진 선물을 받는다.

첫째, 늘 노심초사하지 않고 현재를 누리게 된다. 과거의 어느 시점에 당신은 현재 당신에게 있는 것들이 장차 만족을 가져다주리라고 판단했었다. 당신이 자족을 선택한다면 과연 지금 그것들로 만족할 수 있다. 하지만 당신이 늘 만족을 미래에서 구한다면 그것은 요원한 일이다. 당신은 결코 만족하지 못할 것이고, 현재 있는 것들을 누리지 못할 것이다. 아무리 충분해도 늘 모자랄 것이다.

둘째, 다른 사람이 잘될 때 시기심 없이 인정하고 칭찬해줄 온전한 자유가 생긴다. 현재 내게 있는 것들을 누리기로 결심하면 내 삶에 시기심이 들어설 자리가 없어진다. 그 결과 내 기쁨이 갑절로 커진다. 내게 주어진 삶으로 행복해할 뿐 아니라 주변 사람들이 잘될 때도 진정으로 기뻐하는 것이다. 뿐만 아니라 자족을 선택하면 절대로 남의 발전이 나의 손해로 보이지 않는다. 자족은 내 경쟁심의 연료 탱크에서 연료를 다 빼버린다. 그래서 나는 즐거워하는 사람들과 함께 즐거워할 수 있게 된다.

셋째, 진정으로 감사하는 마음이 싹튼다. 자족을 선택하면 미래에 받는 모든 것은 뜻밖의 선물이 된다. 그래서 우리는 늘 경이감을 맛보며 살게 되고, 가장 작은 복들까지도 기뻐하게 된다.

그래도 지속적인 불만족과 끊임없는 불안이 더 좋은 사람들이 있다면, 자족을 피하는 확실한 세 가지 방법이 있다.

첫째, 기본적으로 필요한 의식주 이외의 것을 필수품으로 삼기로 한다. 그렇다고 당신이 더 많은 것을 바라거나 얻어서는 안 된다는 말은 아니다. 당신의 형편을 발전시키고 싶은 마음은 잘못이 아니다. 다만 관점이 서서히 변질되지 않도록 주의해야 한다. 의식주 이외의 것을 필수품으로 보기 시작하면 당신은 그것의 노예가 되고 만다.

둘째, 수입을 늘리는 것을 직장의 일차적 관건으로 삼기로 한다. 수입을 늘릴 생각만으로 직장을 정하려 한다면, 당신은 현재의 직장에서 그만큼 성과가 부실해질 것이다. 그렇게 성과가 부실해진 결과 오히려 수입이 줄어들 것이고, 그리하여 자족은 저만큼 더 멀리 달아날 것이다.

셋째, 돈과 재산을 베풀기보다 지키는 데 더 힘쓰기로 한다. 기본적인 의식주가 채워지지 않은 사람들을 위하여 당신이 돈이나 재산을 베풀 기회를 찾는다면 자족을 결단하는 일이 그만큼 쉬워진다. 하지만 재산을 꽉 움켜쥔다면 그만큼 더 재산이 당신을 지배할 것이다.

이 세 가지를 긍정적 표현으로 바꾸어 당신에게 권하고 싶다. 다음의 짤막한 세 문장을 당신의 것으로 받아 그대로 실천하기로 결단하기 바란다.

- 나는 지금 내게 있는 것들로 감사한다.
- 나는 지금 내가 버는 만큼으로 만족한다.
- 나는 어려운 사람들에게 후히 베푼다.

경건에 관한 분명한 계명들(디모데전서 6:11–19)

11오직 너 하나님의 사람아 이것들을 피하고 의와 경건과 믿음과 사랑과 인내와 온유를 따르며 12믿
음의 선한 싸움을 싸우라 영생을 취하라 이를 위하여 네가 부르심을 받았고 많은 증인 앞에서 선한
증언을 하였도다 13만물을 살게 하신 하나님 앞과 본디오 빌라도를 향하여 선한 증언을 하신 그리
스도 예수 앞에서 내가 너를 명하노니 14우리 주 예수 그리스도께서 나타나실 때까지 흠도 없고 책
망 받을 것도 없이 이 명령을 지키라 15기약이 이르면 하나님이 그의 나타나심을 보이시리니 하나
님은 복되시고 유일하신 주권자이시며 만왕의 왕이시며 만주의 주시요 16오직 그에게만 죽지 아니

함이 있고 가까이 가지 못할 빛에 거하시고 어떤 사람도 보지 못하였고 또 볼 수 없는 이시니 그에게 존귀와 영원한 권능을 돌릴지어다 아멘
[17]네가 이 세대에서 부한 자들을 명하여 마음을 높이지 말고 정함이 없는 제물에 소망을 두지 말고 오직 우리에게 모든 것을 후히 주사 누리게 하시는 하나님께 두며 [18]선을 행하고 선한 사업을 많이 하고 나누어 주기를 좋아하며 너그러운 자가 되게 하라 [19]이것이 장래에 자기를 위하여 좋은 터를 쌓아 참된 생명을 취하는 것이니라.

혹시 이런 식으로 생각해본 적이 없을지 모르지만 교통 표지판에는 두 종류가 있다. 우선 유익한 조언이나 일반적인 원리를 알리는 표지판들이 있다. 예를 들면 '빙판길 주의', '학교 앞 천천히', '추월시 주의' 등이 거기에 해당된다. 이런 표지판을 만나면 운전자는 상황을 살펴서 자신의 경험을 바탕으로 적절한 판단을 내린 다음, 표지판의 원리를 그에 맞게 응용해야 한다. 쐶은 순산 안에 계절, 날씨, 시간내, 교동랑 등을 두루 고리하여 순빌력을 발휘해야 하는 것이다.

그러나 또 한 종류의 표지판들은 복잡한 생각을 요하지 않는다. 그냥 엄격한 규칙을 선포하고 절대적인 순종을 요구한다. '제한 속도 70킬로미터', '진입 금지', '정지' 등이 여기에 해당된다. 이럴 때는 그냥 표지판이 시키는 대로 해야 한다. 그렇지 않으면 경찰관이 약간의 자극을 더해주어 다음번에는 당신이 잊어버리지 않게 해줄 것이다.

성경도 이와 비슷하다. 대체로 말해서 성경에는 두 종류의 지시가 나온다. 하나는 원리이고 또 하나는 규율이다. 원리는 구체적이지 않으며 적용하는 데 지혜가 필요하다. 주님은 우리에게 여러 가지 원리를 주셔서 늘 변하는 문화의 풍경과 다양한 환경에 대처하도록 우리를 준비시켜주신다. 원리들은 각양각색의 상황 속에서 지혜롭게 행동하도록 우리를 무장시켜준다. 예컨대 빌립보서 2장 3절에 따르면 그리스도인들은 "아무 일에든지 다툼이나 허영으로 하지 말고 오직 겸손한 마음으로 각각 자기보다 남을 낫게 여기"어야 한다. 어디서 겸손이 시작되고 어디서 교만이 끝나는지는 구체적으로 밝혀져 있지 않다. 주어진 상황 속에서 어떻게 이타적으로 행동할 것인지는 우리가 분별해야 한다.

반면에 규율은 구체적이며 적용하는 데 생각이 별로 필요 없다. 하나님은 우리가 무조건 규율에 순종하기를 바라신다. "음란을 버리"라고 한 데살로니가전서 4장 3절이 좋은 예

다. 이것은 많은 해석이 필요 없는 말씀이다. 상황을 보아서 반응을 결정할 문제가 아니다. 성적인 부도덕을 유발할 만한 환경이면 무조건 그냥 피하면 된다. 나아가 성적인 부도덕이 다가올 때는 언제나 구약의 족장인 요셉의 본을 따라 달아나야 한다(창 39:12).

지금까지 이번 단락에서 바울은 권위(6:1-2), 거짓 교사들(6:3-6), 자족(6:7-10)과 관련하여 몇 가지 적용할 원리를 디모데에게 주었다. 그러다 갑자기 그의 어조가 바뀐다. 그는 붓끝을 직접 디모데에게로 향하여 몇 가지 규율을 속사포처럼 쏟아놓는다. 이 부분에서 헬라어 동사들은 좀 더 흔한 '직설법'에서 비교적 드문 '명령법'으로 바뀐다.[17]

바울이 본래 디모데라는 특정 인물에게 준 이 규율들은 성령이 모든 상황 속에 있는 모든 신자에게, 특히 복음을 맡은 모든 사역자들에게 주시려는 말씀이다. 당신이 지금 어떤 상황에 처해 있든, 하나님 나라의 어느 자리에서 섬기고 있든 그리고 전임 사역자이든 자원봉사자이든 이 본문을 다시 한 번 천천히 읽기 바란다. 다만 이번에는 바울이 전투의 상흔을 지닌 손, 매를 맞아 옹이가 앉고 풍상에 거칠어진 그 손으로 당신의 어깨를 잡고 있다고 상상해보라. 예리한 지성으로 번득이면서도 고난을 통하여 온화해진 바울의 눈이 당신의 눈을 지그시 응시하고 있다고 상상해보라. 이 명령들, 이 규율들은 바로 당신과 나를 위한 것이다.

—6:11—

헬라어에서 어순은 강조의 한 방법이다. 이 경우에 바울은 "너"라는 대명사를 문두에 두어 어조를 확 바꾸고 있다. 이로써 디모데는 6장 3-10절에 묘사된 배교자들, 곧 불충실한 교사들과 구별된다. 바울은 지금부터 하는 말이 디모데에게 하는 말임을 "오 하나님의 사람아"(원문에 "오"라는 감탄사가 붙어 있다)라는 호격(呼格) 표현으로 한층 더 강조하고 있다. 이 표현은 구약에서 흔히 선지자들에게 쓰던 호칭이다. 바울의 말은 이런 것이다. "하지만 너 하나님의 사람아, 하나님의 사람이 아닌 그들과 달리 너는 다른 교훈을 내세우지 않고(6:3), 하나님의 말씀을 알고 있으며(6:4), 사역자의 직분을 통하여 부자가 되려 하지 않고(6:5), 하나님의 공급으로 자족한다(6:6-8). 이기적인 사역을 추구하다 멸망을 자초하는 그들과 달리 너는 피하라!"

바울이 첫 번째 명령에서 사용한 헬라어 동사는 *pheugō*이다. '도망자(fugitive)'라는 단어가 여기서 파생되었다. 그는 디모데에게 이를테면 도망자가 되라고 명한 셈이다. 디모데는 "이것들"을 피해야 한다. 이것은 저자가 여태까지 설명한 모든 내용을 아우를 때 흔히 쓰는 헬라어의 표현이다. 이 경우에 "이것들"은 배교한 또는 잘못된 길로 빠진 사역자들과 관련된 모든 것, 즉 그들의 동기와 무지와 행동과 특히 영원한 운명을 가리킨다.

바울은 계속해서 디모데에게 무언가 다른 것을 "따르"라고 명한다. '추구하다'는 뜻의 이 단어는 도망자를 추적하는 박해자나 추격자의 역할을 묘사할 때 자주 쓰이는 동사다. 바울이 이 동사를 선택한 것은 재치 있는 말놀이라 할 수 있다. 이 말에는 끈질기고 악착같은 사냥꾼이 되어 무언가를 쫓는다는 개념이 담겨 있다. 이어 바울은 디모데의 사냥감을 여섯 가지로 꼽는다.

- 의. 마음과 생각이 하나님의 말씀에 표현된 하나님의 생각과 조화를 이루어 작용하는 상태를 말한다.
- 경건. 모든 생각, 모든 반응, 모든 말, 모든 행위를 통하여 하나님을 영화롭게 하고자 하는 진정하고 지속적인 갈망을 말한다.
- 믿음. 공급과 보호와 능력과 인도를 약속하신 하나님을 의지하는 것이다. 주님이 공급하시고 지시하시며 허락하시는 것들로 자족하기로 선택하는 것이다.
- 사랑. 다른 사람들, 특히 사역자로서 자신이 섬기도록 부름 받은 대상들이 진정한 의미에서 가장 잘되도록 힘쓰는 것이다.
- 인내. 압박과 역경과 유혹에도 불구하고 한결같이 의지적으로 순종하는 것이다.
- 온유. 연약하거나 상처 입은 사람들을 다독여주는 절제되고 당당하며 확고한 힘을 말한다.

—6:12—

"싸우라"는 바울의 세 번째 명령에서는 적대적인 느낌이 풍긴다. 거짓 교사들의 행동을 정죄한 후라서 특히 더하다. "선한 전투를 싸우며"로 직역되는 1장 18절과 달리 이번 명령에는 헬라어 동사 *agōnizomai*가 쓰였는데, '고뇌(agony)'라는 말이 여기서 나왔다. 이 단어는 전쟁보다는 운동 경기와 더 상관이 있다. 적(敵)은 경기 자체이며, 선수는 거기서 승리를 얻기 위해 고투해야 한다. 이때 하는 경기는 믿음이다. 믿음은 지구력을 요하는 장거리 경주이며, 이 경주는 몸 안의 모든 세포가 속도를 늦추거나 포기하자고 절규할 때에도 주자에게 계속 달리려는 의지가 있는가를 시험한다.

네 번째 명령문에서 사도는 디모데에게 영생을 "취하라", 즉 "잡으라"고 명한다. 영생을 잡아야 하는 이유는 영생이 떨어져나갈 수도 있다거나, 영생을 얻는 일이 우리의 노력에 달려 있어서가 아니다. 이제까지 쓰인 명령형 동사들은 지속적인 행동 – 계속 피하라, 계속 추구하라, 계속 싸우라 – 을 묘사하는 현재 시제인 반면, "취하라"에는 완성을 암시하는 시제가 쓰였다. 바울은 젊은 사역자에게 영생이 이미 그의 것이므로 영생을 취하여 꼭 붙들라고 명한다. 바울은 디모데가 고투하고 있는 시합은 이미 승리가 정해진 시합이라며 디모데를 안심시켜준다. 출발을 알리는 총소리가 울리기도 전부터 "영생"이라는 트로피에 디모데의 이름이 영원히 새겨졌다.

두 개의 문구가 "영생"이라는 말을 수식해주고 있다.

우선 "이를 위하여 네가 부르심을 받았고"라는 말에는 언어학자들이 말하는 '신적 수동태'가 쓰였다. 부르신 분이 하나님이라는 것을 강하게 암시하고 있기 때문이다. 이 문구가 디모데에게 상기시켜주는 것은, 주님이 자신을 부르셔서 영생을 받게 하셨으며, 하나님이 한번 정하신 뜻은 결코 무산되지 않는다는 사실이다. 두 번째 수식 어구는 "(이를 위하여 네가) 많은 증인 앞에서 선한 증언(고백)을 하였도다"라는 말이다. 이 말이 디모데에게 상기시켜주는 것은, 자신이 복음을 공적으로 고백함으로써 – 아마 세례받을 때 그랬을 것이다 – 자신을 영생으로 부르신 주님을 인정했다는 사실이다. 이 두 개의 문구는 승리의 확신을 더해줄 뿐 아니라, 디모데가 '믿음'이라는 장거리 경주에 서원한 것이 중대한 일이라는 사실을 부각시켜준다.

—6:13–14—

피하라, 추구하라, 싸우라, 취하라. 이 네 가지 명령에 이어 바울의 엄숙한 당부가 나온다(참고 5:21, 딤후 4:1). 헬라어에서 명령의 내용이 구체적으로 적시되지 않은 경우, "명령"이라는 단어는 대개 정부 관리를 임명하거나 군사를 위임하는 명령을 가리킨다. 그러한 맥락에서 "이 명령을 지키라"는 말은 "이 위임받은 직분을 지키라"는 말로 이해하면 가장 의미가 잘 통한다. 아울러 바울의 다른 당부들(참고 1:18-19, 5:21)도 어느 하나의 특정한 행위라기보다 목사의 직분을 염두에 둔 것으로 보인다.

지금까지 내가 본 바로, 사역자들이 죄를 지어 자신의 소명을 타협하면 그들은 자신과 가정과 교회와 사역자라는 직업에는 물론, 구주의 이름에까지 "흠"과 "책망"을 부른다. 그 결과 무언가가 상실되어 여간해서 되찾기 어려워진다. 교인들의 신뢰가 크게 깨지는 것이다. 그래서 목사가 죄를 범하면 교인들이 복음에 확신을 품기 힘들어질 뿐 아니라 다른 사역자들의 일까지도 훨씬 어려워진다.

사도는 자신의 제자에게 이 당부가 하나님의 권위에 기초한 것임을 일깨운다. 바울은 지금 성부 하나님과 성자 하나님을 대신하여 말하고 있다. 성부 하나님은 모든 사람에게 생명을 주신 분이고, 성자 하나님은 본디오 빌라도 앞에 서서 디모데라는 목사에게 최고의 모범이 되어주신 분이다. 보다시피 디모데의 "선한 증언"과 예수님의 "선한 증언"이 서로 연결되어 있다. "선한 증언(고백)"이라는 말은 아마 복음을 공적으로 고백했다는 의미의 관용어였을 것이다(고후 9:13 참고). 특히 죽음을 각오하고서 말이다. 그리스도는 적대적인 청중 앞에서 결과에 아랑곳하지 않으시고 하나님의 진리를 선포하셨다. 목사들도 그분의 모범을 따라야 한다.

—6:15-16—

성부 하나님이 완전한 날로 선언하실 미래의 그날에 성자 하나님이 이 땅에 다시 오실 것이다. 영적으로나 은유적으로 오시는 것도 아니고, 환생하시는 것도 아니다. 꿈이나 환상으로 오시는 것도 아니고, 다른 인간이나 짐승의 모습으로 오시는 것도 아니다. 그분은 몸으로 직접 오실 것이다. 이번에 다시 오실 때는 희생당하실 비천한 어린양이 아니라 악을 몰아내고 보좌를 되찾으실 승전의 사자로 오실 것이다(계 5:5, 17:14). 제국마다 자기네 왕을 "만왕의 왕(왕 중의 왕)"이라 부르는 관습이 있지만, 구약 성경은 그 호칭을 하나님께

만 쓴다(신 10:17, 시 136:2-3). 하지만 그리스도는 하나님의 아들이시므로 그 호칭을 공유하신다. 그분은 그 이름으로 불리실 자격이 있는 유일한 인간이시다(계 17:14, 19:16).

주님이 재림하셔서 직접 만물을 완전히 지배하시리라는 생각에 바울은 차마 흥분을 주체하지 못한다. 결국 그것이 사역의 완성이 아니던가. 목사들은 주님이 이 땅에 몸으로 부재하신 동안 작은 목자의 역할을 감당할 뿐이다. 목사들과 모든 사역자는 예수님이 직접 오시기 전까지 사람들의 마음속에 하나님 나라를 세우고자 여러 모로 협력하지만 성과는 제한적이다. 주님이 오셔서 직접 완성하실 때까지 우리의 일은 완성되지 않는다.

사도는 그 생각을 하자 가슴이 벅차올라 마지막으로 하나님께 다시 멋진 찬송을 올려드린다. 물론 성부와 성자와 성령을 모두 아우르는 찬송이다. 그분은 죽지 아니하시는 분이고 항상 존재하시는 분이다(1:17). 그분은 "빛"에 거하시는데 빛은 진리를 가리키는 문학적 원형이다(요일 1:5). 그리고 예수 그리스도 외에는 아무도 그분을 본 적이 없다. 예수님은 인간의 몸을 입고 오신 하나님이시다(요 1:14,18).

—6:17—

편지를 마무리하면서 바울은 다시 일시적인 부의 문제로 돌아간다. 그는 디모데에게 하나님의 공급과 보호하심으로 인하여 자족하고, 헛되이 부를 추구하지 말라고 강력히 경고한다. 불만과 사역은 사역자의 마음속에 공존할 수 없다. 사역자가 불만을 품으면 금방 문제가 터지게 된다. 그렇다고 돈이 나쁘다거나 모든 부자가 돈 때문에 부패했다는 말이 아니다. 오히려 나는 열심히 노력하여 물질의 풍요를 누리는 복된 사람들을 인하여 주님을 찬양한다!

여태까지 사역을 해오면서 나는 이타적으로 후히 베푸는 부유한 그리스도인들을 보며 마음이 겸허해지곤 했다. 그들은 자신들의 큰 재산을 주로 전 세계에 하나님의 일을 진척시키는 수단으로 본다. 누군가가 어느 특정한 기독교 기관이나 교회나 학교 앞으로 백만 달러 단위의 수표를 끊어, 자신의 이름을 비밀로 한다는 조건하에 나에게 맡긴 일이 한두 번이 아니다. 경건하고 손이 큰 그 사람들은 하늘 아버지를 기쁘시게 해드리는 것 외에 어떤 보상도 바라지 않았다.

돈은 악한 것이 아니며 모든 사람이 다 돈 때문에 부패해지는 것도 아니다. 하지만 그럴 가능성은 여전히 남아 있다. 그래서 바울은 네 가지 명령을 주는데, 그중 둘은 부정적이고(17절), 둘은 긍정적이다(18-19절).

첫째, 마음을 높이지 말라. 재능이 있고 열심히 일만 하면 반드시 재정적 보상을 거둘 거라는 생각을 버리라. 꼭 그렇지만은 않다. 똑똑하고 정직한 사람들이 날마다 열심히 일하고 근면하며 지혜롭게 최선을 다해도 늘 돈에 쪼들릴 수 있다. 세상은 대개 악이 상을 얻고 선이 벌을 받는 곳이며, 그들은 바로 그런 세상과 싸우고 있다. 반대로 비교적 재능도 적고 일하는 시간도 적은데 큰돈을 거머쥐는 사람들도 많이 있다.

부자들은 자신의 부가 순전히 자신의 노력 탓이라고 믿어서는 안 되며, 다른 사람들의 불운한 처지를 하나님이 그들을 나쁘게 보시기 때문이라고 생각해서도 안 된다. 주님은 의로운 마음을 가꾸는 데 필요한 대로 각 사람에게 주권적으로 주신다.

둘째, 정함이 없는 재물에 소망을 두지 말라. 돈이 떨어지면 세상이 한없이 불안하게 느껴진다. 나도 경험해보아 잘 안다! 마치 우리를 의식 불명에 빠뜨리거나 아예 끝장내려고 노리고 있는, 온갖 속임수와 덫과 가혹한 시련 속을 통과하는 기분이다. 반대로 통장에 돈이 두둑하면 한결 안전하게 느껴진다. 이것은 우리가 계획을 잘 세우고 꼭 필요한 희생을 해서라도 미리 저축을 해두어야 하는 좋은 이유다. 하지만 우리는 훈련을 통하여 본능적인 성향을 뛰어넘어야 한다. 결코 돈을 우리의 안전을 보장해주는 출처로 보아서는 안 된다. 돈은 하나님의 공급과 보호의 수단이 될 수 있지만, 그래 봤자 한 가지 수단에 지나지 않는다. 하나님 자신이 우리의 안전이시고, 우리의 힘이시다(시 91편). 그분께는 우리를 놀라게 하실 묘책이 떨어지지 않는다.

—6:18-19—

두 가지 '하지 말아야 할 일'을 말한 사도는 이제 두 가지 긍정적인 명령으로 부자들에게 (디모데를 통하여) 권고한다. 첫째, "선한 사업을 많이 하라." 바울은 예수님이 산상수훈에서 사용하신 것과 똑같은 은행의 은유로 말한다.

> "너희를 위하여 보물을 땅에 쌓아 두지 말라 거기는 좀과 동록이 해하며 도둑이 구멍을 뚫고 도둑질하느니라 오직 너희를 위하여 보물을 하늘에 쌓아 두라 거기는 좀이나 동록이 해하지 못하며 도둑이 구멍을 뚫지도 못하고 도둑질도 못하느니라 네 보물 있는 그 곳에는 네 마음도 있느니라"(마 6:19-21).

둘째, "나누어 주기를 좋아하며 너그러운 자가 되라." 당연히 우리는 그럴 형편이 된다! 우리의 공급처는 은행 계좌가 아니라 하나님이시다. 그분은 잔고가 줄어들 때 쉽게 다시 채워주실 수 있다.

이러한 은행의 은유는 우리가 선행을 통하여 직간접으로 하나님의 보호를 얻어낼 수 있다고 가르치지 않는다. 예수님과 바울의 말은 선행을 하면 하늘에 보화가 쌓이듯이 이 땅에서도 그와 똑같거나 그보다 좋은 보호가 보장되어 해를 당하지 않는다는 뜻이 아니다. 하나님 나라는 비자금 대책을 위한 것이 아니라 투자의 기회다. 성경은 우리의 전 존재와 모든 소유를 주님의 거대한 벤처 사업에 투입하라고 권한다. 그러면 우리는 온전한 동업자로서 그분께 속한 모든 것을 마음껏 가져다 쓸 수 있다.

지금까지 바울은 "그러나 너, 오 하나님의 사람아"(11절, 직역)라는 말로 시작하여 디모데를 사람들을 기쁘게 하려는 염려와 일시적 관심사라는 엉킨 줄에서 풀어내고자 했다. 만일 목사가 교인들이 반감을 품고 자신의 수입을 깎을까봐 늘 두려움 속에서 살아간다면, 그 목사는 설교하고, 가르치며, 권고하고, 이끄는 일을 제대로 할 수 없다. 반대로 "복되시고 유일하신 주권자" 하나님은 자신의 종들의 건강과 생계를 책임지신다. 그러므로 사역자들은 교회 월급이 아니라 하나님의 공급을 의지하고 그것으로 자족해야 한다. 그리고 "우리 주 예수 그리스도께서 나타나실 때까지 흠도 없고 책망 받을 것도 없이" 자신이 위임받은 직분을 충실히 지켜야 한다(14절).

적용

신뢰하고 순종하라

신약 성경에는 하나님의 규율들이 그분의 원리들보다 수적으로 적다. 이것은 옛 언약과는 다른 큰 변화이지만, 그럼에도 그분은 몇 가지 규율들을 주셨다. 우리는 감히 그것들을 가볍게 여겨서는 안 된다. 하나님의 명령(규율)들을 늘 눈여겨보면서 우리가 명심해야 할 네 가지 진리가 있다.

첫째, 명령은 대개 짤막하고 간단명료하다. 주님은 자신의 뜻을 어렵게 포장하지 않으신다. 그분은 자신의 명령들을 쉽게 찾아 간단히 따를 수 있도록 제시하신다.

둘째, 명령에 요구되는 반응은 단 한 가지, 곧 순종이다. 원리와 달리 규율에는 많은 설명이 따라붙지 않는다. 그래서 순종에는 분석적 사고가 거의 필요 없다. 명령에 요구되는 반응은 알기는 쉽지만 행하기는 어렵다.

셋째, 명령에 불순종하면 중대한 결과가 따른다. 나는 하나님의 규율들에 순종하지 못할 때마다 무언가를 잃는다. 때로는 그 잃어버린 것을 영영 되찾을 수 없을 때도 있다.

넷째, 명령은 우리의 유익과 하나님의 영광을 위한 것이다. 주님은 우리의 즐거움을 빼앗아가시려고 규율들을 주시는 것이 아니다. 반대로 그분의 규율들 덕분에 우리는 위험을 피하고 더 많은 기쁨을 누릴 수 있다.

우리는 죄성이 있어서 명령을 좋아하지 않는다. 그보다는 두루뭉술한 해석의 여지가 많은 원리를 훨씬 좋아한다. 그래서 우리는 주님의 규율을 적용할 때 자신의 태도를 잘 감시해야 한다. 그렇지 않으면 순종을 하더라도 기계처럼 기쁨이 없고 뚱하게, 마지못해 이를 갈면서 순종하기 쉽다. 바울은 그런 위험을 내다보았고, 그래서 디모데에게 세 가지 유익한 태도를 취할 것을 권한다.

11-12절에서 바울은 감사를 권했다. 감사는 영생을 값없이 선물로 받은 데서 우러나오는 순종이다. 이것은 신자가 하나님의 복음 받기 위하여 이런저런 행위를 해야 하는 거래 관계가 아니다. 천국은 선행에 대한 보상이 아니라 약속된 선물이다. 이 선물이 얼마나 엄청난 것인지를 진정으로 깨달으면 순종이 즐거워진다.

13-14절에서 바울은 비인격체인 어떤 이상을 맹목적으로 수용할 것이 아니라 인격체이신 예수 그리스도께 확고히 헌신할 것을 권했다. 내면의 각오 – 그저 옳기 때문에 하나님의 명령에 순종한다는 다짐 – 만으로는 한계가 있다. 대신 우리는 그런 규율들을 예수 그리스도와의 지속적인 관계의 일부로 보고 순종해야 한다. 그분은 지금도 우리에게 확고히 헌신하시는 분이다!

15-16절에서 바울은 진정한 겸손을 권했다. 하나님은 모든 것을 아시지만 우리는 한심할 정도로 무지하고, 하나님은 진리이시지만 우리는 꿀에 파리가 꼬이듯 죄에 끌린다. 그렇기 때문에 우리는 늘 그분의 인도하심이 필요함을 인정해야 한다.

지킬 만한 보배(디모데전서 6:20-21)

[20]디모데야 망령되고 헛된 말과 거짓된 지식의 반론을 피함으로 네게 부탁한 것을 지키라 [21]이것을 따르는 사람들이 있어 믿음에서 벗어났느니라
은혜가 너희와 함께 있을지어다.

내가 일주일 내내 섬긴 400여 명의 사람들은 기아에 허덕이고 있었다. 하지만 겉모습만 보아서는 잘 알 수 없었다. 그들은 영양분을 충분히 공급받은 사람들처럼 보였다. 그들은 고급 자동차를 몰고 왔고, 복장도 첨단 유행의 의상을 걸치고 있었으며, 더없이 세련되게 향수를 뿌리고 모자를 썼다. 대다수가 적어도 석사 학위를 받은 사람들이었고, "박사님"이라고 불러야 할 사람들도 많이 있었다. 비만인 사람들이 꽤 있었지만, 그래도 그들은 영양실조에 걸려 있었다.

첫날 밤의 내 메시지는 그 명백한 사실을 선포하는 것으로 시작되었다. "내가 기근을 땅에 보내리니 양식이 없어 주림이 아니며 물이 없어 갈함이 아니요 여호와의 말씀을 듣지 못한 기갈이라"(암 8:11). 오랫동안 굶주려 있던 그들에게 이것이 처음으로 한 조각의 음식이 되었다. 첫맛을 본 굶주린 교인들은 자신들의 실상을 깨달았고, 그리하여 내가 준비한 말씀을 간절히 받았다.

하나님의 말씀이라는 젖과 꿀이 흐르는 땅에서 그렇게 기근에 시달리는 교회들을 보면 나는 슬퍼진다. 성경책은 거의 모든 주요 언어로 번역되었고, 사람들이 필요에 따라 선택할 수 있는 다양한 판형으로 출간되고 있다. 활자체와 글자 크기와 지면의 구성 방식도 가지각색이다. 유례없이 많은 사람들이 성직자의 도움 없이도 성경을 읽을 수 있게 되었다. 불과 백 년 전만 해도 대체로 상황은 그렇지 못했다. 인터넷에는 성경을 현대어로 옮긴 역본들과 성경공부 교재들이 넘쳐나고 있고, 대부분은 무료로 이용할 수 있다. 손안에 쏙 들어가는 전자 기기들 속에 성경 전권의 모든 장절이 다 들어 있다. 인류 역사상 이렇게 많은

사람들이 이렇게 쉽게 성경을 접할 수 있었던 적은 일찍이 없었다. 그런데도 많은 그리스도인들이 계속 굶주리고 있다. 왜 그럴까? 대부분의 교회들에서 누군가가 보배를 지키지 못했기 때문이다. 도둑들이 침투하거나 몰래 파수꾼을 지나쳐 들어가 교회들의 유일한 재산을 훔쳐갔다. 그 유일한 재산이란 곧 건전한 교훈이며, 그것을 지키려면 하나님의 말씀을 가르치고 전해야 한다.

하지만 이러한 위험은 새삼스러운 것이 아니다. 강도들은 언제나 교회 입구에 도사리고 앉아, 그곳에 임명된 수호자들이 경계를 늦추거나 임지를 버리기를 기다리고 있다. 에베소 교회는 거짓 교사들을 드러내고 쫓아내는 문제로 고심했다. 거짓 교사들은 소심한 디모데를 위압하는 일에 거의 성공할 뻔했다. 다행히 바울의 편지가 적시에 도착하여, 의욕을 잃고 사면초가에 놓인 그에게 힘이 되어주었다. 디모데전서 전체에서 볼 수 있듯이, 바울은 디모데에게 견고히 서서 하나님 말씀의 진리로 거짓 가르침에 맞서 싸울 것을 명한다.

> "내가 마게도냐로 갈 때에 너를 권하여 에베소에 머물라 한 것은 어떤 사람들을 명하여 다른 교훈을 가르치지 말며 신화와 끝없는 족보에 몰두하지 말게 하려 함이라 이런 것은 믿음 안에 있는 하나님의 경륜을 이룸보다 도리어 변론을 내는 것이라"(1:3-4).

> "아들 디모데야 내가 네게 이 교훈으로써 명하노니 전에 너를 지도한 예언을 따라 그것으로 선한 싸움을 싸우며 믿음과 착한 양심을 가지라 어떤 이들은 이 양심을 버렸고 그 믿음에 관하여는 파선하였느니라"(1:18-19).

> "내가 속히 네게 가기를 바라나 이것을 네게 쓰는 것은 만일 내가 지체하면 너로 하여금 하나님의 집에서 어떻게 행하여야 할지를 알게 하려 함이니 이 집은 살아 계신 하나님의 교회요 진리의 기둥과 터니라"(3:14-15).

> "네가 네 자신과 가르침을 살펴 이 일을 계속하라 이것을 행함으로 네 자신과 네게 듣는 자를 구원하리라"(4:16).

"만물을 살게 하신 하나님 앞과 본디오 빌라도를 향하여 선한 증언을 하신 그리스도 예수 앞에서 내가 너를 명하노니 우리 주 예수 그리스도께서 나타나실 때까지 흠도 없고 책망 받을 것도 없이 이 명령을 지키라"(6:13-14).

그러고나서 사도는 처음 시작할 때처럼, 성령의 감동으로 기록된 무오한 보배, 곧 하나님 말씀의 진리를 지키라는 엄숙한 명령으로 편지를 맺는다.

—6:20—

흔히 바울 서신은 몇 줄에 걸친 개인적인 안부로 끝나며, 대개 그런 인사말은 밝은 어조로 되어 있다. 그런데 이번 편지는 다르다. 오히려 사도는 장중한 느낌을 더 깊이 담아 "오"(NASB의 경우 "O Timothy"로 시작된다 - 편주)라는 감탄사로 시작하고 있다. 깊은 감정을 표현해주는 이 감탄사는 바울이 사적인 정황에서는 별로 사용하지 않는 말이다.[18] 사적인 정황에서는 갈라디아 사람들의 어리석음을 탄식할 때 한 번(갈 3:1), 디모데에게 명령할 때 두 번(6:11, 20) 사용한 것이 전부다. 곧이어 나오는 그의 명령이 얼마나 엄숙한 것인지를 그 말이 한층 부각시켜주고 있다.

"지키라"로 번역된 동사를 일반 헬라 문헌에서는 군의 경계 근무나 감옥을 지키는 간수의 직무를 기술할 때 썼다. 목적어인 "네게 부탁한 것을"이라는 말은 '물건의 간수를 타인에게 위탁하되 횡령할 경우 엄벌에 처한다'는 뜻의 법률 전문 용어에서 파생되었다.[19] 이 세 가지 요소 - "오"라는 감탄사에 이어 사도가 고른 동사와 직접 목적어 - 를 합하면 거의 위협에 가까운 명령이 나온다(약 3:1 참고). 바울의 말을 요즘 말로 풀어쓰면 이런 것이다. "너 디모데는 세상에서 가장 귀하고 중요한 물건을 맡았다. 그러니 경거망동하지 말라!"

그렇다면 디모데는 자신에게 맡겨진 그 값진 것을 어떻게 지켜야 할까? 그 앞의 두 문구에 바울이 그것을 설명하고 있다. 우선 디모데는 철학을 통해서 영적 통찰을 얻으려는 일을 거부하거나 피해야 한다. 여기서 철학이란 이성만으로 영적인 진리들을 이해하려는 인간의 시도를 말한다. 이런 철학의 특징을 말할 때 바울은 "망령되고 헛된 말"(딤후 2:16 참고)이나 "망령되고 허탄한 신화"(딤전 4:7)라는 표현을 쓴다. 우리 인간은 오감의 제약에 묶

진리에 빈곤해진 우리

예전에 뉴잉글랜드에서 사역할 때 나는 여러 번 시간을 내어 하버드 대학교 캠퍼스에 갔었다. 어느 겨울날 오후 나는 눈 속에 서서 존 하버드(John Harvard)의 동상을 바라보고 있었다. 하버드는 무릎에 책을 놓고 근엄하게 앉아 자신의 도움으로 설립된 캠퍼스를 내려다보고 있었다. 이 젊은 사역자는 죽으면서 자신의 모든 장서와 재산의 절반을 갓 설립 인가를 받은 그 대학에 기부했고, 이로써 그 학교의 기부자 명단 1호에 올랐다. 학교가 설립된 당시의 '규칙과 규율'에 보면 입학과 학업의 기준이 이렇게 규정되어 있다.

> 규율 2: 모든 학생에게 다음의 사실을 분명히 가르치고 힘써 강권하여 심사숙고하게 한다. 그의 인생과 학문의 주 목적은 요한복음 17장 3절 말씀대로 하나님과 예수 그리스도를 아는 것 곧 영생이며, 그리하여 그리스도를 모든 건전한 지식과 학습의 유일한 기초이자 토대로 삼는 것이다.[20]

본래 하버드의 공식 인장에는 라틴어로 *Veritas Christo et Ecclesiae*라는 구호가 새겨져 있었다. '그리스도와 교회를 위한 진리'라는 뜻이다.

그날 청동상을 유심히 보면서 나는 만일 지금 존 하버드가 캠퍼스를 거닐며 학생들과 대화도 해보고 몇몇 강의도 들으면서 이 학교가 본래의 취지에서 얼마나 벗어났는가를 알게 된다면 어떤 생각을 할까 하는 의문이 들었다. 그런데 알고보면 내가 감탄하며 바라보던 그 동상은 설립 당시의 학교보다는 오히려 지금 학교의 상징물로 더 잘 어울린다. 관광 가이드들은 내가 감동하던 그 청동상을 거기 새겨진 '존 하버드, 설립자, 1638년'이라는 글귀가 틀렸다는 이유로 '세 거짓말의 동상'이라 부른다. 나는 그 사실을 알고 실망했다. 동상의 인물은 존 하버드 본인이 아니라 어떤 모델이다. 실제 존 하버드는 자신의 초상을 남기지 않았다. 또 1638년은 하버드가 학교에 기부한 해이며, 학교가 정식으로 개교한 해는 1636년이다. 그리고 엄밀히 말해서 그는 이 학교의 설립자가 아니다. 이 학교는 매사추세츠 만(灣) 식민지의 주의회에서 세웠다.

오늘날 대부분의 사람들은 하버드 대학교가 복음의 사역자들을 양성하기 위해 세워졌다는 사실을 모른다. 본래의 구호도 나머지는 다 잘려나가고 *Veritas*(진리)라는 말만 대중적으로 쓰이고 있다. 게다가 그것마저도 포스트모더니즘 때문에 이제 전혀 무의미한 것이 되고 말았다.

오래전에 누군가가 보배를 지키지 못했다.

여 있는 존재다. 따라서 가시적인 세계 너머의 일을 우리 힘으로 알 수 있다는 생각은 터무니없는 것이다. 그 너머의 세계에서 오신 분이 계시해주셔야만 우리는 알 수 있다. 그런데 바로 예수 그리스도가 오셔서 우리에게 성경을 주심으로 그 일을 해주셨다.

그렇다고 그리스도인들은 철학을 공부해서는 안 된다는 말이 아니다. 또한 바울의 말은 신자들이 전도할 때 지적인 토론을 피해야 한다는 의미도 아니다. 바울은 아테네에서 헬라 철학에 대한 해박한 지식을 보여준 바 있다(행 17:16-34). 하지만 바울은 철학을 영적인 깨달음을 얻는 수단으로 사용하는 일만은 금하고 있다. 우리에게는 성경이 있으며, 영적인 깨달음은 성경에서 온다.

—6:21—

그런데 성경에서 얻을 수 없는 영적인 지식을 자신들이 가지고 있다고 주장하는 사람들이 있었다. 바울은 그러한 현실에 통탄했다. 이 사람들은 "믿음" - 즉, 예수님과 사도들이 규정한 기독교 - 에 부합되는 교리를 가르치기는커녕 오히려 믿음에서 "벗어났"는데, 이는 "표적을 빗나갔다"는 뜻이다. 그들이 한 일은 "네게 부탁한 것을 지키라"는 말과는 정반대였다. 그들은 하나님에게서 받은 진리를 버렸고, 오히려 하나님을 모르는 이교도들 가운데서 진리를 찾으려 했다.

분명히 사역의 일은 목사의 길에 들어선 사람들에게 그들이 생각지도 못한 도전을 안겨준다. 목사들은 오해와 욕과 비난과 당연시됨과 종종 따돌림을 받을 각오가 되어 있어야 한다. 그것이 하나님의 말씀이라는 보배를 지키는 영광스러운 직무에 따르는 일종의 직업병이다. 분명히 이것은 아무나 갈 수 있는 길은 아니다.

그러나 그 길에 따르는 보상은 이루 헤아릴 수 없다. 나만 하더라도 성경 앞에서 수없이 많은 시간을 보내며 전능하신 분과 친밀해지기도 하고, 악을 이기시는 그분의 사랑을 수없이 경험하기도 하며, 사역의 여러 가지 도전을 통하여 형언할 수 없는 지혜를 얻기도 하고, 하나님의 소중한 사람들로부터 감당 못할 은혜를 선물로 받기도 한다. 이런 귀한 보상을 나는 무엇과도 바꿀 수 없다. 50년 전에 하나님의 부르심에 "예"라고 응답한 결과 나는 거의 날마다 이런 복을 받고 있으며, 늘 거기에 깜짝 놀라며 살아가고 있다. 이런 귀한 길을 떠나 따분하게 은퇴 생활이나 한다는 것은 나로서는 상상할 수도 없는 일이다.

주

1. Kittel & Friedrich 편집, *Theological Dictionary of the New Testament: Abridged on One Volume*, 404. 「신약성서 신학사전: 킷텔 단권 원어사전(요단출판사)」.
2. 같은 책.
3. 클레멘트는 *On the Office of Bishops, Presbyters, Deacons, and Widows*라는 자신의 논문도 언급했으나, 이 논문은 역사 속에 소실된 것으로 보인다.
4. *Elenchō*라는 동사 뒤에 직접 목적격의 사람이 나온다.
5. Kittel & Friedrich 편집, *Theological Dictionary of the New Testament: Abridged in One Volume*, 222. 「신약성서 신학사전: 킷텔 단권 원어사전(요단출판사)」.
6. Edward Gibbon, *History of the Decline and Fall of the Roman Empire*(Cincinnati: J. A. James, 1840), 1:27. 「로마제국 쇠망사(민음사)」.
7. Geoffrey W. Bromiley, *The International Standard Bible Encyclopedia*, 개정판(Grand Rapids: Eerdmans, 1988), 4.544.
8. "공평"으로 번역된 헬라어 단어 *isotēs*는 '평등, 대등한 지위'를 뜻한다.
9. Gerhard Kittel 편집, *Theological Dictionary of the New Testament*, G. F. Bromiley 번역(Grand Rapids: Eerdmans, 1978), 4:143. 「신약성서 신학사전: 킷텔 단권 원어사전(요단출판사)」.
10. Joseph Henry Thayer 편집 및 번역, *A Greek-English Lexicon of the New Testament*(New York: Harper & Brothers, 1887), 84.
11. Charles Caleb Colton의 말로 다음 책에 인용되어 있다. William M. Thayer, *Onward to Fame and Fortune*(New York: Christian Herald, 1897), 242.
12. Harriet Beecher Stowe, *Uncle Tom's Cabin*(Boston: John P. Jewett & Company, 1852), 2:247-28. 「톰 아저씨의 오두막(문학동네)」.
13. 유대교 랍비들의 구전과 가르침을 기록한 책으로 수세기에 걸쳐 수집되어 AD 5세기에 편찬되었다.
14. Kenneth S. Wuest, *Wuest's Word Studies from the Greek New Testament: For the English Reader*(Grand Rapids: Eerdmans, 1984), 디모데전서 6장 6절 부분.
15. "Rabbinical Ana"에 나오는 말. 다음 책을 참고하라. *Translations from The Talmud, Midrashim, and Kabbala*(M. Walter Dunne, 1901), 313.
16. Anthologia Palatina, 9:152.
17. 동사의 '법'은 저자가 의도한 행동이 어떤 방식의 행동인가를 나타내준다. 영어에는 세 가지 법이 있다. 가장 널리 쓰이는 '직설법'은 사실을 진술한다. '명령법'은 명령이나 요구를 진술한다. '가정법'은 바람이나 잠재성이나 이론적 가능성을 표현한다.
18. 바울은 로마서에 "오"라는 감탄사를 네 번 사용했는데(롬 2:1,3, 9:20, 11:33) 내게 인류 전반을 가리켜 사용했다.
19. Kittel & Friedrich 편집, *Theological Dictionary of the New Testament: Abridged in One Volume*, 1179. 「신약성서 신학사전: 킷텔 단권 원어사전(요단출판사)」.
20. Benjamin Peirce, *A History of Harvard University, from Its Foundation, in the Year 1636, to the Period of the American Revolution*(Cambridge: Brown, Shattuck, and Company, 1833), 부록 p. 5.

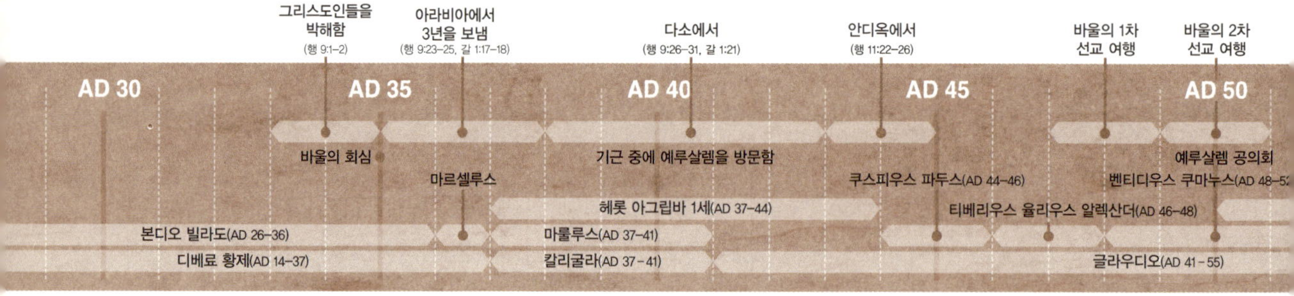

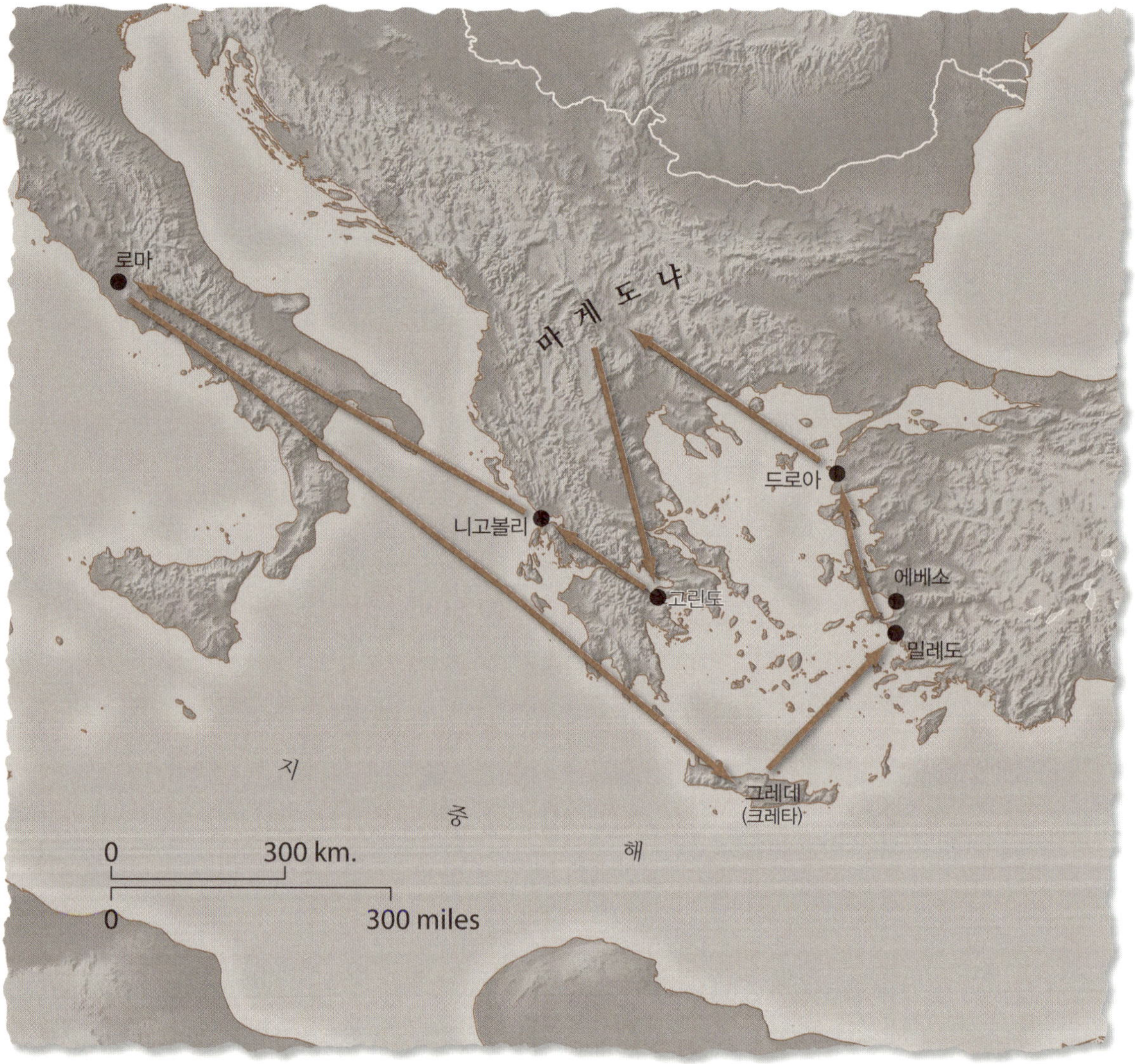

디도에게 보낸 편지에 보면 바울은 니고볼리에서 겨울을 지낼 예정이었다. 니고볼리는 이탈리아에서 바다 건너에 있는 풍광이 좋고 조용한 도시였다. 분명히 바울은 AD 64년 봄에 로마를 거쳐 스페인으로 선교 여행을 떠날 계획이었다.

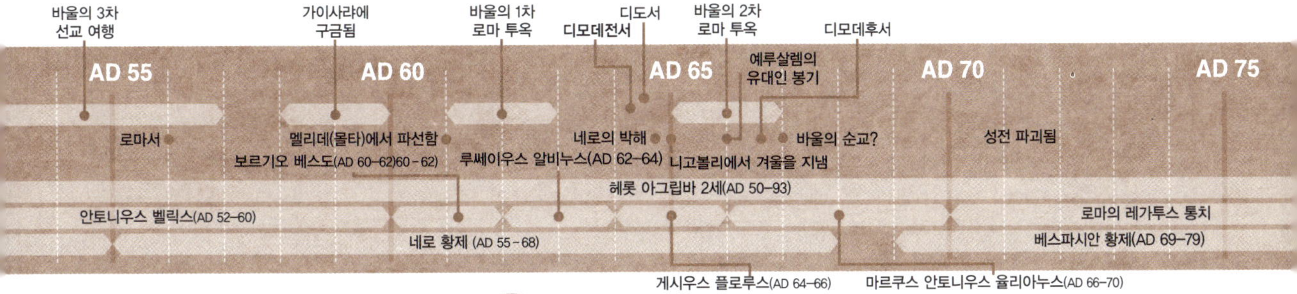

디모데후서

서론

우리 사역자들은 세상을 – 적어도 세상의 작은 구석인 자기 주변이라도 – 변화시킬 포부를 한가득 안고 하나님의 부르심에 “예”라고 응답한다. 그중에 이상(理想)을 처참히 잃고도 살아남은 사람들에게는 겸손이 찾아온다. 교만과 맞붙은 우리의 결사적인 줄다리기는 일종의 체념으로 끝난다. 내 작은 구석을 포함해서 세상에 영속적인 변화가 이루어지려면 다름아닌 초자연적인 개입이 있어야만 한다는 사실을 우리는 드디어 받아들이게 된다.

다행히 주님은 우리를 침울한 절망 속에 뒹굴도록 그냥 두지 않으신다. 대신 그분은 겸손한 사역자를 신실하게 변화시키신다. 체념은 상한 마음으로 무르익고, 상한 마음은 항복을 낳는다. 항복은 다시 복종을 낳고, 복종하는 사역자는 끝까지 견딘다. 그 과정의 어디선가 우리는 사역의 ‘성공’에 대한 새로운 정의를 수용한다. 고난을 통해 성숙해진 하나님의 사람들은 다음과 같은 진리에서 위로를 얻을 줄을 안다. 어렵지만 우리의 마음을 안심시켜 주는 그 진리란, 우리는 세상은 물론 세상의 한 구석이라도 변화시키라고 부름 받은 것이 아니라는 사실이다. 그보다 하나님은 우리 사역자들을 충성하라고 부르셨다. 세상을 변화시키는 일은 주님이 친히 그분의 방법으로 그분의 예정된 시간표에 따라 하실 것이다.

바울의 마지막 편지

디모데후서 개관

	보배를 지키라!	고난을 견디라!
	• 바울의 개인적 안부 • 디모데의 사생활 • 하나님의 거룩한 보배 • 사람들의 다양한 반응	• 진리를 전수함 • 진리의 예화들 (병사, 운동 선수, 농부, 일꾼, 그릇, 종) • 진리를 위하여 고난을 받음
시점	과거	현재
어조	감사	긍휼
요절	"우리 안에 거하시는 성령으로 말미암아 네게 부탁한 아름다운 것을 지키라"(딤후 1:14).	"너는 그리스도 예수의 좋은 병사로 나와 함께 고난을 받으라"(딤후 2:3).

여정을 지속하라!	말씀을 선포하라!
• 어려운 시대 • 타락한 사람들 • 계속 밀고나감 • 성경 안에 견고히 섬	• 엄숙한 명령 • 명령의 이유 • 개인적 회고 • 긴급한 부탁

미래

경고	명령
“그러나 너는 배우고 확신한 일에 거하라 너는 네가 누구에게서 배운 것을 알며”(딤후 3:14).	“너는 말씀을 전파하라 때를 얻든지 못 얻든지 항상 힘쓰라 범사에 오래 참음과 가르침으로 경책하며 경계하며 권하라”(딤후 4:2).

이것을 바울보다 더 잘 안 사람은 없었다. 디모데에게 두 번째 편지를 쓰기 전까지 바울이 평생 감당해온 사역의 규모는 어마어마했다. 전도의 열정이 그를 15년 동안 세 번의 선교 여행으로 떠밀었고, 그리하여 이 지칠 줄 모르는 하나님의 종은 바다와 육지로 장장 3만 2천 킬로미터를 돌아다녔다. 그동안 그는 로마 제국 동부의 주요 도시를 모두 다니며 그중 대부분의 도시에 교회를 세웠고, 소수의 사람들을 뽑아 훈련하여 자신이 심은 씨앗에 물을 주게 했다. 아울러 그가 쓴 많은 편지는 나중에 신약 성경의 상당 부분을 차지하게 되었다.

대체로 수도 로마의 정치는 팍스 로마나(Pax Romana), 즉 '로마의 평화'를 이어갔다. 제국의 철권 통치 덕분에 육로와 바닷길에 강도와 해적이 사라졌고, 정치적 불안이 가라앉았으며, 종교의 다양성마저 용납되었다. 하지만 바울이 서부의 변방인 스페인에까지 선교 여행을 계획하며 서쪽을 내다볼 즈음부터(롬 15:28) 정치의 풍향이 바뀌었다. 세상은 과연 변하고 있었으나, 더 좋은 쪽으로의 변화가 아니었다.

"내가 죄인과 같이 매이는 데까지 고난을 받았으나"

디도에게 보낸 편지에서 보듯이 사도는 니고볼리에서 겨울을 지낼 예정이었다. 니고볼리는 이오니아 해와 아르타 만 사이의 좁은 지협에 위치한 쾌적한 해안의 은신처로, '장화' 모양의 이탈리아 남단에서 불과 얼마 떨어지지 않은 거리에 있었다. 바울은 오래 지체된 계획을 보충하기 위해서(롬 15:28) AD 64년 봄에 로마로 떠났다. 그런데 막상 그곳에 도착한 바울은 "편히 쉬"지 못했다(롬 15:32). 민심의 이반으로 도시가 시끄러웠던 것이다. 몇 달 후인 그해 7월에는 무서운 대화재가 발생해 로마를 절반 가까이 폐허로 만들었다. 실성한 독재자 네로는 자신이 직접 방화했다는 소문을 잠재우려고 애꿎은 그리스도인들을 잡아들여 고문으로 자백을 강요했다. 그러고는 직접 복구 자금을 대고, 피해자들에게 양식과 대피소를 제공하며, 피해 지역을 전보다 더 크고 좋게 재건하는 등 자신이 로마의 구세주 자리에 올랐다. 도시가 점차 정상으로 돌아오자 이 미치광이는 교회에 지독한 박해를 가하기 시작했다.

그는 그리스도인들을 그냥 죽이고 고문하는 것으로 성이 차지 않아 아예 잔인하게 농락하며 즐기기 시작했다. 그들에게 야수의 가죽을 둘러씌워 사나운 개들에게 찢겨 죽게도 했고, 산 채로 십자가에 매달아 못을 박기도 했으며, 불에 잘 타는 겉옷을 입혀 횃불처럼 세운 다음, 날이 어두워지면 불을 붙여 밤을 밝히기도 했다.[1]

본래 바울은 로마에서 물자와 일행을 모아 스페인으로 떠날 생각이었으나, 네로가 그리스도인들을 박해하는 바람에 모든 것이 바뀌었다.[2] 사도는 고생하는 로마 교회를 두고 지도자인 자신이 떠나고 싶지 않았을 것이다. 따라서 증오에 찬 네로의 박해가 가속화됨에 따라 결국 바울도 발이 묶이게 되었다고 보는 것이 무난하다. 전승에 따르면 바울은 '마메르틴 감옥'이라는 곳에서 힘겨운 옥고를 치렀다. 그곳은 상하층 두 개의 방으로 이루어진 지하 구조물로, 천장은 둥글고 상층과 하층은 작은 구멍으로 연결되어 있었다. 하층은 본래 수조였다는 것이 많은 사람들의 견해다. 수감된 죄수는 구멍을 통해 밑으로 보내져 처

Todd Bolen/www.BiblePlaces.com

로마에서 처형을 대기 중이던 많은 죄수들이 마메르틴 감옥으로 이송되었다. 버려진 수조인 이 감옥은 사진의 한가운데에 보이는 구멍을 통해서만 드나들 수 있었다. 계단은 관광객들이 하층으로 내려갈 수 있도록 나중에 따로 만든 것이다.

형될 때까지 하층에 갇혀 지냈다.

바울이 순교하기 직전에 정말 그곳에 수감되었을 수도 있지만, 아무래도 최종 선고를 받기 전까지는 다른 곳에 있었을 것이다. 그 전부터 이곳에 있었다면 방문객을 맞이하기가 불가능했을 것이고, 책이나 가죽 종이에 쓴 책을 이용하기는 더더욱 어려웠을 것이다(딤후 4:13). 하지만 그 다른 곳에서도 그는 1차 투옥 중에 주어졌던 특별 대우 같은 것은 조금도 받을 수 없었다(행 28:30-31). 이렇듯 디모데후서의 언어는 감옥에서 한 말이며, 쥐가 들끓는 축축한 동굴에서 학대당하던 사람이 쓴 고뇌에 찬 말이다. 이 서신을 읽을 때 우리는 그 사실을 명심해야 한다.

"너는 겨울 전에 어서 오라"

에베소에서 디모데와 작별한 지 불과 2년 만에 바울은 로마의 감옥에서 고초를 겪었다. 그는 로마 시민권자라서 다른 그리스도인 죄수들과 격리 수감되었고, 또 그의 사역 동지들 중 대다수가 그를 버렸다. 이래저래 지친 사도는 디모데를 다정하게 "사랑하는 아들"(1:2)이라 부르며 그에게 도움을 청했다.

이 두 사람은 바울의 2차 선교 여행이 시작된 이후 줄곧 함께 사역했다. 이들의 사제 관계는 계속 깊어져 바울이 이 젊은 사역자에게 장기간의 임무를 맡겨 어려운 상황 속으로 보내는 일이 편해질 정도가 되었다. 로마에 1차로 투옥되어 있던 중에 바울은 디모데를 정식 목사로 에베소에 두어 교회를 이끌게 했다. 이 제자는 이미 성인이 되어 있었다. 하지만 그곳은 아주 힘든 지역이었던 만큼, 흔히 그렇듯이 사역의 도전들이 디모데를 압도하여 그는 거의 그곳을 떠날 뻔했다. 그래서 바울은 풀려난 후에 직접 그를 찾아갔고 – 아마 마게도냐로 가는 길에 밀레도에서 만났을 것이다(딤전 1:3) – 그제야 이 젊은 사역자는 계속 임지를 지킬 수 있었다. 그래도 온갖 어려움이 디모데의 사역을 계속 괴롭혀 다시 바울이 직접 에베소로 찾아가지 않으면 안 될 정도가 되었다(딤전 3:14, 4:13). 바울이 디모데와 함께 얼마나 머물렀는지는 알 수 없다. 아마 길어야 두어 달이었을 것이다. 그 뒤로 바울은 모든 일을 디모데에게 맡기고 떠났다. 다시는 디모데의 얼굴을 보지 못하리라 생각했을 것이다.

그런데 이제는 입장이 바뀌었다. 늘 격려를 베풀던 디모데의 스승이 이제 격려가 절실히 필요해진 것이다. 그래서 그는 "너는 겨울 전에 어서 오라"고 단순하고도 급박하게 부탁한다. 아마 이 사도의 붓끝에서 나온 가장 가슴 저미는 말일 것이다.

"말씀을 전파하라"

바울의 첫 번째 편지가 간접적으로 디모데의 기질과 상황을 보여준 것과는 달리, 이 두 번째 편지는 우리에게 사도의 가장 연약한 모습을 보여준다. 지금 우리는 2천 년 가까운 역사를 되돌아보는 유리한 입장에 있다. 하지만 그것을 다 걷어내고 본다면 바울은 어느 모로 보나 자신이 패배자로 느껴질 만했다. 그가 개척한 많은 교회들을 이단들이 변질시켰다. 그가 믿던 많은 부관들이 믿음을 버렸고, 그나마 남은 사람들도 순수한 교리라는 "아름다운 것을 지키"고자 위태로이 안간힘을 쓰고 있었다. 아마도 가장 실망스러웠을 일은 바울이 스페인 선교를 끝내 이루지 못했을 거라는 사실이다.

게다가 사도는 자신이 살아 있는 동안 주님이 재림하셔서 당신의 백성을 이 땅에서 데려가주실 것을 철석같이 고대하고 있었다. 모든 세대는 마땅히 이 영광스러운 사건을 고대하며 살아야 한다. 하지만 여전히 세상은 악의 손아귀에 단단히 붙들려 있다. 바울은 형제자매들과 함께 구름 속에서 주님을 만나기는커녕 로마의 더럽고 구역질나는 지하 감옥에서 혼자 수척해져가고 있었다. 사역자의 영광스러운 길에 이 무슨 초라한 결말인가. 적어도 인간의 관점에서 볼 때는 그랬다.

제정신을 잃은 네로의 통치가 사도의 사기를 꺾어놓을 수도 있었다. 그러나 다행히 바울은 자신의 사역을 인간의 눈으로 보지 않았다. 차차 보겠지만 그는 끝까지 자신의 삶과 일을 하나님의 관점에서 보았다. 디모데에게 로마에 와서 자기를 도와달라고 한 바울의 부탁은 인간적인 면모를 물씬 풍기면서도 한편으로는 성숙한 하나님의 사람의 진면목을 보여준다. 자신에게 동지의 격려가 필요함을 인정하는 와중에도 바울은 사역의 일을 확언하면서 디모데에게 더욱더 소명에 정진할 것을 독려하고 있다.

- "우리 주를 증언함(을)… 부끄러워하지 말고"(1:8).
- "네게 부탁한 아름다운 것을 지키라"(1:14).

- "너는 그리스도 예수 안에 있는 은혜 가운데서 강하고"(2:1).
- "너는 이것을 알라 말세에 고통하는 때가 이르러"(3:1).
- "너는 배우고 확신한 일에 거하라"(3:14).
- "너는 말씀을 전파하라"(4:2).
- "너는 모든 일에 신중하여 고난을 받으며 전도자의 일을 하며 네 직무를 다하라"(4:5).

이 글을 쓰면서 바울은 자신에게 죽음이 임박했음을 느꼈고, 진리의 등불을 넘겨줄 때가 되었음을 알았다. 뒷일이 어떻게 되었는지는 성경에 나와 있지 않다. 전승에 따르면 바울은 대부분의 그리스도인들이 당한 모욕을 겪지 않고, 로마 시민들에게 적용되는 법에 따라 참수형에 처해졌다고 한다. 나는 디모데가 드로아에서 바울의 겉옷과 책을 챙긴 다음 다른 어느 도시에서 마가를 찾아 스승이 참수되기 전에 로마까지 갔다고 생각하고 싶다. 확실히는 알 수 없다. 어쨌든 하나님의 진리의 등불은 올림픽 경기대회의 횃불처럼 바울의 손에서 디모데의 손으로, 그리고 디도와 두기고와 누가와 마가의 손으로 전해졌다. 그리고 내 손과 당신의 손에도 전해졌다.

진리의 등불을 높이 치켜들라. 그리고 그것을 잘 지켜 후대에 전수하라.

주

1. Tacitus, *The Works of Tacitus*(London: Woodward and Peele, 1737), 2:698–99.
2. 교회 전통의 증언은 다른 가능성을 시사하고 있으나(로마의 클레멘트, *First Epistle to the Corinthians*, 1.5), 디모데전서와 디모데후서의 중간 시기에는 기껏해야 짤막한 방문밖에 되지 않았을 것이다.

스승의 자상한 말

디모데후서 1:1–7

[1]하나님의 뜻으로 말미암아 그리스도 예수 안에 있는 생명의 약속대로 그리스도 예수의 사도 된 바울은

[2]사랑하는 아들 디모데에게 편지하노니 하나님 아버지와 그리스도 예수 우리 주께로부터 은혜와 긍휼과 평강이 네게 있을지어다

[3]내가 밤낮 간구하는 가운데 쉬지 않고 너를 생각하여 청결한 양심으로 조상적부터 섬겨 오는
하나님께 감사하고 [4]네 눈물을 생각하여 너 보기를 원함은 내 기쁨이 가득하게 하려 함이니 [5]이는
네 속에 거짓이 없는 믿음을 생각함이라 이 믿음은 먼저 네 외조모 로이스와 네 어머니 유니게 속
에 있더니 네 속에도 있는 줄을 확신하노라 [6]그러므로 내가 나의 안수함으로 네 속에 있는 하나님
의 은사를 다시 불일듯 하게 하기 위하여 너로 생각하게 하노니 [7]하나님이 우리에게 주신 것은 두
려워하는 마음이 아니요 오직 능력과 사랑과 절제하는 마음이니.

바울은 전에도 감옥에서 편지를 쓴 적이 있지만 이런 상황은 처음이었다. 지금 바울이 글을 쓰고 있는 곳은 로마 총독의 관저(행 24:27)나 가택 연금된 셋집(행 28:30-31)처럼 비교적 편안한 곳이 아니라, 춥고 어둡고 악취가 나고 사람들이 너무 많아 비좁은 지하 감방이었다. 옛날의 감옥은 현대의 유치장과 달리 겨우 목숨을 연명할 만큼의 음식과 물만 주어졌다. 죄수들은 바깥의 친구들이나 가족들이 가져다주는 물품에 의존해야 했다. 간수들에게 선물이나 돈만 잘 주면 바깥사람들은 비교적 자유로이 감옥에 드나들 수 있었다. 다행히 바울에게는 의사인 누가가 있어 바울의 건강도 보살펴주고, 붓과 가죽 종이도 구해다 주었다(4:11). 마지막 재판을 앞두고 있던 사도는 자신의 가장 가까운 동지를 떠올리며 편지를 쓰기 시작했다.

바울의 지하 감방으로부터 남동쪽으로 1,330킬로미터쯤 떨어진 곳으로 이오니아 해를 건너고, 그리스를 지나고, 다시 에게 해를 건너 현대의 터키 서해안의 번잡한 항구 도시로 가면, 어언 40대 초반이 된 디모데가 문제 많은 에베소 교회를 계속 이끌고 있었다. AD 65년 늦여름의 어느 날 이 목사가 아마도 다음 주일의 설교를 준비하고 있었을 때 누군가 그의 방문을 두드렸다. 편지를 전하러 온 사람이었다. 혹시 두기고였을지도 모른다(4:12). 두루마리에는 바울의 봉인이 붙어 있었다! 보나마나 디모데는 가슴이 울컥했을 것이다. 디모데는 벌써 20년 가까이 사도를 알고 지내면서 그와 함께 여행했고, 돌에 맞거나 구타당한 그의 상처를 싸매준 적도 한두 번이 아니었으며, 그의 기적을 보며 놀랐고, 새 도시에 갈

때마다 그가 전한 설교들을 외웠으며, 그의 리더십을 보았다.

바울이 체포되었다는 소식을 에베소의 목사도 틀림없이 들었을 것이다. 그러니 편지를 받고 그가 크게 한시름 놓았을 것은 당연하다. 바울이 편지를 쓸 만큼 또는 적어도 누가에게 자신의 생각을 구술할 만큼 멀쩡히 살아 있었던 것이다. 디모데는 얼른 봉인을 떼고 첫 줄을 물끄러미 바라보았다.

—1:1—

"바울은…"(원문에는 그것이 편지의 첫 단어다 – 역주). 여태까지 디모데의 입에서 얼마나 자주 나왔던 이름인가! 이 이름의 뜻이 '작다'인 것은 아이러니다. 1세기의 대다수 신자들에게 비친 바울은 결코 작은 인물이 아니었으니 말이다. 그런데도 사도는 자신의 본명인 사울보다 이 이름을 훨씬 좋아했다. 그는 다메섹으로 가던 길에 부활하신 그리스도를 보고 말의 높은 등에서 떨어진 뒤로 완전히 다른 사람이 되었다. 그리스도인들을 가장 지독하게 박해하던 사람이 그날 자신의 주인 앞에서 작아졌다. 바리새인으로 훈련받은 다소 출신의 사울은 더 이상 죽음의 사자가 아니라 *apostolos*, 즉 '사자, 사절'이라는 칭호를 받았다.

분명히 디모데는 바울을 친밀하게 알았다. 그런데 왜 굳이 이런 공식적인 직함을 밝히는 것일까? 왜 첫마디를 이렇게 권위적으로 시작하는 것일까? 이 마지막 서신의 중요성을 바울이 잘 알았기 때문이다. 그의 수신자는 디모데였지만, 디모데만은 아니었다. 사도의 글은 나중에 교인들에게 낭독될 것이고, 몇 번이고 필사되어 인근의 다른 교회들로 배부되어 교육용으로 쓰일 것이었다. 주님의 재림이 지체된다면 이 마지막 글이 장차 오래도록 보존되어 신자들을 무장시키는 데 쓰이리라는 것을 바울은 틀림없이 알고 있었다.

바울의 생애가 끝나갈 무렵 얄궂게도 그의 사도직의 정당성에 이의를 제기한 사람들이 있었다. 그래서 지금 바울은 자신의 직분이 정당한 것임을 확언하되, 스스로 그렇게 자칭한 것이 아니라(오늘날 뻔뻔스레 그러는 사람들이 있다) 하나님의 주권적 선택(디모데전서 1장 1절의 "하나님(의)… 명령" 참고)과 자신이 받은 메시지를 근거로 했다. 여기 "생명의 약속"이란 다름아닌 복음이다.

—1:2—

바울은 디모데를 다정하게 "내 사랑하는 자녀"(직역)라 부르며 이 편지를 사적이고 친밀하게 썼다. 헬라어로 이 말은 적출 자녀를 가리킨다. 물론 바울은 그를 영적인 아들로 입양했다. 실제로 디모데는 헬라인 아버지와 유니게라는 유대인 어머니의 아들이었다. 이 편지는 본래 디모데를 위하여 쓴 것이지만, 사도는 디모데의 발자취를 따르는 모든 사람, 곧 모든 목사들과 사역자들을 교훈하려는 뜻도 있었다.

바울이 "은혜와 긍휼과 평강"의 세 가지로 인사한 경우는 그의 모든 서신에서 이곳과 디모데전서 1장 2절 외에는 아무데도 없다. 자신의 형편으로만 보자면 그는 "내게는 고통과 학대와 비참함뿐이로다"라고 쓸 만도 했다. 하지만 억울한 옥살이나 병들고 상한 몸 따위로 자기연민에 빠지기보다 그는 오히려 자신의 가장 복된 제자를 축복했다. 하나님의 뜻대로 부름 받은 사람의 메시지는 자신에 관한 것이 아니다. 복음의 메시지는 은혜와 긍휼과 평안에 관한 것이다. 은혜는 하나님이 자격 없는 사람들에게 주시는 선물이고, 긍휼은 하나님이 무력한 사람들에게 행하시는 사역이며, 평안은 하나님이 불안한 사람들에게 베푸시는 사랑이다.

—1:3–4—

발신자와 수신자를 밝히고나서 축복의 말을 하는 것은 바울의 전형적인 방식이다. 그 방식대로 안부를 물은 후 바울은 자신의 제자에게 세 가지 격려를 선물로 준다. 그 내용을 살펴보기 전에 잘 보아둘 것이 있다. 이 사도가 능히 자신이 처한 상황을 초월하여 이런 칭찬을 표현할 수 있었다는 사실이다.

첫째, 바울은 감사의 태도를 취한다. "내가… 하나님께 감사하고…." 감사는 진정한 격려의 첫 번째 선결 조건이다. 태도가 자기중심적인 사람은 다른 사람들을 인정할 수 없다. 격려란 너그러운 마음에서만 나올 수 있기 때문이다. 감사하는 사람일수록 다른 사람들을 격려하는 데 많은 시간을 들인다.

둘째, 바울은 예배의 마음을 가꾼다. "내가… 섬겨오는…." 구약 성경의 헬라어 역본인 70인역에는 여기 "섬겨"로 옮겨진 단어가 제사장들이 성전에서 하는 활동을 기술할 때 쓰였다. 그들이 섬기는 가장 중요한 목적은 예배였다. 태도는 우리의 관점을 바꾸어주고, 예배는 우리의 초점을 이끌어준다.

셋째, 바울은 청결한 양심을 지킨다. "청결한 양심으로…." 불안에서 벗어나려면 항상 옳은 길을 가는 것보다 더 좋은 방법은 없다. 우리가 양심을 어길 때마다 하나님의 진노에 대한 두려움이 우리의 관점을 뒤틀어놓고, 사탄에게 하나님과 우리 사이에 틈을 벌릴 기회를 준다. 그러나 감사와 예배와 청결한 양심이 함께 있으면 당신은 홀가분한 마음으로 세상을 주님이 보시듯 보게 된다. 나아가 당신은 자신에 대해 걱정하기보다 다른 사람들에게 더 잘 공감할 수 있게 된다.

자신이 살아온 삶을 반추하고 현재의 상황 – 최종 판결과 처형 집행자의 칼날을 대기중인 처지 – 을 돌아볼 때 바울은 그동안 자신이 내린 결정이라든가, 어떤 특정한 행위나 실패 때문에 후회할 일이 없었다. 그는 '내가 그 한 가지 비참한 행동만 하지 않았더라면 지금쯤 나는 스페인으로 가고 있을 텐데'라고 탄식할 일이 없었다. 바울은 자신이 순종해왔음을 알았고, 그래서 그의 상황은 완전히 주님의 뜻 가운데 있었다. 그렇다고 바울이 도덕적으로 완벽했다거나, 한 번도 죄를 짓지 않았다는 말은 아니다. 다만 그는 과거의 잘못에 연연해하지 않았다. 그는 즉시 회개했고, 자신의 실수에서 배운 다음 같은 실수를 되풀이하지 않았다.

바울은 양심이 청결했기 때문에 자신에 대한 생각으로 시간을 허비하지 않았다. 오히려 그는 디모데에게 필요한 것들을 생각하면서 세 가지 말로 그를 격려해주었다.

첫째, "내가 밤낮 간구하는 가운데 쉬지 않고 너를 생각하여." 바쁜 사람이 어떤 사람의 기도 제목을 가지고 은혜의 보좌 앞에 나아가는 것보다 그 사람을 인정하는 더 뜻 깊은 행위를 나는 생각하기 어렵다.

둘째, "너 보기를 원함은." 이로써 디모데는 자신이 바울에게 소중한 존재임을 알 수 있었다. 스승은 디모데가 곁에 있는 것을 겨우 참고 견딘 것이 아니다. 바울은 그가 곁에 있는 것을 즐거워했고, 없을 때는 그리워했다.

—1:5—

셋째, “네 속에 거짓이 없는 믿음이 있음을 생각함이라.” 바울은 디모데와 함께 다니면서 가까이서 그를 보았다. 그리고 이 젊은이의 신앙이 진정한 것임을 알았다. 얼마나 귀한 칭찬인가! 우리는 상대방을 더 많이 알수록 그 사람을 존경하는 마음이 식어질 때가 얼마나 많은가. 하지만 바울은 디모데의 진정성을 교인들 앞에 낭독될 편지를 통하여 공적으로 인정했다. 넓은 세상을 두루 다니며 당대의 훌륭한 사람들을 꽤 많이 만나본 바울이 그렇게 한 것이다.

디모데는 어려서부터 믿음을 전수받았다. 장 칼뱅은 이렇게 썼다. “바울의 말은 마치 이런 것과 같다. ‘너는 아기 때부터 믿음을 제대로 교육받았고, 말하자면 엄마 젖을 통하여 건전한 가르침을 받았다.’”[1] 디모데의 어머니 유니게는 그에게 시온의 노래들을 불러주고 모세의 기도들을 속삭여주었다. 그리고 아들에게 여호수아와 다윗과 선지자들의 가장 좋은 속성들을 불어넣어주었다.

—1:6—

지금까지 디모데의 진실한 믿음을 인정해준 바울은 이제 방향을 틀어 그에게 감화를 끼치고 있다. “다시 불 일듯 하게”라는 일상적인 표현은 벌건 석탄 위에 마른 땔감을 놓고 부채질해서 불꽃을 살려내는 사람을 연상시킨다. 1세기에는 집집마다 누군가가 아침에 일어나 죽어가는 잔불을 다시 살렸다. 그러면 그 불로 음식도 짓고 겨울철에는 난방도 했다

“하나님의 은사”는 말씀을 가르치고 전하는 능력과 특권을 모두 가리킨다. 디모데는 사역의 직무들을 수행할 능력을 이미 받았다. 바울과 루스드라의 장로들이 디모데가 안수를 받을 때 그것을 인정했다. 요즘이라면 바울은 젊은 설교자에게 이렇게 권면할지 모르겠다. “연구를 게을리 하지 말라. 인터넷에 들어가 다른 사람의 설교를 사서 그것이 네 것인 양 전하지 말라. 네 스스로 본문을 깊이 파서 직접 메시지를 건져내라. 계속 연구하라. 네 장서를 늘려가고, 열심히 노력하고, 네 특기를 개발하라.”

—1:7—

디모데가 혹시 자신에게 유능한 사역자의 자질이 있는지 의아해할 경우를 대비해 바울은 한 가지 강력한 진리로 디모데에 대한 자신의 인정과 감화에 쐐기를 박는다. 이 진리는 기독교 사역에 가담하고 있는 사람이라면 누구에게나 적용된다. 우리의 기질이 무엇이든, 은사나 결점이 무엇이든, 우리가 자신을 어떻게 보든 사역에서 중요한 것은 사역자가 아니다. 사역에서 중요한 것은 하나님의 말씀이다.

이 구절의 "마음"(또는 "영")은 첫 글자를 대문자로 하여 "성령"으로 보아야 한다. 바울이 1장 14절에서 성령을 언급했다는 사실이 이 구절의 "영"도 하나님의 영임을 강력히 시사하고 있다. 성령께 드려지고 성령을 의지하는 사람의 삶에서는 하나님이 주시는 용기가 나오는데, 바울은 그것을 이 단어로 표현했다. 다시 말해 유능한 사역은 결코 사역자에게서 나오지 않는다. 그것은 언제나 하나님이 택하신 사람 안에서 성령이 그 사람을 통하여 일하시는 결과다. 우리는 소심할지 모르지만 – 디모데도 그랬던 것 같다 – 성령은 담대하시다. 우리의 능력은 흔들릴 수 있지만 성령께는 실패가 없다. 우리는 자신감이 부족할지 모르지만 하나님의 영은 결코 실망시키시는 법도 없고, 반신반의하지도 않으신다.

바울은 성령의 지배에 복종하는 사람 안에 성령이 맺으시는 자질들을 다음과 같이 묘사한다.

- "능력(*dynamis*)." 하나님의 뜻을 능히 행하게 하는 초자연적인 능력이다.
- "사랑(*agapē*)." 기독교 특유의 사랑을 말한다. 결단으로 시작되는 이 사랑은 이타적으로 행동하고, 다른 사람이 가장 잘되도록 힘쓰며, 가슴 깊이 느끼는 경건한 감정을 타고 흐른다.
- "절제하는 마음(*sōphronismos*)." 하나님의 질서 있는 사고를 닮은 합리적이고, 온당하며, 건전한 사고방식 및 행동 방식이다. 세상을 하나님의 관점으로 보는 눈이다.

이렇듯 편지의 서두에서부터 바울은 디모데에게 강력한 신임의 표를 던져주고 있다. 이는 교인들 앞에서 디모데를 세워주어 그의 리더십을 따라야 할 근거를 더해주었을 뿐 아니라, 또한 이 편지에서 주려는 권고에 디모데의 마음을 미리 준비시키는 효과도 있었다. 지금부터 디모데가 받을 권고가 아주 많았다. 디모데에게 보낸 두 번째 편지에서 사도는 동사의 명령형을 33회나 사용하여 모두 27개의 명령을 주고 있다. 바울에게 남은 시간은 점점 짧아져가고 있었고, 그래서 그는 친구에게 긴히 들려줄 정보가 많았다.

적용
영적 지도자의 책임과 역할

당신이 교회에서 지도자의 역할을 맡고 있다면 누군가 당신에게 마땅히 말해주었어야 할 사실이 있다. 그 직분에 다른 세 가지 역할이 더 수반된다는 것이다. 특히 당신의 직분에 가르치는 일이 포함된다면 더욱 그렇다. 이 세 가지 책임을 다하지 않는다면 당신의 사역은 효율성이 떨어질 것이고, 그래서 당신은 무엇이 결핍되어서 그런지 의문이 들 것이다.

첫째, 중보 기도자의 역할이다. 영적 지도자들은 자기가 가르치고 지도하는 사람들을 위하여 기도해야 한다. 내가 권하고 싶은 방법이 있다. 종이의 가운데에 세로줄을 그은 다음 왼쪽에는 사람 이름을 쓰고, 오른쪽에는 기도 제목을 쓴다. 구체적으로 적어야 한다. 제목을 처음 적을 때 날짜를 쓰고, 오른쪽 끝에는 변경 사항을 알아본 날짜를 따로 쓴다. 그러고는 보통 텔레비전 프로그램 한 편을 보는 데 들어가는 시간 – 30분에서 1시간 사이 – 을 바쳐 적어도 하루에 한 번씩 그 제목들을 가지고 기도하라.

둘째, 멘토의 역할이다. 영적 지도자들은 장래성 있는 사람들을 뽑아 일부러 그들 앞에 자신의 삶을 솔직히 내보여야 한다. 물론 우리는 모든 사람 앞에서 투명하게 살아야 하지만, 이것은 더 깊고 친밀한 차원의 진솔함이다. 멘토링 관계는 격식을 차리지 않되 의도적이어야 한다. 실생활을 실험실로 삼아 제자로 하여금 모범을 보고 배우게 하는 것이 멘토링 관계다.

그런 대상이 될 만한 사람을 생각해보라. 당신보다 나이가 어리거나 어떤 부분에서 아직 경험이 부족한 사람이 좋다. 동성이어야 하며, 현재 당신이 맡고 있는 직분을 앞으로 물려받을 적임자가 될 수도 있다. 당신의 직분에 수반되는 여러 가지 일을 해나갈 때 이제부터 그 사람에게 같이 하자고 권하라. 꼭 도움이 필요하지 않더라도 그 사람의 도움을 청하

라. 그 사람에게 당신의 직무 중 일부를 해낼 기회를 주라. 기획 회의에 그 사람을 참여시키고 꾸준히 함께 기도하라.

일단 그 관계가 정착되어 원활하게 돌아가면 다른 사람을 한 명 더 뽑아 똑같은 과정을 반복한다. 다만 멘토링 관계를 최고 다섯 명까지로 제한할 것을 권하고 싶다. 그보다 많아지면 복잡해진다.

셋째, 격려하는 사람의 역할이다. 대체로 말해서 사람들은 결코 충분한 인정을 받지 못하고 있다. 외부로부터의 칭찬이 별로 없는데도 계속 일을 잘해나가는 것을 보면 정말 신기할 정도다. 하지만 격려는 영적 지도자가 해줄 수 있는 가장 단순하면서도 가장 보람된 일이다. 또한 의욕을 고취시키는 데도 놀라운 효과가 있다. 게다가 격려는 하기도 쉽다! 그냥 무언가를 잘하고 있는 사람을 포착하여 그것에 대해 주의를 환기시키면 된다. 이 역할의 가장 힘든 부분은 깜빡 잊고 그냥 지나치는 것이다.

비결은 관찰의 습관을 들이는 것이다. 우선 하루에 적어도 세 번씩 격려의 말을 하기로 목표를 정하라. 식품점에 가거든 잘 보고 있다가 점원이나 아르바이트하는 학생을 칭찬해주라. 세탁소에서 옷을 찾을 때도 상대방의 태도를 눈여겨보라. 여행길에는 자칫 잘못된 일만 눈에 들어오기 쉽다. 이제부터는 승객들의 수속을 원활하게 해주려고 열심히 일하는 사람을 찾아보라. 줄을 서 있다가 차례가 오면 직원과 눈을 마주치며 살짝 미소를 지어주라. 직원의 이름표를 보고 이름을 불러주며 짤막하게 긍정적인 말을 해주는 그런 여행객이 되라.

격려하는 습관을 들이면 당신은 당신이 이끄는 사람들의 반응에 놀라게 될 것이다.

당신이 설교자이든 교사이든, 소그룹 인도자이든 위원회 회장이든, 행사 주관자이든 특수 사역의 대표이든 당신의 그 직분에는 중보 기도자, 멘토, 격려하는 사람이라는 세 가지 역할이 더 수반된다. 이 역할들을 충실히 수행하면 놀라운 반응이 나타날 것이다! 당신이 이끄는 사람들이 이루어내는 일이 당신의 상상을 초월할 것이다.

주

1. John Calvin, *1 & 2 Timothy & Titus*(Wheaton: Crossway, 1998), 72–73.

과거와 현재

(디모데후서 1:8–2:26)

잠시 당신이 지하 감옥에 갇혀 있다고 상상해보라. 어쩌면 지금껏 한 번도 가본 적이 없는 곳이겠지만 그냥 그렇게 상상해보라. 탈출할 방법도 없고 풀려날 길도 없다. 당신의 생사를 좌우할 권한이 간수들에게 있다. 그들은 당신을 심문하고 고문할 수 있다. 쥐도 새도 모르게 당신을 죽여버릴 수도 있다. 당신은 그 캄캄한 땅속에서 몇 달이나 몇 년을 지내야 할 수도 있고, 아니면 내일 당장 처형될 수도 있다. 밤마다 당신은 내일 일을 모른 채 잠자리에 든다. 그리고 아침마다 깨어나면 또 하루 동안 무시무시한 학대를 당할 수도 있고, 아니면 그날이 당신의 마지막 날이 될 수도 있다.

바울이 그 끔찍한 지하 감옥에서 이 글을 쓰면서 겪은 일들을 우리 대부분은 상상할 수 없다. 하지만 그런 상상이 가능한 사람들도 더러 있다. 내 친구인 국회의원 샘 존슨(Sam Johnson)은 바울이 디모데에게 보낸 두 번째 편지를 읽을 때면 서글픈 회심의 미소와 함께 눈가에 눈물이 맺힌다. 국회의원에 출마하기 오래전에 샘은 F-4 팬텀 제트기를 몰고 베트남 상공을 비행했다. 1966년 4월 16일, 그는 조종사로서 스물다섯 번째 사명을 수행하던 중 베트공의 공격을 받고 추락했다. 그 바람에 샘은 팔이 부러지고 어깨가 탈골되었으며, 등에 부상을 입었다. 그를 포획한 적들은 정보를 캐내려고 그를 고문했다.

> 나는 생각의 조리를 가다듬으려 애썼다. 과거의 기억들이 모든 것을 빨아들였다. 그 캄캄한 동굴 감방에서 죽음의 악취에 둘러싸여 있자 현재는 감당할 수 없었고, 미래는 거의 생각할 수 없었다. 과거만이 의미가 있었다. 나는 곰곰 기억을 더듬었다. 내 기억 속에 있는지조차 몰랐던 과거의 일들을 떠올렸다. 시시한 일로만 여겼던 아득한 유년의 추억 속으로 파고들었다. 기억들은 갑자기 중대한 의미를 띠었다….
>
> 나는 하나님께로 주의를 돌렸다. 간수들의 순찰과 경계가 강화되어 동료와의 대화를 멈추어야 했을 때도 하나님과는 자유로이 대화할 수 있었다. 그 어둡고 비좁은 작은 감방에 하나님이 계심을 나는 확신히 알았다. 그분은 내 기도를 들으셨고 나는 그 사실에 추호도 의심이 없었다. 그분은 내게 응답하셨다. 성경의 이야기들과 구절들이 머릿속에 떠올라 내게 위안을 줄 때면 나는 그것을 떠오르게 하신 분이 하나님임을 알았다. 그리고 거기서 힘과 위로를 얻었다. 나는 나의 창조주를 이전에 몰랐던 방식으로 알게 되었다. 지금 와서 돌아보면 그때 실체이신 하나님과 나눈 친밀한 교제가

핵심 용어

διαμαρτύρομαι [*diamartyromai*, 디아마르투로마이] *(1263)* '엄히 명하다, 강조하여 선포하다'

'증언하다, 증인이 되다'는 뜻의 *μαρτυρέω*(*martyreō*, 마르투레오)라는 동사를 기본형으로 하는 이 동사에는 무언가를 단호히 또는 절대적인 확신을 가지고 진술한다는 개념이 들어 있다. 이 동사가 명령형으로 쓰이면 책임을 엄숙히 명하는 명령의 성격을 띤다.

ἐπαισχύνομαι [*epaischynomai*, 에파이스쿠노마이] *(1870)* '몹시 부끄러워하다, 창피해하다'

어근의 핵심 의미는 부끄럽거나 창피한 기분이라기보다 공적인 불명예를 가리킨다. 바울은 이 짧은 편지에 이 단어를 네 번 썼는데, 그만큼 교만이 만연한 문제가 되어 있었음을 암시한다. 그리스도인들은 죽음을 면하려고 복음에 거리를 두었을 뿐 아니라 여론의 압력을 견디지 못했던 것으로 보인다.

πάσχω [*paschō*, 파스코] *(3958)* '고생하다, 외부로부터 어떤 일을 당하다'

바울은 디모데후서에 이 단어의 한 형태를 다섯 번 사용했다. 가장 넓은 의미에서 이 단어는 '외부로부터 어떤 일을 당하다'는 뜻이다. 하지만 거의 언제나 부정적인 문맥에서 쓰이기 때문에 고생이라는 개념이 전제된다. 다른 곳들에서 바울은 이 단어를 '악하다, 나쁘다'는 뜻의 *κακός*(*kakos*, 카코스)와 결합하여 자신이 겪고 있는 고통을 강조하기도 했다.

πιστεύω [*pisteuō*, 피스테우오] *(4100)* '의탁하다, 신뢰하다, 믿다'

'믿음, 신뢰'를 뜻하는 *πίστις* (pistis, 피스티스)의 동사형인 이 단어는 '무언가를 또는 누군가를 믿다, 신뢰하다'는 뜻이다. 이 편지에서 바울은 이 동사를 여러 문맥에서 여러 형태로 사용하고 있다. 그중 대부분은 그리스도를 믿는 우리의 믿음을 가리키지만, 간혹 디모데에게 '맡겨진' 보배를 지칭할 때도 있다. 물론 그것을 맡기신 분은 하나님이다.

나를 강하게 해주었고, 내 믿음을 굳게 해주었다. 그래서 그 후로 암울하고 처참한 날들이 닥쳐왔을 때도 나는 그분을 신뢰할 수 있었다.[1]

삶의 혹독한 시련에 부딪히면 사람의 최선의 모습이 나올 수도 있고, 최악의 모습이 나올 수도 있다. 바울의 경우에는 최선의 모습이 나왔고, 그것이 오랜 친구에게 보낸 이 편지에 일부분 드러나고 있다. 이 편지에서 원망하거나 탓하는 말은 한 마디도 볼 수 없다. 불평의 말도 없다. 오히려 기쁨의 표현과 심지어 감사의 고백이 자주 나오며, 거기에 하나님께 올리는 찬송이 섞여 있을 때도 많다. 아울러 우리는 추억에 잠겨 친구들, 특히 디모데와 함께했던 소중한 순간들을 떠올리는 사도의 모습도 볼 수 있다. 그런데 어떤 기억들은 바울에게 안타까움을 더해주었다. 일부 친구들은 바울이라는 사람을 버렸을 뿐 아니라 바울이 목숨까지 바쳐가며 지키고자 한 순수한 교리들마저 버렸다.

다행히 모든 사람을 다 잃은 것은 아니었다. 디모데만 하더라도 비록 에베소에서 사역하느라 힘들어하기는 했지만 여태 복음에 대해 충실히 행하고 있었다. 디모데가 배교에 맞서 계속 '선한 싸움'을 싸우기만 한다면 그것으로 바울은 편안히 눈을 감을 수 있었다.

소심하고 소극적인 사람들에게 하는 솔직한 이야기(디모데후서 1:8-12)

8그러므로 너는 내가 우리 주를 증언함과 또는 주를 위하여 갇힌 자 된 나를 부끄러워하지 말고
오직 하나님의 능력을 따라 복음과 함께 고난을 받으라 9하나님이 우리를 구원하사 거룩하신 소명
으로 부르심은 우리의 행위대로 하심이 아니요 오직 자기의 뜻과 영원 전부터 그리스도 예수 안에
서 우리에게 주신 은혜대로 하심이라 10이제는 우리 구주 그리스도 예수의 나타나심으로 말미암아
나타났으니 그는 사망을 폐하시고 복음으로써 생명과 썩지 아니할 것을 드러내신지라 11내가 이
복음을 위하여 선포자와 사도와 교사로 세우심을 입었노라 12이로 말미암아 내가 또 이 고난을 받
되 부끄러워하지 아니함은 내가 믿는 자를 내가 알고 또한 내가 의탁한 것을 그 날까지 그가 능히
지키실 줄을 확신함이라.

편지의 이번 단락에서 바울이 디모데에게 주는 메시지를 딱 세 단어로 압축하면 네 결심을 굳히라는 것이다. 신학교를 마치고 전임 사역의 길에서 주님을 섬길 준비가 된 젊은 사역자들에게 내가 바라는 것이 있다. 그들의 귀전에 이 세 단어가 늘 쟁쟁히 울렸으면 좋겠다. 그들은 역경과 낙심에 부딪힐 각오가 되어 있어야 한다. 사탄은 그들이 복음을 가르치거나 설교하도록 호락호락 가만히 두지 않을 것이다. 싸움이 불가피하다. 하지만 바울의 이 말은 사기를 불어넣는 구호가 아니다. "네 결심을 굳히라"는 말은 지력으로 헤나가라는 슬로건이 아니다.

고등학교 졸업식 때 누가 나에게 시를 한 편 외워보라고 했을 때, 나는 영혼을 전율하게 하는 윌리엄 어니스트 헨리(William Ernest Henley)의 〈인빅투스(Invictus, 라틴어로 '패할 수 없다, 정복당할 수 없다'는 뜻 - 역주)〉라는 시를 골랐다.

이 밤이 나를 뒤덮어
온통 칠흑같이 어두울지라도
나는 아무 신에게든 감사하노라
정복당하지 않는 영혼 내게 주심을.

환경이 나를 무섭게 틀어쥐어도
나는 움츠리거나 엉엉 울지 않았다.
운명의 몽둥이에 두들겨 맞아
머리에 피가 흘러도 굴하지 않노라.

분노와 눈물의 이 땅 너머에
어둠의 공포만이 어렴풋하고
재앙이 오랜 세월 계속되어도
나는 두려워 떨지 않으리.

천국의 문이 아무리 좁고
지옥의 형벌이 아무리 중해도
나는 내 운명의 주인
나는 내 영혼의 선장.[2]

텍사스 주 휴스턴을 벗어나고만 싶었던 철모르고 건방진 애송이의 무모한 치기였다. 우리는 그 말을 믿도록 배웠고, 그 말을 졸업 후의 좌우명으로 삼도록 배웠다. 그러나 바울은 이런 식의 태도를, 잘 쓰이지 않는 헬라어 단어를 써서 쓰레기라 불렀다! 누구도 자기 운명의 주인이나 자기 영혼의 선장이 아니다. 그러한 신념은 평생의 추락으로 들어서는 문턱일 뿐이다. 무적의 인간은 없다. 불멸의 인간도 없다. 그리고 나 아니면 안 되는 사람도 세상에 없다.

"네 결심을 굳히라"는 말은 자신의 능력을 의지하거나 자신의 열정을 휘둘러가며 "불가능은 없다"고 오기를 부리라는 뜻이 아니다. 오히려 그 말은 하나님의 영이 당신을 통하여 일하시게 해드리라는, 그리고 하나님의 때에 하나님의 방식으로 하나님의 영광을 위하여 하나님의 목적을 수행하라는 지엄한 촉구다. 하나님의 목적과 방법과 타이밍은 인간적인 관점에서 보면 고통스럽고 혼란스러울 수 있다. 그러나 그것이 주님이 그분을 섬기는 모든 사람에게 주시는 명령이다.

또한 그것이 바울이 디모데에게 주는 도전이자, 이 젊은 사역자의 발자취를 따르는 모든 사람에게 주는 도전이다.

—1:8—

"그러므로"는 앞에서 말한 내용을 가리킨다. 바울은 방금 막 디모데에게 그의 사역을 다시 불 일듯 하게 하라고 권했다(1:6). 그렇게 권한 이유는 무엇인가? 사도는 "하나님이 우리에게 주신 것은 두려워하는 마음이 아니요 오직 능력과 사랑과 절제하는 마음이(기 때문이)니"라고 선포했다(1:7).

앞서 지적했듯이 1장 7절의 "마음"(또는 '영')은 '성령'이 되어야 한다. 다행히 우리는 하나님의 영이 우리 안에 거하시기를 위하여, 또는 성령이 우리에게 능력 주시기를 위하여 기도하지 않아도 된다. 신자는 성령이라는 두 번째 선물을 기다릴 필요도 없고, 주님이 내주하실 만한 자격을 갖추기 위하여 애써 수고할 필요도 없다. 하나님이 우리에게 성령을 이미 주셨다. 이는 그리스도 안에 있는 사람들에게는 이미 과거의 일이다. 구원만큼이나 성령도 우리의 공로로 얻거나 우리가 자격이 되어서 받는 것이 아니다(엡 2:8–9). 여기서 우리는 분명히 알아야 한다. 내 운명의 주인은 그리스도이시고, 내 영혼의 선장은 성령이시다.

내 주인과 선장이 나 자신이 아니라면, 그렇다면 우리는 어떻게 '결심을 굳힐' 것인가? 8절과 그다음 몇 구절에서 바울은 디모데에게 네 가지 행동 지침을 알려준다.

지침 1: "우리 주를 증언함(을)… 부끄러워하지 말"라(8절 상). *Martyrion*이라는 헬라어 단어는 '증언'이나 '객관적 증거'를 뜻한다. 본래는 자신의 신념을 위하여 죽는다는(즉, 순교자가 된다는) 뉘앙스가 없었으나 2세기 후반부터 그런 뜻이 더해졌다. 그리스도를 "증언함"에는 그분의 가르침, 생애, 십자가의 죽음 – 당시에 부끄럽고 치욕적인 죽음으로 통했다 – 그리고 가장 중요하게 부활이 모두 포함된다.

1세기의 에베소는 동방에서 헬라 철학의 중심지였다. 그런 그곳에서 부활이라는 개념은 십자가의 죽음보다 훨씬 더 '부끄러운' 일이었을 것이다. 헬라의 사고방식은 모든 가시적인 물질을 가증하게 여겼다. 우리가 살고 있는 이 땅의 물질 세계는 순수한 사상 내지 이데아가 존재하는 완전한 세계의 허술한 그림자에 지나지 않았다. 따라서 인간은 육체라는 물질의 감옥에 갇힌 신성한 불꽃이었고, 죽음은 곧 해방이었다. 정신이 물질세계의 굴레로부터 해방되면 이데아 세계의 본향으로 날아갈 수 있었다. 그러므로 헬라인들의 생각으로는 부활 – 육체와 정신의 재결합 – 은 희망 치고는 어처구니없는 것이었다(행 17:30-32 참고). 그것은 오히려 저주에 더 가까웠고, 다시 옥에 갇히는 일이었다. 그래서 그들은 "사람이 왜 그것을 원하겠는가?"라고 반문했다.

그럼에도 바울은 부활이라는 인기 없는 개념까지 포함해서 복음의 진리를 담대히 가르쳤다. 이것은 누구에게도 쉽지 않은 일이었을 것이고, 바울처럼 강골 기질이 못 되는 디모데로서는 특히 더했을 것이다. 아마도 디모데는 몸도 약하고 마음도 소심했던 것 같다. 그래서 그는 뒤로 주춤거렸다. 하지만 사도는 여기서 디모데에게 그리스도의 약속이라는 진리를 담대히 선포하라고, '수치스러운' 십자가와 '어처구니없는' 부활을 모든 에베소 사람이 듣는 데서 부끄러움 없이 전하라고 격려하고 있다. 에베소 사람들 가운데는 물론 조롱하는 철학 박사들도 있었다. 나아가 바울은 디모데에게 자기와 함께 복음을 위하여 고난을 받자고 했는데, 이 말은 디모데에게 혹시라도 남아 있던 자기연민을 틀림없이 다 몰아냈을 것이다. 바울이 지하 감옥에서 이 글을 쓰고 있을 때 디모데는 자유를 누리고 있었다. 바울이 복음을 위하여 참수형을 앞두고 있을 때 디모데가 당하고 있던 것은 기껏해야 비웃음 정도였다.

지침 2: 하나님의 사람들을 부끄러워하지 말라(8절 중). 바울은 "또는 주를 위하여 갇힌 자 된 나를"이라는 말을 넣었다. 젊은 목사 디모데는 그 말에 가슴이 뜨끔했을지 모르지만, 이것은 우리의 타락한 본성의 정곡을 찌르는 말이다. 우리는 상대방을 아무리 많이 사랑해도 결국 나 자신을 더 사랑한다. 우리의 육신은 자기를 보호하기 위해서라면 거의 못할 일이 없고, 희생시키지 못할 사람이 없다. 바울은 다른 버림받은 인생들에 둘러싸여 감방에 홀로 앉아 있었다. 체포당하고 박해받을까 두려워 누가 외에는 아무도 감히 그를 가까이 하지 않았기 때문이다.

다른 사람들이 어떻게 생각하든 상관하지 않고 결과에 대한 두려움도 제쳐둔 채 공공연히 복음을 전하는 일, 그것이 곧 결심을 굳히는 것이다.

지침 3: 복음을 위하여 기꺼이 고난을 받으라(8절 하). 바울은 자신을 네로의 수감자로 여기지 않고 그리스도의 수감자("주를 위하여 갇힌 자"를 직역하면 "주의 갇힌 자"가 된다 - 역주)로 자처했다. 우리의 통치자는 네로나 로마나, 워싱턴이나 국회나 바티칸이나, 기타 인간이 만든 권위가 아니라 바로 예수님이시다. 바울이 믿기로 자신이 지하 감옥에 남아 있는 이유는 어디까지나 만왕의 왕이 하나님 나라를 위하여 자신을 그곳에 두기 원하셨기 때문이다. 바울은 고난을 자청하지 않았다. 옥에 갇히기를 자원하거나 처형당하기를 청원하지 않았다. 확신컨대 바울은 만일 석방되었다면 그것을 기쁘게 받아들이고 크게 안도의 한숨을 내쉰 뒤에 다시 스페인 선교에 올랐을 것이다. 하지만 그는 석방되기 위해서 그리스도를 부인하거나 복음에 거리를 두는 일은 생각조차 하지 않았을 것이다.

바울은 박해가 무슨 명예 훈장이라도 되는 듯 박해를 자원하지 않았다. 다만 그는 박해를 예상했을 뿐이다(3:12).

—1:9—

지침 4: 주님의 주권적인 은혜에 의지하여 살아가라(9-11절). 솔직히 우리는 은혜가 내 입맛에 맞는 한 은혜를 좋아한다. 우리는 겸손 없는 은혜, 고난 없는 은혜를 원한다. 나에게 행복과 안락을 가져다주는 은혜를 원한다. 또한 은혜의 시기와 방식을 내가 정하기를 원한다. 우리는 하늘나라에서뿐 아니라 지금 여기, 곧 이 세상에서 은혜를 원한다. 그리고 내 충실함에 대한 대가로 은혜를 원한다.

바울이 은혜를 보는 관점은 두 가지 면에서 달랐다. 첫째, 그는 은혜라는 영원한 선물이 우리를 사탄의 세상 체제와 대립 관계에 둔다고 보았다. 그러므로 우리가 죄로 저주받은 세상에 살고 있는 한 은혜는 고난을 부른다. 둘째, 바울은 은혜와 관련하여 어떤 권리의식도 일체 거부했다. 본래 우리는 지옥에서 영원히 고통당해 마땅한 존재다. 그러므로 그보다 나은 것이면 무엇이든 하나님의 선하심과 긍휼하심에서 비롯된 과분한 선물이다. 이처럼 지극히 겸손한 자세가 있었기에 사도는 하나님의 주권과 선하심 속에서 안식할 수 있었고, 그 결과 인간의 지각을 뛰어넘는 평안을 누릴 수 있었다.

바울은 자신을 네로의 수감자가 아니라 그리스도의 수감자로 보았다. 그는 "하나님의 능력을 따라 복음과 함께"(8절, 밑줄 나의 강조) 고난을 받고 있었다. 여기 "따라"로 번역된 헬라어 전치사 *kata*는 이 경우에 의도적인 중의성을 띠고 있다. 이 말에는 '무엇에 따라서, 어떠한 방식으로, 무엇에 상응하여, 무엇을 목적으로' 등의 뜻이 있다.[3] 바울에게 그리스도인의 고난이란 하나님의 주권에 해당되는 문제다. 주님은 악의 출처가 아니시다(약 1:13, 요일 1:5). 악을 지속시키는 것은 사탄, 그가 다스리는 죄 많은 세상 그리고 죄로 저주받은 세상 질서를 따라 살아가는 사람들이다. 그럼에도 하나님은 악을 이용하여 선한 목적들을 이루실 것을 약속하셨다. 악의 영향을 입은 개개인 안에서도 그렇게 하시지만(롬 8:28-29), 하나님은 또한 그분의 주권에 따르는 개개인의 복종을 통하여 세상의 선을 이루신다(고후 12:9-10). 그래서 바울은 자기가 당하고 있는 옥살이와 임박한 처형이라는 '악'을 하나님의 주권적인 은혜의 일부로 보았다.

늙어가는 사도는 자신이 당하는 고난을 하나님의 거대한 계획 속에 있는 하나의 사건으로 보았다. 하나님이 영원한 과거에 착수하신 그 계획은 인류를 죄에서 구속하셔서 영원한 미래에까지 우리에게 은혜를 베푸신다는 계획이다. 시간이나 공간이 생겨나기도 전부터 그 천상의 실존 속에서 성부와 성자와 성령, 곧 삼위일체 하나님이 이를테면 이렇게 정하셨다. "이것이 바로 구원의 계획이다. 이 계획은 내 목적을 이룰 것이다. 이 계획의 기초는 내 은혜이며, 그 은혜를 나는 내 아들을 믿는 사람들에게 베풀 것이다. 그리고 그들이 이 계획을 온 인류에게 전할 것이다."

—1:10-11—

이처럼 하나님의 은혜는 범위가 영원하며, 그분의 거대한 구원 계획으로 나타났다. 지금까지 그것을 살펴본 바울은 이제 디모데의 주의를 다시 자신들이 처한 현 상황으로 돌린다. 예수 그리스도는 하나님의 영원한 구속 계획을 자신의 가르침, 죽음, 장례, 부활, 재림의 약속으로 계시해주셨다. 바울은 하나님의 영원한 계획 속에서 자신이 차지하는 자리를 인정하되, 안디옥에서 아테네에 이르기까지 말씀을 가르친 사역만 아니라 로마 감옥에서 겪는 고난까지도 거기에 포함시켰다. 그의 말은 사실상 이런 것이다. "디모데야, 네 삶의 기초와 버팀목을 주권적인 은혜에 두라. 이것은 너에게서 시작되지도 않았고 너에게서 끝나지도 않는다. 너는 하나님의 계획이라는 긴 사슬의 한 고리일 뿐이다. 그 계획이 이루어져가는 것은 너의 건강과 부를 위함도 아니고, 너의 행복과 안전을 위함도 아니며, 너의 영광이나 권력이나 명예를 위함도 아니다. 하나님은 시간과 공간을 창조하시기도 전부터 그리고 원시 세계 속에 인류를 두시기도 전부터 친히 자신의 계획을 세우셨다. 그 기초는 오직 은혜이고, 그 계획을 이루신 분은 오직 그리스도이시며, 그것을 받는 길은 오직 믿음뿐이다. 그리고 우리는 나머지 인류에게 그것을 전하는 놀라운 특권을 받았다!"

바울은 하나님의 구속 계획에서 자신이 차지하는 자리를 "세우심"(11절)이라는 말로 표현했다. 헬라어 동사로는 '놓다, 배치하다'라는 뜻이며, 대개 심중에 어떤 전략을 품고 하는 행동을 가리킨다. 바울은 수동태를 써서 "내가… 세우심을 입었노라"고 했다. 하나님이 당신의 계획을 진척시키시고자 전략적으로 그렇게 하신 것이다. 이어 바울은 자신을 세 가지 호칭으로 불렀는데, 이 호칭들은 죽음을 앞둔 상황에서도 자신의 본분에 충실하려는 바울의 각오를 더욱 다져주었다.

- 선포자(*kērux*). '전령, 사절, 공포하는 사람.' 일반 헬라인들과 로마인들에게 이 말에는 특별한 의미가 함축되어 있었다.

> 헬라인들에게 정치와 종교는 분리될 수 없는 것이므로 외교 사절들은 조국의 보호는 물론 신들의 보호를 받는 것으로 간주된다. 그들을 함부로 대하는 것은 곧 신의 진노를 부르는 일이다. 설사 그들의 메시지가 탐탁지 않은 내용이라 해도 그들을 환대해야 한다. 그들은 특별히 신성한 면을 지니고 있으며, 따라서 그들은 공평하게 말할 수 있다. 전쟁 중에도 그들은 적진에 나아가 평화 협상에 착수할 수 있다. 같은 맥락으로 그들은 적의 수도에 들어가 전쟁을 선포할 수도 있다.[4]

- 사도(*apostolos*). '보냄 받은 사람, 사절, 메신저.' *Kērux*와 비슷하게 사도도 보낸 사람의 뜻을 이루도록 파송된 사람이다. 다만 이 단어에는 권한의 개념이 강조된다. 사도는 메시지를 전달할 뿐 아니라 보낸 사람을 대신하여 결정을 내릴 권한도 있었다. 따라서 사도의 말은 그를 보낸 사람의 말과 동일한 무게가 있었다.
- 교사(*didaskalos*). '교사, 가르치는 사람.' 1세기의 이방인들과 유대인들은 학생들에게 지식을 전수하는 학식 있는 사람을 가리켜 이 단어를 썼다. 특정한 철학 체계를 중심으로 에베소에 각종 학교를 세운 사람들은 스스로를 '교사'라 불렀다. 바울은 기독교를 어떤 철학 체계(예컨대 스토아 학파나 에피쿠로스 학파)와 대등하게 여기지 않으면서도, 자신에게 에베소와 아테네와 예루살렘과 로마의 교사들과 적어도 대등한 지위가 있다고 주장했다.

—1:12—

앞에서 디모데에게 "부끄러워하지 말"라(8절)고 명한 바울이 이제 자신은 "부끄러워하지 아니"한다고 고백한다. 이어 그는 자신이 그렇게 담대할 수 있는 이유를 설명한다. "내가 의탁한 것을… 그가 능히 지키실 줄을 확신함이라"에서 "내가 의탁한 것"을 원어 그대로 옮기면 "나의 의탁"이 된다. 이 말은 "나에게 의탁된 것"이라는 뜻도 되고, "내가 그분께 의탁한 것"이라는 뜻도 된다. 전자의 의미가 1장 14절의 말과 맥을 같이한다 하여 그렇게 보는 주석가들도 있다. 하지만 그 못지않게 바울은 자신이 디모데에게 준 명령인 "디모데야… 네게 부탁한 것을 지키라"(딤전 6:20)와 "우리 안에 거하시는 성령으로 말미암아 네게 부탁한 아름다운 것을 지키라"(딤후 1:14)를 역방향으로 돌렸을 수도 있다. 다시 말해서 주님은 당신의 종들에게 복음을 의탁하셨고, 바울은 자신의 영혼을 하나님의 보호에 의탁했던 것이다.

또 한 가지 가능성이 있다. 바울은 이 애매한 표현에 일부러 이중의 의미를 담았을 수 있다. 그렇다면 "나의 의탁"에는 앞에서 말한 두 가지, 즉 하나님이 그분의 종들에게 맡기신 보배 그리고 사도가 하나님께 맡긴 자신의 영혼이 모두 포함된다. 사도는 디모데에게 자신을 본받으라고 권했는데, 이 권면은 긴 세월 동안 이 말씀을 보존해오신 성령님으로 말미암아 우리에게도 똑같이 적용된다.

바울은 고난이 심해질수록 더욱 결심을 굳혔다. 물론 그는 긍정적 사고의 위력을 활용하여 자신의 고난을 애써 하나님의 주권적 은혜의 렌즈로 보았다. 물론 그는 여태까지 자신이 충실히 섬기면서 얻었던 영적인 힘에 의지했다. 또한 그는 위험과 고난으로 점철된 삶에 익숙해져 있었다. 하지만 바울의 용기는 그중 어느 것으로도 설명되지 않는다. 그는 용감했지만 그 용기는 바울 자신의 오뚝이 근성에서 나온 것이 아니다. 그보다 바울은 자신의 주님께 위탁했다. 바울은 본래 결심이 약했으나 주님이 그의 결심을 굳혀주셨다.

바울은 자신의 주님을 온전히 신뢰했다. 조건도 없었고, 망설임도 없었다. 양다리 걸치기도 없었고, 만일의 사태에 대비한 비상 대책도 없었다. 그는 이 세상으로부터 저 보이지 않는 영원 속으로 낙하산도 없이 뛰어내렸다. 자신을 밑에서 받아 영광 속으로 데려가실 하나님만 온전히 바라고서 말이다. 바울은 어떤 메시지를 믿은 것이 아니라 한 인격체를 믿었다. 그래서 그는 굽힘 없이 당당하게 복음을 선포했다. 이는 복음이 하나님께로부터 왔기 때문이고, 바울 자신이 그분을 무조건 신뢰했기 때문이다.

적용
결심의 문제

그렇다면 우리는 어떻게 결심을 굳힐 것인가? 이 질문에 대한 가장 직접적인 답은 내 생각에 "하나님이 네 삶을 신원해주실 것을 확신하라"는 것이다. 당신이 '보상'이라는 말을 더 좋아한다면 '신원'을 그 단어로 바꾸어도 좋다. 어쨌든 하나님이 당신의 삶을 신원해주실 것을 확신하라.

바울이 사용한 '의탁'이라는 단어는 '투자'의 다른 표현이다. 주님은 내가 투자해드린 것을 받아 능히 안전하게 지키실 수 있다. 또는 나는 그분이 맡겨주신 것을 지킬 수 있고, 그분은 결국 그로 인하여 나를 보상해주실 것이다. 따라서 모든 직무는 당신이 최선을 다할 가치가 있다. 모든 사람은 당신이 시간을 적어도 조금은 바칠 가치가 있다. 모든 사역은 당신이 가장 훈련된 모습으로 임할 가치가 있다. 당신의 시간과 에너지를 지혜롭게 쓰되, 그러나 일단 어떤 사역이든 수락했으면 당신의 전부를 드리라. 설교나 강의를 형편없이 준비하여 사람들의 시간을 낭비하지 말라. 간단하게 묵상을 나눌 때도 마찬가지다. 꼼꼼하게 준비하고 부지런히 일하라. 하나님은 마땅히 당신의 최선을 받으셔야 할 분이다. 당신은 어디까지나 그분께 투자하는 것이며, 그분은 당신에게 신실하게 보상해주실 것이다. "하나님은 불의하지 아니하사 너희 행위와 그의 이름을 위하여 나타낸 사랑으로 이미 성도를 섬긴 것과 이제도 섬기고 있는 것을 잊어버리지 아니하시느니라"(히 6:10).

잠시 시간을 내어 다음 질문에 답해보라. 간단하지만 심오한 질문이다. 복잡하지 않지만 당신의 삶 전체에 영향을 미치는 질문이다. 당신은 하나님께 당신의 최선을 드릴 결심이 서 있는가?

조나단 에드워즈(Jonathan Edwards)는 사역을 준비하던 열아홉의 어린 나이에 그 질문에 긍정으로 답했고, 자신의 일상생활에 지침이 될 결심을 자그마치 70가지나 정했다! 처음 21가지는 단숨에 일기장에 써내려갔고, 나머지는 스무 번째 생일을 맞이하기 전에 썼다. 당신에게 도움이 될 만한 것을 몇 가지만 소개한다.[5]

1. 결심한다. 다분히 하나님께 영광이 되고 나 자신에게 유익과 보탬과 기쁨이 되는 일이라면 내 평생 동안 무엇이든 한다.
6. 결심한다. 목숨이 붙어 있는 동안 내 온 힘을 다하여 살아간다.
7. 결심한다. 죽기 직전에 후회할 일이라면 어떤 일도 하지 않는다.
14. 결심한다. 복수심에서는 어떤 일도 하지 않는다.
28. 결심한다. 내 성경 지식이 자라가고 있음을 나 자신이 분명히 보아 알 수 있을 정도로 성경을 꾸준히, 자주, 부단히 연구한다.
33. 결심한다. 균형을 잃어 다른 부분들에 피해를 주지 않는 한 평화를 이루고 가꾸고 지키는 일에 늘 나의 최선을 다한다.
41. 결심한다. 매일, 매주, 매달, 매해가 끝날 때마다 내가 더 잘할 수 있었던 부분이 무엇이었는지 자문한다.
56. 결심한다. 아무리 성과가 부진할지라도 내 부패한 모습에 대항하는 싸움을 결코 그만두거나 조금이라도 늦추지 않는다.
57. 결심한다. 불운이나 역경이 두려울 때는 내 본분을 다했는지 점검하고, 본분을 다

하기로 다짐하며, 그 일을 하나님의 섭리에 맡긴다. 힘닿는 한 내 본분과 내 죄 외에는 아무것에도 신경 쓰지 않는다.

물론 이것은 훗날 미국의 가장 중요한 신학자이자 가장 탁월한 지성인으로 알려진 조나단 에드워즈 개인의 문제였다. 그에게 필요했던 것이 꼭 당신에게도 필요하리라는 법은 없다. 하지만 당신도 용기가 있거든 최소한 다섯 가지만 써보라. 그것을 늘 눈에 띄는 곳에 붙여두라. 그 내용으로 날마다 기도하면서 당신에게 부족한 능력을 주님께 구하라. 장담컨대 이런 식의 정신적, 영적 훈련은 당신의 삶을 변화시켜줄 것이다. 그리고 이 모두가 하나님을 영화롭게 할 것이다.

두 가지 영원한 투자 대상(디모데후서 1:13-18)

13너는 그리스도 예수 안에 있는 믿음과 사랑으로써 내게 들은 바 바른 말을 본받아 지키고 14우리
안에 거하시는 성령으로 말미암아 네게 부탁한 아름다운 것을 지키라
15아시아에 있는 모든 사람이 나를 버린 이 일을 네가 아나니 그 중에는 부겔로와 허모게네도
있느니라 16원하건대 주께서 오네시보로의 집에 긍휼을 베푸시옵소서 그가 나를 자주 격려해 주고
사슬에 매인 것을 부끄러워하지 아니하고 17로마에 있을 때에 나를 부지런히 찾아와 만났음이라
18(원하건대 주께서 그로 하여금 그 날에 주의 긍휼을 입게 하여 주옵소서) 또 그가 에베소에서 많
이 봉사한 것을 네가 잘 아느니라.

이 땅에는 영원한 것이 별로 없다. 성경에 따르면 이 땅에서 영원한 것은 하나님의 말씀(사 40:8, 마 24:35)과 사람들의 영혼뿐이다. 그리스도를 믿는 사람들은 영원한 영광을 누리게 되고, 그분을 거부하는 사람들은 영원한 고통을 당하게 된다(마 25:31-46). 나머지는 모두 마지막 날에 하나님의 심판의 불에 타 없어질 것이고, 그때 하나님이 새 하늘과 새 땅을 지으실 것이다(벧후 3:7, 10, 계 21-22장).

로마의 깊깊한 지하 감옥에서 고생하던 사도는 분명히 자신에게 사형 선고가 임박했음을 알았을 것이다. 그러다보니 자연히 그는 영원한 것들을 생각하게 되었다. 이번 단락에서 그는 시대를 초월하는 하나님의 말씀이라는 보배를 반추했고(13-14절), 사람들의 불멸

의 영혼을 깊이 생각했다(15-18절). 바울이 일부 사람들에게 도움을 청했을 때 불행히도 대부분은 그를 외면했다. 그들의 결심은 박해라는 시험에 부딪혔고, 결국 그들은 나약한 사역자들과 변덕스런 친구들로 밝혀졌다. 그러나 바울은 원망하기보다 그럴수록 진정한 친구들을 더욱 소중히 여겼다. 그러면서 디모데에게도 그와 똑같이 할 것을 권했다.

—1:13-14—

우선 "바른 말을 본받아"라는 말에는 사본을 만드는 데 쓰는 원판이나 틀이라는 개념이 들어 있다. 바울은 디모데가 바울의 가르침을 토씨 하나 틀리지 않고 되풀이하기를 바란 것이 아니다. 바울은 이 젊은 사역자가 건전한 교리의 원리들을 잘 간직하고 있다가 자기 교인들의 변화하는 필요에 맞게 잘 응용하기를 원했다. 교육자들은 이것을 '내면화'라고 하는데, 내면화가 되려면 기계적인 암기가 아니라 철저한 이해가 필요하다.

그다음에 바울은 첫 번째 편지에 썼던 은유(딤전 6:20)로 되돌아가 자신의 명령을 다시 말한다. "아름다운 것(보배)을 지키라." 하나님의 말씀은 사람들이 영원히 머물 곳을 결정하는 능력이 있으므로 바울은 디모데에게 그것을 지키라고 당부한다. 도둑이 훔쳐가지 못하게 보물이 가득한 방을 지키는 것과 같다. 이것은 사도가 디모데전서의 많은 분량을 할애하여 이미 했던 권면이므로 우리가 보기에는 불필요한 반복처럼 보일 수 있다. 하지만 디모데전서와 디모데후서 사이에 2-3년의 시간과 신약의 많은 역사가 흘러갔음을 우리는 잊어서는 안 된다.

"지키라"는 말은 '잘 감시하여 보호하다'는 뜻의 헬라어 동사 *phylassō*를 번역한 것으로, 흔히 감옥의 간수, 성벽의 망루, 목자 등에 대해서 쓰인 단어다. 이 동사의 목적어인 "아름다운 것"(또는 '보배')은 예치금이나 위탁물을 뜻하는 단어다(12절 참고). 은행에 수표를 예치할 때 우리는 아무도 불법으로 돈을 가져가지 못하게 은행 시스템 전체에 우리의 돈을 맡기는 것이다. 고대 세계에서 위탁물을 맡아 관리하는 일은 신성한 직무였다.

여기서 우리는 솔직해질 필요가 있다. 이 명령을 충분히 진지하게 대하는 사역자라면 그 명령을 지킬 일이 가히 엄두가 나지 않을 것이다. 미국의 대통령이 당신에게 나라의 금괴가 보관된 포트 낙스(Fort Knox)를 지키는 일을 맡긴다고 상상해보라. "여기 소총 한 자루와 탄창 몇 개가 있소. 보물을 지키시오. 이제부터 당신 책임이오!" 제정신인 사람이라면 누구나 기겁할 것이다. 하지만 만일 대통령이 "보물을 지키시오. 전체 군 병력을 당신 마음대로 써도 좋소"라고 말한다면 성공의 가능성이 훨씬 높아질 것이다.

위탁물을 지키라는 이전의 명령을 되풀이하면서 바울은 "우리 안에 거하시는 성령으로 말미암아"라는 중요한 문구를 넣어 그 명령을 강조하고 있다. 주님은 디모데나 다른 어느 사역자도 하나님의 순수한 교리를 약탈자들로부터 혼자 지키도록 두지 않으신다. 우리에게는 전능하신 하나님의 능력이 있으며, 그분은 지금도 우리 안에 살아 계신다!

—1:15—

주제의 변화를 알리는 말조차 없이 바울은 하나님의 영원한 말씀에서 또 다른 영원한 존재로 화제를 바꾼다. 바로 사람들의 영혼이다. 이 경우에 그는 두 부류의 인간을 말하는데 하나는 실망을 주는 사람들이고, 또 하나는 끝까지 충실한 사람들이다.

먼저 바울은 "아시아에 있는 모든 사람"부터 언급했다. 이들은 바울에게 도움이 필요할 때 등을 돌린 사람들이다. '아시아'는 로마의 한 성(省)이며, 에베소가 그곳의 중심 도시였다. 물론 바울의 고발은 그 지역의 모든 개개인을 다 말하는 것이 아니다. 바로 다음 문장에서 사도는 참된 친구들의 이름을 말한다. 오히려 이 표현은 수적인 다수를 뜻하거나, 아니면 바울에게 가장 요긴했던 대표적인 인물들을 가리키는 말이다. 바울은 특히 부겔로와 허모게네의 이름을 댔는데 이들은 성경에서 딱 이곳에만 언급된다. 연관이 있는지는 몰라도 부겔로는 헬라어로 '도망자'라는 뜻이고, 허모게네는 '헤르메스(메신저 역할을 하는 헬라이 신)에게서 태어났다'는 뜻이다. 이름 외에는 이 두 사람의 비중이나 그들이 사도를 저버린 구체적인 행위를 알 길이 없다. 디모데는 그들을 아주 잘 알고 있었다. 그래서 이름만 대도 다음과 같은 바울의 요지가 확실히 전달되었다. "그들은 나에게 변덕스러웠다. 너희한테도 똑같이 할 것이다."

묵상의 서재

피할 수 없는 사람들!

우리가 캘리포니아 남부에 살 때였다. 어느 주일 오후에 전화벨이 울려 전화를 받으니 상대방이 귀에 익은 텍사스 사투리로 내게 인사를 건넸다. "스윈돌, 나 매기입니다." [J. 버논 매기(J. Vernon McGee) 목사였다.]

"알고 있습니다! 목소리만 들어도 알지요." 내가 말했다.

"음, 좋은 소식과 나쁜 소식이 있소."

"예… 좋은 소식부터 듣겠습니다." 나는 웃으며 말했다.

"오픈도어 교회의 부부 두 쌍을 당신에게 보냅니다. 집이 이쪽보다 그쪽에 더 가까운 사람들이에요. 당신네 교회로 가라고 내가 권해주었으니 곧 갈 거예요. 다음 주에는 당신네 교회에 네 사람이 느는 겁니다."

"좋습니다." 나는 머뭇거리며 대답했다. "나쁜 소식은 뭡니까?"

"그 사람들은 교회의 문제아들이라오!" 그러더니 그는 한바탕 웃어젖혔다. "당신네 교인들이 늘어서 내 기분이 아주 좋습니다!"

매기의 말은 과장이 아니었다. 불과 몇 주 후부터 시작되어 이후 여러 해 동안 교회에 분쟁이 생겼다 하면 거의가 그 두 쌍의 부부와 그들의 골칫덩이 친구들이 발단이 되었다. 젊은 목사였던 나는 그런 교인들을 다룰 준비가 되어 있지 않았다. 때문에 꽤 오랫동안 온 교인이 이 불평분자들의 악영향에 시달려야 했다.

—1:16-17—

그와는 대조적으로 바울은 충실한 친구로 오네시보로를 거명했다. 그 이름은 '유익을 끼치는 사람'이라는 뜻이다. 이 친구로부터 받은 섬김을 바울은 "격려해 주고"(개역에는 "유쾌케 하고"로 되어 있다 – 역주)라는 말로 표현했는데, 이 헬라어 동사를 직역하면 '바람으로 시원하게 또는 상쾌하게 하다, (젖은 것을) 완전히 말리다'는 뜻이다.[6] 이 단어의 가장 오래된 의미는 아스클레페이온(asclepeion)에서 사람의 몸이 회복된 상태를 가리킨다(「찰스 스윈돌의 신약 인사이트 시리즈 – 요한복음」 5장 1–2절 부분의 주해를 참고하라 – 역주). 그곳은 신성한 치료소로서 병들거나 다친 환자들에게 깨끗한 물과 시원한 공기를 제공해주었다. 아마 바울은 "격려해주고"라는 말을 음식과 기타 물자를 가리키는 일반적 의미로 썼을 것이다.

아마도 오네시보로는 한동안 멀리 에베소에서 물자를 보내다가 나중에는 직접 사도를 찾아갔는데, 그 과정에서 큰 고생을 겪고 일신상의 위험마저 감수했던 것 같다. 네로가 박해하던 시기에 감옥에 있는 그리스도인에게 면회를 가는 사람은 자칫 체포되어 순교당할 수도 있었다. 그런데도 오네시보로는 두려워 달아나지 않았다. 그는 열심히 그리고 부지런히 바울을 찾았다. 도시는 온통 불에 타 있었고 미치광이 통치자는 희생양을 찾기에 바빴으니, 그런 어수선한 상황을 감안할 때 그것은 분명히 쉽지 않은 일이었을 것이다.

오네시보로의 신실함은 변덕스런 친구들인 부겔로와 허모게네의 행동과 극명한 대조를 이룬다. 이들 두 사람은 바울이 음식이나 물자도 없이 감옥에서 썩도록 버려두었을 뿐 아니라, 자신들의 안전을 찾아 로마를 최대한 멀리 떠났다. 14절에서 15절로 넘어가는 급작스런 반전은 그들이 또한 자신에게 맡겨진 "아름다운 것을 지키"지 못했으리라는 것을 강력히 암시한다. 그래도 우리는 이들이 배교의 죄를 지었다고 무조건 단정할 수는 없다. 그들이 비겁했던 것은 분명하고 혹시 직무를 유기했을 수도 있다. 하지만 그렇다고 반드시 믿음까지 통째로 버렸다고는 할 수 없다.

—1:18—

흥미롭게도 바울은 "오네시보로의 집"을 말할 때는 현재 시제를 썼고, 오네시보로를 말할 때는 과거 시제를 썼다. 바울은 왜 "그가 에베소에서 계속 봉사하고 있는 것을 네가 잘 아느니라"고 쓰지 않았을까? 이 부분 때문에 많은 주석가들은 이 편지가 쓰일 즈음 오네시보로가 이미 죽었을 거라고 추정한다. 만일 그렇다면 "원하건대 주께서 그로 하여금 그 날에 주의 긍휼을 입게 하여 주옵소서"라는 바울의 축복은 죽은 사람을 위한 기도로 해석될 수 있다. "긍휼"로 옮겨진 헬라어 단어는 '은혜, 인자'를 뜻하는 히브리어 단어 *chesed*와 대등한 것이며, "그날"은 심판 날을 가리킨다(참고 1:12, 4:8).

하지만 그런 해석은 두 가지 이유에서 무리가 있다. 첫째, 바울이 사용한 과거 시제는 얼마든지 오네시보로가 과거에 한 일들을 가리킬 수 있으며, 사도가 그의 집 전체를 축복한 것도 그 때문일 수 있다. 바울은 아직 멀쩡히 살아 있는 스데바나에 대해서도 똑같이 과거 시제로 말한 적이 있다(고전 16:15,17). 더욱이 바울이 오네시보로를 축복한 것은 오네시보로가 로마에 왔다가 체포되어 자칫 처형당할지도 모르는 상황에 처했기 때문일 수 있다. 어차피 추정해야 한다면 이런 시나리오도 오네시보로가 이미 죽었으리라는 추정만큼이나 타당성이 있다. 둘째, 설사 바울이 축복할 때 오네시보로가 이미 죽었다 해도 바울의 '기도'는 단순한 감사의 표현일 수 있다. 이를테면 "그가 베푼 친절을 저는 갚을 수 없으나 하나님이 갚아주소서"와 같다고 할 수 있다.

여기까지는 다 추정이지만 한 가지 사실만은 분명하다. 오네시보로는 바울에게 한없이 소중하고 충성스런 친구로 남았고, 그런 그에게 사도는 깊은 칭찬과 감사를 표했다. 사역자들에게는 오네시보로 같은 지지자들이 꼭 필요하다. 비난하는 사람들이 옹호하는 사람들보다 수적으로 크게 우세한 경향이 있기 때문에 특히 더하다.

"바른 말을 본받아 지키고… 아름다운 것을 지키라"는 두 번의 명령이 있은 뒤에 변덕스런 친구들과 충실한 친구들을 이렇게 대조해놓았으니, 틀림없이 이것은 디모데에게 의미심장하게 다가왔을 것이다. 사도는 굳이 명시적으로 말하지 않고도 몇 가지 준열한 메시지를 전달했다. 첫째, "너는 부겔로와 허모게네처럼 나를 버리지 말고 오네시보로처럼 끝까지 내게 충실하라." 둘째, "변덕스런 그리스도인들은 비겁한 삯꾼들과 같다. 그들은 이리

떼가 양 떼를 삼키도록 버리고 가버린다." 셋째, "사역자들에게는 그들을 옹호해줄 사람들이 필요하다. 그런 사람들을 부지런히 찾고, 계속 귀히 여기며, 직접 감사를 표하고, 사람들 앞에서 칭찬해주라."

적용
떠날 때 가지고 갈 수 있는 보물

"묘지로 이삿짐을 끌고 가는 영구차는 없다"는 말을 당신도 들어보았을 것이다. 이것은 "내가 모태에서 알몸으로 나왔사온즉 또한 알몸이 그리로 돌아가올지라"(욥 1:21)고 한 욥의 명구를 재치 있게 바꾼 표현이다. 목회를 오래 하다보니 그동안 나는 많은 사람들의 임종을 지키면서, 죽어가는 사람들이 생의 마지막에 무엇을 붙드는지를 볼 기회가 있었다. 그런데 은행 통장을 가슴에 움켜쥐는 사람이나 값비싼 골동품에 둘러싸여 있고 싶다는 사람은 한 번도 보지 못했다. 예외 없이 사람들은 자신이 사랑하는 사람들을 곁으로 부른다. 그리고 행여 붙드는 물건이 있다면 그것은 닳고 닳은 자신의 성경책이다.

어두운 동굴 감옥에서 글을 쓰고 있는 바울에게 싸늘한 죽음의 손길이 시시각각 덮쳐오고 있었다. 그 상황에서 바울은 그동안 온갖 역경 속에서도 자신을 지탱시켜준 두 가지 보물을 깊이 생각했다. 바로 하나님의 말씀과 친구들이었다. 바울의 여러 서신과 또 누가가 기록한 바울의 삶으로 미루어볼 때 사도는 그 두 가지 모두에서 큰 부를 얻었다. 그것은 참수의 검이 휘둘러진 뒤에도 영원히 누릴 수 있는 부였다.

당신은 어떤가? 이 땅에서 당신이 모으고 있는 보물은 무엇인가? 내세에 들어가기 전에 이 세상에 두고 가야 하는 재물인가? 정부에서 세금을 매기고 도둑이 훔쳐갈 수 있는 재물인가? 아니면 당신은 떠날 때 가지고 갈 수 있는 부를 쌓고 있는가? 여기 당신이 영원한 부를 축적할 수 있는 두 가지 방법이 있다.

첫째, 하나님의 말씀이라는 보물을 쌓으라. 내가 당연히 소언하고 싶은 것은 우선 성경 암송으로 시작하라는 것이다. 청소년 시절부터 나는 네비게이토 선교회에서 나온 암송 카드로 성경 구절들을 마음에 비축했다. 이 '주제별 성경 암송'은 성경 구절들을 실생활의 이슈나 신학적인 주제에 따라 배열해놓은 것인데, 지금도 나는 날마다 그 말씀들을 적용하곤 한다. 종종 특정한 어려움에 부딪힐 때면 50년도 더 전에 외웠던 관련 구절들이 머릿속에서 자동으로 튀어나와 내게 말로 다할 수 없는 위로를 준다.

하지만 암송은 하나님의 말씀을 비축하는 여러 방법 가운데 하나일 뿐이다. 진정한 의미에서 당신은 바로 지금 말씀을 비축하는 일을 하고 있다. 성경을 읽으면서 주석의 도움으로 그 의미를 깊이 살펴보고 있으니 말이다. 성경을 이해하지 못하면 성경 암송도 별로 도움이 되지 못한다. 당신은 지금 보조 자료의 도움을 받아가며 성경을 읽고, 어휘들의 의미를 파악하며, 본문을 둘러싼 정황들을 살펴보고, 말씀 속에서 시대를 초월하는 원리들을 발견하며, 하나님의 진리를 실제적으로 적용할 길들을 모색하고 있다. 한 마디로 당신 몸의 골수와 힘줄 속에 하나님의 진리를 저장하고 있는 것이다.

당신은 지금 잘하고 있다!

영원한 부를 축적하는 두 번째 방법은 그리스도인들과의 관계에 투자하는 것이다. 바울의 모든 편지는 개인적인 인사로 시작되고 끝난다. 거기에 그가 언급한 친구들과 동료 종들의 이름을 모두 합하면 긴 목록이 나온다. 그래서 바울의 친구로 남아 있기가 위험해져 많은 사람들이 그를 버렸을 때도, 그에게는 여전히 믿을 만한 사람들이 여럿 있었다. 누가, 마가, 디모데, 오네시보로는 두려움 없이 목숨을 걸고 바울을 직접 도왔다.

아쉽게도 관계를 가꾸는 일이 늘 편하지만은 않다. 관계를 가꾸려면 때로 값비싼 대가와 시간과 각고의 수고가 따르며, 정서적으로 진이 빠지기도 한다. 때로는 관계가 개인의 발전을 방해하기도 한다. 예컨대 다른 관계들에 신경 쓰다보면 일터에서 승진이 늦어질 수도 있고, 월급이 다른 사람보다 적어질 수도 있다. 또한 관계는 때로 마음에 고통을 안겨준다. 즉, 우리는 상대방을 용서해야 하고, 신뢰를 회복하는 아픈 과정을 견뎌야 한다.

내 말의 요지는 관계를 가꾸지 못하게 말리려는 것이 아니라, 자칫 간과하기 쉬운 엄연한 사실 하나를 부각시키려는 것이다. 적어도 관계를 생각할 때 우리는 그 사실을 곧잘 간과하고는 하는데, 그것은 바로 인생의 가치 있는 것들은 대부분 희생을 요한다는 사실이다. 즉, 하나를 더 누리기 위하여 다른 하나를 덜 가지려는 의지적인 결단이 필요한 것이다. 예컨대 우리는 돈을 벌기 위하여 노는 시간을 줄인다. 또 의식주를 장만하기 위하여 돈을 지출한다. 아이들을 더 좋은 학교에 보내려고 집을 줄일 수도 있다. 그런데 우리는 다른 모든 부분에서는 이러한 현실을 잘도 받아들이면서 유독 관계에서만은 그렇지 않다. 왠지 관계만은 의식적인 노력을 거의, 혹은 아예 기울이지 않아도 저절로 되어야 한다. 그것도 다 쓰고 남은 시간에 말이다.

사실 가치 있는 것들은 거의 모두 다른 것을 희생하고서 얻어진다. 관계도 마찬가지다. 그리스도인들 사이에 의미 있는 관계를 가꾸려면 상당한 투자가 필요하다. 그렇다면 당신이 다른 신자와 더불어 의미 있는 관계를 가꾸기 위해서 기꺼이 할 일은 무엇인가? 지금 한 통의 전화를 거는 일부터 시작해보라. 누구에게 걸어야 할지는 당신이 알 것이다. 번호를 누르기 전에 약속을 잡을 일정표를 미리 꺼내두라.

험하고 고단한 여정(디모데후서 2:1-13)

1내 아들아 그러므로 너는 그리스도 예수 안에 있는 은혜 가운데서 강하고 2또 네가 많은 증인 앞에
서 내게 들은 바를 충성된 사람들에게 부탁하라 그들이 또 다른 사람들을 가르칠 수 있으리라 3너
는 그리스도 예수의 좋은 병사로 나와 함께 고난을 받으라 4병사로 복무하는 자는 자기 생활에 얽
매이는 자가 하나도 없나니 이는 병사로 모집한 자를 기쁘게 하려 함이라 5경기하는 자가 법대로
경기하지 아니하면 승리자의 관을 얻지 못할 것이며 6수고하는 농부가 곡식을 먼저 받는 것이 마땅
하니라 7내가 말하는 것을 생각해 보라 주께서 범사에 네게 총명을 주시리라

8내가 전한 복음대로 다윗의 씨로 죽은 자 가운데서 다시 살아나신 예수 그리스도를 기억하라 9복
음으로 말미암아 인하여 내가 죄인과 같이 매이는 데까지 고난을 받았으나 하나님의 말씀은 매이지
아니하니라 10그러므로 내가 택함 받은 자들을 위하여 모든 것을 참음은 그들도 그리스도 예수 안에
있는 구원을 영원한 영광과 함께 받게 하려 함이라 11미쁘다 이 말이여

우리가 주와 함께 죽었으면 또한 함께 살 것이요
12참으면 또한 함께 왕 노릇 할 것이요
우리가 주를 부인하면 주도 우리를 부인하실 것이라
13우리는 미쁨이 없을지라도 주는 항상 미쁘시니 자기를 부인하실 수 없으시리라.

분명히 바로잡아둘 것이 있다. 라디오나 텔레비전에서 많은 설교자들이 뭐라고 말하든 하나님의 최고의 우선순위는 우리의 행복감이 아니며, 건강이나 부나 기타 세상적인 수단을 통해서는 더더욱 아니다. 하나님은 무엇보다도 우리가 그분의 아들을 닮기 원하신다. 그분의 소원은 우리를 편하게 해주시는 것이 아니라 우리를 장성하게 하시는 것이다. 그런

데 성장이 쉽다는 말을 나는 들어보지 못했다. 이는 사탄과 세상 체제가 계속 공모하여 우리를 향한 하나님의 계획을 방해하기 때문이다. 사탄은 우리를 성숙한 신자가 되지 못하게 막을 수만 있다면 못할 일이 없다. 그러므로 우리는 삶에 어려운 도전들이 찾아올 것을 마땅히 예상해야 한다. 그리스도인이 가는 길은 험하고 고단한 길이다.

하지만 다행히도 나쁜 소식만 있는 것은 아니다. 오히려 믿어지지 않을 정도로 좋은 소식이 있다! 행복은 상황이라는 바람에 휩쓸려 아무데나 내려앉았다 날아가버리지만, 그리스도인의 삶은 영원한 기쁨을 향한 여정이다. 영국의 신학자이자 저자인 F. B. 마이어(F. B. Meyer)는 이렇게 썼다.

> 하나님의 자녀여, 당신을 시험하는 불 시험을 마치 무슨 이상한 일이라도 벌어진 것처럼 이상히 여기지 말라. 오히려 기뻐하라! 그것은 당신이 바른 길로 가고 있다는 확실한 증거이기 때문이다. 내가 어느 낯선 지역에 갔는데 내 처소에 도착하기 위해서는 어두운 골짜기나 돌밭 길을 지나야 한다고 하자. 막상 그 구간에 이르러 사방이 어두워지고 마차가 덜컹거리면 그것은 내가 바른 길로 가고 있다는 증거다. 그러므로 하나님의 자녀는 고난을 통과할 때 놀라지 않는다.[7]

주님은 우리에게 고난을 당하지 않게 해주겠다고 약속하신 것이 아니라(요 17:15-16), 고난 속에서 우리를 붙들어주겠다고 약속하셨다(롬 8:28-39). 그래서 모든 경험은 하나님이 우리 안에 날마다 기뻐하는 능력을 더 크게 빚어주시는 수단이 된다. 나는 시몬느 베이유(Simone Weil)를 확실한 신학자로 천거할 수는 없지만, 적어도 그녀가 한 다음의 말에는 공감한다. "기독교는 고난의 초자연적 해법을 구하지 않고 고난의 초자연적 용도를 구한다. 그래서 기독교는 지극히 위대한 것이다."[8] 고난에 대한 주님의 초자연적 용도를 당신이 아직 발견하지 못했다면 당신은 계속 환멸과 싸우게 될 것이고, 어쩌면 누구의 잘못인지, 즉 당신의 잘못인지 하나님의 잘못인지 의문이 들 것이다.

오늘 나는 바울과 함께 당신을 한 여정으로 초대하고 싶다. 이 여정은 쉽지 않을 것이다. 도중에 스릴도 많겠지만 늘 즐겁지만은 않을 것이다. 지금 있는 곳에 그대로 있는 것이 더 쉬워 보일 것이다. 하지만 장담컨대 현상 유지의 편안함은 오래가지 않는다. 게다가 당신은 하나님이 길을 가는 도중에나 또는 목적지에서 당신에게 주시려는 것들을 놓치고 싶지 않을 것이다.

—2:1-2—

기쁨을 향한 그리스도인의 여정이 험하고 고단한 것은 사실이지만, 우리는 이 길을 도움 없이 가는 것이 아니다. 우리 안에는 하나님의 내비게이션 장치가 있다. 바로 목적지를 향하여 우리에게 계속 정확하게 길을 일러주시는 성령이시다. 우리가 성령의 지시를 듣고 따르기만 한다면 말이다! 또 우리의 손에는 더없이 확실한 지도가 들려 있다. 바로 하나님의 감동으로 된 66권의 책을 하나로 묶은 성경이다. 아울러 주님은 믿을 만한 길잡이들을 부르시고 준비시키셔서 우리의 길을 이끌게 하셨다. 그들을 우리는 '목사'라 부른다.

지금까지 과거를 돌아본 바울은 이제 리더십의 책임을 디모데에게 전수한다는 특별한 목적을 가지고 현재 속에서 그를 만난다. 하지만 등불을 넘겨주기 전에 사도는 대명사 '너'의 강조 용법을 써서 이 젊은 목사의 주의를 사로잡는다. 그리고 목사의 두 가지 책임을 두 구절에 압축하여 담아낸다. 하나는 은혜 안에서 강해지는 것이고, 또 하나는 다른 사람들도 똑같이 하도록 가르치는 것이다.

"강하(라)"로 번역된 단어는 '능력을 주다'라는 뜻의 동사 *endynamoō*의 수동태 명령형이다. 나아가 이 명령형은 현재 시제여서 지속적인 반응을 요구한다. 따라서 이 명령은 '계속 능력을 받으라'로 번역해야 가장 적합하다. 신학자들은 이런 종류의 수동태 동사를 '신적 수동태'라 부른다. 행위자가 하나님이신 것이 강하게 암시되어 있기 때문이다. 다시 말해서 능력을 주시는 분은 하나님이며, 따라서 우리의 책임은 그분이 하시는 일에 순순히 따르며 협력하는 것이다. 그래도 행여 의문의 여지가 남을까봐 바울은 두 개의 문구를 추가해서 능력의 근원을 밝힌다. "너는 그리스도 예수 안에 있는 은혜 가운데서 강하고."

능력의 근원은 그리스도이시다. 우리는 그분에게서 능력을 받으며, 은혜는 그 능력이 그분에게서 우리에게로 흘러오는 통로다. 뿐만 아니라 이것은 부단하고 지속적인 과정이어야 한다. 가정에 있는 전기와 마찬가지로 일단 전력의 흐름이 끊기면 아무것도 작동되지 않는다.

하지만 명령은 디모데가 은혜 안에서 강해져야 한다는 데서 끝나지 않는다. 그것은 목사의 두 가지 책임 중 첫 번째에 지나지 않는다. 바울은 디모데가 오랜 사사(師事)를 통하여 배운 것들을 다른 사람들에게 전수하기 원했다. 2차 선교 여행 초기에 바울은 이 젊은이를 기독교의 지도자로 양성할 목적으로 그를 불러 일행으로 받아들였다. 물론 디모데는 디도, 두기고, 드로비모, 더디오, 에라스도, 요한 마가, 누가 등 바울이 발굴하여 훈련한 많은 사람들 가운데 하나일 뿐이었다.

우리는 이것을 '사도직의 승계'라는 천주교의 교리와 혼동해서는 안 된다. 그 교리에 따르면 교황은 역대의 많은 승계자들로부터 사도의 권위와 예언의 권위를 받으며, 이러한 승계는 최초의 열두 사도, 특히 베드로에게까지 거슬러 올라간다. 존 스토트(John Stott)가 이것을 명확히 잘 밝혔다.

> 계승되는 것은 사도들의 전통이지 사도들의 사역이나 권위나 직분이 아니다. 사도들의 교리가 변함없이 그대로 사도들로부터 이후 세대들로 전수되는 것이며, 올림픽 경기의 횃불처럼 손에서 손으로 전해지는 것이다. 사도들의 이러한 전통, 곧 "네게 부탁한 아름다운 것"이 지금은 신약 성경 안에 들어 있다.[9]

사도가 디모데에게 준 명령은 바울의 모든 제자에게만 적용될 뿐 아니라 디모데의 제자들에게도 적용된다. 바울은 디모데의 제자들이 다음 세대의 교사들을 가르치고, 그 교사들은 또다시 다음 세대를 가르칠 것을 기대했다. 다시 말해서 바울은 디모데에게 진리를 "부탁"했고, 진리를 지킬 책임을 맡겼으며, 그다음에는 그 진리를 "충성된 사람(남자)들[10]에게 부탁"하여 "그들이 또 다른 사람들을 가르칠 수 있"게 하라고 명했다. 그 결과 목사라는 직분은 2천 년 동안 무수히 많은 세대를 거쳐 우리에게까지 내려왔으며, 지금도 이 직분은 그때와 똑같다. 목사는 그리스도 예수 안에 있는 은혜 안에서 계속 능력을 받아야 하고, 양 떼를 그리스도인의 삶이라는 여정으로 이끌어야 한다.

바울은 디모데에게 자기를 따르라고 권하면서 이 여정이 쉽지 않을 것을 경고했다. 그것을 예시하고자 그는 세 가지 예를 들었다.

- 병사(3-4절)
- 운동선수(5절)
- 농부(6절)

그다음에 바울은 은혜로 말미암아 그리스도께로부터 능력을 받는다는 개념으로 다시 돌아간다(8-13절). 이런 그림 언어들은 바울이 이전에 사용했던 것들이기에(고전 9:6-7, 24-27) 디모데에게 이미 익숙했을 것이다.

—2:3-4(병사의 초점)—

현대판 고전이 된 스티븐 앰브로즈(Stephen Ambrose)의 소설 「형제의 무리(*Band of Brothers*)」는 셰익스피어의 「헨리 5세(*Henry V*)」에 나오는 감동적인 '성 크리스핀 축일의 연설'에서 그 제목을 땄다. 후퇴하다 고립된 영국군은 행군으로 지친데다 이질을 앓고 있었고, 수적으로도 5대1의 열세를 보이고 있었다. 그런 상황에서 싸움을 준비해야 하는 장군들을 헨리 5세가 이렇게 결속시킨다.

> 크리스핀 크리스피안은
> 오늘부터 세상이 끝나는 날까지
> 우리를 기억하지 않고는 지나가지 않으리니
> 우리 행복한 소수는 형제의 무리다.
> 오늘 나와 함께 피 흘리는 사람은
> 나의 형제이기 때문이다.[11]

전쟁터의 병사들 사이에는 특별한 전우애가 싹튼다. 바울은 디모데에게 예수 그리스도의 지휘 아래 고생을 함께하는 전우가 되자고 청한다. 나아가 그는 디모데에게 병사의 초점을 배우라고 명한다. 이것은 단기간의 전투에만 집중한다는 뜻이 아니라 병사가 전쟁에서 이기기 위하여 다른 모든 관심사를 제쳐두는 장기적인 헌신을 말한다. 병사는 증권 시장에 관심이 없고, 스포츠의 최신 기록이나 오락 따위에 신경 쓰지 않는다. 병사는 정치에 얽매이지 않고 오직 승전에만 초점을 맞춘다. 마음이 흐트러진 병사는 죽은 것과 다름없기 때문이다.

바울이 선택한 "얽매이지"라는 동사는 헬라어 전치사 *en*에 '무언가를 짜다, 엮다'는 뜻의 단어 *plekō*가 합해진 것이다. 마태와 마가와 누가와 요한은 예수님의 머리에 씌워진 가시관을 묘사할 때 *plekō*라는 단어를 썼다. 여기에 전치사 *en*이 붙으면 일부러, 계획적으로, 기꺼이 '짜넣다'는 뜻이 된다.

좋은 병사는 온갖 방해거리에 말려드는 일을 일부러 피한다. 그래야 자신의 모든 에너지를 지휘관이 정해준 목표를 달성하는 데 집중할 수 있기 때문이다.

—2:5(운동선수의 헌신)—

바울 당시에 올림픽에 출전한 선수들은 자신이 이미 10개월 동안 엄격한 훈련에 혼신을 다했음을 제우스 앞에서 맹세해야 했다. 훈련하지 않은 선수는 즉각 자격이 박탈되었다. 뿐만 아니라 경기 규칙을 지키지 않는 선수는 작은 반칙의 경우 엄한 벌금을, 중대한 위반의 경우 채찍질을 당했다.

'은혜'를 규칙이 없는 상태로 정의하는 사람들이 많이 있다. 하지만 그것은 천만부당한 말이다. 하나님의 말씀은 무엇보다도 규칙의 책이자 삶의 길잡이다. 성경에는 적용하는 데 분별력을 요하는 원리들도 들어 있지만, 무조건 순종해야 하는 구체적인 규율들, 즉 엄격한 규정들도 들어 있다.

- "음란을 버리"라(살전 4:3).
- "서로 친절하게 하"라(엡 4:32).
- "남편들아 아내를 사랑하"라(골 3:19).
- "서로 사랑하라"(요 13:34).

예수님은 은혜를 베푸시는 분이지만, "너희가 나를 사랑하면 나의 계명을 지키리라"(요

묵상의 서재

정말 영향력 있는 '예수쟁이'가 되려면

우리 부부는 내가 진행하는 라디오 프로그램인 '인사이트 포 리빙(Insight for Living)'의 주관으로 대개 1년에 한 번씩 크루즈 여행을 인솔하곤 한다. 승객 1,800명을 수용하는 선박의 절반을 우리 일행이 차지한다. 그러니 당신이 그 배에 탄 비신자라고 생각해보라. 당신은 그동안 돈을 모아 드디어 꿈에 그리던 휴가 길에 올랐고, 당연히 재미있고 여유로운 한 주간이 되기를 바라는 마음이 간절하다. 그런데 배에 타보니 900명이나 되는 그리스도인들이 떼로 몰려 있다! 900명의 사람들이 7일 동안 당신의 행동을 비판하며 설교하는 일이야말로 당신이 예상한 신나는 모험과는 거리가 멀다.

우리는 이 사역을 한 지 이미 25년이 되었다. 그래서 나는 첫 모임 때 잠시 시간을 내서 지침을 일러준다. 내가 하는 말은 이런 식이다. "자, 모두들 제 말을 잘 들으십시오. 하나님은 우리를 십자군이 되라고 이 배에 태우신 것이 아닙니다. 하나님은 여러분에게 다른 승객들의 여행을 비참하게 만들라고 명하신 것이 아닙니다. 그러니 카지노를 누비고 다니며 전도지를 나누어주지 마십시오. 어차피 사람들은 여러분을 미친 사람 취급하며 전도지를 버릴 겁니다. 그보다 이번 여행이 그들에게 평생 최고의 휴가가 되도록 우리가 도와줍시다. 예수님은 파티 손님으로 매력 있는 분이셨고, 그래서 사람들은 그분이 가져오신 기쁜 소식을 물리칠 수 없었습니다. 우리도 그분을 따르는 사람들이니 똑같이 합시다. 우리끼리 모임 중에 있지 않을 때는 여러분의 이름표를 떼십시오. 그리고 다른 사람들에게 좋은 이웃이 되십시오. 사람들과 친구가 되십시오. 시내 관광을 나갈 때 새 친구들과 함께 다니셔도 좋습니다."

대개 모든 크루즈 여행에서 마지막 항구가 가까워오면 다수의 다른 승객들은 물론 소수의 승무원들까지도 이런 말을 하곤 한다. "기독교인들이 대규모로 탄다는 말을 듣고 이번 여행에 내심 겁이 났었는데, 막상 지나고보니 바라던 것 이상으로 최고의 여행이 되었습니다."

나는 그리스도인이 모욕적인 언사 때문에 그리스도를 믿게 되었다는 사람을 본 적이 없다. 바보 취급을 당한 뒤에 그 결과로 이렇게 말한 사람도 일찍이 없다. "나도 예수님을 믿어야겠네요. 꼴 보기 싫은 저 기독교인들 때문에 광명을 찾았거든요!"

14:15)고 말씀하셨다. 이것은 율법주의가 아니다. 이것은 우리가 이 땅의 여정을 걷는 동안 제 길을 벗어나지 않는 비결이다.

—2:6(농부의 근면함)—

내가 운전하는 차가 어쩌다 농경지 옆을 지날 때가 있는데, 창밖을 보고 있노라면 나는 멈추지 않고 그대로 지나가고 싶어진다. 농사란 해가 뜰 때부터 질 때까지 고된 노동의 연속이다. 농부는 비료를 주고, 땅을 갈아엎고, 파종하고, 잡초를 뽑고, 비바람을 막아주고, 추수하고, 저장하고, 운송하고, 판로를 열어야 한다. 끊임없는 기도도 잊어서는 안 된다. 각종 병충해나 서리나 가뭄이나 홍수가 한 해 농사를 망칠 수 있다. 그러니까 농부가 부지런하다고 해서 반드시 그의 투자에 많은 수익이 보장되는 것이 아니다. 뿐만 아니라 농사는 성질이 급한 사람에게는 맞는 직업이 아니다. 농부라는 존재 자체가 만족을 뒤로 미루며 살아야 하는 존재인 것이다.

그래도 부지런히 투자하는 농부는 들판의 풍년을 맨 처음으로 누릴 권리가 있다. 아무도 그 사람보다 더 누릴 수는 없다!

—2:7—

바울은 이어 디모데에게 자기가 지금까지 말한 사역의 세 가지 그림 언어를 잘 생각해 보라고 권한다. 목사는 병사의 초점, 운동선수의 헌신, 농부의 근면함을 구사해야 한다. 그동안 배운 이런 내용을 깊이 생각하는 목사에게 주님이 총명을 주시리라는 말에 주목하라.

—2:8-10—

지금까지 바울이 든 예들은 분명히 인간 중심적이며, 은혜 안에서 성장해야 할 책임을 다분히 디모데에게 두고 있다. 즉, 우리 쪽에서 초점과 헌신과 근면함을 잃어서는 안 된다는 것이다. 따라서 바울이 여기서 그리스도의 역할로 다시 초점을 돌리는 것은 놀랄 일이 아니다. 우리가 경건함에서 자라가려면 물론 우리 자신도 동참해야 한다. 그러나 은혜의 근원은 예수님이시며, 각 신자의 성장도 궁극적으로 그분의 소관이다.

우리는 복음을 위하여 고생하며, 험하고 고단한 길을 가야 한다. 하지만 그것은 상상도 못할 깊은 고난의 길을 먼저 걸어가신 그분의 발자취를 따르는 일이다. 그러므로 당신도 정말 "예수 그리스도를 기억하라!" 그분이 "죽은 자 가운데서 다시 살아나신" 분임은 그분이 모든 사망의 사망을 맛보셨기 때문이다. "다윗의 씨"이신 그분께 합당한 것은 십자가가 아니라 왕위였다. 그러니 그분보다 더 '억울함'을 호소할 권리가 있는 사람은 아무도 없다. 하나님의 아들이 그런 일을 하신 이유는 바울 같은 메신저들에게 기쁜 소식을 주어 전하게 하시기 위해서였다.

그리스도는 그 길을 앞서 가셨고, 바울은 자신이 치르는 옥고를 자신도 그분을 따라 불의한 죽음을 당할 수 있는 특권으로 여겼다. 주님의 죽음은 기쁜 소식을 가능하게 했고, 바울은 자신의 죽음으로 그 기쁜 소식이 선포될 것을 내다보았다. 사실 사도는 디모데를 비롯한 자신의 다른 제자들을 굳게 믿었기에, 네로의 불의로 인한 아이러니를 오히려 즐거워할 수 있었다. 실성한 황제는 그리스도인들을 죽였지만, 그들의 메시지는 오히려 더 멀리 더 빠르게 퍼져나갔다. 네로는 바울을 비롯한 신실한 신자들을 옥에 가두었지만, 하나님의 말씀은 더 큰 자유를 누렸다.

—2:11—

"미쁘다 이 말이여"라는 바울의 말에는 굉장히 중요한 의미가 담겨 있다. 그 뒤에 중대한 진리가 따라 나올 테니 우리의 마음을 준비하라는 것이다. 이 경우 바울은 한 편의 찬송가로 디모데의 마음을 준비시켰다. 이 찬송가에 담긴 두 쌍의 경구로 네 개의 역설적 진리를 표현해주고 있다. 바울은 이것들을 "(만일) 우리가…"라는 조건절로 제시하는데 각 조건마다 그에 따른 결과가 이어진다.

역설 1: "우리가 주와 함께 죽었으면 또한 함께 살 것이요." 이것은 복음의 기본적인 약속이다. 그리스도를 믿고 그분의 선물인 영생을 받으면 우리는 영원히 그분과 함께 살게 된다. 이 선물은 순교를 당해야만 받는 것이 아니라 믿음으로 말미암아 은혜로 받는 것이다.

그렇게 그 선물을 받으면 우리는 그분과 신비롭게 연합하게 된다. 그리하여 그분의 죽음이 곧 우리의 죽음이 되고, 그분의 부활이 곧 우리의 부활이 되며, 그분의 영생이 곧 우리의 영생이 된다(롬 6:1–23, 살전 5:9–10).

—2:12—

역설 2: **"참으면 또한 (주와) 함께 왕 노릇 할 것이요."** 여기서 우리는 '참음'의 조건적 성격을 지나치게 강조해서는 안 된다. 사도가 13절에서 확언하고 있듯이, 진정한 신자들은 끝까지 참게 되어 있다. 이 약속은 이 땅에서 불의를 참으면 하늘나라에서 신원을 받는다는 약속이다. 우리는 새로운 만물을 다스리게 되는 반면, 우리를 박해하던 사람들은 고통을 당하게 된다. 우리는 하늘 아버지와 끝없는 친밀함을 누리지만, 모든 악은 지옥에 던져질 것이다.

역설 3: **"우리가 주를 부인하면 주도 우리를 부인하실 것이라."** 여기서도 역시 '부인함'의 조건적 성격에 지나치게 주목해서는 안 된다. 박해는 진정한 신자들과 흉내만 내는 비신자들을 용케 가려낸다. 사이비들은 그리스도를 부인하고 복음을 버릴 것이다. 그들은 자신들이 진정으로 믿지도 않는 대상을 위해 고생을 감수할 리가 없다. 이렇게 그분을 부인하는 사람들은 처음부터 "그리스도 안에" 있지도 않았고 지금도 마찬가지다. 그러므로 진정으로 그분께 속한 사람들은 혹시라도 자신이 천국을 잃고 지옥에서 고통당할까봐 염려할 필요가 없다(요 10:27–29).

—2:13—

역설 4: **"우리는 미쁨이 없을지라도 주는 항상 미쁘시니 자기를 부인하실 수 없으시리라."** 앞에 나온 세 개의 조건문 가운데 하나라도 혹시 불필요한 스트레스를 유발한다면, 네 번째 문장이 모든 확신을 되찾아준다. 성경은 그리스도인들에게 끝까지 견딜 것을 거듭 촉구하며 또 배교를 조심하라고 경고하지만, 진정한 신자는 그리스도의 신실하심을 믿고 안심할 수 있다. 우리가 실패할 때도 그분은 성공하신다. 우리가 확신을 잃거나, 환멸에 빠지거나, 비틀거리거나, 도덕적으로 넘어질 때도 예수 그리스도가 신실하게 우리를 끝까지 지켜 주신다(참고 1:12, 살전 5:23-24).

바울은 부인할 수 없는 한 가지 진리로 그 확신에 쐐기를 박는다. 하나님은 일단 누군가를 구원하기로 약속하시고 그 사람에게 영생의 확신을 주셨으면 당신의 약속을 물리실 수 없다. 만일 번복하신다면 그것은 그분 자신의 속성을 거스르시는 것이다. 그분은 거룩하시므로 거짓말을 하시거나 약속을 어기실 수 없다. 그러므로 신자가 굳게 참고 견디는 것은 하나님 자신의 명예가 달린 문제다.

그리스도인의 길이 험하고 고단하기는 하지만 그래도 그 길은 놀라운 종착점으로 이어진다. 측량할 수 없는 복들과 그리스도를 닮은 성숙이 여정의 끝에서 우리를 기다리고 있다. 단기간의 행복을 버리기로 한 우리의 결단은 영원한 기쁨으로 보상될 것이다. 그것이 그분의 약속이다. 하나님이 한번 하신 약속은 반드시 지키신다는 사실에 우리의 모든 존재와 소유를 다 걸어도 좋다. 우리도 바울과 함께 이렇게 고백할 수 있다. "내가 믿는 자를 내가 알고 또한 내가 의탁한 것을 그 날까지 그가 능히 지키실 줄을 확신함이라"(1:12).

적용

우리가 걸어가는 이 길의 규칙들

신실한 사람들의 여정은 험하고 고단한 길이다. 물론 천국을 향한 길이지만 그래도 세상의 방식에 어긋나므로 힘든 길이다. 그렇다면 우리는 마침내 종착점에 이를 때까지 어떻게 그 험로를 벗어나지 않을 수 있을까? 그리스도를 부인하고 복음을 버리고 그냥 세상의 흐름을 따라가라는 끝없는 압박에 우리는 어떻게 하면 굴하지 않을 것인가? 어떻게 하면 세상의 어두운 밤 때문에 우리의 생각까지 어둡게 되지 않을 것인가?

바울이 디모데에게 준 권면에서 나는 두 가지 구체적인 규칙을 본다. 그대로만 따르면 우리를 계속 바른 방향으로 가게 해줄 것이다.

규칙 1: 시혜가 무속하거는 하나님의 말씀을 묵상하라. 그러면 "주께서 범사에 네게 총명을 주시리라"(7절). "총명"으로 번역된 헬라어 단어는 '함께 맞춤, 결합, 합류'를 뜻한다. 이 말에는 퍼즐 조각들이 제자리에 들어맞아 명료한 그림을 이룬다는 개념이 들어 있다. 우리가 고난 중에 있을 때면 대개 그것이 필요하다. 고난 속에서 우리는 답을 찾아 나선다. "내가 뭘 잘못한 거지?" "이 해법, 저 전략을 써보면 어떨까? 그러면 내 고통이 끝날지도 몰라." "하나님이 내게 왜 이러시는 걸까?" 속 시원한 답이 없으면 안타깝게도 우리는 절망적인 결론들로 빈칸을 채운다. 그리고 그런 결론들은 파괴적인 선택들로 이어진다. 총명이 없으면 낙심하게 되고, 낙심한 상태에서는 언제나 죄가 매력 있어 보인다.

그렇게 부질없이 인과 관계에서 해답을 찾으려 할 것이 아니라 이제부터는 성경에 푹 잠겨보라. 그렇다고 본문을 세세한 것까지 철저히 연구하여 논문을 쓸 것까지는 없다. 그냥 말씀을 읽고 깊이 생각하라. 그런 시간을 자주 가지라. 내 경우에는 그러다보면 해답이나 해법을 얻으려는 욕구가 점차 잦아들면서, 사안이 잔잔하고 명료하게 눈에 들어오기 시작한다. 그런 시각은 하나님께로부터 온 것일 수밖에 없다.

규칙 2: 엄두가 나지 않을 때는 하나님의 약속들을 붙들라. 하나님이 그 약속들을 머지않은 미래에 이미 이루셨음을 알라(11-13절). 이 부분에서 우리에게 분별력이 필요하다. 성경에 나오는 하나님의 약속들만 쭉 모아 놓았다고 주장하는 책들을 조심하라. 첫째, 소위 약속들 중 다수는 그냥 진술이며 본래의 문맥에서 떼어낸 것들이다. 예를 들어, 성경의 수천 가지 약속들을 한데 모았다고 주장하는 어떤 책에 이런 말이 나온다. "하나님은 우리를 두려움에서 건져주시겠다고 약속하셨다. '내가 여호와께 간구하매 내게 응답하시고 내 모든 두려움에서 나를 건지셨도다'"(시 34:4).

이것은 약속이 아니다. 물론 성경에는 우리가 하나님의 사랑과 보호를 믿고 용기를 내야 할 근거가 많이 나온다. 하지만 이 말씀 자체는 약속이 아니다.

둘째, 성경에 나오는 약속이라고 해서 다 당신에게 해당되는 것은 아니다. 이런 말씀이 좋은 예다. "네 자손이 땅의 티끌 같이 되어 네가 서쪽과 동쪽과 북쪽과 남쪽으로 퍼져나갈지며 땅의 모든 족속이 너와 네 자손으로 말미암아 복을 받으리라"(창 28:14).

이것은 당신에게 주신 약속이 아니라 야곱에게 주신 약속이다.

그러나 성경에는 하나님이 당신에게 주시는 약속들이 많이 나온다. 이런 약속들을 하실 때 그분은 당신을 생각하셨다. 그중 일부만 보면 다음과 같다.

- "수고하고 무거운 짐 진 자들아 다 내게로 오라 내가 너희를 쉬게 하리라 나는 마음

이 온유하고 겸손하니 나의 멍에를 메고 내게 배우라 그리하면 너희 마음이 쉼을 얻으리니"(마 11:28-29).

- "오늘 있다가 내일 아궁이에 던져지는 들풀도 하나님이 이렇게 입히시거든 하물며 너희일까 보냐 믿음이 작은 자들아 그러므로 염려하여 이르기를 무엇을 먹을까 무엇을 마실까 무엇을 입을까 하지 말라 이는 다 이방인들이 구하는 것이라 너희 하늘 아버지께서 이 모든 것이 너희에게 있어야 할 줄을 아시느니라 그런즉 너희는 먼저 그의 나라와 그의 의를 구하라 그리하면 이 모든 것을 너희에게 더하시리라"(마 6:30-33).
- "주라 그리하면 너희에게 줄 것이니 곧 후히 되어 누르고 흔들어 넘치도록 하여 너희에게 안겨 주리라 너희가 헤아리는 그 헤아림으로 너희도 헤아림을 도로 받을 것이니라"(눅 6:38).
- "하나님이 세상을 이처럼 사랑하사 독생자를 주셨으니 이는 그를 믿는 자마다 멸망하지 않고 영생을 얻게 하려 하심이라"(요 3:16).
- "내 양은 내 음성을 들으며 나는 그들을 알며 그들은 나를 따르느니라 내가 그들에게 영생을 주노니 영원히 멸망하지 아니할 것이요 또 그들을 내 손에서 빼앗을 자가 없느니라 그들을 주신 내 아버지는 만물보다 크시매 아무도 아버지 손에서 빼앗을 수 없느니라"(요 10:27-29).
- "내 아버지 집에 거할 곳이 많도다 그렇지 않으면 너희에게 일렀으리라 내가 너희를 위하여 거처를 예비하러 가노니 가서 너희를 위하여 거처를 예비하면 내가 다시 와서 너희를 내게로 영접하여 나 있는 곳에 너희도 있게 하리라"(요 14:2-3).
- "오직 성령이 너희에게 임하시면 너희가 권능을 받고 예루살렘과 온 유대와 사마리아와 땅 끝까지 이르러 내 증인이 되리라"(행 1:8).
- "예수를 죽은 자 가운데서 살리신 이의 영이 너희 안에 거하시면 그리스도 예수를 죽은 자 가운데서 살리신 이가 너희 안에 거하시는 그의 영으로 말미암아 너희 죽을 몸도 살리시리라"(롬 8:11).
- "사람이 감당할 시험 밖에는 너희가 당한 것이 없나니 오직 하나님은 미쁘사 너희가 감당하지 못할 시험 당함을 허락하지 아니하시고 시험 당할 즈음에 또한 피할 길을 내사 너희로 능히 감당하게 하시느니라"(고전 10:13).

- "너희 중에 누구든지 지혜가 부족하거든 모든 사람에게 후히 주시고 꾸짖지 아니하시는 하나님께 구하라 그리하면 주시리라"(약 1:5).
- "만일 우리가 우리 죄를 자백하면 그는 미쁘시고 의로우사 우리 죄를 사하시며 우리를 모든 불의에서 깨끗하게 하실 것이요"(요일 1:9).
- "무릇 하나님께로부터 난 자마다 세상을 이기느니라 세상을 이기는 승리는 이것이니 우리의 믿음이니라 예수께서 하나님의 아들이심을 믿는 자가 아니면 세상을 이기는 자가 누구냐"(요일 5:4-5).

말씀을 옳게 분별하라(디모데후서 2:14-19)

14너는 그들로 이 일을 기억하게 하여 말다툼을 하지 말라고 하나님 앞에서 엄히 명하라 이는
유익이 하나도 없고 도리어 듣는 자들을 망하게 함이니라 15너는 진리의 말씀을 옳게 분별하며 부
끄러울 것이 없는 일꾼으로 인정된 자로 자신을 하나님 앞에 드리기를 힘쓰라 16망령되고 헛된 말
을 버리라 그들은 경건하지 아니함에 점점 나아가나니 17그들의 말은 악성 종양이 퍼져나감과 같
은데 그 중에 후메내오와 빌레도가 있느니라 18진리에 관하여는 그들이 그릇되었도다 부활이 이미
지나갔다 함으로 어떤 사람들의 믿음을 무너뜨리느니라 19그러나 하나님의 견고한 터는 섰으니 인
침이 있어 일렀으되 주께서 자기 백성을 아신다 하며 또 주의 이름을 부르는 자마다 불의에서 떠
날지어다 하였느니라.

자고로 진리가 있는 곳에서는 늘 사이비들과 사기꾼들과 거짓말쟁이들이 진리를 교묘하게 뒤틀어 이익을 보곤 했다. 그들은 하나님의 빛을 비추는 등대로 행세한다. 그러면서 순진한 사람들, 지나치게 믿는 사람들, 쓰라린 상처를 입은 사람들을 마치 불꽃에 꼬이는 나방들처럼 끌어들인다. 이렇게 유해한 믿음을 퍼뜨리는 사람들은 아무것도 내주지 않으면서 모든 것을 집어삼킨다.

스티븐 아터번(Stephen Arterburn)은 이런 종교적 사이비들이 자신의 할머니에게 미쳤던 그리고 지금도 세상에 미치고 있는 영향을 「해로운 믿음(*Toxic Faith*, 죠이선교회 출판부)」이라는 책에서 이렇게 기술했다.

그들은 우리 할머니의 돈을 가져다가 자신들과 자신들의 거창한 계획들을 위하여 썼

> 다. 그들의 계획들은 하나님의 사랑을 세상에 전하고 고아들에게 먹을 것과 옷을 주려던 할머니의 바람과는 전혀 무관했다. 할머니가 그토록 정성스레 후원한 그 사역자들 중 일부는 결국 감옥에 갔거나, 자기 아내를 버렸거나, 불미스러운 일이 발각되어 체포되었거나, 다른 공적인 죄에 빠졌다. 그들의 삶은 자신들이 텔레비전이나 라디오에서 선포한 믿음과는 딴판이었다. 그들은 우리 할머니 같은 사람들에게 뻔뻔스럽게 식비를 희생하라고 요구해서는 그 돈으로 제트기 연료를 사서 주말에 휴양지로 놀러 다니곤 했다. 그들의 행위는 부정직하고 불공정하며 극히 인간적이었다. 그들이 삶으로 보여준 믿음은 자신들이 전파를 통하여 대중에게 선포한 믿음과는 전혀 딴판이었다….
>
> 우리 할머니가 몇 푼이라도 더 아껴 헌금에 보태려고 밤중에 히터를 끄고 지내시는 동안 그들은 자기들만의 거대한 제국을 세웠다. 그들의 믿음은 해로운 믿음이었다. 그것은 그들을 믿은 많은 사람들에게 독이 되었고, 이런 대중매체 사역자들이 은혜를 등지는 모습을 지켜본 많은 사람들의 하나님에 대한 관점을 왜곡시켜놓았다. 그 결과 사역자라면 무조건 다 양 떼를 벗겨먹으려 드는 사이비라고 생각하는 사람들이 오늘날 많이 있다. 이런 냉소적인 사람들의 유해하고 불건전한 신앙관은 대중매체에서 본 그런 유해한 본보기들 때문에 생겨난 것이다.[12]

바울이 똑같은 문제들로 통탄한 그때는 주님이 사도들에게 세계 복음화의 사명을 맡기신 뒤로 채 한 세대도 지나지 않아서였다. 과학 기술이 발전하면서 종교적 착취자들의 목소리도 더 커졌지만 – 자신들의 거짓말을 더 빠른 속도로, 더 효과적으로 복제하여 유포하고 있다 – 별로 달라진 것은 없다. 그들이 변질된 모습과 그들이 쓰는 방법은 똑같다. 그래서 사도는 지하 감옥에 빛이 스러져갈 즈음 에베소의 이 소심한 친구에게 편지를 써서, 배교를 퍼뜨리는 사람들을 드러내고 그들에게 맞설 것을 권했다. 2천 년이 지난 지금도 바울의 말은 진리를 변호하는 모든 사람에게 감화를 주고 그들을 무장시켜주고 있다.

—2:14—

항상 실제적인 설교자였던 바울은 사이비들을 드러내고 그들에게 맞서는 방법으로 자신의 제자에게 구체적인 지침들을 주었다. 우선 그 지침들은 한 가지 당연한 일로 시작된다. 진리를 선포하라는 것이다!

NASB를 비롯한 여러 역본에 "그들로"라는 대명사가 첨가된 이유는, 헬라어와 달리 영어에서는 "기억하게 하여"라는 말에 그 대상을 나타내는 목적어가 없으면 이상해 보이기 때문이다. 바울의 명령을 직역하면 "너는 이 일을 기억하게 하여"가 된다. 누구에게 기억하게 하라는 말인가? 기회 있을 때마다 모든 사람에게 하라는 말이다.

"이 일(들)"이란 바울이 방금 찬송가를 인용하여 예찬했던 그 진리들을 가리킨다.

> "우리가 주와 함께 죽었으면 또한 함께 살 것이요 참으면 또한 함께 왕 노릇 할 것이요 우리가 주를 부인하면 주도 우리를 부인하실 것이라 우리는 미쁨이 없을지라도 주는 항상 미쁘시니 자기를 부인하실 수 없으시리라"(2:11-13).

목사 디모데에게 바울은 진리를 선포하는 것 외에도 "말다툼"을 하지 못하게 하라고 권했다. 이 단어는 드물게 쓰이는 합성어를 번역한 것으로, 바울이 디모데에게 보낸 첫 번째 편지(딤전 6:4)에서 사용한 문구와 똑같다. 그것을 직역하면 "말싸움"이 된다. 헬라의 한 풍자작가는 스토아 학파와 에피쿠로스 학파 사이의 변론을 "말싸움"[13]이라 표현했는데, 일부러 그 단어를 써서 그들의 한심한 상태를 드러내려 한 것이다.

—2:15-16—

바울이 디모데에게 명령들을 제시한 순서가 내 호기심을 자극한다. 14절에서 바울은 이 목사에게 진리를 선포하고 말싸움을 막는 공적인 사역을 수행하라고 명한다. 그러고나서 15-16절에서는 디모데에게 사적인 사역에 헌신할 것을 권하는데, 그것은 바로 디모데 자신이 진리에 정통하고 말싸움을 피하는 것이다. 바울의 말은 "설교부터 하고 그다음에 너도 네가 설교한 대로 실천하라"는 것과 같다.

순서가 바뀐 것처럼 보일 수 있다. 실천이 먼저이고 설교가 다음일 것 같다. 하지만 그렇게 되면 목사가 전문가의 수준에 도달한 후에야 모든 경건한 것들에 대한 전문가로서 자신의 교회를 사역할 수 있다는 의미가 풍긴다. 사실 목사는 결코 '도달하지' 못한다. 목사는 언제나 진행 중이고 언제나 성장하는 중이다. 더욱이 목사가 권면할 수 있는 권위는 스스로 완전한 모범이 되는 데서 비롯되지 않는다. 목사는 하나님의 말씀의 권위 위에 서 있다. 목사의 설교는 회중의 어느 누구 못지않게 바로 자기 자신을 향한 것이다(나는 주일날 내가 전하는 메시지에 나 자신이 찔릴 때가 자주 있다).

설교가 먼저이고 실천이 다음이라는 바울의 이 순서는 또한 목사가 정기적으로 공적인 사역에서 물러나 하나님 앞에 서서 자신을 성찰해야 함을 암시해준다. 사역자들, 특히 목사들에게는 그런 시간이 꼭 필요하다. 어느 저명한 리더십 잡지에 보고된 한 조사 결과에 따르면, 많은 지도자들에게 자아 인식이라는 자질이 부족하다고 한다. 사실 그런 결함이 비일비재한 현실을 보고 경영 전문가들은 '360도 피드백 평가'라는 아플 만큼 정확한 리더십 평가 제도를 고안해냈다. 이것은 상사 둘, 동료 둘, 부하 둘 등 모두 여섯 명에게 그들의 지도자에 대한 상세한 설문지를 익명으로 작성하게 하는 것인데, 평가 결과는 대개 그 지도자들을 충격에 빠뜨린다. 본인이 보는 자신과 동료들의 눈에 비친 자신이 크게 다를 때가 많은 것이다.

바울은 디모데에게 자신을 지속적으로 성찰할 것을 권했다. 사이비들은 무슨 수를 써서라도 그것을 피한다. 그들은 스스로 반성하지 않고, 외부의 감시를 거부하며, 감히 하나님 앞에 서서 그분이 평가를 받지도 않는다. 그러나 주님의 검열을 통과하는 목사는 양 떼 앞에서 부끄러울 것이 없는 삶을 살게 되며, 이는 교인들에게 건강한 믿음을 권면하는 데 꼭 필요한 부분이다. 교인들은 일단 목사가 하나님 말씀의 특정한 진리를 선포하는 것을 들었으면, 이제 목사가 그 진리대로 사는지 반드시 지켜본다.

"옳게 분별하며"라는 말에 특히 유의하기 바란다. 영어 흠정역(KJV)에는 그것이 "옳게 구분하며"로 옮겨져 있다. 이 표현은 "삶으로 실천하며"로 옮기는 것이 더 좋다. 다시 말해서 디모데는 진리의 말씀을 옳게 분별하되 자신의 행위로 그렇게 해야 한다. "그가 거짓 교사들보다 나음은 그가 말씀을 더 잘 전할 수 있다거나 말씀을 신학적으로 정당한 형태로 제시해서가 아니라, 그가 진리의 말씀을 자신의 삶으로 바르게 따르며 그리하여 말씀을 확증하기 때문이다."[14]

강해 설교는 하나님의 말씀을 부지런히 연구하고 정확히 해석하여 효과적으로 전달하는 일로서, 그것을 대신할 수 있는 것은 아무것도 없다. 그것은 목회의 핵심에 해당하는 본질적인 직무다. 그러나 그것은 바울이 이 구절에서 요구한 기준의 최소한에 지나지 않는다. 히브리의 지혜 개념에서 볼 때 – 바울이 생애의 전반부를 유대 문화에 젖어 살았고, 랍비들의 전통을 최고 수준에서 수학했음을 우리는 잊어서는 안 된다 – 삶의 실천이 없는 지식은 아무런 의미가 없다.

비만인 영양사들, 징역형을 살고 있는 변호사들, 줄담배를 피우는 의사들, 파산한 재정 고문들 그리고 하나님의 말씀에 어긋나게 살아가는 설교자들을 조심하라!

—2:17-18—

"망령되고 헛된 말"(참고 딤전 1:9, 6:20, 딛 3:9 주해)을 금한 후에 바울은 친구 디모데에게 그런 말의 치명적인 결과를 상기시킨다. 그러고나서 두 사람의 부정적인 본보기를 예로 드는데, 틀림없이 디모데도 그들을 잘 알았을 것이다.

"악성 종양"이라는 말은 '괴저(gangrene)'를 뜻하는 헬라어 단어를 번역한 것이다. 이 단어에는 독이 체내로 퍼져나간다는 개념이 들어 있다. 소독제가 발견되기 전 그리고 사람들이 철저한 위생의 중요성을 깨닫기 전까지만 해도 이것은 의학적으로 무서운 병이었다. 괴저를 직접 본 사람은 우리 중에 별로 없으므로, 요즘으로 말하자면 암이 좀 더 실감나는 예가 될 것이다. "망령되고 헛된 말" – 성경을 떠나 영적인 진리들을 이해하려는 인간들의 시도, 즉 철학을 바울은 그렇게 표현했다 – 은 몸에서 잘라내야지 그렇지 않으면 전이되어 사람을 죽인다. 그것이 이 단어의 개념이다.

그 예로 바울은 자신이 전에 회중에서 '잘라낸' 두 사람을 거명한다. 그 사건들을 아마 디모데도 직접 보았을 것이다. 과거에 후메내오는 복음이 순종을 요구하지 않는다고 가르친(딤전 1:18-20) 인기 있는 이단자 알렉산더(딤후 4:14, 참고 행 19:33)와 한 패가 되었다. 그러다 그는 나중에는 빌레도와 함께 부활에 대한 잘못된 개념을 퍼뜨렸는데, 부활이 오직 영적인 일이라거나(참고 고전 4:8, 15:12) 또는 이미 이루어졌다는 내용이었다(살후 2:1-4 참고). 에베소에 편만해 있던 헬라 철학은 몸의 부활을 터무니없는 일로 일축했기 때문에, 거짓 교사들은 그러한 갈등을 무마하려고 기독교 교리를 적당히 고쳤을 것이다. 헬라인들에

디모데후서 2장 15절에 나오는 *Orthotomeō*의 의미

여태까지의 내 기억으로 보면 설교자들은 디모데후서 2장 15절을, 성경을 연구하여 정확한 의미를 분별한 다음, 그에 따라 말씀을 전해야 한다는 자신들의 사명으로 받아들였다. 하지만 사도가 이 구절에서 의도한 바는 그게 전부가 아니었을 수도 있다. 내 말을 오해하지는 말라. 강해 설교는 하나님의 말씀을 부지런히 연구하고 정확히 해석하여 효과적으로 전달하는 일로서 목회의 핵심에 해당한다. 무엇으로도 그 일을 대신할 수는 없다. 하지만 바울은 여기서 목회의 더 깊은 차원으로 들어갔을 수도 있다. 그것은 바로 목사 자신의 삶과 성품이다.

"옳게 분별하여"로 옮겨진 헬라어 동사는 *orthotomeō*로 직역하면 '똑바로 자르다'는 뜻이지만, 은유적으로는 둘 중 하나의 의미로 쓰일 수 있다. 첫째, '능숙하고 정확하게 다루다'는 뜻인데, 디모데후서 2장 15절을 옮긴 대부분의 역본이 이런 의미를 선호한다. 이것을 적용하면 '진리의 말씀을 정확히 이해하여 바르게 전하다'는 뜻이 된다. 그러나 이런 해석을 뒷받침해주는 증거는 사실상 전무하다. 오히려 두 번째 은유적인 의미를 뒷받침해주는 증거가 훨씬 강력한데, 그것은 바로 '실천하다, 이론을 실제가 되게 하다'는 뜻이다.

흥미롭게도 *orthotomeō*라는 동사는 구약 성경 헬라어 번역본의 다음 두 구절에만 나올 뿐, 그 외에는 어떤 종류의 헬라 문헌에서도 찾아볼 수 없다.

- "너는 범사에 그를 인정하라 그리하면 네 길을 지도하시리라"(잠 3:6, 밑줄 나의 강조).
- "완전한 자의 공의는 자기의 길을 곧게 하려니와 악한 자는 자기의 악으로 말미암아 넘어지리라"(잠 11:5, 밑줄 나의 강조).

히브리어 잠언을 헬라어로 번역한 유대인 학자들이 이 단어를 새로 만들어냈거나[15], 아니면 이 헬라어 단어가 유대인 사회 내에서 구어(口語) 형태로 사용되고 있었다. 두 구절 모두에서 이 동사는 '길'을 뜻하는 *hodos*를 직접 목적어로 취하고 있으며, 따라서 돌이나 흙더미를 치워 언덕과 골짜기를 평평하게 한다는 이미지를 바탕에 깔고 있다. 이런 의미에서 볼 때 토목 기사들이 한 곳에서 다른 곳으로 "길을 곧게 깎았다"는 말이 가능하다.[16] 은유적으로 이 표현에는 마음에 바라는 일을 실제 가능한 일로 변화시킨다는 개념이 들어 있다. 그래서 잠언 11장 5절은 행동이 바르면 삶의 길에 걸림돌들이 없어져, 의인은 자기가 원하는 곳에 이르게 된다고 선포하고 있다.

"진리의 말씀"과 관련하여 디모데를 권면할 때 선택할 수 있는 단어나 표현이 얼마든지 많이 있는데도, 바울은 하필 잠언의 두 구절에만 사용된 이 동사를 골랐다. 이 동사는 인생길을 가는 방법으로 순종을 촉구하고 있다. 그러므로 바울이 이번 난락(2:14-19)에서 말하려는 논지의 맥락에서 볼 때, 15절의 *orthotomeō*는 다음과 같이 이해하는 것이 더 나아 보인다. "진리의 말씀으로 길을 곧게 깎아 부끄러울 것이 없는 일꾼으로 인정된 자로 자신을 하나님 앞에 드리기를 힘쓰라." 이것을 다시 은유적으로 고치면 이 구절은 다음과 같이 된다. "진리의 말씀을 삶으로 실천하여 부끄러울 것이 없는 일꾼으로 인정된 자로 자신을 하나님 앞에 드리기를 힘쓰라"(밑줄 나의 강조).

게는 그냥 영적인 부활이 훨씬 더 마음에 들었을 것이다. 사실 그것은 그들 자신의 신념과 크게 다르지 않았다.

불행히도 세상 체제는 언제나 기독교 교리를 비위에 거슬리거나 터무니없는 것으로 여길 것이다. 이슈들은 변해도 긴장은 똑같다. "진리의 말씀"은 선택을 요구한다. 그러므로 우리는 다른 어떤 학문보다도 성경을 더 연구해야 한다. 그렇다고 과학이나 수학이나 정치나 문학이나 심지어 철학을 공부하지 말아야 한다는 뜻이 아니다. 흔히들 말하듯이 "모든 진리는 하나님의 진리다." 다만 우리는 다른 모든 지식을 하나님 말씀의 권위에 복종시켜야 한다. 과학이나 철학과 조화를 이루고자 하나님의 말씀을 마음대로 곡해하려는 사람들은 가짜 복음을 퍼뜨리는 것이고, 그리하여 유해한 믿음을 퍼뜨리는 것이다.

—2:19—

"그러나…" 다음 문장을 이 강력한 대조 접속사로 시작함으로써 이제 바울은 말하자면 페이지 전면에 두 줄을 굵게 쫙쫙 긋고 있다. 배교의 모든 위험에도 불구하고, 영향력 있는 지도자들의 이반에도 불구하고, 그들이 많은 영혼들을 잘못된 길로 이끌고 있음에도 불구하고, 교회가 얼마나 많은 피해를 입었든 관계없이 하나님의 진리라는 기초(터)는 여전히 견고하고 든든하다는 것이다.

이 글을 쓰고 있던 시점에 바울이 처해 있던 상황을 잊지 말라. 복음을 들고 서쪽으로 나아가고 있어야 할 시간에 사도는 범죄자들을 가두는 지하 감옥에서 어처구니없는 불의를 당하고 있었다. 교회에 수많은 영혼들이 더해질 수도 있던 그때에 한 광인이 그리스도인들을 잡아다 모욕하고 고문하고 죽이고 있었다. 이 모두가 네로에게는 한낱 오락거리에 지나지 않았고, 자기 동족의 비위를 맞추기 위함이었다. 그러나….

바울은 건물의 주춧돌에 공식 인장을 새긴다는 익숙한 이미지를 빌려왔다. 그 돌에 새겨진 인장은 침입이나 파괴로부터 그 건물을 보호하는 의미가 있었다. 그것은 침입자에게 "이 건물을 건드리면 대가를 톡톡히 치르게 된다!"는 암시적인 경고였다. 진리의 기초에 새겨진 인장은 두 개의 글귀로 되어 있다. 교회의 초석에 보란 듯이 명시된 이 두 진술은 신자들의 정체성의 문제를 서로 다른 관점에서 말해주고 있다.

진술 1: "주께서 자기 백성을 아신다"(참고 요 10:14, 롬 8:29, 고전 8:3). 참된 교회는 주 예수 그리스도께 속한 사람들로 이루어져 있다. 그들은 선택받은 사람들이며(마 24:31, 롬 8:33, 골 3:12, 딤후 2:10), 예수 그리스도를 천국에 가는 유일한 희망으로 믿고 의지한 사람들이다(요 3:16, 11:25-26).

아무도 주님께 "저도 주님의 것이니 저를 잊지 마십시오!"라고 외칠 필요가 없다. 그분은 위선에 속지 않으시며, 그분의 사람이 혹시 실패했다 해서 그 사람을 알아보지 못하실 리도 없다. 이 땅의 어느 누구도 누가 구원받은 영혼이고 누가 잃어진 영혼인지 확실히 가려낼 수 없지만 하나님만은 확실히 아신다.

진술 2: "주의 이름을 부르는 자마다 불의에서 떠날지어다"(참고 요 14:15, 요일 3:6, 9, 5:18). 참된 교회는 죄를 단호히 물리치는 사람들로 가득하다. 그들에게 죄가 없다는 말이 아니다. 사실 그들은 지독히 흠이 많은 사람들이다. 하지만 그들은 죄를 미워하며, 삶 속에서 악에 끌리지 않고자 혼신을 다한다.

하나님이야 그분의 백성을 아시지만, 신자들의 정체가 외부로 나타날 때는 순종으로 나타나야 한다. 하나님의 백성으로 자처하면서 계속 죄 가운데 행하는 사람들은 교회를 욕되게 하고 유해한 믿음을 조장한다.

하나님의 주권이 인간의 책임을 부정하지는 않지만, 그래도 이것 하나만은 확실하다. 기초가 늘 견고하다는 것이다!

1775년에 존 리폰(John Rippon)은 한창때인 스물다섯의 나이에 런던의 카터스 레인(Carter's Lane) 침례교회에서 섬기기 시작하여 63년 동안 그 자리를 지켰다. 그는 교회에서 음악이 차지하는 역할을 더 확장시키고 싶어 자칭 '와츠(Watts) 박사의 시와 찬송에 붙이는 부록'을 수집하여 「명작 찬송 선집(*A Selection of Hymns from the Best Authors*)」이라는 제목으로 출간했다. 이 찬송가는 영국 전역의 교회들에 일대 반향을 불러일으키면서 자그마치 15판을 거듭했다. 결국 이 책은 미국에서도 기독교 음악의 중요한 자원이 되었다.

리폰이 펴낸 그 찬송가에 작자가 'K—'라고만 알려진 찬송이 하나 나오는데, 원제는 '아주 크고 귀한 약속들(Exceedingly Great and Precious Promises)'이다. 오늘날에는 제목이 1절 가사의 첫줄로 알려져 있다.

주 믿는 성도의 견고한 기초
주의 확실한 말씀에 있도다.
예수께 피하여 온 너에게
이미 주신 말씀으로 족하도다.

너 병들 때나 건강할 때나
가난할 때나 부요할 때나
집 떠나 멀리 있을 때에도
날마다 필요한 새 힘 주시리.

두려워 말라 내가 함께함이요
놀라지 말라 나는 네 하나님이니
내 너를 굳세게 세워주리라.
내 의로운 오른손으로 붙들리라.

깊은 물 가운데로 지날 때도
홍수가 너를 삼키지 못하리니
네 고난이 변하여 복이 되고
네 슬픔도 거룩하게 변하리라.

네 앞길에 불 시험이 닥쳐와도
내 은혜가 네게 족하도다.
불꽃이 너를 해치지 못하리니
내 너를 정금 같이 연단하리.

영원히 변치 않는 내 사랑
예전의 내 백성이 증언하니

너 백발의 노인이 되어도
양처럼 내 품에 널 안으리.

죽음을 예수께 의탁한 영혼
원수가 손대지 못하리라.
지옥이 네 영혼 흔들려 해도
내 결코 너를 버리지 않으리.[17]

적용
한 주간 동안 내가 하는 설교 준비

목사들끼리 흔히 하는 말이 있다. "주일이 왜 이렇게 자주 돌아오지!" 누구 한 사람이 그 말을 하면 좌중에 회심의 웃음이 번져나간다. 설교에 은사가 있든 없든, 한 주간이 순탄했든 예기치 못한 일들로 가득했든, 시시콜콜한 일들로 아무리 괴롭고 힘들었든, 어쨌든 주일 오전이라는 시간은 육중하게 움직이는 막을 수 없는 화물 열차처럼 다가온다. 그러므로 당신은 설교를 준비하든지 비켜날 준비를 하든지 둘 중 하나를 해야 한다!

설교는 담임 목사의 역할 중에서 가장 중요한 부분이다. 어떤 교회들은 목사에게 주일 오전, 주일 저녁, 주중의 수요일 저녁 등 매주 세 편의 메시지를 준비할 것을 요구한다. 수요일 저녁도 '기도회'라고는 하지만 사실상 다른 두 번의 예배와 다를 바 없다. 다행히 우리 교회는 다른 방식을 취하고 있으며, 다른 많은 훌륭한 교역자들이 리더십의 짐을 나와 함께 분담하고 있다. 그래서 나는 매주 설교를 한 편만 준비하여 주일에 두 차례씩 전한다(전에는 주일마다 설교를 다섯 번씩 한 적도 있다).

세월이 흐르는 사이 내게 적합한 한 주간의 틀이 생겼다. 이런 틀이 있으면 사람들 눈에 잘 띄지 않는 다른 많은 직무들을 소홀히 하지 않으면서도 목회에서 가장 눈에 띄는 부분인 설교를 잘 감당해낼 수 있다. 다음에 소개하는 내 스케줄은 한 주간 동안 한 편의 설교가 어떻게 완성되어가는가를 적은 것이다.

강해 설교의 한 가지 큰 장점은 다음 주에 무슨 설교를 해야 할지 고민할 필요가 없다는 것이다. 내 설교의 주제는 신문 헤드라인에서 건진 인기 있는 화제도 아니고, 문득 떠올랐거나 꿈에서 본 기발한 깨달음도 아니다. 나는 지난주에 강해했던 본문의 바로 다음 부분을 가지고 설교하기 때문에 본문 자체에 주제가 정해져 있다. 나는 다만 주님이 그 본문을 통하여 나에게 계시해주신 내용을 교인들에게 전할 뿐이다. 물론 결혼이나 고난의 교리 등 특정한 주제로 시리즈 설교를 할 때도 있으나 그때도 역시 강해 설교다. 나는 해당 주제에 관한 본문들을 모은 다음, 그 본문들을 설명하고 적용한다.

성경의 한 책을 쭉 설교해나갈 때 나는 대개 그 책 전체를 통독하고나서 적당한 분량으로 단락을 나눈다. 이러한 구상은 실제로 설교를 준비하는 과정에서 늘 바뀌기 때문에 이 단계에서는 아직 외부에 발표하지 않는다. 하지만 이렇게 미리 단락을 구분해보면 명절과 휴가를 포함하여 주일이 몇 번이나 필요할지를 가늠하는 데 도움이 되고, 또 다른 교역자들 특히 예배와 음악을 담당하는 목사가 자신의 분야를 준비하는 데도 도움이 된다.

주일 저녁

점심 식사를 하고 길게 낮잠을 자고나서(대개 풋볼 중계를 앞에 켜놓고!) 주일 저녁이 되면 나는 다음 주의 본문을 읽고 싶은 충동을 물리칠 수 없다. 하지만 이날은 읽는 것만으로 그친다. 일단 본문이 머릿속에 들어가 있으면 그것이 내 생각의 일부가 된다. 그렇게 본문을 생각 속에 품고 있으면 큰 도움이 된다.

월요일

월요일은 사실 하루 종일 휴식도 취하고 집안일도 처리해야 하는 휴무일이다. 하지만 수요일까지 교회에 설교 개요를 넘겨야 하므로 나는 본문의 내용과 방향을 어느 정도 숙지해야 한다. 그래서 이날 중에 시간을 좀 내서 본문을 읽고 – 항상 소리 내서 읽는다 – 개요를 대강 작성한다(물론 나중에 더 다듬는다).

화요일

화요일은 연구에 몰두하는 날이다. 우선 원어를 관찰하는데, 처음에는 두어 권의 사전 외에 다른 참고 자료의 도움은 받지 않는다. 핵심 용어들과 구문에 주목하되 나는 일부 주석가들처럼 일일이 모든 동사를 분석하거나 모든 문장을 도해하지는 않는다. 다만 무언가 특이하거나, 호기심을 끌거나, 중요한 것이 보이면 그 부분을 자세히 검토한다. 마태복음 1장 16절을 예로 들어보자. "야곱은 마리아의 남편 요셉을 낳았으니 마리아에게서 그리스도라 칭하는 예수가 나시니라." 영어의 관계 대명사 whom이 헬라어로 여성형 단수라는 사실이 즉각 내 눈에 띄었는데, 이는 영어로는 명확히 전달되지 않는 부분이다. 마태는 예수님이 육신적으로 마리아 한 쪽만의 아들임을 강조하려고 이 문장을 신중히 다듬었다. 물론 나는 불필요한 단어 연구나 헬라어 구문에 대한 교육으로 교인들을 따분하게 만들 생각은 없다. 하지만 이 정보만은 꼭 포함시켜야 할 내용이다.

본문을 철저히 관찰했으면 이제 해석 작업에 들어간다. 인간 저자가 전달하려 한 내용과 그 목적은 무엇인가? 이 단계에서는 본문을 둘러싼 정황을 이해하기 위하여 역사적인 자료들을 참고한다. 나는 인간 저자, 그의 영향력과 관점, 나아가 이 글의 시대적 정황과 지리적 위치를 최대한 자세히 알고 싶다. 아울러 나는 이 글을 써야만 했던 상황도 검토하는데 여기에는 본래의 청중의 필요, 그들의 지리적 위치와 형편과 문화, 그들에게 영향을 미치던 요소들까지도 포함된다. 본문에 비유적 표현, 은유, 구약 성경의 인용, 이야기 등이 나오면 나는 그것을 그들의 시대와 문화라는 관점에서 듣고 싶다. 이런 정보는 각종 백과사전, 역사책, 주석 등에서 충분히 얻을 수 있다.

아울러 상관관계를 살펴보는 작업도 한다. 이는 본문이 성경의 이 특정한 책 자체와 성경 전체의 문맥에 어떻게 맞아들어가는지를, 특히 동일한 주제를 다루고 있는 다른 본문들에 비추어 검토하는 과정이다. 예컨대 바울과 요한은 같은 문제에 대하여 다른 말을 했을 수 있는데, 둘 다 무오한 하나님의 진리를 기록했으므로 우리는 그 둘의 말에 어떤 상관관계가 있는지를 파악해야 한다.

이 단계에서는 본문을 제시하는 방법이나, 적용하는 방법에 대해서는 너무 많이 생각하지 않으려 한다. 그래도 대개 세 가지 중요한 요소들이 머릿속에 떠오르기 시작하는데 그것은 바로 제목, 도입부 그리고 가능한 적용이다. 떠오른 내용을 놓치지 않으려고 일단 적어두기는 하지만 지금은 성경 본문을 연구하는 데 초점을 유지한다. 하지만 결국은 다른 부분들에도 손대고 싶어지므로 우선은 도입부부터 시작한다.

수요일

거의 예외 없이 그 전날 중에 적용 부분이 이미 머릿속에 구상되어 있지만, 아직 구체적인 표현으로 다듬은 상태는 아니다. 제목도 이미 윤곽이 잡혀 있다. 도입부는 화요일에 작업을 시작했을 수 있지만 수요일을 거의 다 바쳐 신중히 작성한다. 설교의 방향도 이미

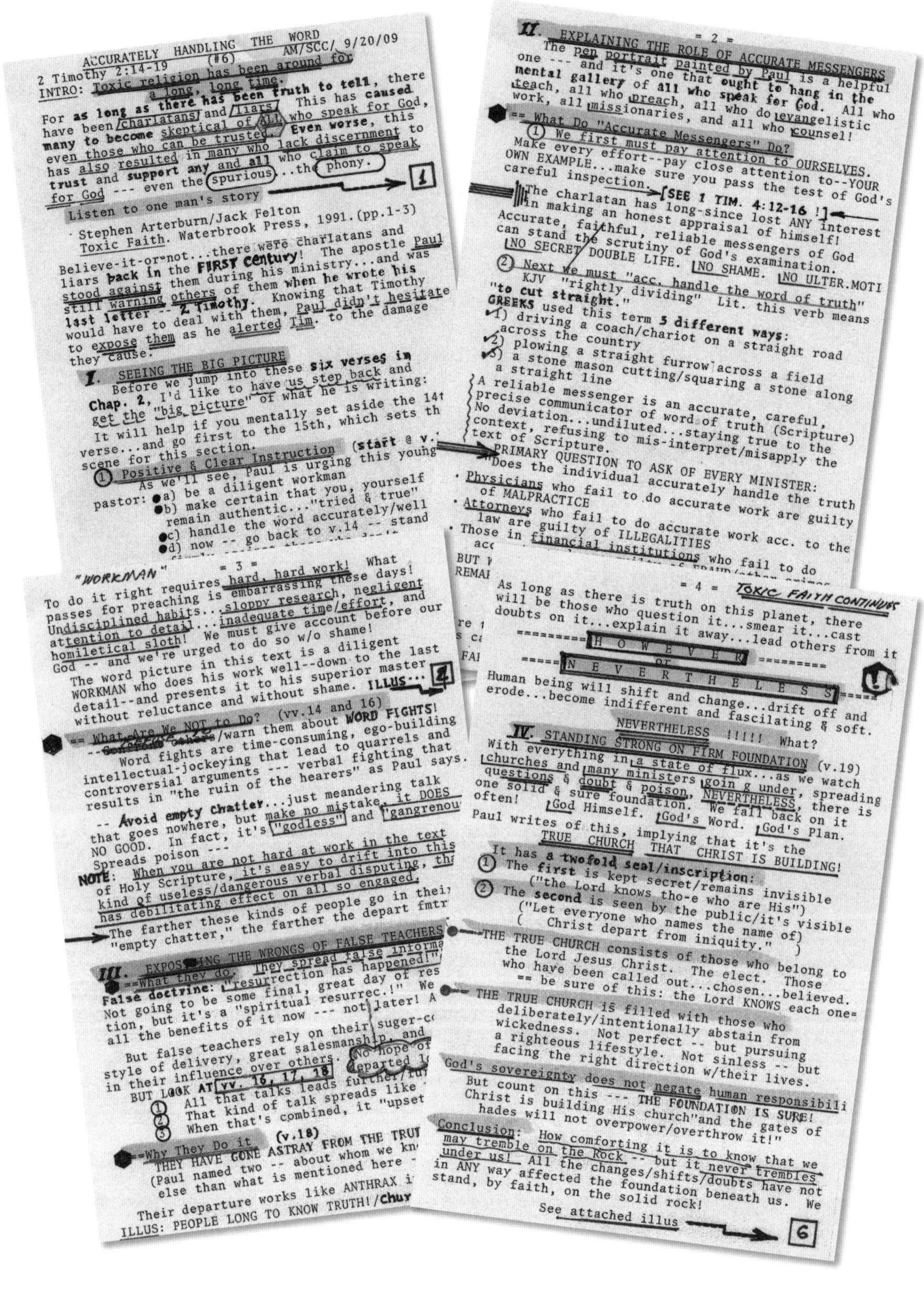

ACCURATELY HANDLING THE WORD
2 Timothy 2:14-19 (#6) AM/SCC/ 9/20/09
INTRO: Toxic religion has been around for a long, long time.
For as long as there has been truth to tell, there have been charlatans and liars who speak for God. This has caused many to become skeptical of ALL who speak for God, even those who can be trusted. Even worse, this has also resulted in many who lack discernment to trust and support any and all who claim to speak for God --- even the spurious...the phony. → 1
Listen to one man's story
· Stephen Arterburn/Jack Felton
Toxic Faith. Waterbrook Press, 1991.(pp.1-3)
Believe-it-or-not...there were charlatans and liars back in the FIRST Century! The apostle Paul stood against them during his ministry...and was still warning others of them when he wrote his last letter -- 2 Timothy. Knowing that Timothy would have to deal with them, Paul didn't hesitate to expose them as he alerted Tim. to the damage they cause.
I. SEEING THE BIG PICTURE
Before we jump into these six verses in Chap. 2, I'd like to have us step back and get the "big picture" of what he is writing:
It will help if you mentally set aside the 14t verse...and go first to the 15th, which sets th scene for this section.
① Positive & Clear Instruction (start @ v.
As we'll see, Paul is urging this young pastor: ●a) be a diligent workman
●b) make certain that you, yourself remain authentic..."tried & true"
●c) handle the word accurately/well
●d) now -- go back to v.14 -- stand

= 2 =
II. EXPLAINING THE ROLE OF ACCURATE MESSENGERS
The pen portrait painted by Paul is a helpful one --- and it's one that ought to hang in the mental gallery of all who speak for God. All who teach, all who preach, all who do evangelistic work, all missionaries, and all who counsel!
== What Do "Accurate Messengers" Do?
① We first must pay attention to OURSELVES.
Make every effort--pay close attention to--YOUR OWN EXAMPLE...make sure you pass the test of God's careful inspection. [SEE 1 TIM. 4:12-16 !]
The charlatan has long-since lost ANY interest in making an honest appraisal of himself!
Accurate, faithful, reliable messengers of God can stand the scrutiny of God's examination.
NO SECRET DOUBLE LIFE. NO SHAME. NO ULTER.MOTI
② Next we must "acc. handle the word of truth"
KJV "rightly dividing" Lit. this verb means "to cut straight."
GREEKS used this term 3 different ways:
1) driving a coach/chariot on a straight road across the country
2) plowing a straight furrow across a field
3) a stone mason cutting/squaring a stone along a straight line
A reliable messenger is an accurate, careful, precise communicator of word of truth (Scripture) No deviation...undiluted...staying true to the context, refusing to mis-interpret/misapply the text of Scripture.
→ PRIMARY QUESTION TO ASK OF EVERY MINISTER:
Does the individual accurately handle the truth
· Physicians who fail to do accurate work are guilty of MALPRACTICE
· Attorneys who fail to do accurate work acc. to the law are guilty of ILLEGALITIES
· Those in financial institutions who fail to do acc

"WORKMAN" = 3 =
To do it right requires hard, hard work! What passes for preaching is embarrassing these days! Undisciplined habits...sloppy research, negligent attention to detail...inadequate time/effort, and homiletical sloth! We must give account before our God -- and we're urged to do so w/o shame!
The word picture in this text is a diligent WORKMAN who does his work well--down to the last detail--and presents it to his superior master without reluctance and without shame. ILLUS... 4
== What Are We NOT to Do? (vv.14 and 16)
-- Confront others/warn them about WORD FIGHTS!
Word fights are time-consuming, ego-building intellectual-jockeying that lead to quarrels and controversial arguments --- verbal fighting that results in "the ruin of the hearers" as Paul says.
-- Avoid empty chatter...just meandering talk that goes nowhere, but make no mistake, it DOES NO GOOD. In fact, it's "godless" and "gangrenou Spreads poison ---
NOTE: When you are not hard at work in the text of Holy Scripture, it's easy to drift into this kind of useless/dangerous verbal disputing, tha has debilitating effect on all so engaged.
→ The farther these kinds of people go in thei "empty chatter," the farther the depart fmtr
III. EXPOSING THE WRONGS OF FALSE TEACHERS
● ==What they do. They spread false informa
False doctrine: "resurrection has happened!"
Not going to be some final, great day of res tion, but it's a "spiritual resurrec.!" We all the benefits of it now --- not later! A
But false teachers rely on their suger-co style of delivery, great salesmanship, and in their influence over others. No hope of departed l
BUT LOOK AT vv. 16, 17, 18
① All that talks leads further/fu
② That kind of talk spreads like
③ When that's combined, it "upset
● ==Why They Do it (v.18)
THEY HAVE GONE ASTRAY FROM THE TRUT
(Paul named two -- about whom we kn else than what is mentioned here -
Their departure works like ANTHRAX i
ILLUS: PEOPLE LONG TO KNOW TRUTH!/Chur

= 4 = TOXIC FAITH CONTINUES
As long as there is truth on this planet, there will be those who question it...smear it...cast doubts on it...explain it away...lead others from it
=========H O W E V E R=========
or
=====N E V E R T H E L E S S=====
Human being will shift and change...drift off and erode...become indifferent and fascilating & soft.
NEVERTHELESS !!!!! What?
IV. STANDING STRONG ON FIRM FOUNDATION (v.19)
With everything in a state of flux...as we watch churches and many ministers goin g under, spreading questions & doubt & poison, NEVERTHELESS, there is one solid & sure foundation. We fall back on it often! God Himself. God's Word. God's Plan.
Paul writes of this, implying that it's the TRUE CHURCH THAT CHRIST IS BUILDING!
It has a twofold seal/inscription:
① The first is kept secret/remains invisible ("the Lord knows tho-e who are His")
② The second is seen by the public/it's visible ("Let everyone who names the name of) (Christ depart from iniquity.")
●— THE TRUE CHURCH consists of those who belong to the Lord Jesus Christ. The elect. Those who have been called out...chosen...believed. == be sure of this: the Lord KNOWS each one=
●— THE TRUE CHURCH is filled with those who deliberately/intentionally abstain from wickedness. Not perfect -- but pursuing a righteous lifestyle. Not sinless -- but facing the right direction w/their lives.
God's sovereignty does not negate human responsibili
But count on this --- THE FOUNDATION IS SURE!
Christ is building His church"and the gates of hades will not overpower/overthrow it!"
Conclusion: How comforting it is to know that we may tremble on the Rock -- but it never trembles under us! All the changes/shifts/doubts have not in ANY way affected the foundation beneath us. We stand, by faith, on the solid rock!
See attached illus → 6

알고 있고, 본문 중에서 강조할 부분들도 알고 있으므로 이제 내게는 도입부가 굉장히 중요해진다. 도입부는 메시지의 방향을 제시함과 동시에 교인들을 어떻게 그 목적지로 이끌어갈 것인지를 밝히는 부분이다. 대개 나는 도입부만 따로 한 페이지에 적는다. 첫줄은 외울 때가 많은데, 그러면 설교가 힘차게 시작된다.

주일의 주보에 실릴 설교 개요를 이날 완성하여 인쇄를 담당하는 사람들에게 넘긴다.

목요일

목요일에는 거의 하루 종일 메시지에 세부적인 살을 입힌다. 도입부도 작성되었고 개요도 대강 완성되었으니 이제 각 요점을 얼마나 강조할 것인지, 그리고 좀 더 전문적인 언어나 신학 부분을 어떻게 현학적이지 않게 알리고 설명할 것인지를 정하는 문제만 남았다. 적용할 내용이 이미 떠오른 상태이기는 하지만, 원리들을 종합하여 적용으로 연결시키기 전에 우선 메시지를 모두 완성한다.

적용할 내용을 찾아낼 때는 그것이 다른 사람들의 삶과 어떻게 연관되는가의 관점에서 생각한다. 물론 때로는 나 자신의 삶과 연관시키기도 한다. 예화는 종종 나 자신의 경험에서 나오지만, 동시에 나는 교인들 개개인의 필요를 생각하려 한다. 그러려면 당연히 개인적인 접촉을 통하여 교인들의 필요를 어느 정도 알고 있어야 한다.

화요일과 수요일에는 연구 시간이 많이 필요해도 외부의 방해를 비교적 쉽게 수용할 수 있다. 그러나 목요일에는 정말 방해받지 않는 시간이 필요하다. 그래야 모든 것을 종합하여 대지를 작성할 수 있다. 그래서 나는 다른 날과는 달리 목요일만은 혼자만의 시간으로 지킨다. 이날이 끝나면 설교가 거의 다 완성된다.

금요일

금요일에는 주로 다른 직무들을 보지만 그래도 설교가 머릿속에서 떠나는 적은 없다. 나는 머릿속으로 설교를 복습하면서 그것이 내게 흠뻑 스며들게 한다. 간혹 내용의 순서를 조정하거나, 한 페이지를 다시 작성하여 어느 단락을 다듬을 때도 있다. 하지만 이 단계에서 그런 작업은 최소한에 그친다.

토요일

이날은 본문과 설교를 가지고 기도하는 데 많은 시간을 들이며, 그러면서 여러 번 통독한다. 본문은 대개 두어 가지 다른 번역본으로 읽는다. 어떤 때는 더 좋은 도입부가 생각나

기도 한다. 그러면 그것을 입력하여 본래의 도입부 앞에 둔다. 다음번에 유용하게 쓰일 수 있으므로 본래의 도입부도 설교 원고와 함께 보관한다.

설교 대지를 통독할 때면 나는 조용히 소리 내서 말하는데, 그러려면 나 혼자 있어야 한다. 누가 옆에 있으면 내 생각이 메시지보다 그 사람에게로 쏠리게 된다.

주일

드디어 설교할 시간이 되었다! 나는 막판에 원고를 고치고 싶은 충동을 물리친다. 그래도 어떤 부분을 꼭 고쳐야 할 때도 있다. 주일 아침에 설교 대지를 다시 훑어볼 여유가 별로 없으므로 대개는 1부보다 2부 예배 설교가 더 매끄럽게 전달된다.

설교가 끝나면 나는 설교한 순서대로 원고를 보관하며, 이때 예화도 해당 원고와 함께 둔다. 일일이 예화를 복사하여 색인별로 정리해두지 않다보니 다른 때에 예화를 즉각 찾아보기 어렵다는 단점이 있다. 하지만 다른 정황에서 그 설교를 다시 하게 될 때는 예화까지 모두 갖추어져 있으므로 바로 사용할 수 있다.

주일에는 점심 식사 후에 대개 안락의자에 쓰러져 몇 시간 동안 푹 잔다. 나는 설교를 하고나면 정말 기운이 하나도 없다. 만족스럽지만 몸이 녹초가 된다.

기독교 리더십 개론(디모데후서 2:20-26)

---

[20]큰 집에는 금 그릇과 은 그릇뿐 아니라 나무 그릇과 질그릇도 있어 귀하게 쓰는 것도 있고 천
하게 쓰는 것도 있나니 [21]그러므로 누구든지 이런 것에서 자기를 깨끗하게 하면 귀히 쓰는 그릇이
되어 거룩하고 주인의 쓰심에 합당하며 모든 선한 일에 준비함이 되리라 [22]또한 너는 청년의 정욕
을 피하고 주를 깨끗한 마음으로 부르는 자들과 함께 의와 믿음과 사랑과 화평을 따르라 [23]어리석
고 무식한 변론을 버리라 이에서 다툼이 나는 줄 앎이라 [24]주의 종은 마땅히 다투지 아니하고 모
든 사람에 대하여 온유하며 가르치기를 잘하며 참으며 [25]거역하는 자를 온유함으로 훈계할지니 혹
하나님이 그들에게 회개함을 주사 진리를 알게 하실까 하며 [26]그들로 깨어 마귀의 올무에서 벗어
나 하나님께 사로잡힌 바 되어 그 뜻을 따르게 하실까 함이라.

훌륭한 지도자들은 능력과 성품을 충분히 겸비해야 한다. 교회 지도자들만 아니라 다른 모든 분야의 지도자들도 마찬가지다.

묵상의 서재

다음번 주자는 누구인가?

나는 태어날 때부터 진리를 알았던 것이 아니다. 누구나 그렇듯이 나도 하나님과 분리된 상태로 이 세상에 들어섰고, 빛 가운데 행하는 삶과는 까마득하게 거리가 멀었다. 그분의 은혜로 나는 그리스도의 이름을 부르는 가정에서 태어났다. 그분의 은혜로 나는 성경을 사랑하는 가정에서 자랐다. 또한 그분의 은혜로 나는 부모님에게서 예수 그리스도를 배웠다. 부모님은 나를 교회에 데리고 나가셨고, 주일학교 교사들은 예수님이 어린아이들을 사랑하시듯이 나를 사랑해주었다. 중·고등부 지도자들, 집사님들, 장로님들, 목사님들은 예수님의 삶을 본으로 보여주셨다.

해병대에 입대하여 외국에 주둔하던 시절에 네비게이토 소속의 한 신실한 스승이 내가 처한 모든 상황을 사랑이 많으신 하나님의 눈으로 보는 법을 가르쳐주었다. 신학교에서 나는 지혜로운 교수들의 분별력 있는 지도 아래 예수 그리스도에 대한 더 깊은 진리들을 배웠다. 그리고 여태까지 목회하는 내내 친구들과 동료 교역자들과 몇몇 스승들이 나를 격려해주었고, 역경을 헤쳐나가도록 도와주었다.

나는 말할 수 없이 귀한 유산의 수혜자다. 기독교 리더십의 등불을 이전 세대로부터 물려받은 다른 신실한 사람들이 그것을 내 손에 쥐어주며 이렇게 말했다. “이 빛을 높이 치켜들고 달려라. 이 빛을 잘 간수하라!” 나는 디모데와 바울과 그 위로까지 거슬러 올라가는 긴긴 사슬의 마지막 고리다. 물론 내 손에서 등불을 받을 사람이 아무도 없다면 내가 마지막 고리가 된다는 뜻이다.

당신이 그 사람인가? 이 빛을 받으라. 높이 치켜들고 달려라. 이 빛을 잘 간수하라!

능력은 우리의 행위와 상관이 있다. 유능해지려면 주어진 과제를 수행하는 데 꼭 필요한 지식과 기술을 습득해야 하고, 그것으로 자신이 맡은 일들을 지속적으로 탁월하게 수행해야 한다. 능력은 대개 공적인 자질이다. 사람들은 누군가가 노력한 결과를 보고 그 사람을 유능하다고 판단한다.

그러나 성품은 더 사적인 문제다. 성품은 정직성, 신뢰성, 책임감, 근면함 등 눈에 잘 띄지 않는 내적 자질들과 상관이 있다. 능력이 우리의 행위에 해당된다면, 성품은 우리의 존재를 드러내준다.

믿거나 말거나 능력이 성품보다 더 중요한 자격이 될 때가 간혹 있다. 내가 이 단락을 쓰고 있는 지금, 동료 목사 하나가 일곱 시간에 걸쳐 뇌종양을 제거하는 수술을 받고 회복 중이다. 솔직히 말해서 나는 그 신경외과의사가 좋은 남편이고 좋은 아버지인가, 세금을 속여서 내는가, 남의 험담을 일삼는 사람인가 따위보다 그의 수술 실력에 더 마음이 쓰인다. 그렇다고 내 말을 오해하지는 말라. 나는 성품을 중시하는 사람이다. 다만 외과의사가 사람의 뇌를 가르기 전에 나는 그의 내면생활보다 먼저 그의 수술 이력을 꼼꼼히 살펴볼 것이다.

하지만 대부분의 경우에는 성품이 능력에 영향을 미친다. 이것은 일반 세상에서도 – 특히 지도자들에게 – 그러하며, 교회에서는 더더욱 피할 수 없는 문제다. 그런데 만일 도덕적인 결함은 있으나 유능한 그 외과의사가 당신의 교회에서 성경을 가르치려 하거나, 스스로 집사나 장로 후보로 나선다면 어떻게 될까? 그의 수술 실력은 갑자기 뒷전으로 밀려나게 될 것이다. 영적 지도자의 역할에서는 성품이 능력을 앞지른다. 언제나 그렇다!

바울이 갇혀 있던 로마의 지하 감옥에 서서히 죽음의 그림자가 덮쳐오고 있던 그때, 사도는 자신의 뒤를 이어 리더십의 등불을 들도록 이 젊은 친구를 준비시키면서 계속 성품의 중요성을 강조하고 있다. 그는 병사가 갖는 일편단심의 초점(2:3-4), 승리하는 운동선수의 헌신(2:5), 농부의 오래 참는 근면함(2:6), 일꾼의 투명한 선함(2:15)을 예찬했다. 바울은 디모데가 성품이 뛰어난 사람임을 알았다. 그러지 않았다면 아시아에서 전략적으로 가장 중요한 교회를 이끌도록 디모데를 에베소에 두지도 않았을 것이다. 사도가 걱정한 사람은 디모데라기보다 디모데를 통하여 준비되고 세워질 차세대 지도자들이었다.

—2:20—

워렌 위어스비(Warren Wiersbe)는 「이미지에 담긴 설교(*Preaching and Teaching with Imagination*, 요단출판사)」라는 훌륭한 책에서 이렇게 지적했다. "비유(와 그 밖의 예화)는 처음에 그림처럼 시작되어 거울이 되고 다시 창이 된다. 우선 삶의 단면을 그림처럼 보는 풍경이 있다. 다음 거울 속의 자신을 보는 통찰이 있다. 그리고 계시의 창을 통하여 주님을 보는 비전이 있다."[18] 바울이 19절에 사용한 기초(터)의 이미지는 자연스럽게 집의 이미지를 연상시킨다. 주님은 진리의 견고한 기초를 놓으셨고, 교회라는 구조물은 그 위에 서 있다.

모든 집이 그렇듯이 하나님의 집에도 여러 가지 그릇이 있다. 그중에는 귀한 손님들에게 쓰는 고급 자기들도 있고, 매일 식사 때 쓰는 평범한 그릇들도 있다. 실내 배관이 생기기 전까지만 해도 집집마다 '요강'이라는 그릇도 있었다. 대소변을 받는 데 쓰는 그릇이었다. 사람들은 한밤중에 혹한의 날씨에 용감히 맞서기보다는 요강에서 일을 본 뒤 뚜껑을 덮어두었다가 이튿날 아침에 비우곤 했다.

바울의 이 예화를 공부하고 적용하면서 우리는 문맥을 잘 보아야 한다. 로마 교인들에게 보낸 편지에서 바울은 구원과 관련된 하나님의 주권적 선택을 그릇의 이미지를 사용하여 변호한 바 있다(롬 9:20-24). 이번 비유도 그 이미지와 아주 비슷하다. 하지만 이번에는 비유의 주제가 구원과 전혀 무관하며 전적으로 섬김과 관계된 것이다. 로마서에서는 그릇이 자신의 용도에 대하여 발언권이 없지만, 여기서는 귀히 쓰는 그릇이 되기로 스스로 선택할 수 있다. 로마서에서는 하나님이 그릇을 깨끗하게 성화시켜주시지만, 여기서는 그릇이 스스로를 깨끗하게 한다

—2:21—

여기서 바울은 "… 하면"이라는 조건문에 이어 그에 따른 네 가지 결과를 제시한다. 귀히 쓰는 그릇이 되는 유일한 조건은 모든 더러운 것들로부터 자기를 깨끗하게 하는 것이다. 그렇다면 깨끗하게 하는 책임이 본인에게 있다. 다시 말하지만 이것은 구원의 문제가 아니라 섬김의 문제다. 신자들은 신분적으로는 이미 죄에서 깨끗하게 되어 하늘 법정에서

의롭다고 선고되었고, 선한 일을 하도록 구별되었다. 그러나 실제적으로는 성령이 우리를 성화의 과정으로 인도하셔야 한다. 성령이 신실하게 그 작업을 다 이루시겠지만, 그래도 그분은 친히 정결하게 하시는 그 작업에 우리도 동참하도록 부르신다.

"누구든지… 자기를 깨끗하게 하면"이라는 조건문에 사용된 헬라어의 동사에서 '카타르시스(catharsis)'라는 단어가 파생되었다. 사람은 무언가 해로운 것을 깨끗이 씻어낼 때 카타르시스를 경험한다. 더욱이 바울은 이 동사를 굳이 강조형으로 썼다. 그릇이 귀한 목적으로 쓰일 수 있으려면 먼저 철저히 문질러 닦아 살균해야 한다는 뜻이다. 요강을 얼마나 오랫동안 공들여 닦아야 거기에 요리를 담아낼 수 있겠는지 한번 상상해보라!

일단 그 조건이 충족된 사람에게는 네 가지 결과가 뒤따른다.

첫째, 그 사람은 "귀히 쓰는 그릇"이 된다. 이 말은 그릇 자체의 가치를 가리킬 뿐만 아니라 – 대소변이야 아무 그릇에나 받을 수 있지만 음식을 담아낼 만큼 깨끗한 그릇을 우리는 귀히 여긴다 – 또한 그릇이 사용될 목적을 가리키기도 한다. 깨끗해진 그릇은 귀한 역할을 하게 된다.

둘째, 그 사람은 "거룩"하다. 특별한 목적을 위하여 구별되었다는 뜻이다. 나는 차고에서 무엇을 수리할 때 부엌칼을 쓰지 않는다. 부엌칼은 음식을 준비하기 위한 것이다. 마찬가지로 우리는 깨끗한 그릇은 특별한 곳에 두었다가 본래의 용도로만 사용한다.

셋째, 그 사람은 "주인의 쓰심에 합당"하다. 여기에 쓰인 형용사는 '쓸모 있다, 유익하다'는 뜻이다. 사역의 길에 들어서기 전에 나는 기계를 만드는 기술자가 되려고 공장에서 일하면서 훈련을 받았다. 도제 시절에 나는 고품질 부품은 고품질 연장을 사용해서만 만들 수 있음을 금세 알게 되었다. 좋은 연장의 가치를 나는 그때 배웠다.

넷째, 그 사람은 "모든 선한 일에 준비함"이 된다. "준비함이 되리라"로 번역된 동사는 수동태 완료 분사로, 직역하면 "이미 준비되어 늘 그 상태로 있는 사람"이라 할 수 있다.

—2:22—

그 다음에 바울은 사람이 사역에 합당한 그릇이 되기 위하여 자기를 깨끗하게 하는 방법을 설명한다. 우선 우리는 "청년의 정욕"을 피해야 한다. 대부분의 사람들은 이 말을 성적인 죄와 연관시킨다. 청소년이 성인 초기에 들어서면 호르몬이 대량 분비되므로 이때 우리는 자제를 배워야 한다. 하지만 그것은 싸움의 일부에 지나지 않는다. 이 편지가 쓰일 당시에 디모데는 청소년이 아니었고, 30대 후반이나 40대 초반의 남자였다.

사도는 디모데에게 보낸 첫 편지에도 "피하고… 따르라"는 공식을 사용했는데, 그것이 여기서 바울이 말하려는 의미를 해석하는 데 도움이 된다.

> "그러나 자족하는 마음이 있으면 경건은 큰 이익이 되느니라 우리가 세상에 아무 것도 가지고 온 것이 없으매 또한 아무 것도 가지고 가지 못하리니 우리가 먹을 것과 입을 것이 있은즉 족한 줄로 알 것이니라 부하려 하는 자들은 시험과 올무와 여러 가지 어리석고 해로운 욕심에 떨어지나니 곧 사람으로 파멸과 멸망에 빠지게 하는 것이라 돈을 사랑함이 일만 악의 뿌리가 되나니 이것을 탐내는 자들은 미혹을 받아 믿음에서 떠나 많은 근심으로써 자기를 찔렀도다 오직 너 하나님의 사람아 이것들을 피하고 의와 경건과 믿음과 사랑과 인내와 온유를 따르며"(딤전 6:6-11).

양쪽을 서로 비교해보면, "청년의 정욕"이 성숙한 사람에게서 자족을 앗아가는 것들임이 강력하게 암시되어 있다. 예컨대 돈에 대한 정욕, 권력이나 지배력을 얻으려는 정욕, 칭찬 받으려는 정욕, 성취에 대한 정욕 등이다. 이런 정욕에 사로잡힌 사람들은 조급하고 독단적이며, 경쟁을 일삼고 따지기를 좋아하며, 가혹하고 주제넘으며 완고하게 된다. 그야말로 한 교회를 풍비박산 낼 그런 성격의 소유자가 되는 것이다.

하지만 그릇의 더러운 내용물을 비우는 것만으로는 부족하다. 그릇을 쓸 수 있으려면 깨끗이 살아야 하는데, 바울은 거기에 쓸 네 가지 세제를 소개한다.

- "의"는 바깥을 향하여 다른 사람들을 공평하게 대하는 것이다.
- "믿음"은 위를 향하여 하나님을 신뢰하는 것이다.
- "사랑"은 다른 사람들이 가장 잘되기를 구하며 그들에게 은혜를 베푸는 것이다.
- "화평"은 하나님과 교제하며 그 안에서 안식할 때 내면에 경험하는 것이다.

보다시피 사도는 자기를 깨끗하게 하고 싶은 사람들에게 뜻이 같은 사람들을 찾으라고 권했다. 본래 의의 길은 결코 혼자 걷는 길이 아니다.

—2:23—

자기를 깨끗하게 하려면 바울이 말한 "어리석고 무식한" 변론을 버려야(직역하면 "거절해야", 눅 14:18–19 참고) 한다(딤전 6:4, 딛 3:9). 여기에는 다른 신자들과의 무의미한 변론은 물론, 그리스도의 몸 된 교회 바깥에 있는 사람들과의 변론도 포함된다.

다른 신자와 함께 신학의 미묘한 쟁점들을 가지고 변론을 하면 자극도 되고 재미도 있을 수 있다. 나도 신학교에서 열띤 토론을 벌이며 정신적 스파링을 실컷 즐긴 적이 한두 번이 아니다. 하지만 그것은 교육 도구로서는 부실한 것이다. 그렇게 해서 교리의 중요한 쟁점에서 내 입장이 바뀌었던 기억은 없다. 또한 서로 맞받아치는 활기찬 변론을 통하여 상대방이 내 영향력 때문에 입장을 바꾼 기억도 없다. 바울의 말처럼 논쟁은 시간 낭비일 뿐이며 사람들 사이에 적대감을 불러일으킨다. 굳이 불확실한 이슈들을 놓고 변론을 일삼지 않더라도, 기독교 교리의 이미 확실한 내용들대로만 사는 것도 사실은 중요하고 힘든 일이다.

우리는 또한 비신자들과의 무의미한 변론도 피해야 한다. 성경을 알지도 못하면서 기독교 교리를 반박하는 사람들과의 논쟁이나, 또는 기독교 교리와 무관한 철학적, 종교적 이슈들로 변론하려는 사람들과의 논쟁이 다 거기에 해당된다. 논쟁에 진 결과로 그리스도인이 되기로 결단한 사람을 나는 한 명도 보지 못했다.

바울의 요지는 분명하다. 논쟁은 부질없는 짓이라는 것이다. 진심으로 진리를 원하는 사람들은 당신이 말하는 내용을 논박하지 않는다. 그들은 질문을 던지며 확실히 알고자 할 뿐 여간해서 논쟁을 벌이지 않는다.

—2:24—

변론을 통하여 고쳐주거나 가르치려는 노력이 부질없는 일임을 설명한 바울은 이제 다른 접근을 제시한다. 바울은 이상적인 기독교 지도자를 불과 몇 마디 말로 묘사한다. 지도자들은 싸우지 않는다. 영향력을 미칠 뿐이다. 영적 지도자가 하나님의 진리를 대적하는 사람들에게 어떻게 영향력을 미치는지 잘 보라.

첫째, 영적 지도자는 온유하다. 바울이 말한 온유하다는 단어가 무슨 뜻인지 데살로니가전서 2장 7절을 보면 잘 알 수 있다. "우리는… 너희 가운데서 유순한(온유한) 자가 되어 유모가 자기 자녀를 기름과 같이 하였으니." 나의 누나 루시는 그리스도인들이 "그냥 좀 친절했으면" 좋겠다고 말하곤 했는데, 이것은 훌륭한 영적 지도자는 온유해야 된다는 바울의 조언이 의미하는 바를 잘 담아낸 말이다. 우리는 예의바르고 다른 사람을 배려해야 한다. 영적 지도자는 기본적인 매너를 지켜야 한다.

둘째, 영적 지도자는 성경의 진리를 전할 준비와 의향과 능력을 갖추고 있다. 영적 지도자는 부지런히 연구하여 성경 지식을 습득했고, 그것을 다른 사람들이 잘 알아들을 수 있게 전달하는 방법도 배웠다.

셋째, 영적 지도자는 오래 참는다. 인내란 얼마나 소중한 것인가! 어떤 사람들은 다른 사람이 시비를 걸기만 바라며 다니다가 행여 누가 잘못했다 싶으면 아주 예민한 반응을 보인다. 여기 "참으며"로 번역된 헬라어 단어는 '참다'와 '악'이 결합된 형태로 '남의 잘못을 참는다'는 뜻이다. 영적 지도자는 인신공격을 당해도 일일이 대응하지 않고 다른 반응을 선택한다. 그 다른 반응이 바울이 다음에 말하는 내용이다.

—2:25-26—

당신이 기독교 지도자의 자리에 있어본 적이 없다면 잘 모르겠지만, 그 역할을 하려면 때로 사람들의 귀에 거슬리는 말도 해야 한다. 그 일을 은밀하게 사적으로 할 수 있는 경우라면 더 좋겠지만, 어쨌든 우리는 그 일을 은혜롭고 재치 있게 해야 한다. 우리는 어떤 가정이 아버지나 어머니에게 맞서도록 도와야 할 때도 있다. 우리 자신이 동료 사역자나 동료 기독교 지도자에게 맞서야 할 때도 있다. 또한 우리는 성경의 정통 교훈을 적극적으로 대적하는 사람들을 훈계해야 한다.

바울이 여기에 사용한 "온유함"이라는 단어는 24절의 "온유하며"와는 다르다(후자는 '친절하며'에 더 가깝다). 이 단어는 '부드럽고 온유한 호의'를 뜻한다. 헬라 문화에서 존경받는 지도자들은 자신의 아랫사람들을 대할 때 힘을 버리지 않으면서도 온유하게 대했다. 예수님은 이 단어를 자신에게 쓰셨고(마 11:29), 바울은 이것이 성령의 열매라고 했다(갈 5:23). 영적 지도자들은 하나님의 진리를 대적하는 사람들에게 맞설 때 이런 온유한 힘을 보여야 한다.

그 사람들이 훈계를 받아들일지, 아니면 계속 진리를 거부할지는 영적 지도자의 소관이 아니다. 바울은 헬라어의 한 접속사를 써서 조건을 달았는데, 이 단어는 부정적인 방향으로 기우는 접속사다. 따라서 "혹"이라는 말은 너무 중립적일 수 있다. 헬라어 접속사의 부정적인 정신을 잘 담아낸 말은 "행여나 어쩌다가"가 될 것이다.

바울은 반항하는 심령을 회개로 이끄실 수 있는 주님의 능력을 의심하지 않았다. 다만 그런 일이 참으로 드물다는 것을 인정하고 있을 뿐이다. 진리를 대적하는 사람들의 대부분은 그 반항에서 헤어나지 못한다(마 7:14). 진리를 대적하는 사람이 "회개"한다면, 즉 생각을 고치고 방향을 바꾼다면 그것은 훈계의 결과가 아니라 하나님의 능력이 안에서부터 역사한 결과다. "마귀의 올무"에 걸린 사람은 죄의 노예이며(요 8:34, 롬 6:17-18), 따라서 하나님의 직접적인 개입이 없이는 진리를 선택하여 제정신으로 돌아올 수 없다.

훌륭한 영적 지도자는 그것을 알고 있으며, 자신은 단지 하나님의 진리를 전달하는 도구일 뿐임을 이미 수용했다. 하나님의 능력만이 사람에게 진리를 듣고 싶은 마음이 들게 할 수 있다.

틀림없이 바울은 디모데에게 편지를 더 보내, 자신의 지혜도 나누고 자신이 서부의 변방에서 사역하면서 얻은 통찰도 들려주고 싶었을 것이다. 그러나 이제는 남은 시간이 점점 줄어들고 있었다. 바울은 그전에도 감옥에 갇혔었고, 사역하는 내내 수도 없이 위험에 부딪혔었다. 그 모든 상황 속에서 사도는 하나님의 주권적 손길이 역사하는 것을 보고자 했었다. 이전에 쓴 바울의 옥중 서신들을 읽다보면 바울이 자기가 조만간 풀려날 것을 알았다는 느낌을 받게 된다. 하지만 디모데에게 두 번째로 보낸 이번 편지만은 다르다. 물론 여전히 긍정적이기는 하지만 - 그가 처한 상황을 감안하면 낙천적이기까지 하다 - 그럼에도 바울은 이번에는 자신이 감옥에서 풀려나지 못하고 그대로 그리스도 앞에 가게 될 것을 수용했던 것으로 보인다.

그래서 하나님의 이 신실한 종은 여태껏 과거를 돌아보고, 또 현재 속에서 디모데를 격려한 뒤에, 이제 제자에게 바울 자신이 없는 미래를 내다보게 한다. 하나님은 주권자이시며 그분의 진리의 터는 견고하지만, 디모데의 앞에는 도전의 날들이 놓여 있었다.

주

1. Sam Johnson & Jan Winebrenner, Captive Warriors: *A Vietnam POW's Story*(College Station, TX: TAMU Press, 1992), 138-39.
2. William Ernest Henley, "Invictus", *Modern British Poetry*, Louis Untermeyer 편집(New York: Harcourt, Brace & Company, 1920), 10.
3. 이는 전치사 *kata*의 목적어가 직접 목적격일 때 이 전치사가 취할 수 있는 의미를 몇 가지만 꼽은 것이다.
4. Gerhard Kittel & Gerhard Friedrich 편집, *Theological Dictionary of the New Testament: Abridged in One Volume*, Geoffrey W. Bromiley 번역(Grand Rapids: Eerdmans, 1985), 430. 「신약성서 신학사전: 킷텔 단권 원어사전(요단출판사)」.
5. 다음 책을 참고하라. S. E. Dwight, *The Life of Jonathan Edwards*(New York: G. & C. & H. Carvill, 1830), 68-73.
6. Kittel & Friedrich 편집, *Theological Dictionary of the New Testament: Abridged in One Volume*, 1352. 「신약성서 신학사전: 킷텔 단권 원어사전(요단출판사)」.
7. F. B. Meyer, *Christ in Isaiah*(London: Morgan and Scott, 1917), 9.
8. Simone Weil, *Gravity and Grace*, Emma Craufurd 번역(Abingdon: Routledge, 1987), xxvi. 「중력과 은총(한불문화출판)」.
9. John Stott, *The Message of 2 Timothy*(Downers Grove, IL: InterVarsity Press, 1973), 52.
10. 이 말은 일반적인 의미에서는 남자들뿐 아니라 여자들에게도 해당되지만 목사직의 의미에서 바울은 "남자들"이라는 제한적인 의미로 사용했다.
11. William Shakespeare, *Henry V*, 4막 3장. 「헨리 5세(전예원)」
12. Stephen Arterburn & Jack Felton, *Toxic Faith: Experiencing Healing from Painful Spiritual Abuse*(Colorado Springs, Waterbrook, 2001), 2-3. 「해로운 믿음(죠이선교회 출판부)」.
13. Gerhard Kittel 편집, *Theological Dictionary of the New Testament: Abridged in One Volume*, Geoffrey W. Bromiley 번역(Grand Rapids: Eerdmans, 1978), 4:143. 「신약성서 신학사전: 킷텔 단권 원어사전(요단출판사)」.
14. 같은 책, 8:112.
15. *Yashar*라는 히브리어 단어를 그렇게 번역했는데, 이 단어는 '평평하게 하다, 매끄럽게 하다, 곧게 하다, 바르게 하다, 기쁘게 하다, 곧추서게 하다' 등 어의의 폭이 넓다.
16. 사실 다음 책에는 이 단어의 첫 번째 정의가 "곧은 방향으로 길을 깎다"로 되어 있다. Walter Bauer & Frederick Danker, *A Greek-English Lexicon of the New Testament*, 3판 (Chicago: Univ. of Chicago Press, 2000), 722.
17. "Exceedingly Great and Precious Promises", 작자 미상, *A Selection of Hymns from the Best Authors, Intended to Be an Appendix to Dr. Watts' Psalms and Hymns*, John Rippon 편집(Burlington, N.J.: Stephen C. Ustick, 1807), 127-28.
18. Warren Wiersbe, *Preaching and Teaching with Imagination*(Grand Rapids: Baker, 2007), 52. 「이미지에 담긴 설교(요단출판사)」

미래

(디모데후서 3:1-4:22)

나는 긍정적인 사고를 매우 지지한다. 하면 된다는 태도로 임하면 역경 앞에서도 정말 일이 된다. 하지만 비관론자들은 어둠 속에 웅크리고 앉아 오늘을 불평하고 더 좋은 날을 달라고 징징거린다. 분명히 바울은 긍정적으로 사고하는 사람이었다. 그는 모든 상황에서 선(善)이 이루어질 수 있는 가능성을 보았다. 그는 컵에 물이 반밖에 없다고 보지 않고 반이나 차 있다고 보았다. 모든 난관을 오히려 복음에 유리하도록 반전시키실 수 있는 하나님의 능력을 그는 결코 의심하지 않았다. 그것이 이 사도가 그토록 짧은 시간 – 15년이나 어쩌면 20년 – 안에 그토록 많은 일을 이루었던 주된 이유였다. 하지만 바울의 사고는 현실성을 잃지 않았다. 그는 긍정적인 태도를 유지하려고 악을 무시하지 않았다.

3장에서 바울의 편지는 미묘하면서도 중대한 전환을 맞는다. 지금까지 과거를 돌아보고 현 상황에 대하여 설명한 옥중의 사도는 이제 이 젊은 목사에게 미래를 내다볼 것을 촉구하고 있다. 하나님의 선하심이나 주권을 의심하지 않으면서도 그는 "고통하는 때가 이르"리라고 딱 잘라 말했다. 그의 말은 이런 것이나 같다. "결국은 복음이 이기지만 그 영광스러운 승리의 날이 오기까지 앞으로 악이 점점 더 기승을 부릴 것이다. 그러니 승리를 고대하되 전투에 대비하라."

적나라한 타락상(디모데후서 3:1–9)

1너는 이것을 알라 말세에 고통하는 때가 이르러 2사람들이 자기를 사랑하며 돈을 사랑하며 자
랑하며 교만하며 비방하며 부모를 거역하며 감사하지 아니하며 거룩하지 아니하며 3무정하며 원
통함을 풀지 아니하며 모함하며 절제하지 못하며 사나우며 선한 것을 좋아하지 아니하며 4배신하
며 조급하며 자만하며 쾌락을 사랑하기를 하나님 사랑하는 것보다 더하며 5경건의 모양은 있으나
경건의 능력은 부인하니 이같은 자들에게서 네가 돌아서라 6그들 중에 남의 집에 가만히 들어가
어리석은 여자를 유인하는 자들이 있으니 그 여자는 죄를 중히 지고 여러 가지 욕심에 끌린 바 되
어 7항상 배우나 끝내 진리의 지식에 이를 수 없느니라 8얀네와 얌브레가 모세를 대적한 것 같이
그들도 진리를 대적하니 이 사람들은 그 마음이 부패한 자요 믿음에 관하여는 버림 받은 자들이라
9그러나 그들이 더 나아가지 못할 것은 저 두 사람이 된 것과 같이 그들의 어리석음이 드러날 것
임이라.

때로는 곧장 요점으로 들어가는 것이 도움이 된다. 진부한 말이나 의례적인 말을 늘어

핵심 용어

ἀνθίστημι [*anthistēmi*, 안티스테미] *(436)* '대적하다, 반대하다, 저항하다'

이것은 헬라어의 두 단어, 즉 '무엇에 반대하여'라는 뜻의 *ἀντί(anti)*와 '서다, 세우다'라는 뜻의 *ἵστημι(histēmi)*가 결합된 단어다. 무언가가 세워지지 못하게 또는 멀쩡히 있지 못하게 막으려는 사람을 가리킨다. 대상이 사람일 때는 사람을 파멸시키거나 일을 이루지 못하게 막는다는 뜻이다.

κηρύσσω [*kērysso*, 케루소] *(2784)* '전하다, 선포하다, 전령이 되다'

사신*(apostolos)*은 자신을 보낸 사람을 대신하여 명령하고 결정을 내릴 권한이 있었지만, 전령*(kērux)*은 단순히 메시지를 전달하는 사람이었다. 하지만 선포하는 행위 자체가 워낙 중요하다보니 전령도 사명을 수행하는 중에 특별한 보호를 받았다. 전령을 해치는 사람은 그 전령을 보낸 사람의 진노를 감수해야 했다.

φυλάσσω [*phylassō*, 풀라소] *(5442)* '지키다, 경비하다, 보호하다, 돌보다'

헬라어로 이 단어의 어근인 고어 형태는 파수꾼이 망루에서 성읍을 지키는 행위를 가리킨다. 바울은 이 동사를 '중간태'라는 것으로 썼는데, 이는 디모데를 향한 자상한 관심을 강조해주는 표현이다. 아울러 이 단어는 약탈자와 도둑으로부터 양 떼를 지켜야 하는 목자들의 직무를 뜻하기도 한다.

놓을 이유가 없다. 그저 진실을 있는 그대로 말하면 된다. 원문에는 장의 구분이 없지만, 그럼에도 바울의 편지는 "그러나 너는 이것을 알라"(원문에는 "그러나"라는 접속사가 있다 – 역주)는 1절의 말로 극적인 반전을 맞이한다. 그 뒤에는 인간의 타락상을 해부하는 내용이 이어진다. 아울러 사람들 – 특히 종교적인 사람들 – 이 저지를 수 있는 온갖 잔학한 행위들에 대한 깜짝 놀랄 예언도 함께 나온다.

바울이 그린 미래의 암울한 그림을 보노라면, 미국의 노예 제도를 극구 반대했던 제임스 러셀 로웰(James Russell Lowell)의 유명한 시 한 소절이 생각난다. 남부의 노예 소유주였던 재커리 테일러(Zachary Taylor)가 대통령으로 당선되자 로웰은 이렇게 통탄했다.

> 진리는 영원히 단두대에 달리고
> 악은 영원히 왕좌에 올랐도다.[1]

고대에는 범인들의 시체를 시내 바로 외곽의 단두대에 달아두어 권력에 대항하는 모든 사람에게 시퍼런 경고로 삼았다. 바울이 지하 감옥에서 이 편지를 쓰고 있던 그때, 네로는 그리스도인들을 고문하고 있었고, 진리는 교수대에 달린 듯 보였다.

—3:1—

"그러나 너는 이것을 알라"는 말의 모든 음절 하나하나로 바울은 그야말로 디모데의 등골을 오싹하게 했다. '알다'는 뜻의 *ginōskō*라는 동사는 현재 시제 명령형으로 되어 있어, 직역하면 "너는 이것을 계속 알라!"가 된다. 다시 말해서 "늘 이것을 염두에 두고 네 직무를 수행하라!"는 말이다.

여기서 "이것"은 무엇일까? "말세에 고통하는 때가 이르러"라는 불길한 네 단어를 가리킨다. 바울의 이 말이 나중에 요한이 묘사한 '대환난'을 뜻한다고 보는 사람들도 있지만(계 7:14, 참고 단 12:1, 마 24:21, 막 13:19), 바울이 사용한 이 문구는 베들레헴에 메시아가 탄생하신 때로부터 그분이 다시 오셔서 예루살렘에 나라를 세우실 때까지의 시기를 가리키는 경우가 더 많다. 그러므로 말세는 수십 세기에 해당하며, 말세의 죄악상은 갈수록 더 심해질 것이다.

사도는 지금 디모데를 겁주거나 낙심시키려는 것이 아니라, 다만 디모데가 예상해야 할 미래의 방향을 똑바로 잡아주는 것뿐이다. 그리스도가 부활하신 때로부터 권능으로 재림하실 때까지 악이 점차 퇴조할 것이라고 말하는 신학자들이 있는데, 그렇다면 디모데는 그 말과 다른 현실을 보며 실망할 것이 뻔했다. "고통하는"으로 옮겨진 헬라어 단어는 신약성경에서 여기 말고 딱 한 번밖에 더 나오지 않는데, 가다라 지방에서 무덤 사이에 살고 있던 귀신 들린 두 사람을 묘사할 때 이 단어가 쓰였다(마 8:28). 자기들을 묶고 있던 사슬을 악의 능력으로 끊은 그들은 "몹시 사나워" 온 지역을 공포에 떨게 했다.

"고통하는"이라는 말은 축소된 표현이다! 이 단어는 '가혹하다, 견디기 힘들다, 사악하다, 위험하다, 위협적이다'라는 뜻이다. 고전 헬라어에서는 사나운 짐승이나 성난 바다를 묘사할 때 이 단어를 썼다. 내 스승 가운데 한 분은 '야만적인'이라는 말을 더 좋아했다. 그는 "말세에 야만적인 때가 우리에게 이르리니"라고 경고하곤 했다.

—3:2-4—

이어 바울은 그런 "야만적인 때"가 오는 이유를 제시한다. 이 문장은 '왜냐하면'을 뜻하는 헬라어의 짤막한 접속사 *gar*로 시작되어, 인간의 타락상을 특징짓는 형용사와 수식어가 무려 열아홉 개나 나온다. 세상의 비참한 실상을 우리는 자연재해나, 기근이나, 오염이나, 빈곤이나, 전염병 탓으로 돌려서는 안 된다. 잘못은 인간에게 있다. "사람들"로 번역된 *anthropos*라는 단어는 남녀노소 할 것 없이 온 세상의 모든 인간을 가리킨다.

우리는 이런 특징들에 마땅히 주의를 기울여야 한다. 우리가 아무리 긍정적으로 사고하는 사람일지라도 반드시 이런 위험을 인식하고 거기에 대비해야 한다.

"자기를 사랑하며." 모든 인간은 본래 이기적이지만 이 단어는 더 깊은 차원의 이기심을 가리킨다. 요즘 말로 자아도취라 표현할 수 있다. 자기를 사랑하는 사람들은 세상의 모든 것을 자기와의 이해관계라는 관점에서만 본다. 그들은 매사를 자기가 우월하거나, 중요하거나, 안전하다는 의식을 두둔하는 쪽으로 삐딱하게 본다. 뿐만 아니라 그들은 자신의 안락과 이익을 무엇보다도 우선으로 추구한다.

"돈을 사랑하며." 요즘 말로는 물질 만능주의에 해당한다. 물질 만능주의에 빠진 사람들은 부와 재물을 권력과 통제력과 안정과 자존감과 심지어 사랑을 얻는 수단으로 추구한다. 재물의 복을 받는 것은 잘못된 일이 아니다. 우리가 피해야 할 것은 부를 사랑하는 태도다(딤전 6:10 참고). 돈을 사랑하는 사람들은 탐욕에 끌려다닌다.

"자랑하며." 이 헬라어 단어는 옛날의 사기꾼, 즉 동네방네 떠돌아다니며 거창한 약속을 떠벌여 돈을 긁어 들이고는 밤중에 감쪽같이 사라져버리는 뜨내기를 가리키는 말이다. 이런 사람들은 자신의 영광만 구할 뿐 주변 사람들에게 이렇다 할 가치 있는 것을 아무것도 내놓지 않는다.

"교만하며." 헬라어로 '위에'를 뜻하는 *hyper*와 '나타나다, 보이다'라는 뜻의 *phainō*가 결합된 합성어로 다른 사람들보다 높아진다는 개념을 표현하는 말이다. 일반 헬라어에서 이 단어는 그런 부정적인 용법 외에도 '구별되다'는 의미에서 긍정적으로 쓰일 수도 있다. 그러나 헬라화한 유대인들은 구약 성경을 따라 교만을 사탄의 본질적 속성으로 보았다.

"비방하며." 헬라어 단어는 *blasphēmos*이며 '신성 모독(blasphemy)'이라는 단어가 여기서 왔다. 모독한다는 것은 누군가를 저주하거나 비방하거나 경멸하는 것이다. 타인의 가치를 무시하거나 깔보는 식의 말은 모두가 모독에 해당된다. 지금은 이 단어가 하나님을 모독한다는 뜻으로만 쓰이지만, 바울은 이 단어를 더 일반적인 의미로 사용했다. 비방하는 사람은 자기가 보기에 못났다고 생각되는 것이면 무엇이든 또는 누구든 깎아내린다.

"부모를 거역하며." "거역하며"는 '아님, 반대'를 뜻하는 부정의 접두사 *a-*가 붙은 다섯 개의 단어 중 첫 번째 단어다. 어근은 *peithō*로 '확신하다, 굳게 믿다'라는 뜻이다. 불순종하는 사람들은 부모가 정한 집안의 규칙을 거부할 뿐만 아니라, 성인이 되어서도 부모의 조언을 거부한다. 나는 부모와의 사이에 해결되지 않은 문제가 있는 사람들은 절대로 채용하지 않는다. 그런 사람들은 다른 권위에 대해서도 문제가 있어 그것이 삶의 모든 영역으로 퍼져나간다.

"감사하지 아니하며." '은혜, 은혜롭다'는 단어를 접두사 *a-*가 부정하여 대체로 감사하지 않는 태도를 뜻한다. 이런 사람들은 평소에 권리 의식을 품고 다닌다. 그러다 일이 자기 뜻대로 되지 않으면 마치 무엇을 강탈당하기라도 한 것처럼 투덜거린다.

"거룩하지 아니하며." 접두사 *a-*가 부정하고 있는 긍정적 성격의 단어 *hosios*는 대체로 '신성한, 적법한, 충실한' 행위를 가리킨다. 아울러 전통을 존중하고 불변의 법칙들에 대하여 의무감을 느끼는 사람들도 이 단어로 묘사된다. '거룩하지 않은' 사람은 하나님의 법을 거부할 뿐만 아니라 평범한 예절대로 살아가는 것조차 거부한다. 헬라의 이교도들도 이런 사람을 못된 시민이자 비열한 이웃으로 비난했다.

"무정하며." 다른 사람들을 향하여 마땅한 애정이 없거나 몰인정한 사람을 가리킨다. 이런 사람은 무언가 보답을 바라지 않고는 다른 사람들에게 아무것도 주지 않는다.

"원통함을 풀지 아니하며." 여기에 쓰인 헬라어 단어는 문자적으로 '제주(祭酒)가 없다'는 뜻이다. 옛날에는 전쟁 중이던 국가들이 휴전 협정을 맺거나 반목하던 개인들이 화해할 때면 신 앞에 전제(奠祭, 즉 제주)를 부으며 맹세하곤 했다. 그래서 '제주를 가져온다'는 표현은 화평을 제의한다는 뜻이 되었다. '제주가 없는' 사람은 자신의 잘못을 인정하지도 않고 남의 과실을 용서하지도 않으며, 따라서 모든 사람과 불화한 상태로 남는다.

"모함하며." 헬라어 단어는 *diabolos*, 즉 '마귀'인데, 이는 사탄이 거짓말하고 사람들을 함정에 빠뜨린다 하여 사탄에게 붙여진 별명이다. 마귀는 사람들을 꾀어 죄에 빠뜨려 놓고는 그것을 하나님께 고자질하여 그분과 우리의 관계를 갈라놓거나, 최대한 넓게 벌려놓으려 한다. 인간 *diabolos*도 공동체, 교회, 기관, 가정 안에서 그와 똑같은 일을 한다.

"절제하지 못하며." 여기에 쓰인 "절제"라는 말이 고린도전서에 두 번 나온다. 우선 고린도전서 7장 9절에서 바울은 성욕을 절제하지 못하는 사람들은 독신으로 살려고 해서는 안 되며, 정욕이 "불같이 타는" 것보다 결혼하는 것이 낫다고 했다. 고린도전서 9장 25절에서 사도는 시합에 나가려고 훈련하는 운동선수의 헌신을 예로 들었다. 운동선수는 자신의 경쟁력을 떨어뜨릴 만한 일은 일체 삼간다. 음식을 조절하는 것이 그 한 예다. 절제하지 못하는 사람들은 윤리적으로 바르게 될 수 없다. 도덕성을 갖추려면 자아를 부인해야 하기 때문이다

"사나우며." 헬라어 단어는 '온유하다, 순하다'의 반대말이며, 대개 들짐승과 특히 사자에게 쓰인다.

"선한 것을 좋아하지 아니하며." 교회의 감독들은 선한 것을 좋아해야(*philagathos*) 하는데, 이 말은 창조 세계에 하나님의 본래의 질서를 회복하고자 그들이 적극적으로 힘쓴다는 뜻이다. 비록 그들이 그 일에 성공하지 못할지라도 말이다. 본문의 헬라어를 직역하면 "선을 좋아하는 사람이 아니다"는 뜻이다. 이런 사람은 타락한 세상과 더 친한 사이다.

"배신하며." 이 어근의 동사형을 직역하면 '주다, 넘겨주다'는 뜻이다. 누가는 유다를 묘사할 때 이 단어를 썼다(눅 6:16). 예수님을 "넘겨주었다"고 할 때도 이와 아주 비슷한 단어가 쓰였다. 유다는 예수님을 산헤드린에게(막 14:10), 산헤드린은 빌라도에게(막 15:1), 빌라도는 병사들에게(막 15:15) "넘겨주었다." 늘 그런 것은 아니지만 대부분의 문맥에서 이 단어에는 사사로운 이익을 얻고자 다른 사람의 행복을 배신한다는 개념이 들어 있다. 이런 사람은 친구에게 가장 도움이 절실할 때 등을 돌린다.

"조급하며." 헬라어 단어의 문자적 의미는 '앞으로 떨어지다'는 뜻이며, 제동 능력이 없음이 암시되어 있다. 요즘 말로는 문제 속으로 '급히 곤두박질친다'고 표현할 수 있다. 이런 사람은 경솔하고 무모하며 걸핏하면 화를 낸다. 따라서 무심코 다른 사람들에게 해를 입히기 쉽다.

"자만하며." 이 단어는 '연기에 싸여 있다, 뜬구름 잡듯 공상에 잠겨 있다'는 뜻으로 세상의 무엇보다도 자신이 더 잘났다고 생각하는 사람을 가리킨다.

"쾌락을 사랑하기를 하나님 사랑하는 것보다 더하며." '쾌락을 사랑하는 사람'은 쾌락주의적인 생활 방식을 따르며 순간의 욕망을 다른 모든 것보다, 심지어 하나님보다도 우위에 둔다. 이것은 자기를 사랑한다는 말을 다르게 표현한 것에 지나지 않는다.

—3:5—

바울은 아마도 가장 비루한 특성 가운데 하나로 '야만적인' 행동의 목록을 마무리한다. 어떤 사람들은 겉으로는 보란 듯이 의의 옷을 입고 있지만 속으로는 정욕을 따른다. 그들은 자신들의 이기적인 욕망을 정당화하려고 짐짓 경건한 척한다. 그런 사람들은 경건의 참된 능력을 거부한다. 바울은 경건의 능력을 자족과 연관시켰다(딤전 6:5-6 참고). 비행기를 몰고 고층 건물로 돌진하는 타락하고 실성한 광신자들, 사사로운 이익을 얻고자 양 떼를 벗겨먹는 부패한 대중 매체 사역자들, 교회 안에서 사업상의 연줄을 넓히려 드는 업자들, 독실한 척하면서 자신의 탐욕을 합리화하는 그리스도인들, 이들이 모두 이런 거짓된 경건에 해당된다. 존 스토트(John Stott)는 이런 뜨끔한 생각을 덧붙인다.

> 그들은 분명히 교회 예배에 참석했고 찬송가를 불렀다. 기도에 '아멘' 했고 헌금함에 돈도 넣었다. 그들은 지독히도 경건해 보였고 말도 그렇게 했다. 하지만 그것은 능력이 없는 형식, 내면의 실체가 없는 외관상의 과시, 도덕이 없는 종교, 행위가 없는 믿음이었다.[2]

바울은 지금까지 말한 열아홉 가지 타락의 징후를 하나라도 특징적으로 보이는 사람들을 피하라고 디모데에게 촉구했다.

이 목록은 우리에게 이 시대의 현실적인 초상을 보여준다. 그야말로 야만적이다! 이런 본문들 때문에 어떤 사람들은 성경을 곧이곧대로 주해하지 않으려 한다. 나도 젊은 사역자 시절에는 바울 서신의 이 부분이 너무 암울해 보여 액면 그대로 받아들이기가 힘들었다. 하지만 나는 디모데가 이런 것을 기억해야 했다면 다른 모든 복음의 사역자들도 그래야 한다고 믿는다. 지난 세월 동안 나는 이 부분에 나타난 바울의 현실적인 시각 덕분에 오히려 환멸에 빠지지 않을 수 있었다.

사도가 디모데에게 제시한 사역의 그림은 장밋빛이 아니었다. 사탄은 주님이 그분의 창조 세계를 되찾지 못하시게 그분을 막으려고 혈안이 되어 있다. 그래서 우리는 악이 더 심해지더라도 놀라서는 안 된다. 더욱이 교회에 나온다고 해서 사람들의 타락성이 순식간에 없어지는 것은 아니다. 신자들은 성장하면서 악에서 점차 벗어나게 되며, 사람에 따라 그 과정이 더 느릴 수도 있다. 지혜가 우리에게 일깨워주듯이, 교회에 다니는 사람이라고 해서 다 겉보기와 같은 것은 아니다.

—3:6–7—

디모데에게 그런 사람들을 피하라고 명한 뒤에 바울은 헬라어의 접속사 *gar*('왜냐하면')로 말을 잇는다. 그런 사람들 가운데 특정한 유형의 사기꾼이 있는데, 그들의 활발한 활동을 오늘날에도 볼 수 있다.

분별력이 없는 일부 주석가들은 "어리석은 여자를… 그 여자는 죄를 중히 지고"라는 바울의 표현이 여자들 전반을 가리킨다고 주장하지만 그렇지 않다. 이것은 에베소에 있던 특정한 부류의 여자들을 지칭한다. 거짓 교사들은 기독교의 가르침을 제시하는 척하면서 그런 특정한 집들을 노리고 찾아다니곤 했다. (그런 활동은 오늘날에도 벌어지고 있다. 이단들은 집에 찾아와 성경 구절들과 주일학교에서 익숙해진 용어들이 적혀 있는 문서를 내놓지만, 사실은 내용이 은근슬쩍 교활하게 왜곡되어 있다.)

바울은 이런 교사들과 그들에게 쉽게 속아 넘어가는 추종자들의 확연한 특징을 밝힌다. 그들은 항상 영적인 공부에 심취해 있으며, 그중 많은 부분은 표면상으로는 기독교적인 것이다. 하지만 그들은 예수 그리스도를 믿음으로 말미암아 은혜로 구원을 얻는다는 단순한 복음을 결코 믿지 않는다. "진리의 지식"에 이른다는 말은 구원을 받는다는 뜻이다(딤전 2:4, 딤후 2:24).

—3:8—

성경 백과사전과 성경 전체를 아무리 다 뒤져보아도 얀네와 얌브레라는 이름은 나오지 않는다. 유대의 민간 전승에서는 이 두 사람을 바로가 불러 모세에 대항하게 했던 주술사들로 본다(출 7:11).[3] 성경의 기록에 보면 하나님은 모세와 아론에게 목자의 지팡이가 뱀이 되게 하는 능력을 주셨다. 이집트 왕궁의 마술사들이 환영(幻影)으로 또는 사탄의 능력으로 그 기적을 흉내 냈으나, 하나님의 능력으로 만들어진 뱀이 그 대항하는 뱀들을 즉시 삼켜버렸다. 그래도 바로는 마음을 완고하게 하여 하나님을 대적했다.

바울은 에베소에 창궐하던 거짓 교사들을 구제 불능일 정도로 부패한 자들이며, 따라서 믿음에 관하여는 "버림 받은 자들"이라고 정죄한다. "버림 받은"이라는 단어에 약간의 설명이 필요하다. 그렇지 않으면 자칫 이 구절을 하나님이 그 사람들을 그들의 거짓된 가르침 때문에 버리셨다는 의미로 해석할 수 있다. 하지만 그것은 일부만 맞는 말이다.

"버림 받은"에 쓰인 헬라어 단어는 *dokimos*에 접두사 *a-*가 붙은 *adokimos*다. *Dokimos*의 의미는 '지켜보다'라는 동사에서 왔으며, 야금학자가 금이나 은의 표본을 뜨겁게 가열하여 그 반응을 관찰하는 데서 유래했다. 이 단어가 나중에 군인들과 운동선수들에게 쓰이게 되었는데, 그들의 기개는 전투나 시합에서 보여주는 지구력으로 검증되었다. *Dokimos*한 사람은 시험을 거쳐 검증된 사람이다. 반대로 *adokimos*한 사람은 시험에서 탈락한 사람이며, 따라서 자신의 자격이 미달되어 버림받은 사람이다.

—3:9—

암울한 미래에 대한 바울의 경고가 절을 거듭할수록 더욱 심해지자 디모데는 분명히 압도당하는 심정이었을 것이다. 다행히 사도는 "그러나"라는 강한 대조 접속사로 나쁜 소식에서 약간 좋은 쪽으로 돌아선다. 거짓말을 퍼뜨리는 사람들과 악을 유포하는 사람들은 그리 멀리 나아가지 못한다. 결국 그들의 거짓된 가르침은 진리에 삼켜지고, 배교자들은 어리석은 자들로 밝혀진다.

노예 제도의 폐지를 부르짖은 시인 제임스 러셀 로웰(James Russell Lowell)은 노예 소유주가 미국의 대통령으로 당선되자 한탄했지만, 그래도 선이 악을 필연적으로 이길 것을 믿었다. 그의 시는 이렇게 이어진다.

> 진리는 영원히 단두대에 달리고 악은 영원히 왕좌에 올랐도다.
> 그러나 그 단두대가 미래를 흔들고, 희미한 미지의 세계 저편에
> 하나님이 그림자 속에 서 계시며 자신의 사람들을 굽어보신다.[4]

그로부터 십여 년 후에 미국의 다른 대통령이 노예 해방 선언에 서명하여 공포했고, 1865년에 미국은 헌법 수정조항 제13조를 발효하여 노예 제도를 법으로 금지했다.

바울의 요지는 간단하다. 악은 유효 기간이 정해져 있다는 것이다. 속이는 사람들이 들끓고 그들의 영향력이 확대될 것이다. 거짓이 일부 교회들을 유린하고, 많은 진실한 신자들을 박해할 수도 있다. 악한 사람들이 그들의 증오로 많은 목숨을 앗아갈 수도 있다. 그러나 결국 악은 패하고 만다. 하나님의 진리가 언제나 승리한다. 결국은 하나님이 이기신다.

요셉은 살아생전에 정의가 흐르는 것을 보았다. 바로는 결국 히브리 민족을 보냈고, 그들은 홍해를 무사히 건넜다. 기드온과 3백 용사는 비할 나위 없이 우세한 적군에 맞서 이겼다. 다윗은 하나님을 모독하는 강적을 물리쳤다. 다니엘은 사자 굴에서 살아남았다. 느헤미야는 엄청난 방해를 딛고 예루살렘 성벽을 재건했다. 예수님은 십자가에서 죽으신 뒤에 부활하셨다. 그리고 여남은 명의 보통 사람들이 사도가 되어 세상을 뒤집어놓았다.

나아가 바울은 그 지하 감옥에서 벗어나 영원히 주님의 임재를 누리게 되었고, 2천 년이 지난 지금 우리는 하나님이 그에게 주신 뛰어난 재능을 이렇게 향유하고 있다. 그렇다면 네로는 어떤가? 그의 이름은 사람들에게 웃음거리가 되었다.

적용

악에 반응하는 법

바울의 이러한 경고에서 나오는 진리가 하나 있다. 그것은 신자라면 누구나 악과 마주치게 되어 있다는 사실이다. 이것은 여부의 문제가 아니라 시기의 문제다. 그러므로 그리

스도인들, 특히 사역자들은 늘 대비하고 있어야 한다. 대비하지 않는다면 경고가 무슨 소용인가? 나는 미래에 대한 바울의 현실적인 평가에서 네 가지 원리를 본다. 각 원리마다 악에 반응하는 법을 구체적으로 보여준다.

첫째, 악이 선을 멸하려 하는 힘든 때는 반드시 온다. 이 진리를 받아들이라. 긍정적인 태도를 품으려면 기대가 현실적이어야 한다. 진리의 적들은 죄를 짓고도 가책을 느끼거나 대가를 치르지 않아도 되는 그런 '권리'를 수호하려고 열심히 싸울 것이다. 그들은 우리가 이성에 호소해도 그것을 거부하며 비이성적으로 나올 것이다. 우리는 거기에 놀라서는 안 된다. 또한 그들이 기만과 저항과 박해로 진리를 침묵시키려 해도 우리는 놀라서는 안 된다.

진리는 이것이다. 타락한 세상을 상대로 사역한다는 것은 힘든 일이다. 그 사실을 받아들이라.

둘째, 속이는 사람들은 복음의 진정한 사역자로 가장한다. 거짓 교사들을 물리치라. 진리를 대적하는 행위가 모두 외부에서 강압적으로 오는 것은 아니다. 악의 앞잡이들 가운데 일부는 자신을 위장하고 거짓 가르침을 가지고 교회 안에 침투한다. 그들의 겉모습, 대단한 신앙 경력, 화려한 자격 등과 관계없이 우리는 항상 그들의 가르침을 하나님의 말씀에 대조해 보아야 한다.

만일 이런 사람들이 성경에 어긋나는 내용을 가르치거나, 감히 새로운 계시를 보태거나, 성경을 푸는 능력이 자기들에게만 있다고 주장하거든 그들의 잘못을 지적하라. 지적해도 달라지는 것이 없으면 그들을 치리해야 할 수도 있다. 교회는 오류로부터 보호되어야 한다. 당신이 교회의 지도자 자리에 있다면 그런 사람들을 밖으로 쫓아내라. 그 밖의 경우라면 당신이 그들에게서 떠나라.

진리는 이것이다. 거짓 교사들은 그리스도의 몸 된 교회에 유해하다. 그들을 물리치라.

셋째, 악이 우리가 무너뜨릴 수 없는 권력의 자리를 차지하고 있을 때도 있다. 박해를 견디라. 바울이 이 제자에게 두 번째 편지를 쓰고 있을 즈음, 네로는 막강한 권세로 그리스도인들을 고문하고 죽이고 있었다. 그동안 디모데는 거짓 교사들이 우글거리는 도시에서 교회를 섬기고 있었다. 틀림없이 디모데도 어느 정도 박해를 받았을 것이다. 인기 있는 인사들이 교인들의 타락한 본성에 호소하는 가르침으로 그들의 귀를 간질이고 있었던 것이다. 악의 세력은 난공불락처럼 보였다. 한동안은 그랬다. 그러나 그 교만한 연기가 걷히자 진리는 건재했다. 진리는 지금도 건재하다.

진리는 이것이다. 악의 지배는 한시적이다. 악을 물리칠 수 있거든 물리치라. 어쩔 수 없다면 악을 견디라.

넷째, 악의 주된 무기는 기만이다. 진리를 드러내라. 우리는 악과 정면으로 맞서야 하지만, 그렇다고 악을 액면가 그대로 보아서는 안 된다. 악한 사람들은 자신의 영향력을 과장한다. 그들은 실제보다 강하거나 영향력이 세 보인다. 그들은 자신이 의롭다는 환영을 지어내며, 그러기 위해서 대개 경건한 사람들을 희생시킨다. 그러므로 힘닿는 대로 진리를 공개적으로 말하라. 비밀을 용납하지 말라. 거짓 교사들의 주장에 이의를 제기하고 그들에게 증거를 요구하라. 두려워하지 말고 악한 행위를 악한 행위라고 말하라. 악은 진리의 빛을 견딜 수 없다. 진리 앞에서 악은 부끄러워 달아나거나, 아니면 부질없이 은폐하려 쩔쩔맨다. 그러므로 빛을 비추라!

진리는 이것이다. 악의 세력은 진리를 용인할 수 없다. 진리를 드러내라.

영원한 변화를 낳는 삶(디모데후서 3:10–15)

10나의 교훈과 행실과 의향과 믿음과 오래 참음과 사랑과 인내와 11박해를 받음과 고난과 또한
안디옥과 이고니온과 루스드라에서 당한 일과 어떠한 박해를 받은 것을 네가 과연 보고 알았거니
와 주께서 이 모든 것 가운데서 나를 건지셨느니라 12무릇 그리스도 예수 안에서 경건하게 살고자
하는 자는 박해를 받으리라 13악한 사람들과 속이는 자들은 더욱 악하여져서 속이기도 하고 속기
도 하나니 14그러나 너는 배우고 확신한 일에 거하라 너는 네가 누구에게서 배운 것을 알며 15또 어
려서부터 성경을 알았나니 성경은 능히 너로 하여금 그리스도 예수 안에 있는 믿음으로 말미암아
구원에 이르는 지혜가 있게 하느니라.

내가 아는 대부분의 사람들은 무언가 변화를 낳기 원한다. 사실 그들은 다른 사람들의 삶 속에 영원한 변화를 낳기 원한다. 내가 아는 대부분의 사람들은 대충 시류에 떠밀리는 삶을 원하지 않는다. 그들은 있으나마나한 무명의 존재로 파묻히기를 원하지 않는다. 그들은 돈에 쫓기지 않는다. 명예에 혹하지 않는다. 고생이나 희생을 두려워하지도 않는다. 그들은 위험이 따를까봐 안달하지 않는다. 그들은 조기 은퇴를 위해서 일하지 않는다. 태어

날 때부터 그들의 발에 '유통 기한'이 찍혀 있지 않기 때문이다. 그들은 무언가 의미 있는 인생을 살기 원한다.

긍정적인 변화를 이루려는 이런 갈망을 단적으로 보여주는 예가 1914년에 있었다. 어니스트 헨리 섀클턴(Ernest Henry Shackleton)은 여태까지 아무도 시도하지 않았던 위업을 이루기로 결심했다. 탐험대를 이끌고 바다 이편에서 남극점을 지나 바다 저편까지 남극 대륙을 횡단하기로 한 것이다. 그는 이것이 자기 혼자서 할 수 없는 일임을 알았다. 자기처럼 용감한 탐험가들로 이루어진 팀을 모집해야 했다. 전설에 따르면 그는 〈런던 타임스(The London Times)〉 지에 광고를 냈는데, 그 원판은 아직 발견되지 않고 있다. 「1852-1958년의 100대 광고(The 100 Greatest Advertisements, 1852-1958)」라는 책에 따르면 그 광고는 다음과 같았다.

> 남자들 구함
>
> 위험이 많은 여행, 적은 보수, 혹독한 추위, 여러 달 동안 칠흑 같은 어둠 속에서 지내야 함, 상존하는 위험, 안전한 귀가를 보장할 수 없음, 성공할 경우 명예와 인정을 받을 수 있음.
>
> 어니스트 섀클턴
>
> 벌링턴 가 4번지

이후의 신문 기사들을 보면 지원자들이 구름 떼처럼 몰려들었다. 5천 명도 넘는 남자들과 소수의 여자들(!)이 지원했다. 섀클턴은 재주와 튼튼한 몸은 물론이고 바른 태도, 좋은 성품, 굳센 의지, 창의력, 적응력 등 다른 보이지 않는 자질들을 갖춘 사람들을 찾고자 지원자들 중 다수를 심사했다. 개개인의 적임자들을 그는 서로 시너지 효과를 낼 수 있는 단합된 영혼들, 즉 팀으로 변화시킬 작정이었다.

이 유명한 탐험가는 자신의 의도를 명확히 알렸고, 용감한 지원자들을 과감히 불러 모았으며, 위험과 보상을 똑똑히 밝혔다. 그 방법으로 그는 적임자들을 모을 수 있었다. 변화를 낳고자 했던 섀클턴과 그의 일행의 이야기가 제목도 꼭 맞는 「섀클턴의 위대한 항해(*Endurance*, 뜨인돌 출판사, 원제는 인내력이라는 뜻이자 그들이 탄 배의 이름이기도 하다 - 역주)」

라는 책에 실려 있다.

이 땅에서의 바울의 모험은 끝나가고 있었다. 그는 처형 집행자의 칼날을 맞이하지 않고는 지하 감옥에서 나오지 못할 것이었고, 자신도 그것을 분명히 알고 있었다. 이번 단락에서 바울은 디모데를 모험으로 부르고 있다. 사도는 디모데가 정말로 하나님 나라를 위하여 중요한 변화를 이룰 준비가 잘 되어 있음을 그에게 확신시켜주고 싶었다. 본문을 살펴보기에 앞서 바울의 메시지를 다음과 같이 요약할 수 있다.

과거는 현재와 같았다(10-11절).
미래도 과거와 같을 것이다(12-13절).
그러니 너는 현재에도 계속 과거처럼 하여 미래를 맞이하라(14-15절).

바울은 "나는 네가 네 주변의 모든 사람들과 달리 변화를 낳기를 원한다"라는 말을 좀 길게 한 셈이다.

—3:10-11—

앞에서 바울은 치명적인 결함을 열아홉 가지나 나열하며 인간의 타락상을 섬뜩하게 해부했다. 그러고난 다음에 그는 "너"라는 대명사를 강조 용법으로 써서 디모데의 주의를 사로잡았다. 그의 말은 이런 것이나 같다. "거짓 교사들과 다른 악한 사람들은 그런 식으로 행동한다. 하지만 너는 달라야 한다. 너는 다르기 때문이다."

10절과 11절의 모든 동사는 부정과거 시제로 되어 있는데, 이는 과거의 어느 시점에 있었던 행동을 가리킬 때 쓰는 표현이다. 이것이 영어로는(우리말도 마찬가지다 - 역주) "당한", "받은(견딘)", "알았거니와(따랐거니와)", "건지셨느니라"와 같이 그냥 단순과거 시제로 옮겨진다. 바울은 디모데에게 고개를 돌려 그들이 함께 지나온 궤적을 보게 한다. 거짓 교사들을 비롯한 다른 사람들은 사도들로부터 지식을 얻지 않았고, 복음을 위하여 고난을 받지 않았으며, 10년 이상의 훈련을 받지도 않았다. 그러나 그들과 달리 디모데는 기독교 사역의 한복판에서 오랜 세월을 달려왔다. 바울은 이어 디모데가 "따랐던"(우리말의 "보고 알았거니와"가 헬라어 원문과 저자가 사용하는 NASB에는 "따랐거니와"로 되어 있다 - 역주) 그 긴 세월로부터 아홉 가지의 기억을 나열한다.

"교훈." 이 두루마리를 펴서 편지를 처음 읽는 순간, 디모데는 바울과 함께 여행을 다니던 세월이 떠올랐다. 특히 그는 바울이 등잔불 아래에서 몸을 앞쪽으로 기울이고 앉아 "이것을 명심하라…"든지 "주께서 내게 계시해주신 것을 너에게 말해주마"라고 말하던 교훈의 시간들을 회상했다. 그렇게 바울은 이 젊은이를 가르치곤 했다. 디모데는 또한 바울이 구약 성경을 가지고 하는 설교와 교훈도 수십여 곳의 도시와 성읍에서 수백 번도 더 들었다.

"행실." 바울이 쓴 단어는 '생활 방식'을 뜻한다. 이것은 바울이 사람들 앞에서나 친한 친구들 곁에서 보인 행동만이 아니라, 혼자 있을 때의 몸가짐까지 다 아우르는 말이다. 아직 어린 사역자에게는 스승의 이런 진정성이 그야말로 온 세상과도 같다!

내가 해병대에서 겪었던 일이 기억난다. 오키나와 섬에 비가 억수같이 쏟아지던 어느 오후에 나는 막사에서 내 스승의 사무실로 갔다. 도착해서 창문으로 안을 들여다보니 그가 무릎을 꿇고 하나님께 간절히 기도하고 있었다. 그는 내가 와 있는 것을 몰랐지만 나는 예수님을 진정으로 따르는 이 사람의 행실을 빗속에 서서 지켜보았다. 나도 계속 예수님을 따르고 싶은 마음이 들었다.

"의향." 바울은 사명 선언문을 그냥 작성만 하는 사람이 아니다. 여기에 쓰인 헬라어 단어 *prosthesis*는 '앞에 두다'는 뜻으로 유대인들에게는 아주 의미심장한 말이다. 유대인들은 이 단어를 성전 안에 거룩한 떡을 두던 상과 밀접하게 연관시켜 사용했다(출 25:23-30, 레 24:5-9). 사도의 의향(목적) - 즉, 인생의 목표들 - 은 그 거룩한 떡처럼 하나님 "앞에 두어"진 상태다.

다음에 나오는 네 단어는 서로 붙어 나닌다. "믿음과 오래 참음과 사랑과 인내"는 그리스도인의 삶에 기본이 되는 덕목들이다. 디모데는 바울이 날마다 주님을 신뢰하던 모습, 이단들이 독설과 악한 인신공격을 퍼붓는 중에도 오래 참던 모습, 수십 곳의 교회에서 어리석고 변덕스런 신자들을 지긋이 사랑하던 모습, 많은 돌팔매질과 채찍질과 모의 재판과 투옥을 용감히 견디던 모습을 직접 보았다.

디모데는 스승 바울이 영적 아버지의 역할을 감당하면서 온갖 감정을 경험하던 모습을 직접 목격했고, 바울이 "박해"로 말미암아 "고난"을 당했을 때 직접 붕대를 감아주었으며,

바울이 자기 육체의 "가시"를 없애달라고 주님께 부르짖는 소리를 직접 들었다. 이 모두가 디모데의 머릿속에 생생한 기억으로 남아 있었다.

바울이 안디옥과 이고니온과 루스드라와 더베를 언급하자 디모데는 자기가 자라난 고장이 떠올랐다. 그가 바울을 처음 본 곳도 거기였다. 사도가 이 청년을 불러 제자로 삼기도 전부터 디모데는 사역자가 치르는 값비싼 대가를 이미 목격했다(행 13:14-14:23). 사도는 이렇게 과거를 간략히 돌아본 뒤에 고난에 대하여 감사하고, 자신을 고난에서 건져주신 하나님을 찬양한다.

바울이 디모데와 함께했던 지난날의 역사를 간략히 돌아본 데는 이유가 있다. 그는 사실상 이렇게 말한 것이다. "디모데야, 우리는 여기까지 함께 왔고 너는 그동안 최선과 최악을 다 겪었다. 그리고 우리는 아직도 살아서 이렇게 복음의 일에 힘쓰고 있다."

—3:12-13—

12절과 13절의 주요 동사들은 "박해를 받으리라", "악하여(지리니)"와 같이 미래 시제로 되어 있다. 과거를 회고하다보니 미래가 똑바로 보였던 것이다. 바울이 겪은 박해는, 장차 복음에 목숨을 걸고 그것을 당당히 드러내며 복음대로 사는 모든 신자가 겪을 고난이 될 것이다. 물론 디모데는 그 "모든 자"(헬라어 원문에는 "살고자 하는 모든 자"로 되어 있다 – 역주)에 자신도 포함됨을 알았다. 틀림없이 그는 스승의 경고를 누누이 들었을 것이다. 특히 성난 폭도에게 쫓겨 성읍을 나온 뒤에 바울은 이렇게 말하곤 했을 것이다. "네가 경건한 삶을 살고 싶고 영원한 변화를 낳고 싶다면, 오해와 박대와 비방과 미움을 받을 것이다. 틀림없는 사실이다."

바울은 복음의 적들을 "악한 사람들"과 "속이는 자들"이라 표현했다. 특히 두 번째 표현은 성경에 딱 한 번밖에 나오지 않는데, 문자적으로 "울부짖는 자"라는 뜻이다. 마치 귀신에 씐 것처럼 고래고래 주문을 외치는 사람이 그 예다. 고전 헬라 문헌에서는 이 단어가 항상 경멸의 의미로 쓰여, "울부짖는 자"는 여기저기 돌아다니며 마음이 약한 사람들에게 사기를 치는 사람으로 그려진다. 바울도 초기에 그런 사기꾼을 경험한 적이 있었고(행 13:3-12), 틀림없이 그 뒤로도 그런 일이 많이 있었을 것이다. 여기서 그는 앞으로 더 많은 "악한 사람들"과 "속이는 자들"이 – 어쩌면 교회 안에서도 – 높은 자리에 올라 많은 사람들을 배교로 이끌 것이라고 예언하고 있다.

—3:14-15—

과거를 돌아보고 미래를 잠시 내다본 바울은 이제 디모데가 현재에 초점을 맞추기 원했다. 11절에서와 마찬가지로 바울은 강조 용법의 "너"를 되풀이하여 이 젊은이의 주의를 사로잡았다. 그 말에 이어 "거하라"는 현재 시제 명령문이 나온다. 여기에 쓰인 *menō*라는 동사는 예수님이 다락방에서 "내 안에 거하라"고 말씀하실 때 쓰신 바로 그 단어다(요 15:1-11). 이 단어의 뜻은 '남아 있다, 살다, 머물다'이다. 나아가 현재 시제 명령문에는 지속적인 속성이 있어, 이 말은 '계속 남아 있으라'는 메시지가 된다.

디모데를 현재로 데려온 바울은 다음과 같은 말을 좀 길게 한 셈이다. "역경이 우리의 과거를 괴롭혔으나 우리는 계속 밀고나갔다. 앞으로도 복음이 흥왕할수록 역경은 더 심해지겠지만, 우리가 할 일은 달라지지 않을 것이다. 지금까지 성공한 대로 계속 해나가라."

권면을 마무리하면서 바울은 디모데가 받은 확고한 신앙 유산과 광범위한 훈련을 다시 한 번 그에게 상기시킨다. 이 젊은 사역자는 확신이 부족해서 힘들어했던 것 같다. 그래서 바울이 그에게 임지에 남아 있으라고, 담대히 악에 맞서 진리를 선포하라고, 지식을 행동으로 옮기라고 격려해주어야 했다. "배우고"라는 말과 "확신한"이라는 말은 서로 개념이 다르다. 배우는 일이라면 정보를 얻고, 관점을 바꾸고, 기술을 습득함으로 이루어진다. 하지만 '확신'은 의지 속으로 파고든다. 확신이 있으면 지식을 행동으로 옮기고 싶은 의욕이 생긴다.

행위가 없는 믿음이 죽은 것처럼, 신학 훈련도 사역자가 변화를 낳기로 결단하지 않는 한 무의미하다. 그런데 그런 결단이 가능하려면 확신에서 비롯된 의욕이 있어야 한다.

어니스트 섀클턴과 그의 팀은 여행에 올랐으나 끝내 성공하지 못했다. 그들이 탔던 배인 인듀어런스 호는 두 개의 부빙(浮氷) 사이에 끼어 결국 파선하고 말았다. 배가 침몰하는 동안 선원들은 목숨을 건지기 위해 목판이며 물자를 되는 대로 모았다. 모험가 섀클턴은 모든 역경을 무릅쓰고 황무지의 엄청난 장애물들을 극복하여 결국 일행 전원을 무사히 귀환시켰다.

귀국한 섀클턴은 영웅이 되어 성공리에 순회강연을 마쳤지만, 틀림없이 패배감을 떨치느라 힘들었을 것이다. 그럼에도 그의 '실패한' 탐험은 헛수고가 아니었다. 세월이 흘러 에드먼드 힐러리(Edmund Hillary)라는 다른 모험가는 에베레스트 산을 등정한 뒤에 이런 기록을 남겼다.

> 내가 알고 지냈더라면 좋았을 탐험가들이 많이 있지만 그중 가장 훌륭한 사람은 섀클턴이다… 섀클턴은 지도자였고 무시무시한 장애물들을 극복한 사람이었다는 점에서 정말 탁월했다. 그에게 그것은 쉬운 일이 아니었고 단기간의 성과도 아니었다. 그는 가장 힘든 상황 속에서 최고의 기량을 보여주었다. 그가 탐험대원들(그들 자신도 대개 용사들이었다)의 마음속에 싹트게 한 두터운 애정과 존경심은 그들의 일기장과 회고록 속에 빛나고 있다.[5]

당신은 자신이 성공자라기보다 패배자로 더 느껴질지도 모른다. 또는 당신의 삶이 다 헛되게 느껴질 수도 있다. 하지만 당신이 예수 그리스도를 신실하게 따르고 순종할 때, 그런 당신에게서 어떤 사람들이 영향을 받을지 당신은 잘 모른다. 그러므로 "배우고 확신한 일에 거하라." 당신의 눈에 비치는 결과와 무관하게 당신은 지금 누군가에게 변화를 낳고 있다. 그러니 계속 밀고 나가라!

적용
결승선까지 완주하기 위한 두 가지 지침

바울은 디모데에게 그가 살고 있고 섬기고 있는 곳에서 변화를 낳으라고 도전했다. 도시 전체가 한 사람에게 맞서고 있는 상황에서 이것은 만만치 않은 주문이었다. 설상가상으로 그 도시는 에베소였고, 디모데는 자기 교회의 지지를 받지 못하고 있었던 것으로 보인다. 디모데는 혼자였고 소심했으며 고전하고 있었다. 그런 디모데가 어떻게 하면 변화를 낳을 수 있을까?

바울은 젊은 동료에게 두 가지 구체적인 지침을 주었다. 우리도 그것을 자신이 살고 있고 섬기고 있는 곳에서 적용하면 좋을 것이다.

첫째, 배운 내용 안에 계속 거하라. 그러려면 배움이 있었다는 것이 당연히 전제된다. 적어도 성경에 관해서는 그렇다. 혹시 당신은 성경 교육을 받지 못했을 수도 있다. 그렇다면 거기서부터 시작하면 된다.

확고한 신앙 유산을 물려받은 사람들의 경우는, 자신이 자라나던 시절로 다시 돌아가보라. 진리의 기초가 놓이던 자리로 거슬러 올라가보는 것이다. 부모, 조부모, 교사, 목사, 스승, 학교 등 당신에게 긍정적인 영향을 미친 주체에게로 머릿속에서 되돌아가 그때 당신이 배운 내용을 떠올려보라. 진리의 본보기가 된 사람들, 진정한 경건의 모범을 보인 사람들의 삶을 되돌아보라. 그들은 무엇을 했으며 어떻게 살았는가? 그들은 어떤 식으로 당신을 가르치고 영향을 주었는가? 그들이 당신에게 전해준 성경의 교훈들을 되짚어보라.

그리고 당신이 배운 내용 안에 계속 거하라.

둘째, 배운 내용을 확신하라. 어려서부터 우리는 자기 자신, 세상, 주님, 선악의 차이, 지혜와 어리석음의 차이 등에 대하여 어떤 인상들을 품기 시작한다. 우리는 지식을 흡수하며 서서히 분별을 구사하기도 한다. 하지만 성인이 되려면 여태까지 배운 내용을 확신하는 시점이 있어야 한다. 여태까지 듣고 이해한 내용이 나 자신의 소신이 되어야 하는 것이다. 지식은 확신으로 이어져야 한다. 확신이 행동을 낳기 때문이다. 대개 사람들은 가장 덜 불편하거나 가장 덜 곤란한 쪽을 일단 선택하고 본다. 확신에서 비롯된 선택이 아니라면 그럴 수밖에 없다.

기억과 지속(持續)의 사이, 즉 우리가 기억하는 내용과 계속해서 살아가는 방식의 사이에는 밀접한 관계가 있다. 끝이 좋은 사람들은 그동안 배운 내용을 잊어버리지 않기 때문에 끝이 좋은 것이다. 그들은 또한 반드시 그것을 내 것으로 삼아 뼛속 깊이 확신을 품는다.

그러므로 중요한 질문은 이것이다. 당신은 자신이 믿고 있는 내용을 아는가? 믿지 않는 여러 사람 앞에서 그것을 변호할 수 있는가? 수적으로 밀릴 때도 굴하지 않을 만큼 분명한 확신이 있는가? 당신의 확신은 유혹이 찾아올 때 당신을 능히 저지시켜줄 만큼 강한가? 예컨대 당신이 집을 떠나 다른 지방에 가 있어 평소의 감시 구조가 다 없어지고 당신 마음대로 행동해도 아무도 모를 때, 그럴 때 당신은 내면의 확신 때문에 이렇게 말할 수 있는가?

"나는 유혹의 근처에도 가지 않는다."

당신이 배우고 확신한 내용으로 돌아가라.

하나님의 감동으로 된 진리(디모데후서 3:16-17)

16모든 성경은 하나님의 감동으로 된 것으로 교훈과 책망과 바르게 함과 의로 교육하기에 유익
하니 17이는 하나님의 사람으로 온전하게 하며 모든 선한 일을 행할 능력을 갖추게 하려 함이라.

나는 1984년에 로스앤젤레스에서 열린 하계 올림픽을 잊지 못하는데, 그것은 가브리엘라 앤더슨-쉬스(Gabriela Andersen-Schiess) 때문이다. 올림픽에 여자 마라톤이 처음 등장한 그해에 그녀가 마지막 400미터를 달리려고 스타디움에 들어섰을 때, 그녀의 몸이 말을 듣지 않았다. 지치고 탈진한데다 열사병 증세로 거의 마비되다시피 한 그녀는 몸을 뒤틀며 절뚝절뚝 트랙을 돌았다. 의료진이 달려왔지만 그녀는 손짓으로 거부했다. 의료진의 손이 한 번이라도 닿으면 선수 자격이 박탈되었기 때문이다. 마지막 한 바퀴를 도는 데 거의 6분이 걸렸지만 그녀는 결국 완주했다! 고통스럽게 마지막 몇 걸음을 떼어 비틀비틀 결승선에 들어선 그녀는 의료진의 품에 쓰러져버렸다. 텔레비전으로 그 광경을 지켜보던 나는 벌떡 일어나 미친 사람처럼 환호성을 지르며 박수를 보냈다.

시작이야 누구나 잘할 수 있다. 하지만 끝이 좋은 사람은 별로 없다. 물론 42.195킬로미터를 완주했다면 그 자체로 이미 잘 끝낸 것이다.

성공한 운동선수라면 누구나 이구동성으로 말하겠지만, 끝이 좋으려면 우선 경주가 있기 몇 달이나 심지어 몇 년 전부터 고된 훈련에 혼신을 다해야 한다. 디모데는 어려서부터 최고의 훈련을 받았을 뿐 아니라(1:5, 3:15), 그 훈련은 바울의 사사를 통하여 적어도 15년 동안 계속되었다(3:10-11). 이제 자신의 결승선을 눈앞에 둔 사도는 제자에게 처음처럼 계속 달릴 것을 촉구했다. 경주의 가장 힘든 부분이 아직 남아 있었기 때문이다(3:12-15).

물론 바울은 이 말을 디모데에게만 쓴 것이 아니다. 성령의 감화와 인도하심 가운데 그는 뒤이어 달릴 우리 모두에게, 전임 사역자들만 아니라 모든 신자에게 이 말을 썼다. 나아가 주님은 2천 년 세월의 박해와 격동 속에서도 친히 이 말을 보존하고 지키셨다. 바울이 기록한 "잘 훈련하고, 잘 달리고, 기어이 잘 끝내라!"는 이 권면의 말을 우리도 듣고 따를

수 있도록 말이다.

늘 실제적인 신앙인답게 이번에도 바울은 하나의 복합문으로 그 방법을 설명한다. 이 문장이야말로 성경에 관한 한 신약 성경 전체에서 단연 가장 중요한 문장이다. 왜냐하면 그것은 우리 시대에 신앙의 분수령이 되는 가장 중요한 문제를 다루고 있기 때문이다. 평소에 성경을 어떻게 믿고 있느냐가 당신이 믿는 모든 것에 영향을 미치고, 당신이 내리는 모든 결정을 좌우한다.

—3:16—

헬라어 단어 *graphē*는 가장 일반적인 의미에서 '기록물'을 뜻한다. 그러나 분야에 따라 이 단어는 여러 가지 전문적 의미를 띠기도 한다. 법조계에서 *graphē*는 왕이나 재판관의 기록물인 '칙령'이나 '규정'을 뜻한다. 마태복음에서 볼 수 있듯이(예 – 마 21:42, 22:29, 26:54) 히브리인들은 구약 성경을 *graphē*의 복수형인 *graphai*로 지칭했다.

일부 주석가들은 바울이 디모데에게 선포한 이 말이 오로지 구약 성경에만 해당된다고 주장한다. 하지만 바울의 어법을 자세히 살펴보면 그렇지 않아 보인다. 15절에 "성경"으로 번역된 "거룩한 기록물들(*hiera grammata*)"이라는 문구는 디모데가 어려서부터 배웠던 구약 성경을 가리키는 것이 맞다. 하지만 16절에 "성경"으로 번역된 "모든 기록물"이라는 문구는 "거룩한 기록물들"과 대구를 이루면서 두 문구를 동등한 반열에 둔다. 더욱이 구약 성경을 지칭하는 더 친숙한 표현은 복수형 *graphai*인데, 바울은 16절의 "모든 기록물"에는 복수형이 아닌 단수형 *graphē*를 썼다. 따라서 바울이 말한 "모든 기록물"은 선지자가 초자연적인 감화를 받아 기록한 하나님의 모든 말씀을 뜻하는 것이 분명하다. 다시 말해서 하나님은 성경의 정경을 구약으로 마감하신 것이 아니다.[6] 신약의 기록물도 똑같이 하나님의 감동으로 된 것이다.

바로 그 기록물들—그것 외에는 없다—은 "하나님의 감동(영감)으로 된 것"이다. 이 문구는 '하나님'이라는 뜻의 *theos*와 '호흡하다'는 뜻의 *pneō*가 결합된 한 단어를 번역한 것이다. 이 형용사를 직역하면 '하나님이 호흡을 불어넣으신'이 된다. 같은 어근에서 나온 명사가 *pneuma*인데 '폐렴(pneumonia)'과 '공기(pneumatic)'라는 말이 거기서 파생되었다. 공기나 호흡과 관련된 이 그림 언어는 구약 성경의 창조 기사에서 매우 중요한 의미를 빌려온 것이다.

태초에 하나님은 흙으로 첫 사람 아담을 창조하셨다(창 2:7). 하지만 하나님이 그 뒤에 기적 같은 일을 행하지 않으셨다면 아담은 잘 빚어놓은 흙덩이에 지나지 않았을 것이다. 그 일을 하나님은 유독 인간에게만 하셨는데, 그것은 바로 사람의 속에 생명을 불어넣으신 일이다. 그러자 그는 "생령", 곧 몸과 영을 겸비한 존재가 되었다(고전 15:45 참고).

흔히 우리는 시인들과 작사가들의 말을 가리켜 "영감을 받았다"는 표현을 쓰는데 엄격히 말해서 그것은 그 단어를 오용하는 처사다. 선지자들과 사도들이 성령의 초자연적인 지휘 아래 기록한 말만이 진정으로 "(성령의) 영감을 받은" 말이다. 하나님이 호흡을 불어넣어 주신 말에만 그분의 생명이 들어 있다. 뿐만 아니라 "하나님은 빛이시라 그에게는 어둠이 조금도 없으시"기 때문에(요일 1:5) 그분은 거짓말을 하실 수 없다. 따라서 그분의 감동으로 받은 말은 모두 진실일 수밖에 없다. 하나님은 그분의 마음과 생각이 인간 저자들에게 전수되는 과정을 감독하셨고, 그리하여 인간 저자들은 하나님의 말씀을 오류 없이 작문하고 기록했다.

성경의 목적은 교훈, 책망, 바르게 함, 의로 교육하기의 네 가지다.

"교훈(*didaskalia*)"은 사람이 성숙하게 자라가는 데 꼭 필요한 요소다. 읽기를 배우지 못한 사람들이 잠재력을 온전히 실현할 수 없는 것처럼, 성경의 교훈을 받지 못한 사람들도 온전히 발육될 수 없다. 하나님의 말씀은 당신에게 삶을 살아가는 데 필요한 도구들을 갖추어준다.

"책망(*elegmos*)"은 행동을 다르게 하라고 우리를 깨우쳐주고, 사람들의 눈에 띄지 않거나 우리가 일부러 무시하는 부분들을 드러내 꾸짖어준다. 하나님의 영은 하나님의 말씀을 사용하여 우리 안의 죄나 어리석은 모습을 드러내신다.

"바르게 함(*epanorthōsis*)"은 책망에서 한 걸음 더 나아가 '회복'이나 '개혁'을 뜻한다. 책망이 우리의 죄나 어리석은 모습을 드러내준다면, 바르게 함은 우리에게 그러한 잘못을 바로잡는 방법을 보여준다.

"(의로) 교육하기(*paideia*)"는 영혼을 변화시키는 과정을 그보다도 더 깊숙이 끌고 들어간다. 이 헬라어 단어에서 '교육학(pedagogy)'이라는 말이 파생되었는데, 그 바탕에는 아이를 어른이 될 때까지 지도한다는 개념이 깔려 있다. 교사는 학생의 잘못을 지적하고 바르게 하는 것만으로는 가르칠 수 없다. 그것은 백미러를 보면서 운전하려고 하는 것과 같다. 실수를 범하기 전에 바르게 행동하는 법을 가르치는 것이 여기서 말하는 교육이다.

또 하나 주의해야 할 것이 있다. 성경 자체가 우리를 의롭게 하는 것은 아니다. 성경이라는 책이나 활자나 심지어 그 속의 말 자체에 무슨 마술적인 힘이 있는 것은 아니다. 성경은 부적이 아니다. 어떤 것 위에 성경책을 놓는다고 해서 그것이 깨끗해지는 것도 아니고, 성경 속의 말을 주문처럼 외운다고 해서 어떤 일이 벌어지는 것도 아니다. 그보다 성경 속의 말에는 의미가 있다. 하나님이 친히 우리의 영혼을 의롭게 해주신다. 그 다음에 성경이 우리를 훈련하여, 우리의 행실을 우리의 새롭고 의로워진 정체에 부합되도록 조정해준다(고후 5:17, 엡 2:10, 4:24, 골 3:10).

—3:17—

하나님은 선지자들과 사도들을 통하여 그분의 진리를 계시하셨고, 그들은 그것을 기록하여 영원히 남겼으니 "이는 …게 하려 함"이다. 이 문맥에서 헬라어의 *hina*라는 접속사는 주님이 개개인을 향하여 품고 계신 구체적인 목적을 가리킨다. 불행히도 '적당하게'(*artios*, '온전하게'의 원뜻이 이것이다 – 역주)라는 형용사는 본래의 뜻을 잃고 말았다. 한때 '적당하게'는 '일을 감당할 만하게'라는 뜻이었으나, 지금은 적당히 대충 한다는 의미를 풍긴다. 정말 일자리를 원하는 사람치고 이력서의 자격난에 '적당하다'고 쓸 사람은 없다. 요즘은 일자리에 맞는 사람에게 '적임이다, 유능하다'라는 표현을 쓴다. 이런 사람은 요구되는 일을 거뜬히 해낼 수 있을 만큼 훈련과 전문 기술을 제대로 갖춘 사람이다.

'능력을 갖추게'에 해당하는 헬라어 단어는 '적당하게'로 옮겨진 형용사의 동사형에 접두사가 붙은 것으로, '자격을 갖추게'로 번역하면 더 좋다. 이 말은 수동태 분사인 '갖추어진 자'로 되어 있어, 자격을 갖추어주시는 주체가 하나님임을(즉, '신적 수동태'임을) 강하게 암시한다. 하나님은 우리가 초자연적인 방식으로 갖추어져 보는 종류의 선한 일을 할 수 있기를 원하신다(2:21 참고).

잘 달리고 잘 끝내려면 성경을 허술하게 대충 대해서는 안 된다. 우선 강해 설교를 듣는 데서부터 시작하면 좋다. 그다음 단계로 주석 성경을 구입하면 아주 좋다. 그다음에는 지금 하고 있는 것처럼 시간을 내서 주석을 읽으면 더 깊이 들어가게 된다. 하지만 거기서 멈추지 말라! 이 책을 다 탐독했거든 성경의 같은 책을 강해한 다른 주석을 구하여 여러 사람의 목소리를 들어보라. 거기서 아예 한 걸음 더 나아가 인근의 신학교에서든 온라인으로든 정식 과목을 듣는 것도 생각해보라.

내 말이 너무 과하게 들리는가? 그렇다면 더 생각해볼 질문이 있다. 끝을 잘 마치는 일이 당신에게는 얼마나 중요한가? "모든 선한 일을 행할 능력을 갖추"라는 하나님의 부르심에 당신은 얼마나 우선순위를 두고 있는가? 나도 바울과 함께 당신에게 권하고 싶다. 시간만 허비하는 활동들일랑 그만두고 성경 교육을 받는 일에 전력을 다하라. 성경을 듣고, 읽고, 공부하고, 암송하고, 묵상하라. 그리고 그대로 살라. 이렇게 다 하면 당신의 끝이 좋아질 것이다.

가브리엘라 앤더슨 – 쉬스는 로스앤젤레스 스타디움까지 42.195킬로미터를 달리려고 오랫동안 피나는 훈련을 했고, 남은 힘을 모아 가까스로 37위로 결승선을 밟았다. 별로 대단하지 않아 보이는가? 그녀의 뒤로도 일곱 명의 주자가 더 있었고, 여섯 명은 아예 끝까지 다 뛰지도 못했다.

적용
변화를 낳는 첫걸음

목사로서 내가 이끌고 싶은 교회는 성경의 진리를 믿는다고 말로만 주장하는 교회가 아니다. 내 몸 안의 모든 세포는 성경의 진리대로 살아가는 교회를 열망한다. 그런 교회를 원하는 마음이 어찌나 간절한지 어떤 때는 가슴이 아플 정도다. 그래서 나는 내가 강단에서 수행해야 할 주된 직무가 강해 설교라고 굳게 믿는다. 강해 설교에는 실제적이고 구체적인 적용이 포함된다. 하나님의 무오한 말씀에 기초한 설교는 본문을 실제적으로 적용하는 쪽으로 나아가야 한다. 그리고 각각의 실제적인 적용은 경건한 행동이 무엇인지를 말해 줄 뿐만 아니라 – 그 일이라면 율법주의자들이 이미 잘하고 있다 – 신자들이 "모든 선한 일을 행할 능력을 갖추"는(3:17) 방법까지 보여주어야 한다. 방금 인용한 말씀의 어휘를 바울은 신중하게 골랐다. 우리가 원하는 사람들은 순종하며 살아갈 능력을 갖춘 훈련된 사람들이다. 그래야만 선행으로 각자의 주변 세상을 변화시킬 수 있기 때문이다.

이렇듯 강해 설교를 통하여 하나님의 사람들에게 능력을 갖추게 해주는 것이 나의 본분인데, 그 본분을 다하려면 본문을 심층 분석하는 연구에서부터 나의 작업이 시작된다. 이 과정에서 나는 스승인 하워드 헨드릭스에게 배운 틀을 따른다. 즉, 나는 다음과 같은 네 가지 질문에 답한다.

첫째, 본문의 내용은 무엇인가?(관찰) 아직 "본문의 의미는 무엇인가?"가 아니다. 그것은 잠시 후에 알아볼 것이다. 우선 우리는 성경이 말하고 있는 내용 자체를 관찰해야 한다. 인간 저자는 지면에 어떤 단어들을 어떤 순서로 배열했는가? 어떤 접속사들을 썼으며, 동사들의 시제는 어떻게 되어 있는가? 각 동사의 주어는 무엇이며, 동사가 취하고 있는 목적어는 무엇인가? 나는 각종 사전에서 핵심 단어들의 정의를 신중히 살펴, 그 단어들이 원작의 문화와 시대 정황 속에서 어떻게 쓰였는지를 파악한다. 모든 문장을 일일이 도해하는 목사들도 있다. 본문의 내용을 웬만큼 잘 이해하지 못하고는 본문의 의미로 넘어갈 수 없다. 이것은 시간과 집중과 인내와 기도를 요하는 작업이다.

둘째, 본문의 의미는 무엇인가?(해석) 용어들의 의미와 배열 방식을 관찰했으면 이제 인간 저저가 표현하고자 한 생각들을 파악해야 한다. 나는 이 단계에서는 언외에 함축된 의미는 일단 배제하고, 적용도 나중에 하려고 남겨둔다. 지금은 저자가 그런 어휘에 담고자 한 의미에만 집중한다. 그러려면 문장들의 문맥을 살펴보고, 글을 쓴 목적을 생각하며, 구어체 표현들을 참작하고, 그 당시 문화의 영향을 고려해야 한다. 아울러 장르의 특성도 인정해야 한다. 이 본문은 시인가, 내러티브인가, 비유인가, 예언인가?

셋째, 본문은 성경 전체에 어떻게 맞아들어가는가?(상관) 저자의 의도를 파악했으면 이제 나는 이 본문이 초자연적인 단일 저자이신 하나님 자신의 전체 작품 중에서 한 부분일 뿐임을 인식해야 한다. 따라서 성경에서 동일한 주제를 다루고 있는 유사한 본문들이나 다른 대목들을 살펴보아야 한다. 그러면 당신의 백성을 향한 주님의 전체 계획 속에서 이 본문의 취지를 더 잘 이해할 수 있다. 또한 내 연구에서 도출되는 원리들이 하나님이 계시하신 다른 부분들을 통하여 뒷받침되는지도 확인할 수 있다. 같은 단어가 쓰인 다른 성경 구절들을 알려주는 성구 사전을 나는 꼭 활용한다.

넷째, 본문은 우리가 살아가는 방식에 어떤 영향을 주는가?(적용) 이것은 첫 번째나 두 번째 단계가 아니라 본문을 얼마 동안 신중히 검토한 후에야 나오는 마지막 단계다. 이제 나는 본문에서 시대를 초월하는 원리들을 도출하기 시작한다. '시대를 초월하는 원리'란 언제 어디서 누구와 함께 살든 그것과 관계없이 모든 사람에게 해당되는 규율을 말한다. 원리가 표현되는 구체적인 방식은 사람이 처한 상황에 따라 다를 수 있지만, 바탕에 깔려 있는 원리는 똑같다. 예를 들어, "친절을 베풀라"는 원리는 만인 보편의 것이지만, 친절을 베푸는 방식은 얼마든지 다양할 수 있다.

연구를 마치고 강단에 서서 강해 설교를 할 때도 그와 비슷한 틀을 따라 본문을 풀어나간다. 그러면 교인들도 본문의 내용과 의미, 성경 전체와의 상관관계, 본문이 가르치는 시대를 초월하는 원리들을 이해할 수 있다. 도입부와 예화와 결론은 모두 하나님의 말씀을 재미있고 창의적인 방식으로 강해한다는 전체 목표를 떠받쳐준다. 그다음에 우리는 농부가 뿌린 씨처럼 말씀도 옥토를 만나기를 위하여 기도하고, 성령이 양분을 주셔서 그 씨가 자라게 하실 것을 신뢰한다.

모든 목사의 직무(디모데후서 4:1-5)

---

[1]하나님 앞과 살아 있는 자와 죽은 자를 심판하실 그리스도 예수 앞에서 그가 나타나실 것과 그
의 나라를 두고 엄히 명하노니 [2]너는 말씀을 전파하라 때를 얻든지 못 얻든지 항상 힘쓰라 범사에
오래 참음과 가르침으로 경책하며 경계하며 권하라 [3]때가 이르리니 사람이 바른 교훈을 받지 아니
하며 귀가 가려워서 자기의 사욕을 따를 스승을 많이 두고 [4]또 그 귀를 진리에서 돌이켜 허탄한 이
야기를 따르리라 [5]그러나 너는 모든 일에 신중하여 고난을 받으며 전도자의 일을 하며 네 직무를
다하라.

"할 수 있거든 목회의 길에 들어서지 마십시오."

이 조언을 누가 썼는지 알면 당신은 놀랄 것이다. 혹시 냉소적인 지성인이 쓴 말일까? 기독교에 적대적인 무신론자가 한 말일까? 아니면 탈진한 목사가 좌절감을 쏟아놓으며 한 말일까? 사실 이 말은 찰스 스펄전이 영국의 청교도 목사 조셉 얼레인(Joseph Alleine)의 말을 인용하여, 이미 고전이 된 「목회자 후보생들에게: 스펄전 설교론(*Lectures to My*

Students, 크리스챤다이제스트)」이라는 책에 기록한 것이다.[7] 자신의 소명에 지독한 환멸을 느낀 사람의 말과는 거리가 멀다.

찰스 스펄전은 열일곱 살에 부름을 받고 첫 교회에서 설교했다. 그 후 스무 살 때 그는 벤저민 키치(Benjamin Keach), 존 길(John Gill), 존 리폰(John Rippon)의 뒤를 이어 뉴파크 스트리트 교회의 목사로 청빙되었다. 58세라는 이른 나이로 세상을 떠나기 전까지 그는 38년 동안 그 교회를 섬겼다. 그가 설교하기 시작하자마자 사람들이 불어나 교회가 확장되었다. 그 뒤 콘서트홀로 옮겨 예배를 드리다가 마침내 한 번의 예배에(확성 장치 없이!) 6천 명을 수용할 수 있는 메트로폴리탄 태버내클이 완공되었다. 거기서 그는 매주 몇 번씩 설교를 했다. 그가 죽기 전에 교인 수는 14,500명 이상으로 성장했다.

스펄전은 사역을 확대하여 '목회자 대학(Pastor's College)'이라는 교육 기관을 설립하고 20년이 넘도록 자신의 주머니를 털어 운영 자금을 댔다. 또 그가 세운 출판사는 그가 세상을 떠난 지 25년 후에도 계속 그의 설교집을 출간했다. 나중에 출판사에 돈이 떨어졌을 때도 책으로 펴낼 그의 설교는 여전히 떨어지지 않았다. 아울러 스펄전이 설립한 고아원은 오늘날에도 구호 단체로 활동하고 있다.

사역자라면 누구나 「목회자 후보생들에게: 스펄전 설교론」을 한 권씩 곁에 두고 자주 읽어야 한다. 나도 한 권을 이미 닳아서 떨어뜨리고, 지금은 새 것으로 다시 구해서 읽고 있다. 사역의 현실에 대한 스펄전의 통찰력은 지난 세월 동안 나를 격려하고 질책해주었다. 그 책의 '제2장 목회 소명'에서 스펄전은 조셉 얼레인이 사역의 길에 들어서려던 한 젊은이에게 주었던 현명한 조언을 인용한다. 그 조언을 자신의 것으로 받았던 스펄전이 이제 자신의 제자들에게 똑같이 말해주고 있다. "할 수 있거든 목회의 길에 들어서지 마십시오."

왜 스펄전은 이 조언이 그토록 유익하다고 보고 교실에 가득한 목회자 후보생들에게 들려준 것일까? 주님을 사랑했고 자신의 소명을 더할 나위 없이 즐거워한 그가 왜 후배들을 그렇게 대놓고 말린 것일까? 아무도 성급하거나 경솔하게, 또는 하나님의 부르심에 대한 확신 없이 목회의 길에 들어서서는 안 되기 때문이다.

목사로 섬기라는 이 명령은 하늘에서 오지만, 귀로 들리거나 혹은 들리지 않는 목소리로 오는 것은 아니다. 하나님의 부르심은 하나님을 구체적이고 직접적으로 섬기지 않는 모든 직업이나 생업에 대한 집요한 불만족으로 시작된다. 스펄전은 아주 지혜롭게 이렇게 말했다. "이 교실 안에 혹시 신문 편집인이나, 식품점 주인이나, 농부나, 의사나, 변호사나, 상원의원이나, 심지어 왕이 되는 것으로 만족할 수 있는 학생이 있다면, 부디 그 사람은 자기 길을 가십시오. 하나님으로 아주 충만한 사람은 자기 영혼의 가장 깊은 곳에서 열망하는 바로 그 일이 아니고는 다른 어떤 일도 지독히 싫어질 테니 말입니다."[8]

하나님이 주신 소명에는 주님을 위하여 일하고 싶은 일편단심의 열정과 더불어 운명의식이 맞물려 있다. 하나님이 주신 소명이 온전히 무르익어 최종 확인되면, 그것은 부인할 수 없고 피할 수 없는 확신으로 나타난다. 이 길 말고는 아무 길도 갈 수 없다는 확신이다. 삶의 다른 '소명들'은 어떤 특정한 일을 해야 한다는 내면의 당위성이라 말할 수 있지만, 그와 달리 하나님이 사역으로 부르시는 소명은 그분이 한 개인을 다른 훌륭한 일들을 떠나 전임 사역에 헌신하도록 이끄시는 것이다. 이 소명은 또한 은사에 근면함과 책임감이 어우러져 결과적으로 다른 사람들을 유익하게 한다. 은사가 가르치는 것이면 사람들이 배운다. 은사가 설교이면 교인들이 도전을 받는다. 은사가 상담이면 사람들이 정서적, 영적 어려움을 극복하고 그리스도를 닮은 건강한 신자가 되어간다.

편지의 끝이 – 또한 자기 인생의 끝이 – 다가올수록 사도는 젊은 디모데와 그의 사역에 더욱 초점을 맞추고 있다. 바울은 다음 네 가지 부분에서 디모데에게 그리고 그 연장선에서 모든 목사에게 엄히 명하고 있다.

- 소환장(1절)
- 구체적인 명령(2절)
- 현실적인 예언(3-4절)
- 개인적인 교훈(5절)

—4:1—

법정의 재판장 앞에 소환되어 '진실만을 말할 것을' 규정대로 엄숙히 맹세해본 경험이 있는 사람이라면 누구나 알겠지만, 그 순간은 정말 위압적일 수 있다. 여기 바울의 어법은 고대의 소환장을 연상시킨다. 소환장이란 법정에서 발부한 공식 명령서로, 법원에 출두하지 않으면 처벌을 받는다는 내용이 담겨 있다. 사실상 바울은 디모데에게 하늘의 대법원에 출두하여 전능하신 재판장 앞에 서서 엄한 명령을 받으라고 소환하고 있다. 그 재판장은 다름아닌 하나님이시다. 장차 모든 인간은 하나님이신 예수 그리스도 앞에 서서 심판을 받게 된다(요 5:22-23).

바울은 이보다 더 강력하게 디모데의 주의를 환기시킬 수는 없었다. 그의 말은 이를테면 이런 것이다. "디모데야, 너는 결국 그분 앞에 서서 네 삶을 보고할 것이다. 그분은 네 동기를 판단하시고, 네 공적인 사역을 달아보시며, 네 사생활을 평가하시고, 네 영혼의 비밀을 체질하실 것이다. 그러니 지금부터 내가 들려줄 조언을 명심하라."

—4:2—

사도는 디모데의 목회 소명과 관련하여 '전파하라, 항상 힘쓰라, 경책하라, 경계하라, 권하라' 등 다섯 가지 구체적인 명령을 내놓는다. 복음 사역자라면 누구나 다 이런 직무들을 어느 정도 수행할 책임이 있지만, 지금 바울은 목사의 직분에 방향을 맞추고 있다. 그러므로 이런 거룩한 명령들에 충실히 순종하는 것이 모든 목사의 소명이다. 디모데처럼 모든 목사도 결국 하늘의 재판장께 보고하게 된다.

"말씀을 전파하라." *Kēryssō*라는 단어는 '전하다, 선포하다'라는 뜻이다. 왕의 공식 대리인(*kēryx*라고 한다)은 어떤 지역이나 특정한 사람에게 왕의 메시지를 – 자신의 메시지가 아니라 – 전했다. 그래서 그는 직무를 수행하는 동안 왕의 보호를 받았다. 전령을 해치는 사람은 왕의 진노를 사는 것이었다. 바울은 자신을 *kēryx*, 즉 선포자라 불렀고(1:11), 이제 그 호칭을 디모데에게 넘겨준다.

목사가 전하는 메시지는 "말씀"이다. 이는 "성경"(3:15)과 "모든 성경"(3:16), 즉 하나님이 인류에게 주신 특별 계시를 가리키는 단어다. 다른 사람들은 앉아 있을 수 있고, 다른 사람들은 수동적으로 들을 수 있으며, 다른 사람들은 바라볼 수 있지만, 목사는 시시 전해야 한다. 목사의 소명은 하나님의 말씀에 있으며, 하나님의 말씀만이 목사의 권위가 비롯되는 유일한 근거다. 성경을 충실히 선포하는 일에서 떠나면 목사는 모든 신빙성을 잃고 만다.

"때를 얻든지 못 얻든지 항상 힘쓰라." 명령형으로 쓰인 동사를 직역하면 "감시하라"는 뜻이다. 파수꾼이나 감시인은 자신에게 맡겨진 도시나 보물이나 사람을 감시하여 공격으로부터 보호한다. 종종 '나타나다, 맞서다'로 번역되는 이 동사에는 '급박하다, 빈틈없다'는 개념이 들어 있다.

"때를 얻든지 못 얻든지"라는 문구의 정확한 문화적 의미는 아무도 모르지만 그래도 충분히 명백하다. 목사는 어떤 상황에서나 전천후로 준비되어 있어야 한다. 편할 때나 불편할 때나, 이른 시각에나 늦은 시각에나, 청중의 수가 많을 때나 적을 때나 인정과 사랑을 받을 때나 비판을 받을 때나 언제나 목사는 자신의 본분을 다하고 있어야 한다.

"경책하며." 이 단어는 '입증하다, 납득시키다, 반박하다, 설득하다'는 뜻이다.[9] 이 말에는 틀린 생각을 바른 생각으로 대체한다는 개념이 들어 있다. 교사가 과학도에게 새로운 이론을 제시하면서 특정한 현상을 설명하는 것과 비슷하다. 죄와 관련해서 이 말은 사람들에게 자신의 죄성에 대한 진리를 깨닫도록 도와주라는 명령이다. 목사는 애매하게 얼버무리거나 침묵해서는 안 된다. 죄는 드러나야 한다. 그렇지 않으면 사람들은 무지한 범죄의 쳇바퀴에 갇힌 채 희망이 없다.

"경계하며." 여기서 경계란 범죄를 지적하고 책임을 묻는 일이다. 이 단어는 "경책하며"와 의미가 비슷하지만, 상대방에게 바라는 반응이 죄를 깨닫는 것이 아니라 겸손한 자세라는 점만 다르다. 경계에는 결과를 치르게 할 수 있다는 개념도 암시되어 있다. 따라서 목사는 진리뿐 아니라 그 진리를 무시할 때 당할 결과도 함께 선포해야 한다.

"권하라." 성령의 이름 중 하나인 "보혜사(Paraclete)"는 *parakaleō*라는 동사에서 파생되었는데, 이는 훈련 중인 운동선수와 코치의 관계를 보여주는 단어다. 여기에 바로 그 단어가 쓰였다. 목사는 부지런하고 오래 참는 은혜의 교사가 되어 교회를 체계적으로 훈련해야 한다. 이렇게 권하는 활동은 사역에 요긴한 균형을 잡아준다. 계속 경책과 경계만 있으면 사람들이 사기를 잃고 절망에 빠질 수 있다. 코치는 도전하고 책망할 뿐만 아니라 또한 위로하고 격려해주어야 한다.

"오래 참음과 가르침으로"라는 말은 "경책하며"에만 아니라 다섯 가지 명령에 전체적으로 다 해당된다. "오래 참음"으로 번역된 단어는 *makro*와 *thymos*의 합성어로 직역하면 '성질이 느긋하다'는 뜻이다. 목사의 성미가 느긋하다는 것은 자신에게 저질러진 잘못을 무턱

대고 바로잡으려 하지 않는다는 뜻이다. 그렇다고 목사가 무조건 당하고만 있어야 한다는 말은 아니다. 목사는 불의를 보았을 때는 – 그 불의가 목사 자신에게 저질러진 것일지라도 – 여전히 경책하고 경계해야 한다. 다만 목사는 감정 때문에 반사적 반응이나 부실한 행동에 빠지지 않도록 늘 자신의 마음을 다스려야 한다.

인내심을 잃지 않기란 어려운 일이다. 목회를 하다보면 그리스도인이 되기 전의 사고방식을 벗어나지 못하는 교인들을 만나기 마련이다. 솔직히 말해서 어떤 교인들은 성장과 변화가 없는 상태로 그냥 있기를 좋아한다. 그들은 성령의 사역에 일부러 저항하며 늘 육신적 상태를 답습한다. 이런 사람들은 목사를 비롯한 모든 사람을 가장 골치 아프게 하는 경향이 있다. 그럼에도 목사는 다섯 가지 거룩한 명령 모두를 참을성 있게 묵묵히 수행해야 한다.

—4:3–4—

그렇다면 목사가 그렇게 타협 없이 직무를 다해야 하는 이유는 무엇인가? 바울은 다섯 가지 거룩한 명령에서 *gar*("왜냐하면")라는 접속사로 넘어가 모든 목사의 미래를 밝히고 있다. 3절과 4절에는 교회의 미래와 관련하여 다섯 개의 미래 시제 동사가 나오는데, 이는 디모데의 교회뿐 아니라 이후의 모든 사역자의 교회에도 똑같이 해당된다. 바울의 일차 수신자는 디모데이지만 이 경고가 미치는 범위는 훨씬 넓다.

이 예언에 나오는 "사람(들)"은 주변 사회의 비신자들과 기독교계의 교인들 등 전반을 가리킨다. 때가 이르리니 – 디모데에게는 미래였지만 이후에 살고 있는 사람들에게는 이미 그때가 와 있다 – 사람들이 바른 교훈을 "받지" 아니할 것이다. 바울이 여기에서 선택한 헬라어 단어는 흥미로운 단어다. "받지"로 번역된 이 말은 "역경을 견디듯이 참지"라는 뜻이다.[10] 이는 죄의 정욕을 품고 있는 사람들에게 하나님의 진리가 고문처럼 느껴져, 마치 그리스도인들이 고난을 '견뎌야' 하듯이 그들도 그것을 '견뎌야' 한다는 개념이다. 그래서 그들은 하나님의 진리가 주는 고통을 이겨내려고 두 단계의 전략을 세우는데, 그것이 그다음에 이어지는 말에 설명되어 있다.

첫째, 그들은 자기들이 듣고 싶은 말을 해줄 사람들만 곁에 둘 것이다. 이 사람들은 성경을 기록된 그대로 강해하는 설교자들, 말씀을 액면 그대로 해석하는 설교자들을 거부한다. 무슨 수를 써서라도 이들은 '죄'라는 단어를 쓰지 않는 설교자들을 선택하며, '한 주간을 잘 지내도록 사람들의 기를 살려주고 하나님의 선하심에 초점을 맞추는' 부담 없는 설교들을 선호한다.

둘째, 그들은 진리에 귀를 막고 신화를 따를 것이다. 신화란 우주의 존재를 정당화하고 특정한 행동을 합리화하기 위하여 소위 옛날 일을 전하는 이야기들이다(디모데전서 1장 3–4절에 대한 주해와 디도서 1장 부분에 역사적 배경을 설명한 '유대인의 신화: 가나안의 귀신–인간들'을 참고하라). 기본적으로 신화란 인간이 선택한 삶을 인정하고 지지하려고 인간의 욕심에 맞게 꾸며낸 역사다. 물론 성경은 죄를 정당화하거나 합리화하지 않는다. 오히려 성경은 우리에게 성경이 말하는 선악의 기준에 부응하라고 도전한다.

—4:5—

다시 한 번 바울은 "너"라는 대명사를 강조 용법으로 써서 디모데의 주의를 사로잡는다(3:11, 14 참고). 그런 다음 네 개의 명령형 동사를 사용하여 네 가지 개인적인 교훈을 준다.

"신중하여." '맑은 정신으로'라는 뜻의 이 헬라어 단어에는 문자적 의미와 비유적 의미가 둘 다 있다. 신중한 상태란 사고 기능을 저해할 만한 요소가 하나도 없이 정신이 멀쩡하다는 뜻이다. 목사는 하나님의 계시를 온 마음을 모아 일편단심으로 고백하고 가르치며 순종해야 한다.

바울의 말은 이런 것과 같다. "가치가 전복된 세상에서 한결같은 마음이야말로 신실한 목사의 특징이 되어야 한다. 세월이 가도 너는 변치 않는 사람이 되라. 균형을 잃지 말라. 자제의 본을 보이라. 귀에 솔깃한 말만 해주는 사람들과 경쟁하려 하지 말라. 제정신이 아닌 세상에는 불변의 목소리가 필요하다."

"고난을 받으며." 바울이 여기에서 고른 단어는 신약 성경에 세 번밖에 나오지 않는데, 그중 두 번이 이 서신에 나온다(참고 2:9, 약 5:10). 바울이 목사들에게 고난을 견디라고 하면서 사용한 *kakopatheō*라는 단어는 헬라어를 읽는 독자들의 생각을 즉시 2장 8–9절로 다시 데려간다. "내가 전한 복음대로 다윗의 씨로 죽은 자 가운데서 다시 살아나신 예수 그리스도를 기억하라 복음으로 말미암아 내가 죄인과 같이 매이는 데까지 고난을 받았으나 하나님의 말씀은 매이지 아니하니라"(밑줄 나의 강조).

복음을 위하여 그리스도를 따라 고난을 받은 바울처럼, 목사라면 누구나 다 마땅히 동일한 고난의 길을 예상해야 한다. 목사는 부당한 비판과 오해를 받을 것이다. 사람들은 진리에 귀를 막고 신화를 좇을 것이다. 신실한 목사는 오히려 어리석고, 시대에 뒤떨어지며, 현실과 동떨어진 것처럼 보일 것이다. 하지만 그리스도가 무덤에서 살아나 신원되신 것처럼 진리도 결국은 배교와 신화를 꺾을 것이다.

"전도자의 일을 하며." "전도자"라는 단어는 이곳 말고 신약 성경에 두 번밖에 더 나오지 않는데[행 21:8, 엡 4:11(NASB에서 "evangelist"로 표현된 경우임- 편주)], 기쁜 소식을 가져오는 사람이라는 뜻이다. 일반적인 의미에서 이 사람은 왕실의 출생 소식을 알리거나 승전보를 전했다.

물론 이 경우에 기쁜 소식이란 다름아닌 복음이다. 그런데 바울의 어법을 잘 보면 "전도자의 일을 하며"라고 했다. 이것은 단지 하나님의 구원 계획을 알리는 것으로 끝나지 않는다. 이 "일"에는 굶주린 사람들을 먹이고, 가난한 사람들에게 옷을 입히며, 집 없는 사람들에게 쉴 곳을 주고, 과부들과 고아들을 돌보며, 정의를 위하여 싸우고, 힘없는 사람들을 구해주는 일이 다 포함된다.

전도자의 일이란 곧 복음의 말씀을 실천하는 것이다.

"네 직무를 다하라." 여기 "다하라"로 옮겨진 헬라어 단어는 '완전한 실현이나 만족을 이루다'는 뜻이다. 나에게 이 말은 돛을 활짝 펴고 바람을 가득 받는 커다란 범선을 연상시킨다. 바람이 배를 목적지로 떠밀어 선원들은 목적을 이룰 수 있다.

"직무"(또는 '사역')에 해당하는 단어는 *diakonia*로 바울이 일찍이 디모데전서 3장에서 집사들의 섬김을 묘사할 때 쓴 단어와 같다(행 6:1). 이처럼 바울은 *diakonia*를 집사의 직분에만 한정시키지 않았다. 바울은 '식탁에서 시중드는' 일 – 문자적 의미와 비유적 의미 둘 다에서 – 을 장로, 목사, 자기 자신 등 모든 사역자의 직무로 보았다(딤전 1:12).

적용
목사의 네 가지 직무

대부분의 직업에는 직무 내용 설명서가 있다. 이는 다른 세부 사항들과 함께 직원의 주 목표를 개괄한 문서로, 그 직원이 수행해야 할 구체적인 직무들이 명시되어 있다. 일찍이 바울은 모든 사역자의 주목표를 이렇게 정립한 바 있다.

> "그가 어떤 사람은 사도로, 어떤 사람은 선지자로, 어떤 사람은 복음 전하는 자로, 어떤 사람은 목사와 교사로 삼으셨으니 이는 성도를 온전하게 하여 봉사의 일을 하게 하며 그리스도의 몸을 세우려 하심이라"(엡 4:11-12).

이 목표를 디모데후서 3장 16-17절에서 되풀이한 후 바울은 목사의 주요 직무를 네 가지로 개괄했다.

첫째, 목사는 신실하고 일관되게 하나님의 말씀을 전해야 한다. 성경을 가르치는 일과 전하는 일 사이에는 미묘하지만 심오한 차이가 있다. 단어들과 문구들의 의미를 설명하는 것은 양쪽 다 똑같다. 본문에서 시대를 초월하는 원리들을 이끌어내 삶에 적용하는 것도 양쪽 다 똑같다. 하지만 가르침과 선포는 목적이 서로 다르다. 가르침의 목표는 성경 지식을 전달하는 것이며, 적용은 그 안에 암시되어 있다. 그러나 설교는 듣는 사람들을 강권하여 성경에서 배운 내용대로 행동하게 하고자 한다. 가르침은 지성을 채워주지만, 설교는 의지에 도전을 가한다.

훌륭한 설교는 굳이 감정을 자극할 필요가 없다. 감정에 호소하는 일은 도움이 될 때도 있지만 오히려 방해가 될 때도 있다. 훌륭한 설교는 설교 자체에 시선을 끌지 않는다. 교회를 나설 때 사람들의 입에서 – 좋은 쪽으로든 나쁜 쪽으로든 – 설교자의 스타일에 대한 평이 나온다면, 말씀 선포의 의미를 놓친 것이다. 훌륭한 설교의 표지는 지속적인 변화다. 그런 변화는 시간이 지날수록 탄력이 붙어, 옳은 방향으로 진척이 나타난다. 교인들은 매사에 더 좋은 선택들을 내리고 또 서로 그것을 격려한다. 그리하여 교회 전체의 행동이 서서히 달라진다. 훌륭한 설교가 있으면 주님의 양들은 누가 시키지 않아도 바른 방향으로 나

묵상의 서재

하나님의 부르심

1959년 여름에 나는 달라스 신학교에 입학하려고 면접을 보았다. 면접관인 도널드 캠벨(Donald Campbell) 박사가 우리 부부를 번갈아 보다가 다시 내게로 눈길을 돌렸다. 잠시 침묵이 흐른 뒤에 그가 내게 영영 잊지 못할 질문을 던졌다. "스윈돌 씨, 당신이 행복과 만족을 느낄 만한 다른 일이 혹 있습니까?"

내 고향 휴스턴에서는 좋은 일자리가 나를 기다리고 있었고, 직급도 높은 자리였다. 그 정도면 윤택한 생활을 할 수 있었다. 우리 부부에게는 아직 자녀도 없었다. 우리는 일가친지들 옆에 조그만 집을 장만하여 우리에게 친숙한 모든 것들 속에서 안정된 삶을 이룰 수도 있었다. 그렇게 우리의 편안한 미래를 가꿀 수도 있었다.

마음속에서는 이미 답이 메아리치고 있었지만 그래도 나는 잠시 생각한 뒤에 말했다. "아닙니다, 캠벨 박사님. 저는 다른 어떤 일에도 만족할 수 없습니다." 몇 년 후에 캠벨 박사님은 내게 만일 그때 내가 답을 다르게 했더라면 학교 측은 나를 받지 않았을 거라고 했다. 공교롭게도 나는 조건부로 입학되었다. 나 같은 사람은 학교 측에 적지 않은 위험 부담이 되었기 때문이다.

다행히 나는 예로부터 부족하고 흠 많은 그릇들이 세워 놓은 귀한 유산의 수혜자가 되었다. 그들은 바울 같은 사람들, 디모데 같은 사람들, 세상의 관점에서 보면 적임자가 못 되지만 유일하게 중요한 자격을 갖춘 사람들이다. 그 자격이란 바로 사역자는 하나님의 부르심을 받은 사람이라는 것이다.

아가기 시작한다.

둘째, 목사는 잘못을 지적하고 오류를 시정해야 한다. 목사는 교리와 가르침에 있어서 타협할 수 없는 순수한 기준을 지켜야 한다. 목사는 교사들이 성경을 바로 이해하고 있고, 다른 사람들을 늘 성실하게 가르치는가를 확인하여 교사들을 신중히 선발한다. 가르침이 성경에서 빗나가면 목사는 온유하고 참을성 있게 지적하고 시정하며, 격려하고 교훈한다. 유감스럽게도 때로 목사는 단호해야 한다. 교사들이 가르치는 일에 무능하거나 또는 고의로 성경을 거스를 경우, 양 떼를 오류에서 지키려면 영적 지도자는 교사들을 직분에서 해임해야 할 수도 있다.

또한 교인들이 교회를 떠나 있는 엿새 동안 그들에게 영향을 미치는 문화적, 학문적 동향들도 목사는 숙지해야 한다. 목사가 충분한 지식을 갖추고 있어야 거짓된 가르침에 성경의 답으로 맞설 수 있다. 신실한 목자들은 하나님의 양 떼를 보호한다.

셋째, 목사는 지역 사회를 복음화하는 일에 앞장서야 한다. 예수님이 교회를 세우신 주된 이유 가운데 하나는 교회가 기쁜 소식을 들고 세상으로 나가 제자를 삼는 것이다. 성령은 교회들이 지역 사회로 나가 사람들을 그리스도를 믿는 믿음으로 인도하도록 능력을 주신다. 목사가 이런 비전을 품으면 교회도 그대로 따라서 비전을 품게 된다.

그러나 유의해야 할 것이 있다. 목사가 유일한 전도자는 아니며, 목사가 반드시 주된 전도자도 아니라는 사실이다. 많은 교회들은 자기네 목사를 돈 받고 고용된 사람 정도로 생각하며, 자기들이 해야 할 일들을 목사가 대신해주기를 바란다. 그러나 목사는 목자다. 목사는 양 떼들이 복음을 전할 수 있도록 이끄는 사람이지, 주님이 온 교회에게 하라고 명하신 일을 혼자서 대신하는 사람이 아니다.

넷째, 목사는 교인들을 섬겨야 한다. 앞에서 주해한 것처럼 "네 직무를 다하라"(5절)는 명령에 나오는 "직무"(또는 '사역')는 집사의 직분에 쓰인 단어다. *Diakonia*는 식탁에서 시중을 드는 행위로, 신약성경에서 다른 사람들을 섬긴다는 의미로 사용된 은유다. 이것이 목사의 가장 기본적인 역할이다.

목사는 여러 가지 방식으로 교인들의 필요를 채워준다. 우선 목사는 교인 개개인이 정서적, 영적으로 돌봄을 받을 수 있도록 전체적으로 조정하는 역할을 한다. 목사는 또 교인들이 상실을 겪거나 곤경에 처할 때 물질적인 면에서도 어려움이 없도록 돕는다. 목사는 상담과 기타 자원을 제공하여 교인들의 가정이 깨지지 않고 건강하게 해준다. 목사는 또 교인들에게 특별한 일이 있을 때 그들의 삶에 관여하기도 한다. 다시 말해서 목사는 교인들의 혼례, 세례, 장례를 집전한다. 목사는 개인들과 가정들의 필요를 예견하고 있다가 교회를 그에 맞게 적절히 지도한다.

목사의 직무는 누구나 할 수 있는 것이 아니다. 소명이 없으면 이런 직무들은 금방 고역이 되고 원망과 탈진을 부른다. 하지만 하나님이 사람을 불러 목사로 섬기게 하시면, 그 사람은 이런 직무들이 아니면 무엇으로도 만족을 얻을 수 없다. 그 사람은 설교하고 책망하고 전도하고 섬기지 않으면 안 된다. 그렇게 자신의 직무를 "다하"는 것이다.

후회 없는 인생(디모데후서 4:6-8)

6전제와 같이 내가 벌써 부어지고 나의 떠날 시각이 가까웠도다 7내가 선한 싸움을 싸우고 나의
달려갈 길을 마치고 믿음을 지켰으니 8이제 후로는 나를 위하여 의의 면류관이 예비되었으므로 주
곧 의로우신 재판장이 그 날에 내게 주실 것이며 내게만 아니라 주의 나타나심을 사모하는 모든
자에게도니라.

이 땅의 여정이 거의 끝나갈 무렵이면 사람들은 영원한 미래 속으로 들어서기 전에 뒤를 돌아보는 경향이 있다. 예컨대 지금은 고인이 된 헨리 나우웬(Henri Nouwen)은 유난히 어렵던 시기에 자신의 삶을 돌아보았다. 그 일기가 그의 사후에 「마음에서 들려오는 사랑의 소리(*The Inner Voice of Love*, 성바오로딸 수도회)」라는 책으로 간행되었다.

> 고생과 고통으로 점철된 지난 세월도 시간이 흐르고나면 당신을 새로운 삶으로 이끌어준 길로만 기억될 것이다. 그러나 그 새로운 삶이 온전히 당신의 것이 아니라면 당신의 기억은 계속 고통을 불러일으킬 것이다. 과거의 고통스러운 사건들을 계속 마음속에 재현하면 피해 의식이 들 수 있다.[11]

자신의 과거를 돌아보며 만족을 느끼는 사람들도 있지만, 밀려드는 후회에 진저리를 치는 사람들도 있다. 지난날의 어리석은 결정들이나 죄의 행위들은 실망을 안겨주고, 그

실망감 때문에 계속 후회의 소용돌이가 몰아칠 수 있다. 후회의 독소는 인생의 말년을 망쳐놓을 수 있다. 다음과 같은 서글픈 고백을 남긴 사람도 그와 다르지 않다.

> 지난날의 벌판을 가로질러
> 한 어린아이가 놀다 말고
> 이따금씩 나를 찾아오는데
> 그 아이는 바로 예전의 나다.
> 아이는 내 안으로 기어들어
> 아쉬운 듯한 미소를 짓는데
> 아마도 내가 미처 되지 못한
> 어른의 모습이 보고픈 것일까.[12]

프랑스 소설 「사랑의 사막, 독사뭉치(*Vipers' Tangle*)」의 불행한 주인공은 죽음 앞에 이르러 자신의 마음속에 증오와 후회가 단단히 똬리를 틀고 있는 것을 보았다. 그는 일기장에 이렇게 고백한다.

> 하지만 늙어간다는 것은 이래서 무섭다. 사람의 나이는 그 사람의 인생의 총합이며, 그중에서 단 하나의 숫자도 우리는 고칠 수 없다. 증오 속에 죽어가는 이 늙은이를 '만들어내는' 데 60년이 걸렸구나 하는 생각이 들었다. 이렇게 나는 지금의 나가 되었다. 하지만 다른 사람이 되었어야 한다… 오 하나님!… 오 하나님!… 당신이 존재하기만 했더라도 이렇게 되지는 않았으련만![13]

자기밖에 모르고 다른 사람을 아무도 사랑하지 않은 사람들의 삶은 다 그렇게 끝난다. 하나님을 버린 그들은 하나님께 버림받은 기분으로 분노와 신음 속에서 무덤으로 향한다.

바울도 그렇게 될 수 있었다. 그는 얼마든지 원망을 품을 만한 이유가 많은 사람이었다. 오랜 세월 동안 사람들은 그를 표적으로 삼아 괴롭혔다. 그는 또 수십 번이나 배신을 당했고, 그때마다 틀림없이 비애를 느꼈을 것이다. 그는 1세기에 존재하던 온갖 종류의 사기꾼과 이단으로부터 집중적으로 무고한 공격을 받았다. 복음을 위하여 그는 위험과 투옥과 채찍질과 돌팔매질을 당했다. 그래서 이 편지를 쓸 즈음 그는 허리가 굽어지고 흉터가 많아 나이보다 훨씬 늙어 보였다. 아마 이전에 부러졌던 온갖 뼈마디가 다 욱신거렸을 것이다.

주님과 그분의 교회를 그토록 몸 바쳐 섬긴 보상으로 설사 바울이 편안한 은퇴 생활을 바랐다 해도 무리한 일은 아니었을 것이다. 그런데 그는 초라한 모습으로 죽음을 앞두고 글을 쓰고 있었다. 그곳은 기껏해야 지하 감옥이었고, 바닥의 흙 부스러기를 치워낸 좁은 공간이었을 것이다. 풍성한 거라고는 고독뿐이었다. 의사 누가를 제외하고는 그를 격려해줄 낯익은 얼굴이 하나도 없었다. 그런데도 그의 마지막 말에서 원한이나 원망이나 후회라고는 조금도 찾아볼 수 없다. 오히려 그의 불굴의 정신이 피어나고 있다.

편지에서 보듯이 바울은 자신보다 다른 사람들에게 훨씬 더 마음을 쓰고 있다. 편지 전체에서 그의 초점은 디모데에게 그리고 나아가 디모데의 발자취를 따를 사람들에게 맞추어져 있다. 바울은 명령형 동사들로 긴박한 교훈들을 전했다. 그가 되풀이해 사용한 "너"라는 이인칭 대명사는 그 교훈들을 이 젊은 목사의 심장에 새겨주었다.

- "내가 밤낮 간구하는 가운데 쉬지 않고 너를 생각하여"(1:3).
- "내 아들아 그러므로 너는 그리스도 예수 안에 있는 은혜 가운데서 강하고"(2:1).
- "그러나 너는 배우고 확신한 일에 거하라"(3:14).
- "그러나 너는 모든 일에 신중하여 고난을 받으며 전도자의 일을 하며 네 직무를 다하라"(4:5).

그러다 갑자기 "너"가 사라지고 "나"가 등장한다. 바울이 디모데에게서 초점을 옮겨 자신의 모습을 내보이고 있는 것이다. 이 땅의 삶과 영원한 미래 사이에 쳐진 휘장이 점점 눈앞에 다가오고 있던 그 시점에 사도는 자신의 과거를 돌아본다. 후회 없이 죽을 준비가 된 사람이 자신을 회고하고 있는 이 말들을 잘 생각해보라.

—4:6—

바울은 자신의 마지막 나날을 두 가지 흥미로운 은유로 묘사한다. 첫 번째는 종교 의식과 관계된 것으로, 21세기의 서구 문화에서는 낯설지만 바울의 세계에서는 흔한 일이었다. "전제(奠祭)"는 예배하는 사람이 제단 밑에 붉은 포도주를 붓던 유대교의 잘 알려진 관습이었다. 포도주는 희생 제물로 드려진 어린 양들의 피를 상징했다. 사도의 이 그림 언어에는 "부어지고"라는 히브리어의 시적인 표현까지 곁들여져 있다(시 22:14, 욥 30:16). 이것은 사람의 기력이 진하여 죽음에 이르게 된다는 뜻이다. 즉, "부어진다"는 것은 생명의 에너지가 다 빠져나간다는 뜻이다.

이전에 옥살이를 할 때 바울은 빌립보의 그리스도인들에게 이런 말을 썼다. "만일 너희 믿음의 제물과 섬김 위에 내가 나를 전제로 드릴지라도 나는 기뻐하고 너희 무리와 함께 기뻐하리니"(빌 2:17). 그때 그는 재판을 오래 기다리면서 자신의 생기가 고갈되는 것을 느꼈고, 주님께 목숨을 바칠 각오가 되어 있었다. 그 상황에서도 그는 그들이 은혜 가운데서 구원을 이루고 지속적으로 성장할 수만 있다면 자신의 목숨을 희생하는 일이 가치 있다고 여겼다(빌 1:21).

바울이 두 번째로 사용한 은유는 여정과 관계된 것이다. 그는 자신의 죽음을 "나의 떠날 시각"이라 표현했다. 그런데 *analysis*(직역하면 '묶었던 것을 다시 풀다'는 뜻이다)라는 이 풍부한 헬라어 단어에는 그림 언어가 네 가지나 들어 있다.

첫째는 자세히 살펴본다는 개념이다. 이 단어를 영어로 음역한 *analysis*(분석, 분해)에는 '꼬인 밧줄을 푼다, 복잡한 전체를 낱낱의 가닥으로 나눈다'는 개념이 들어 있다. 바울은 자신의 생애와 자신이 이룬 일들이 죽음으로 말미암아 풀려 만인 앞에 드러나게 될 것을 내다보았다.

둘째는 굴레에서 해방된다는 개념이다. *Analysis*라는 단어는 짐에 묶여 있던 짐승의 멍에를 벗길 때 쓰던 단어다. 바울은 죽음을 고달픈 책임에 묶여 있던 삶의 멍에를 벗는 것으로 보았다. 이 단어를 인간에게 쓰면 수갑과 족쇄를 벗긴다는 의미가 된다. 죽음은 자유를 뜻한다.

셋째는 이사를 간다는 개념이다. 헬라인들은 *analysis*라는 단어를 이주하려고 천막을 걷을 때 썼다. 영어의 '말뚝을 뽑다'(주거를 옮긴다는 뜻 - 역주)는 말과 비슷한 표현이다. 바울은 죽음을 훨씬 더 좋은 나라로 이주하는 것으로 보았다.

넷째이자 가장 핵심적인 것은 항해의 개념이다. 선원들은 *analysis*라는 단어를 떠난다는 의미로 썼다. 그들은 정박지에서 배를 풀어 바다에 띄웠다. 죽음은 바울을 이 땅이라는 정박지에서 풀어 하늘 아버지의 나라로 항해하게 할 것이었다.

—4:7—

영원한 미래를 갈망하며 내다보자 문득 바울은 과거를 돌아보고 싶어졌다. 죽음을 앞둔 사람이 누구나 그러듯이 그도 과거의 많은 도전과 승리를 떠올렸다. 교사들은 자신이 가르친 제자들의 얼굴을 그려본다. 간호사들은 자기에게 가장 영향을 미친 환자들을 떠올린다. 정치가들은 자신이 남긴 정치적 유산을 생각한다. 부모들은 자녀들과 손자손녀들의 얼굴을 보기 원한다. 목사들은 자신이 강단에서 보낸 세월을 생각하면서 자신이 끝까지 말씀에 충실했기를 바란다. 선교사들은 자신이 남겨두고 갈 그 지역이 하나님 나라의 전초기지로 변화되었기를 바란다. 어느 분야를 막론하고 모든 사역자는 자신이 충성된 삶을 유산으로 남겼기를 바란다. 물론 자신이 이루어낸 성과도 있기를 바라지만, 그보다 충성된 삶이 가장 먼저다.

바울이 뒤를 돌아보니 싸움과 노정과 믿음이 보였다. 흥미롭게도 그는 헬라어의 통상적인 어순을 바꾸어 각 동사의 목적어를 강조하고 있다. 그의 말을 그대로 풀어쓰면 "선한 싸움을 나는 싸웠고, 노정을 나는 다 마쳤고, 믿음을 나는 지켰다"가 된다. 이는 독자들의 시선을 바울이 부르심에 순종하여 자신의 직분에 끝까지 충성을 다했다는 사실에 집중시키는 효과가 있다.

"싸움"이라는 단어는 '승리를 얻으려고 힘씀'을 뜻하는 *agōn*이다. 경기에서 이기거나 목표를 이루고자 혼신을 다한다는 이 헬라어 단어의 개념에서 '고뇌(agony)'라는 단어가 나왔다(딤전 4:10 참고). 일찍이 주님은 길에서 바울을 막으시고 자신을 계시하셔서 그의 눈이 멀게 하셨고, 열심은 있지만 교만한 이 종교적인 사람에게 죄를 지적하여 깨우쳐주셨으며, 그의 모든 죄를 깨끗하게 하시고 시력을 되찾아주셨고, 그다음에 그를 부르시고 준비시키시고 보내시고 지원하시고 강하게 하셔서 사역을 감당하게 하셨다. 바울은 바로 그날을 떠올렸다. 그는 또 자신이 달려온 고된 노정을 돌아보며 – 30년의 긴 마라톤이었다 – 자신의 전부를 바쳤음을 확인했다. 아낌없이 다 쏟아 부은 인생이었다.

이전에, 배교한 교사들이 바울의 자격을 의심하고 그의 헌신에 이의를 제기했을 때 바울은 자신이 그 시점까지 달려온 경주를 이렇게 되짚은 적이 있다.

> "그들이 그리스도의 일꾼이냐 정신 없는 말을 하거니와 나는 더욱 그러하도다 내가 수고를 넘치도록 하고 옥에 갇히기도 더 많이 하고 매도 수없이 맞고 여러 번 죽을 뻔하였으니 유대인들에게 사십에서 하나 감한 매를 다섯 번 맞았으며 세 번 태장으로 맞고 한 번 돌로 맞고 세 번 파선하고 일 주야를 깊은 바다에서 지냈으며 여러 번 여행하면서 강의 위험과 강도의 위험과 동족의 위험과 이방인의 위험과 시내의 위험과 광야의 위험과 바다의 위험과 거짓 형제 중의 위험을 당하고 또 수고하며 애쓰고 여러 번 자지 못하고 주리며 목마르고 여러 번 굶고 춥고 헐벗었노라 이 외의 일은 고사하고 아직도 날마다 내 속에 눌리는 일이 있으니 곧 모든 교회를 위하여 염려하는 것이라"(고후 11:23-28).

일말의 교만한 마음도 없이 바울은 성과나 성공 따위와 무관하게 자신이 잘 '분투했다'는 사실에 만족했다. 사실 그는 잘 달렸을 뿐만 아니라 잘 끝마쳤다. "나의 달려갈 길을 마치고"라는 선언에 쓰인 주동사는 목적의 개념과 성취의 개념이 한데 결합된 것이다. 게다가 완료형으로 쓰인 이 동사는 예수님이 십자가에서 "다 이루었다!"고 선언하신 말씀을 헬라어로 옮긴 *tetelestai*라는 말을 연상시킨다.

자신의 노정을 스스로 선택하는 사람은 아무도 없다. 바울도 예외는 아니었다. 우리의 노정은 이미 예비되어 있다. 하지만 그 길을 달릴 것인지 아닌지는 우리가 선택하기 나름이다. 단 두 개의 노정도 똑같은 것은 없지만, 우리는 각자 자신에게 주어진 노정을 똑같이 신실하게 끝까지 달리도록 부름받았다. 더욱이 당신은 앞에 놓인 힘든 노정에 놀랄지 모르지만 주님은 놀라지 않으신다. 그분은 당신에게 닥쳐올 온갖 도전을 미리 아셨고, 그것을 극복할 수 있도록 당신을 무장시켜주기로 약속하셨다. 꼭 한꺼번에 다 극복하게 하지는 않으실지라도 그분은 날마다, 그때그때 필요할 때마다 이기게 하신다.

바울의 노정에는 무서운 반전들도 있었고, 위험한 구덩이도 적지 않았다. 그러다 결국 그가 다다른 곳은 로마의 길거리 밑 지하 감옥이었다. 하지만 바울의 여정은 거기서 끝나지 않는다. 그것은 또 다른 구간으로 넘어가는 간이역일 뿐이다. 이 땅의 여정을 마치면 그는 영광을 향한 노정에 오를 것이다. 이런 영원한 관점을 기르고 평생의 여정 동안 그것을 고수하려면 신뢰가 필요하다.

바울의 세 번째 선언에는 이중의 의미가 있다. 첫째, 그는 주님을 그리고 자신에게 전하라고 맡기신 바른 복음을 계속 신뢰하고 있다. 둘째, 그는 자신에게 맡겨진 보물을 여태까지 지켜왔다(참고 1:12, 14, 딤전 6:20). 그는 하나님의 진리를 자신이 받은 상태 그대로 순수하게 보존한다. 그리고 교회 안의 배교에 맞서 그 진리를 휘둘러 배교를 뿌리 뽑는다.

—4:8—

지금까지 바울은 자신의 현 상황을 인정했고, 과거를 돌아보며 자기 인생의 총합에 만족했다. 이제 그는 자신의 미래를 갈망하며 내다본다. 거기서 그는 신원(伸冤)을 보았다

내가 조심해서 고른 이 신원이라는 단어는 자칫 오해를 불러일으킬 수 있다. 그래서 먼저 신원이 아닌 것부터 설명하고자 한다. 신원은 내게 죄를 저지른 사람들을 보며 고소해하는 것이 아니다. 신원은 "나를 비판하던 사람들은 다 틀렸고 내가 옳았다"고 말할 수 있는 것도 아니다. 신원은 나를 잘못 비판한 상대방을 비판해도 되는 권리가 아니다. 이 모두는 세상적인 관심사이며 이미 흘러간 과거가 되었다. 신원은 앞을 내다본다. 이 단어의 가장 오래된 의미에서 신원이란 위험에서 건짐받은 상태를 가리킨다. 신원은 고발이나 비난에서 해방되는 것, 정당함이 입증되는 것, 옳다고 선언되는 것, 약속된 내용을 마침내 받는 것이다. 평생 신실하게 달려온 사람이 최후에 받는 보상이 곧 신원이다. 신원은 "남들의 비난에도 불구하고 네 헌신의 가치가 입증되었다. 네가 희망하던 바를 이제 눈으로 볼 수 있게 되었다"라고 선언한다(롬 8:24 참고).

신원의 이 모든 복 가운데서도 최고는 정당함이 입증된다는 개념이다. 바울은 자신이 받을 상을 "면류관"이라 표현했는데, 이는 승리한 운동선수가 장차 받을 모든 특전의 상징

으로 월계관을 받던 관습을 연상시킨다. 업적이 특히 뛰어나거나 훌륭한 선수들은 고향으로 돌아가 성대한 대접을 받았다. 관리들은 그 도시의 성벽에 큰 구멍을 뚫고 놋쇠판에 승리자의 이름을 새겨 그 자리를 메웠다. 승리한 운동선수는 부채를 전액 탕감 받았고, 남은 생애 동안 면세의 지위를 누렸다. 흔히 상인들은 승리자와 그의 가족에게 평생 식량을 공급할 것을 보장했다. 말 그대로 월계관이 평생을 보장해준 셈이다.

바울이 받을 "면류관"은 의의 면류관이다. 그런데 바울을 비롯해서 누구도 자기 힘으로는 의를 얻을 수 없다. 바울이 비록 신실하게 달렸고 잘 끝마쳤지만 그 공로로 죄를 사함받은 것은 아니다. 의는 하나님이 그분의 아들을 믿는 사람들에게 은혜로 주시는 선물이다. 이 땅에 사는 동안 약속되었던 의를 영원에 들어가면 마침내 실제로 받는다. 바울은 경주를 마쳤고 약속된 내용을 받았다. 하늘의 법정에서 재판장으로부터 "유죄가 아니다"라는 판결을 받은 것이다.

바울의 이러한 자기 분석과 그가 후회 없이 죽음을 맞이할 수 있었던 것은 이 편지를 쓸 때 그가 처해 있던 상황을 생각하면 특히 더 통절하게 다가온다. 하늘과 땅은 한 인생의 내용물을 판단하는 방식이 완전히 다르다. 그 차이를 바울이 처한 아이러니가 더욱 부각시켜주고 있다. 바울은 지금 네로나 그의 대리인 앞에 서서 심판받을 날을 기다리며 감옥에서 이 편지를 쓰고 있다. 세상적인 의미에서 보면, 이 땅에서 말하는 성공의 기준에 도달하지 못한 사람은 곧 실패자가 된다. 예컨대 부로 말하자면 로마의 황제를 당해낼 사람은 세상에 없었고, 바울 또한 그가 가진 거라고는 등에 걸친 때 묻은 옷밖에 없었다. 권력으로 말하자면 네로는 지중해 연안의 온 세상을 다스리고 있었지만, 바울은 아마 감방에서 똑바로 일어설 수도 없었을 것이다. 인간의 법으로 말하자면 네로가 곧 법이었지만 바울은 자신이 '유죄' 선고를 받고 범죄자로 참수될 것을 잘 알고 있었다.

하지만 영원의 세계에서는 판단 기준이 다르다. 지금 네로와 바울 두 사람은 각각 어디에 있는가?

적용

영혼을 성찰하는 세 가지 질문

바울의 자기 평가를 보며 우리는 세 가지 성찰의 질문을 도출할 수 있다. '지금'이야말로 언제나 그런 질문들을 생각하기에 좋은 때다. 지금 충분히 시간을 내서 자신에게 이 세 가지 질문을 던지고 솔직히 답해보라. 장담컨대 미래를 보는 당신의 눈이 달라질 것이다.

질문 1: 내가 처한 상황을 현실로 인정했는가?

바울은 자신의 상황을 숙고하고 액면 그대로 수용했다. 그가 현실을 실제보다 더 좋다고 상상하려 하지 않았다는 뜻이다. 그것은 자기기만이다. 그는 또 자신이 기적적으로 풀려날 거라고 억지를 부리지도 않았다(행 5:18-20, 16:25-27). 그것은 기껏해야 희망 사항이고, 최악의 경우에는 주님의 뜻에 주제넘게 간섭하는 것이다. 미래의 모든 가능성을 배제하지 않으면서도 바울은 자신이 처한 삶의 현실을 수용하며, "나는 내 삶을 주님께 전제로 부어드린다"라고 고백했다. 이 동일한 태도를 그는 자유의 몸일 때나 옥중에 있을 때나, 건강할 때나 병들었을 때나, 사람들과 함께 있을 때나 홀로 있을 때나 평생 동안 모든 상황 속에서 늘 견지했다.

당신의 현 상황을 지금 돌아보라. 앞으로 형편이 더 좋아질 수도 있고 더 나빠질 수도 있지만, 어쨌든 당신이 현재 처한 삶은 이것이다. 이것은 어느 누구도 아닌 당신이 통과해야 할 삶이다. 형편이 더 나아지게 할 수 있는 부분이 있다면 부디 그렇게 하라! 만일 당신이 현재 큰 복을 누리고 있다면, 감사하는 마음으로 이 시절을 음미하면서 그 복을 당신이 사랑하는 사람들과 함께 나누라. 당신의 삶이 영원히 가치 있는 것이 되게 하라. 당신의 상황을 현실적으로 인정하고 주님의 주권적인 돌보심에 맡기라.

질문 2: 과거를 돌아볼 때 지금 해결해야 할 후회스러운 일이 있는가?

죽음의 목전에서 후회에 시달리지 않으려면 아직 무언가 조치를 취할 시간과 능력이 있는 지금 이 질문을 던져야 한다. 나는 누군가에게 잘못하거나 해를 입히고 아직 풀지 않은 일이 있는가? 그 사람이 아직 살아 있는가? 그동안 나는 사과하고 관계를 회복하려 했는가? 만일 그 사람이 이미 세상을 떠났다면, 나는 내 잘못을 십자가 밑에 가지고 가서 주님의 용서를 구했는가? 그분께 이 짐을 벗겨달라고 했는가? 지금 나는 찜찜한 죄책감에서 정말 해방되었는가?

내 죄의 결과나 미련한 행동의 결과를 나는 하나님의 자비의 표현으로 받아들였는가? 아니면 지금도 그분의 섭리에 반항하고 있는가? 또는 그 못지않게 어리석게, 나는 자신을 자학하고 있는가? 나는 온전히 회개하고 주님의 은혜를 받아들이고 새로운 방향으로 돌아섰는가? 내 잘못된 행동이 남긴 결과를 대할 때마다 나는 하나님의 인도하심에 민감하게 반응하고 있는가?

내가 감사해야 할 사람이 있는가? 내게 미친 긍정적인 영향 때문에 마땅히 내게서 진심어린 감사의 말을 들어야 할 사람이 있는가? 그 말을 조사(弔辭)로 남겨둘 것이 아니라 지금 시간을 내서 감사를 표하라.

후회가 당신의 마음을 버려놓거나 앞으로 살아갈 날의 기쁨을 앗아가기 전에 지금 그 일들을 해결하라.

질문 3: 나는 미래에 상급과 면류관을 받을 확신이 있는가?

바울은 자신이 언제 어떻게 죽든 관계없이 무엇이 자신을 기다리고 있는지를 알았다. 영생 외에도 그는 자신이 몇 가지 상급을 받을 것을 확실히 예상했다. 영생은 바울이 얻어낸 것이 아니라 그리스도를 믿음으로 말미암아 은혜로 받은 것이지만, 이런 상급은 그가 수고해서 얻어낸 것이다. 당신도 그런 확신이 있는가? 성경에는 다음과 같은 다섯 가지의 면류관이 언급되어 있다.

- 기쁨의 면류관(빌 4:1). 다른 사람들을 그리스도를 믿는 믿음으로 인도하는 사람들이 받는다.
- 의의 면류관(딤후 4:8). 그리스도의 재림을 간절히 사모하는 사람들이 받는다.
- 생명의 면류관(약 1:12). 하나님의 영광을 위하여 고난을 견디는 사람들이 받는다.
- 영광의 면류관(벧전 5:4). 교인들을 자원하여 충성되고 일관되게 섬기는 장로들과 사역자들이 받는다.
- 승리의 면류관(고전 9:25). 육신을 계속 복종시키는 사람들이 받는다.

요한계시록 4장 10-11절에 보면 천국에서 신자들 - 이십사 장로들 - 이 자신에게 상을 주신 분 앞에 면류관을 드리는 아름다운 장면이 나온다. 우리도 다 그 장엄한 예배에 동참할 것이다. 그때 우리는 눈부시도록 투명하고 반짝반짝 빛나는 거울 같은 길 위에 얼굴을 대고 엎드려 처음으로 우리 자신을 하나님이 보시듯이 보게 될 것이다.

잠시 멈추어 그곳에 가 있는 자신을 상상해보라. 그 놀라운 예식에 당신은 무엇을 가지고 가겠는가?

권하건대 당신에게 남은 세월 동안 – 그 기간이 얼마나 길거나 짧을지 누가 알겠는가? – 영원한 것들에 관심을 두고 살라. 당신의 삶을 비참하게 만드는 사람에게서 시선을 떼라. 후회라는 쓰레기를 단호히 치우라. 원한과 비난의 짐을 끌고 다니지 않기로 결단하라. 오늘부터 시작해서 영원한 내일의 빛 가운데서 살아가라. 그러면 여태까지 몰랐던 내면의 기쁨을 얻게 될 것이다.

명예로운 이름들, 부끄러운 이름들(디모데후서 4:9-15)

9너는 어서 속히 내게로 오라 10데마는 이 세상을 사랑하여 나를 버리고 데살로니가로 갔고 그
레스게는 갈라디아로, 디도는 달마디아로 갔고 11누가만 나와 함께 있느니라 네가 올 때에 마가를
데리고 오라 저가 나의 일에 유익하니라 12두기고는 에베소로 보내었노라 13네가 올 때에 내가 드
로아 가보의 집에 둔 겉옷을 가지고 오고 또 책은 특별히 가죽 종이에 쓴 것을 가져오라 14구리 세
공업자 알렉산더가 내게 해를 많이 입혔으매 주께서 그 행한 대로 그에게 갚으시리니 15너도 그를
주의하라 그가 우리 말을 심히 대적하였느니라.

1975년에 새로 국회 도서관의 사서가 된 대니얼 J. 보어스틴(Daniel J. Boorstin)은 금고에 보관되어 있던 신발 상자 하나를 발견했다. 그 안에는 에이브러햄 링컨(Abraham Lincoln)이 살해되던 밤에 그의 주머니에서 나온 유품들이 들어 있었고, 그중에는 대통령을 칭찬하는 신문 기사들을 오린 것들도 있었다. 유난히 낡아 보이는 신문지 조각이 있어 보어스틴이 자세히 보니 존 브라이트(John Bright)가 영국 하원에서 한 연설문이었다. 브라이트는 거기서 링컨을 "역사상 가장 위대한 사람 가운데 하나"라고 칭송했다.

지금이야 많은 사람들이 브라이트의 말에 진심으로 공감하겠지만, 1865년에는 링컨을 구제 불능의 악당이나 영락없는 광대로 생각한 사람들이 부지기수였다. 수많은 사람들이

대통령을 인정사정없이 비판했다. 나라의 분열을 막고 바른 길로 이끌려고 안간힘을 다한 링컨은 외로운 고뇌의 사람이었다.

링컨이 자기를 인정해주는 작은 신문 기사들을 지니고 다녔다는 사실이 내 가슴을 아릴 듯 먹먹하게 한다. 지금은 존경받는 이 지도자가 대통령 집무실 책상의 깜박거리는 등불 아래서 혼자 그런 종이쪽지들을 펴들고 있는 모습을 상상해본다. 그렇게 그는 알아주는 사람 없는 지도자로서 또 하루를 맞이하고자 위안과 응원을 구했던 것이다.

지도자와 외로움은 늘 함께 다닌다. 지도자의 자리에 있어보지 않은 사람들에게는 뜻밖의 사실일 것이다. 대다수 사람들은 지도자들이 워낙 사람들과 함께 보내는 시간이 많다 보니 풍성한 인간관계가 자동으로 따라올 줄로 생각한다. 사실은 전혀 그렇지 않다. 오히려 책임자가 가는 곳마다 외로움이 쫓아다닌다.

- 모세는 반항적이고 불평 많은 이스라엘 백성을 40년 동안 이끌면서 처절한 외로움을 느꼈던 적이 얼마나 많았겠는가.
- 여호수아는 가나안 정복을 이끄는 책임을 분담할 만한 동역자를 얼마나 간절히 원했겠는가.
- 압살롬이 반역을 일으킨 기간과 다윗이 그를 잃고 슬퍼하던 그 세월에 다윗의 왕궁 내전에 얼마나 외로움이 떠나지 않았겠는가.
- 위대한 선지자들은 얼마나 뼈저리게 외로웠겠는가. 그들은 용감했고 하나님께 죽도록 충성했지만 사람들의 오해와 비방을 받기 일쑤였고, 결국 순교를 당한 경우도 많았다.

그러므로 바울이 어두운 감방에서 외로웠다는 것은 놀랄 일이 아니다. 선교 여행 때마다 그의 곁에는 늘 제자들과 동료들이 함께 있었다. 그런데 지금은 모든 친숙한 목소리들과 모든 반가운 얼굴들이 로마로부터 멀리 떠나 있었다. 그중에는 사역 때문에 떠난 사람들도 있었고, 바울을 버린 사람들도 있었다. 오직 누가만이 감히 투옥과 박해를 무릅쓰고 바울에게 필요한 것들을 공급해주었고, 아마 바울의 부실한 건강도 돌보았을 것이다. 이 외로운 지도자는 "너는 겨울 전에 어서 오라"(4:21)는 애절한 당부로 편지를 마무리한다. 이것은 용감한 사도 바울도 결국 한낱 인간이었음을 우리에게 일깨워준다.

머지않아 가을이 되어 찬바람이 불면 바울이 전에 다쳤던 부위들이 악화될 것이다. 그 동안 바울은 냄새가 고약한 지하 감옥에서 다른 사형수들과 함께 있었다. 그 캄캄한 고독 속에서 이 지친 사역자의 머릿속에 기억들이 몰려왔다. 그중에는 괴로운 기억도 있었고 즐거운 기억도 있었다. 편지를 마무리하기에 앞서 바울은 두 개의 고통스러운 기억과 다섯 명의 신실한 친구들을 떠올렸다.

—4:9—

이 단락에서 바울은 디모데에게 어서 와달라고 두 번이나 당부한다. "어서 속히… 오라"고 번역된 헬라어의 명령은 속도와 열의를 함께 청하는 표현이다. 바울은 자기가 앞으로 살 날이 얼마나 남았는지 몰랐다. 언제라도 재판이 열릴 수 있었고, 그러면 그는 불과 며칠 만에 처형될 것이었다. 그 마지막 며칠은 가장 경계가 삼엄한 시설에서 보내게 될 것이 분명했다. 그곳은 버려진 지하의 수조였는데, 경계가 삼엄한 위층 바닥에서 지름 0.9미터의 구멍을 통해서만 드나들 수 있었다. 그 상황을 한번 상상해보라.

—4:10—

바울은 첫 번째 고통스러운 기억을 생생한 표현을 사용하며 슬퍼했다. 데마라는 이름은 신약 성경 전체에서 두 번밖에 나오지 않으며, 그것도 지나가면서 잠깐 언급된다. 바울이 골로새 교회에 보낸 편지(골 4:14)와 빌레몬에게 보낸 편지(몬 1:24)의 끝부분에 보면 데마가 누가와 함께 안부를 전했다. 바울은 그를 "나의 동역자"로 여겼는데, 이 사도에게서 이런 말이 나왔다는 것은 굉장한 칭찬이다. 하지만 데마의 내면에 무언가 일이 벌어졌다. 한때 그는 진심으로 그리스도를 따랐다. 그렇지 않았다면 바울이 그를 일행으로 불렀을 리도 없다. 한때 데마는 용기와 굳센 의지를 보여주었다. 바울과 함께 다니려면 그것 없이는 안 되었기 때문이다(행 15:37-38).

그런데 이제 아니었다. 데마는 사도의 표현대로 "이 세상을 사랑하여" 바울을 버렸는데 이것은 하찮은 비난이 아니다. "데마는 이 세상을 사랑하여"라고 말할 때 바울은 기독교 특유의 동사인 *agapaō*를 썼는데, 보통 이 단어는 사람을 목적어로 해서만 쓰이는 동사다. "이 세상"이란 단지 돈이나 권력이나 지위나 쾌락이나 재물을 세상적으로 추구하는 것만을 뜻하지 않는다. 예수님은 하나님 나라의 원수가 "세상"이라고 적시하셨다(요 15:18-19).

"세상"은 지구 자체를 뜻하지 않는다. 지구는 지성(知性)이 없으며 따라서 악할 수 없다. 악이 자연을 망가뜨리고 변질시켰지만 자연 자체가 악한 것은 아니다. 사실 바울은 악의 영향을 입은 자연이 자신의 정당한 주인께 구속될 날을 탄식 속에 기다리고 있다며 자연을 무죄한 제3자로 의인화했다(롬 8:20-22). 그보다 본문의 "세상"은 타락한 세상 체제를 가리킨다. 그 세상 체제는 사탄의 가치관대로 돌아가고 있으며, 죄의 저주를 당하고 있다(창 3:14-19). "세상"은 또한 그 가치관대로 살아가며 기꺼이 그 목적에 공조하는 사람들을 가리킨다. 예수님은 본래 세상을 구속하러 오셨으나(요 3:17, 12:47) 세상은 그분을 거부했

2차 투옥 기간 중에 바울은 로마에서 사실상 혼자였다. 그전에 그는 디도를 달마디아로, 그레스게를 갈라디아로(이고니온이 그 지역의 주요 도시였다), 두기고를 에베소로 보냈다. 데마는 바울을 버리고 고향 데살로니가로 갔으므로 바울의 수발을 들어줄 수 있는 사람은 누가뿐이었다.

다(요 3:18, 12:48). 그래서 그분은 "자기 백성"을 세상과 분리시키신다(요 10:14, 26-27, 13:1, 15:19).

누군가가 "이 세상"을 사랑한다는 말은 곧 그 사람이 하나님 나라의 원수라는 말과 같다(요일 2:15-17 참고).

다행히 바울의 기억이 데마에게 머문 시간은 잠시에 지나지 않았다. 그는 얼른 신실한 다섯 사람의 이름을 떠올렸다. 이 사도의 명예로운 측근들이라 할 수 있다. 맨 먼저 나오는 그레스게에 대해서 우리가 아는 것이 거의 없다. 그의 이름은 성경의 다른 곳에는 나오지 않는다. 다만 그레스게가 네 명의 다른 훌륭한 사람들과 함께 언급된 것으로 보아 바울이 그를 매우 귀히 여겼음을 짐작할 수 있다. 바울이 그를 갈라디아로 보낸 때는 1차 투옥과 2차 투옥 사이의 어느 때였을 것이다.

바울은 본래 디도에게 니고볼리로 와서 자기와 함께 지내자고 했다(딛 3:12). 바울은 거기서 겨울을 지낸 뒤 배를 타고 로마로 갈 작정이었다. 바울이 그 계획을 실행에 옮기지 않았으리라고 볼 이유는 전혀 없다. 어쨌든 바울은 로마에 머물던 기간 중에 디도를 일루리곤이라고도 알려진 달마디아로 보냈다. 그곳은 쉬운 임지가 아니었을 것이다. 그곳 사람들은 고집이 세기로 유명했고, 로마의 지배에 완강히 저항했으며, 소문에 의하면 산적들과 해적들의 소굴이었다. 디도와 동시대 사람인 스트라보(Strabo)는 일루리곤 지역이 비열한 곳이라고 언급하며, "주민들이 거칠고 해적이 들끓기 때문"이라고 했다.[14]

그레스게는 로마까지 기한 내에 오기에는 너무 멀리 떨어진 갈라디아에 있었고, 디도는 아무래도 지도자 자리를 비워두고 달마디아를 떠날 수 없었을 것이다. 적어도 아직은 아니었다.

—4:11—

바울은 누가를 끝까지 충실하게 곁을 지켜준 유일한 사람으로 꼽았다. 당시의 감옥은 최소한의 것밖에 공급하지 않았으므로 가족과 친구들이 죄수들에게 물과 음식, 옷과 약을 가져다주어야 했다. 그러기 위해서 대개 그들은 간수들에게 뇌물을 주었다. 이때쯤 누가는 이미 복음서를 기록한 후였다. 그가 초대 교회의 역사를 기록한 사도행전은 바울이 1차로 로마에 투옥되는 내용으로 끝난다. 그러므로 이 "사랑을 받는 의사"(골 4:14)는 바울이 입은 많은 부상(고후 11:23-28)을 알고 있었고, 그중에는 바울이 부상당하는 광경을 직접 목격한 경우도 분명히 많이 있었을 것이다. 누가는 사도에게 더없이 소중한 사람이었다.

마가는 요한 마가를 가리킨다. 그는 바울의 가장 오래된 그리스도인 친구인 바나바의 사촌(개역 개정에는 생질로 되어 있다 – 역주)이었다. 마가가 "유익"하다는 이 짤막한 인정의 말은 그리스도 안의 형제들 사이에 용서와 구속이 가능함을 증언해준다.

예전에 바울은 바나바의 지도 아래 1차 선교 여행을 떠났는데, 그때 바나바의 사촌인 요한 마가(골 4:10)는 중간에 사명을 저버렸다(행 13:13). 그래서 2차 여행을 떠나려고 팀을 짤 때 이런 일이 있었다.

> "바나바는 마가라 하는 요한도 데리고 가고자 하나 바울은 밤빌리아에서 자기들을 떠나 함께 일하러 가지 아니한 자를 데리고 가는 것이 옳지 않다 하여 서로 심히 다투어 피차 갈라서니 바나바는 마가를 데리고 배 타고 구브로로 가고 바울은 실라를 택한 후에 형제들에게 주의 은혜에 부탁함을 받고 떠나"(행 15:37-40).

그 뒤로 세월이 흘렀다. 마가는 성숙했고, 바울은 용서했다. 이제 마가는 바울에게 도움을 요청받고 있으니 이 얼마나 놀라운 칭찬인가. 로마로 와달라는 부탁에 큰 위험이 수반되는 것을 바울도 분명히 알았다. 하지만 그는 자신이 마가를 믿을 수 있다는 것도 알았다. 관대한 바울은 이미 예전의 그가 아니었고, 자신의 그러한 변화를 거리낌 없이 표현했다.

—4:12—

바울의 명예로운 측근들 가운데 다섯 번째로 언급된 신실한 사람은 두기고였다. 바울은 아마 에베소에서 그를 만났을 것이다(행 20:4). 두기고는 사도와 함께 다녔고 자기 고향인 에베소(엡 6:21)와 골로새(골 4:7)에 그리고 아마 빌레몬(골 4:9)에게도 바울의 편지를 전하는 전령 역할을 했다. 그는 또 디도가 니고볼리에서 바울과 합류할 수 있도록 그레데의 디도와 교대했을 수도 있다(딛 3:12). 그러다 바울은 2차로 투옥되기 전의 어느 시점에 두기고를 에베소로 보냈다.

두기고를 에베소로 보냈다는 말을 바울이 디모데에게 왜 하고 있는지 의문을 품는 사람들도 있다. 에베소에서 섬겨온 디모데라면 이미 알고 있지 않겠는가? 내 생각에 이 대목은 이 두 번째 편지를 전달한 사람이 두기고라는 견해와는 상반되는 증거라 할 수 있다. 그보다 두기고는 다른 도시에서 섬기고 있다가 에베소의 디모데와 교대하라는 지시를 받았을 것이다. 디모데가 즉시 로마로 떠날 수 있도록 말이다.

—4:13—

바울은 디모데에게 로마에 있는 자기에게 오되 겨울이 오기 전에(21절) 속히(9절) 오라고 부탁했다. 그는 디모데가 꼭 올 줄로 믿었기에 "네가 올 때에"라는 말로 시작하여 두 가지 구체적인 요청까지 덧붙인다. 바울은 자기의 겉옷을 가져다달라고 했는데, 아마도 이것은 곧 로마에 추운 겨울이 닥쳐올 때 몸을 따뜻하게 하기 위해서였을 것이다. 또 그는 자신의 책들을 가져다달라고 했는데 틀림없이 거기에는 성경도 들어 있었을 것이다.

—4:14–15—

바울이 언급한 부끄러운 이름들 가운데 데마는 바울과 신앙을 등지고 떠났다. 세상의 영향력이 결국 그의 영적인 실상을 드러냈던 것이다. 하지만 알렉산더는 애초에 바울의 동지로 행세한 적이 없다. 그는 맨 처음부터 이 사도와 그의 사역과 복음을 "심히 대적"했다.

신약 성경에 알렉산더라는 이름은 세 가지 정황 속에서 등장한다. 하나는 에베소에서 폭동을 일으킨 무리에게 발언하려 했던 유대인이고(행 19:33), 또 하나는 바울이 후메내오와 함께 처리한 에베소의 배교한 교사이며(딤전 1:18–20), 나머지 하나는 본문의 "구리 세공업자 알렉산더"다. 이것은 아주 흔한 이름이었으므로 이 세 사람이 동일인인지는 확실히 알 수 없다. 다만 내게 거듭 드는 생각이 있다. 에베소에 있는 한 사람이 바울에게 끝없는 문제를 일으켰고, 계속해서 디모데까지 괴롭혔을 것이다.

"입혔으며"로 번역된 동사는 '보여주다, 알려주다, 입증하다'는 뜻으로, 밀고자가 된다는 의미가 깔려 있다. 헬라어 원문을 직역하면 "그가 내게 많은 해를 씌웠으며"가 된다. 알렉산더는 거짓 고소를 일삼아 바울에게 큰 해를 입혔던 것으로 보인다. 누구에게 고소했는지는 알 수 없다. 어쩌면 도시의 관리들이었을 수도 있고, 또는 교회를 상대로 그랬을 소지가 더 크다. 복음을 향한 교인들의 충성심을 흔들어 알렉산더 자신의 거짓된 가르침을 받아들이게 하려고 말이다.

바울이 알렉산더의 이름을 밝힌 것은 2천 년에 걸쳐 그에게 창피를 주기 위해서가 아니다. 바울이 알렉산더의 위험에 주의를 환기시킨 것은 곧 디모데에게 주는 경고였다. 바울은 곧 죽겠지만 알렉산더는 남아 있을 것이었다. 진리의 교사 하나가 무대에서 사라지면 이 배교자는 당연히 다음번 교사를 과녁으로 삼을 것이었다.

지도자와 외로움은 늘 함께 다닌다. 영적 지도자는 사람들로부터 인정을 많이 받을 것을 기대할 수 없다. 지도자는 기밀 정보를 가지고 있다보니 자신이 내리는 결정을 해명할 수 없을 때가 종종 있다. 그래서 친밀한 관계가 싹터야 할 자리에 오해의 먹구름이 덮인다. 영적 지도자가 내려야 하는 힘든 선택들은 공동체에는 유익이 되지만 소수의 개인에게는 불편을 끼칠 수 있다. 목소리가 큰 소수의 반발에 지도자는 대개 아무런 대응도 하지 못한다. 그러는 동안 지도자를 지지하는 다수는 침묵만 지킨다.

영적 지도자는 대개 그런 반발을 혼자서 상대해야 한다. 불쾌한 대결의 상황에서 곁에 있어주려는 사람은 아무도 없다. 혹시 누가 인정해준다 해도 대개는 한참 후의 일이며, 그것도 익명일 때가 많다. 영적 지도자는 시선을 멀리 수평선에 두고 살아야 한다. 다른 사람들은 다 순간 속에 살지만 지도자는 1-2년 후의 미래 속에 살면서, 계속해서 진척시키기 위해 꼭 필요한 일들을 한다. 그래서 지도자는 고독 속에서 자신의 계획을 음미해야 한다. 마침내 비전을 제시하며 주변 사람들을 독려할 수 있는 그날이 올 때까지 말이다.

책임자가 있는 곳에 외로움이 쫓아다니지만, 영적 지도자는 결국 고독을 즐기는 법을 터득한다. 다른 사람들은 오해할지 몰라도 주님은 다 아신다. 공동체는 힘든 선택들을 알아주지 않을지 몰라도 주님은 순종을 인정해주신다. 지도자는 오류에 맞서야 하지만 주님은 진리의 창시자이시다. 지도자는 비전을 먹고살 줄 알아야 하지만 그의 비전은 대개 주님의 마음에 부합되는 것들이다. 그러므로 지도자의 외로움은 오히려 전능자와 더 깊이 친밀해지는 기회가 된다. 영적 리더십에는 짐이 따르지만, 하나님과 함께 나누는 우정이야말로 모든 지도자에게 과분한 보상이다. 그래서 결국 하나님 아버지의 나라에서 지도자의 자리는 다른 무엇과도 견줄 수 없는 특권인 것이다.

적용
모든 연약한 인간에게 필요한 것

우리가 자칫 망각하기 쉽지만, 위인들에게도 다른 모든 사람처럼 인간적으로 필요한 것들이 있다. 우리는 그들을 초인처럼 우러르지만 신앙의 옛 위인들도 오늘의 우리처럼 힘들어했다. 편지의 끝부분에 나타난 바울의 모습은 강한 믿음과 굳센 확신의 소유자이면서도 또한 한없이 연약한 인간이었다. 도움을 요청하는 그에게서 우리는 어려운 시기에 힘이 되어줄 시대를 초월하는 네 가지 교훈을 얻을 수 있다.

첫째, 당신이 외로울 때는 당신을 챙겨줄 가까운 친구가 필요하다. 불행히도 모더니즘과 서구 문화는 친구가 필요하다는 사실에 수치를 느끼도록 우리를 길들여왔다. 하지만 하나님은 우리를 관계 - 그분과의 관계, 서로와의 관계 - 를 누리도록 지으셨다. 바울의 두드러진 성품에서 '억센 개인주의'는 찾아볼 수 없다. 그는 사람들의 비위를 맞추지 않으면서도 사람들 속에 있었고, 주님을 의지하는 마음을 놓치지 않으면서도 동지들에게서 힘과 위로를 얻었다.

당신도 평소에 인간관계를 폭넓게 하라. 그러다보면 친구를 사귈 기회가 올 것이다. 그런 기회를 살려, 서로를 챙겨줄 몇몇 친밀한 관계를 가꾸어나가라. 지금부터 이 일에 우선순위를 두라. 당신을 챙겨줄 친구들은 당신이 외로울 때 갑자기 생겨나는 것이 아니다.

둘째, 당신이 마음이 아플 때는 충직한 옹호자가 필요하다. 옹호자는 친구 이상이다. 옹호자는 어떤 일에서 당신을 지원하거나 변호해주는 사람, 당신이 가장 잘되기를 위하여 당신 대신 행동에 나서주는 사람이다. 특히 당신 스스로 자신을 변호할 수 없을 때 말이다.

소송에 연루된 사람이면 누구에게나 변호사가 필요하다. 전에는 변호사를 '옹호자'라고 한 적도 있다. 당신이 판사 앞에 설 때 당신의 변호사가 중재사가 된다. 마찬가지로 우리의 마음이 아플 때도 중재자가 필요하다. 중재자는 우리가 가장 잘되기를 위하여 행동에 나서는 사람, 우리를 위하여 수고하는 사람, 우리를 이롭게 하거나 해롭게 할 수 있는 힘을 가진 사람들 앞에서 우리를 대변하는 사람이다. 이런 사람은 우리를 격려해주고, 사안을 객관적으로 보도록 도와주며, 생존을 위한 짐을 덜어주고, 우리 스스로 무력하여 찾지 못하는 해결책을 찾도록 도와준다.

셋째, 당신이 사랑받을 때는 감사해야 한다. 일단의 사람들이 당신을 사랑하고 있다면 당신은 정말 부자다. 그 부를 다른 사람들에게 나누어주라. 그 모든 사랑을 당신 혼자 독차지하고 있을 이유가 무엇인가? 당신이 다른 사람을 보며 "나는 너를 사랑한다"라고 말한 것이 마지막으로 언제인가? 사람들은 당신이 그들을 사랑한다는 사실을 알 필요가 있고, '나'라는 일인칭 단수의 주어를 들을 필요가 있다. 그냥 대충 "사랑해!"로 넘어갈 것이 아니라 "나는 너를 사랑한다"고 확실히 말해주라.

당신은 평소에 감정을 자주 또는 쉽게 내보이거나, 부담 없이 표현하는 사람이 아닐 수 있다. 그렇다면 그런 자신을 극복하라! 여기서 중요한 것은 당신이 아니라 당신의 삶 속에 있는 다른 사람들이다. 그들은 당신의 말을 소중히 여길 것이다. 당신이 믿는 것이라면 말로 표현하라. 그들이 당신을 사랑해주거든 감사를 자주 말로 표현하라.

넷째, 당신에게 도움이 필요할 때는 솔직히 인정해야 한다. 당신이 전화기를 들고 누군가에게 전화를 걸어 "나 오늘 정말 힘들다. 지금 네가 필요하다"고 말한 것이 마지막으로 언제인가? 당신도 대다수의 사람들과 같다면, 두 가지 요소가 당신을 막아 그런 연약한 모습을 있는 그대로 표현하지 못하게 할 것이다. 그것은 바로 교만과 두려움이다.

교만은 수많은 죄악의 뿌리이며, 두려움은 우리를 인질로 잡아 불행에 빠뜨린다. "나는 도움이 필요하다"라든가 "나에게 네가 필요하다"라고 단순히 인정하면, 거기에는 교만과 두려움의 치명적인 속박을 깨뜨리는 힘이 있다. 도움이 필요하다는 것을 솔직히 인정하면 친구들과의 사이에 금세 유대감이 생기고, 옹호자들을 만나게 되며, 문제를 해결할 수 있는 방안들이 많아지고, 다른 사람들이 자유로이 내 삶 속에 들어와 고난이나 외로움의 짐을 함께 질 수 있다.

바울은 아마 성경 전체에서 가장 강인하고, 역경에도 굽힐 줄 모르며, 참을성 있고, 신실하게 그리스도를 따른 사람일 것이다. 그런 그도 고난을 당할 때는 도움을 청했다. 수많은 사람들에게 은혜를 베푼 은혜의 사람답게 그는 은혜를 믿었다. 그래서 다른 사람들에게 은혜를 청했고, 그들이 은혜를 베풀어주면 고맙게 받았다. 우리도 그를 본받아야 한다.

끝까지 우리와 함께할 은혜(디모데후서 4:16-22)

16내가 처음 변명할 때에 나와 함께 한 자가 하나도 없고 다 나를 버렸으나 그들에게 허물을 돌리
지 않기를 원하노라 17주께서 내 곁에 서서 나에게 힘을 주심은 나로 말미암아 선포된 말씀이 온전
히 전파되어 모든 이방인이 듣게 하려 하심이니 내가 사자의 입에서 건짐을 받았느니라 18주께서
나를 모든 악한 일에서 건져내시고 또 그의 천국에 들어가도록 구원하시리니 그에게 영광이 세세
무궁토록 있을지어다 아멘

19브리스가와 아굴라와 및 오네시보로의 집에 문안하라 20에라스도는 고린도에 머물러 있고 드
로비모는 병들어서 밀레도에 두었노니 21너는 겨울 전에 어서 오라 으불로와 부데와 리노와 글라
우디아와 모든 형제가 다 네게 문안하느니라

22나는 주께서 네 심령에 함께 계시기를 바라노니 은혜가 너희와 함께 있을지어다.

죽음을 목전에 두고 있으면 사람의 최선의 모습이 나올 수 있다. 정말 죽음이 우리를 이 세상에서 데려갈 수 있는 상황이 되면 우리는 시시한 것들일랑 제쳐두고 가장 중요한 것들에 집중할 수밖에 없다. 최근에 이것을 가장 생생히 보여준 예는 아마 2001년의 911 사태일 것이다. 그날 하루에만 네 대의 비행기가 추락했다. 미국 무역의 상징으로 맨해튼에 우뚝 솟아 있던 쌍둥이 빌딩이 무너졌다. 국방부 건물은 서쪽에 너비 60미터의 구멍이 뚫린 채 연기가 피어올랐다. 또 한 대의 비행기 잔해는 펜실베이니아 주 시골 오지에 널브러져 있었고, 자신들의 영웅담을 들려줄 생존자는 아무도 없었다. 온 나라가 충격과 비탄 속에 말을 잃고 무력하게 텔레비전을 지켜보고 있는 가운데 사망자 수는 수백 명에서 수천 명으로 계속 늘었다.

그 처참한 아침에 발생한 모든 일을 우리는 다 알 길이 없다. 그러나 죽음이 코앞에까지 현실로 다가오자 대부분의 사람들에게서 최선의 모습이 나왔다는 것만은 분명히 안다. 소방관들과 경찰관들은 우리의 영웅이 되었다. 그들은 건물 속으로 뛰어들어가 연기와 불과 건물이 붕괴될 위험에 처해 있던 사람들을 도와 대피하게 했다. 국방부에 있던 수백 명의 사람들은 자신들의 옷과 살이 타고 있는데도 동료들을 도와 파괴된 건물에서 빠져나가게 했다. 그리고 유나이티드 항공기 93편에 탔던 38명의 용감한 승객들을 누가 잊을 수 있겠는가? 그들은 조종석으로 돌진해 들어가 항공기의 통제권을 되찾았다. 이들 모두가 사태의 심각성을 깨닫고 필요한 조치를 취하지 않았더라면 일이 어떻게 되었을지 누가 알겠

는가?

때로 죽음이나 또는 죽음의 가능성 앞에만 서도 사람들 안에 있는 최선의 모습이 나올 수 있다.

당신이 지금 어디서 이 책을 읽고 있든지 잠시 멈추어 다음 질문에 대한 당신의 답을 생각해보라. "내가 앞으로 몇 시간밖에 더 살 수 없다면 내 안에서 어떤 모습이 나올까?"

이 질문에 답하기 시작해야 할 때는 바로 지금이다. 당신은 은혜로 충만해질 것인가, 아니면 속에 맺혀 있는 원한에서 독한 마음이 솟아오를 것인가? 당신의 입술에서 은혜가 흘러나올 것인가, 아니면 끈질기게 남아 있는 후회 때문에 욕이 나올 것인가? 은혜가 이불처럼 당신을 감싸줄 것인가, 아니면 당신은 벌거벗어 수치스러운 심정이 될 것인가? 은혜가 당신을 꿋꿋하게 해줄 것인가, 아니면 당신은 두렵고 무서워 떨 것인가? 당신이 죽음을 어떻게 맞이할 것인지를 결정해야 할 날은 바로 오늘이다. 오늘 은혜를 선택하고 지금부터 날마다 은혜를 연습하라. 그러면 당신도 인생의 마지막 나날을 바울처럼 지낼 수 있다.

바울이 처한 상황을 당신은 이미 잘 알고 있다. 바울은 지금 지하 감옥에 앉아 재판을 기다리고 있다. 판결은 이미 정해진 거나 마찬가지여서 바울은 처형 집행자의 칼날을 맞이하게 될 것이었다. 의사 누가를 제외하고는 바울을 위로해줄 사람이 아무도 없었다. 하지만 춥고 배고프고 외롭고 아프고 어쩌면 병까지 든 그 상황에서도 바울은 원한 없이 불의를 견뎠다. 이전의 재판 때 모두가 그를 버렸지만 그는 원한을 품지 않았다. 바울은 여느 잡범처럼 혼자 죽게 될 수도 있었지만, 그의 마지막 말에서 자기 연민은 찾아볼 수 없다. 진정한 의미에서 바울은 자신의 겟세마네에 와 있었다. 이런 처참한 말로에서 쓰라린 울분이 나올 수도 있었고, 아니면 달콤한 은혜가 나올 수도 있었다.

당신은 이미 바울을 잘 알고 있으므로 그에게서 둘 중 어느 쪽이 나왔는지도 알고 있다.

—4:16—

그리스도인들을 희생양으로 삼으려는 네로의 운동은 그리스도인들을 죽이는 일을 구경거리로 만들었을 뿐 아니라 그들을 박해하는 일을 유행시켰다. 타키투스(Tacitus)와 플리니(Pliny)를 비롯한 그 시대의 역사가들에 따르면 신자들은 온갖 죄목을 쓰고 재판관들 앞에서 유죄 선고를 받았다. 우선 신자들은 인간을 혐오한다고 고발당했고, 또 눈에 보이지 않는 신을 숭배하고 로마가 만든 가공의 신들을 인정하지 않는다는 이유로 무신론의 죄를 선고받았다. 그런가 하면 성찬 예식을 인육을 먹는 의식으로 둔갑시키는 소문들이 나돌았다. 그리스도인들은 또 카이사르(Caesar)를 신으로 떠받드는 로마인들의 악한 의식에 동참하지 않았고, 그리하여 선동죄가 적용되었다.

바울도 그중 아무 죄목으로나 소환되었을 수 있으나 그 진위 여부는 중요하지 않았다. 바울은 진실이 땅에 떨어지고 논리가 황제의 기분을 맞추는 데 이용되던 그런 정권 아래 살고 있었을 뿐이다. 존 폴락(John Pollock)은 "전승에 따르면 바울은 원로원의 결의에 따라 황제 신에게 반역했다는 죄목으로 유죄 선고를 받았다. 바울의 마지막 재판에 대해서는 이 전승 외에 알려진 바가 없다"고 썼다.[15] [황제 신이라니 이보다 더 빤한 모순어법은 없을 것이다! 존 오트버그(John Ortberg)가 말했듯이 오늘날 우리는 자녀들에게는 폴(Paul)이라는 이름을 지어주고 "개들에게는 시저(Caesar)나 네로라는 이름을 지어준다."[16]]

바울이 동지들과 친구들에게 해준 모든 일을 생각하면 적어도 그들이 와서 바울을 변호해주지 않았을까 생각될 만도 하다. 하지만 재판 중인 그리스도인을 편드는 일은 죽음을 자초하는 것과 같았을 것이다. 로마에 있던 바울의 친구들은 벌써 붙잡혀 재판을 받았거나 아니면 배가 가라앉을 때 쥐들이 달아나듯 이미 피한 뒤였다. 그럼에도 불구하고 바울이 베푸는 은혜를 잘 보라. "그들에게 허물을 돌리지 않기를 원하노라."

—4:17-18—

이 땅에서 남납한 마지막 나날을 보내면서 바울은 오히려 하나님의 거룩한 손길이 역사하시는 것을 보았다. 그 손길이 바울에게 은혜를 주었고, 그를 박해하는 사람들 사이에 복음이 선포되게 했다. 바울은 이로 주님을 섬기느라 앞으로 사람에게 원한을 품을 여력이 없었다. 실제로 그에게서 어떤 원한의 흔적도 보이지 않고 오직 감사만 보일 뿐이다.

바울은 주님이 자신의 곁에 서서 두 가지 목표를 이루셨다고 선언한다. 첫째, "선포된 말씀이 온전히 전파"되게 하셨다. "선포된 말씀"이라는 단어는 *kērygma*로, 전파되는 내용을 가리킨다. 앞에서 바울은 자신을 *kēryx*, 즉 전령, 사신, 전파자라 불렀다(1:11). "온전히 전파되게"라는 단어는 '온전하다'는 말과 '전하다'는 말로 이루어진 합성어다. 바울은 복음의 선포가 자신에게서 끝날 거라는 착각에 빠지지 않았다. 바울은 로마 시민권자라서 로마의 법정에서 재판 받을 권리가 있었고, 그래서 자신이 재판 받는 것을 로마의 고위층에게 기쁜 소식이 전해지게 하시는 하나님의 섭리로 보았다. 아울러 그러한 신분 덕택에 바울은 콜로세움에서 고통스럽고 치욕적인 죽음을 당하는 일을 면할 수 있었다.

다음번 재판의 최종 결과와 관계없이 바울은 자신이 그 지하 감옥을 나설 때는 자유의 몸이 되리라는 것을 알았다. 그는 주님이 자신을 "모든 악한 일에서" 건지시되, 고난이나 고통을 면하게 하심으로써가 아니라 오히려 그것을 이기게 하심으로써 건지실 것을 충분히 예상했다. 이를 위하여 주님은 인간의 악한 행위들을 이기시고, 그 행위들에 오히려 하나님의 목적을 부여하신다. 그분이 악을 이기시는 또 한 가지 방법은 고난을 인내와 참음과 충성과 은혜로 견디는 사람에게 영원한 영광을 주시는 것이다.

바울의 이러한 영원한 관점은 하룻밤 사이에 생겨난 것이 아니다. 그것은 이미 오래전부터 그의 세계관의 일부가 되어 있었다. 로마에 1차로 투옥되었을 때 바울은 빌립보 교인들에게 이렇게 썼다.

> "형제들아 내가 당한 일이 도리어 복음 전파에 진전이 된 줄을 너희가 알기를 원하노라 이러므로 나의 매임이 그리스도 안에서 모든 시위대 안과 그 밖의 모든 사람에게 나타났으니 형제 중 다수가 나의 매임으로 말미암아 주 안에서 신뢰함으로 겁 없이 하나님의 말씀을 더욱 담대히 전하게 되었느니라… 그러면 무엇이냐 겉치레로 하나 참으로 하나 무슨 방도로 하든지 전파되는 것은 그리스도니 이로써 나는 기뻐하고 또한 기뻐하리라 이것이 너희의 간구와 예수 그리스도의 성령의 도우심으로 나를 구원에 이르게 할 줄 아는 고로 나의 간절한 기대와 소망을 따라 아무 일에든지 부끄러워하지 아니하고 지금도 전과 같이 온전히 담대하여 살든지 죽든지 내 몸에서 그리스도가 존귀하게 되게 하려 하나니 이는 내게 사는 것이 그리스도니 죽는 것도 유익함이라"(빌 1:12-14, 18-21).

주님은 처형을 통하여 바울을 건져내셔서 이후로 영원한 영광에 들어가게 하실 것이었다. 그때까지 바울은 그 고난의 와중에서 하나님께 영광을 돌렸다. 바울은 디모데후서 4장 18절에서 *doxa*라는 단어를 썼는데, 하나님께 찬송을 부르는 '영광의 찬가(*doxology*)'라는 말이 거기서 파생되었다. *Doxa*는 '믿다, 생각하다'라는 뜻의 동사 *dokeō*에서 왔다. 영광을 받는다는 것은 실체가 밝혀져 선(善)을 인정받는 것이다. 영광을 받는다는 것은 모든 목격자의 눈앞에 결백이 입증되는 것이다. 이처럼 바울은 감옥에서 고통받는 중에도 하나님의 의를 변호했고, 하나님의 영광을 바라보며 죽음을 맞이함으로써 그분의 선하심을 선포할 작정이었다.

—4:19—

늘 그렇듯이 바울은 몇 마디 인사말로 편지를 마무리한다. 우선 그는 브리스가와 아굴라를 언급했다. 이 부부를 바울은 글라우디오 황제가 유대인들을 로마에서 추방한 직후에 고린도에서 처음 만났다(행 18:1-3). 세 사람은 곧 친한 친구가 되었다. 그들은 직업도 똑같이 천막을 만드는 일이었고, 복음에 대한 확신도 같았다. 바울이 고린도를 떠나 에베소로 갈 때 이 부부도 따라갔고(행 18:18) 결국 그곳에 정착했다. 구체적인 정황은 알 수 없지만 그들은 위험도 마다하지 않고 끝까지 바울의 옹호자가 되었다(롬 16:3).

바울은 또한 오네시보로의 집을 언급한다. 이때쯤 오네시보로는 아마 이미 죽었거나 로마의 박해 중에 어딘가에서 실종되었을 것이다.

—4:20—

바울은 사무적으로 몇 마디 후기를 덧붙였다. 우선 그는 디모데와 개인적으로 관련이 있는 두 사람을 언급했다. 고린도의 에라스도는 로마서 16장 23절에 언급된 고린도 시의 재무관으로 보이는데, 그는 전에 디모데와 동역한 사이였다. 바울은 자기가 에베소를 떠나 마게도냐를 방문하기 전에 이 두 사람을 마게도냐로 미리 보내 준비하게 했었다(행 19:22). 드로비모는 본래 에베소 출신으로(행 21:29) 바울의 사역 팀의 일원이었고(행 20:4), 사도가 감옥에서 풀려난 후에도 함께 다녔던 것으로 보인다. 바울은 디모데에게 드로비모를 친구들의 보살핌을 받도록 밀레도에 둘 수밖에 없었다고 말한다. 밀레도는 에베소에서 남쪽으로 60킬로미터밖에 떨어져 있지 않은 곳이다. 하지만 이때쯤 드로비모는 분명히 병에서 이미 회복되었을 것이다.

후기의 짤막한 여담 속에서도 나는 바울의 은혜를 분명히 본다. 그는 쓰라린 비웃음을 지으며 이렇게 말할 수도 있었다. "나는 여기에 있는데 왜 그들은 위험에서 안전하게 벗어나 있는가? 나는 사형 선고를 받았는데 왜 그들에게는 비교적 편안한 삶이 허락되었는가?" 하지만 바울은 오히려 안부와 격려를 보내고 있다. 그는 그들이 안전하고 순탄한 상태에 있음을 기뻐했다. 바울은 얼마나 훌륭한 사람인가! 은혜 위에 은혜로 충만한 사람이다.

—4:21—

디모데에게 오라고 한 번 더 당부한 후에 바울은 로마에 있는 네 명의 그리스도인의 안부를 전한다. 그들의 이름은 이곳 말고는 성경에 나오지 않는다. 그들에 관한 정보는 알려진 바 없지만 나는 바울이 그들을 언급한 데서 또 한 번 그의 은혜를 본다.

앞에서 바울은 모든 사람이 자기를 버렸고(4:9-11) 그래서 첫 재판 때 자기 혼자 로마의 법정에 섰노라고 한탄했다. 그렇다면 으불로와 부데와 리노와 글라우디아와 "모든 형제"는 그때 어디에 있었단 말인가? 그들이 로마에 살고 있었는데도 누가만이 바울의 시중을 들고 있었다. 사도는 그때 침묵했던 그들을 비판할 수도 있었지만 오히려 에베소에 그들의 안부를 전하고 있다.

—4:22—

바울은 마지막 축도를 우선 디모데 개인에게 했다. 대명사 "네"는 단수다. 바울은 이 젊은이의 소심한 심령에 주님이 담대함과 능력을 주기시를 바라는 자신의 마음을 다시 한 번 표현했다.

이어 그는 자신의 마지막 글을 듣거나 읽게 될 모든 사람에게 은혜가 임하기를 바라는 마음을 표현했다. "너희"는 복수다. 끝까지 바울은 은혜가 자신의 사역이 남길 유산이 되기를 바랐다. 그리고 그의 이러한 소원은 의심의 여지없이 이루어졌다. 많은 주석가들과 복음 사역자들이 하나님의 이 신실한 종을 '은혜의 사도'라 부르고 있다. 그들 모두에게 나도 '아멘!'으로 화답한다.

주

1. James Russell Lowell, "The Present Crisis", in *Poems by James Russell Lowell*(Boston: Ticknor, Reed, and Fields, 1849), 2:57.
2. John R. W. Stott, *2 Timothy: Standing Firm in Truth*(Downers Grove, IL: InterVarsity Press, 1998), 88.
3. 크리스마스 이야기에 나오는 동방 박사들에게 붙여진 가스파르, 멜키오르, 발타자르라는 전통적 이름과 다르지 않다. 성경에는 동방 박사들의 이름이 나오지 않으며, 경우에 따라 그들은 30명이거나 3배 명일 수도 있다!
4. Lowell, "The Present Crisis", 2:57.
5. 다음 책에 인용된 말이다. F. A. Worsley, *Shackleton's Boat Journey*(New York: Norton and Co., 1977), 12.
6. 하지만 주님은 마지막 사도인 요한이 죽은 후로는 특별 계시를 중지하셨다. 그분은 요한계시록으로 정경을 마감하셨다.
7. 조셉 일레인의 말을 인용한 것으로 다음 책에 나와 있다. Charles Haddon Spurgeon, *Lectures to My Students: A Selection from Addresses Delivered to the Students of Pastor's College, Metropolitan Tabernacle*(New York: Sheldon & Company, 1875), 42. 「목회자 후보생들에게: 스펄전 설교론(크리스챤다이제스트)」.
8. 같은 책, 42.
9. Kittel & Friedrich 편집, *Theological Dictionary of the New Testament: Abridged in One Volume*, 222. 「신약성서 신학사전: 킷텔 단권 원어사전(요단출판사)」.
10. Johannes P. Louw & Eugene Albert Nida, *Greek-English Lexicon of the New Testament: Based on Semantic Domains*, 제2판의 전자판(New York: United Bible Societies, 1989), 1:307.
11. Henri Nouwen, *The Inner Voice of Love*(New York: Image Books, 1999), 34. 「마음에서 들려오는 사랑의 소리(성바오로딸)」.
12. Thomas S. Jones Jr., "Sometimes", in *The Little Book of Modern Verse: A Selection from the Work of Contemporaneous American Poets*, Jessie B. Rittenhouse 편집(Boston: Houghton Mifflin, 1913), 89.
13. François Mauriac, *Vipers' Tangle*, Gerard Hopkins 번역(Chicago: Loyola Press, 2005), 213. 「사랑의 사막 독사뭉치(을유문화사)」.
14. Strabo, Geography, 7.5.10(Loeb Classical Library; *The Geography of Strabo*[Cambridge, MA: Harvard Univ. Press, 1924], 3:271).
15. John Pollock, *The Apostle: A Life of Paul*(Colorado Springs: Victor, 1985), 307 「사도 바울(홍성사)」.
16. John Ortberg, "Talking Religion and Politics without Getting Co-Opted", *LeadershipJournal.net*(2008년 5월 5일).

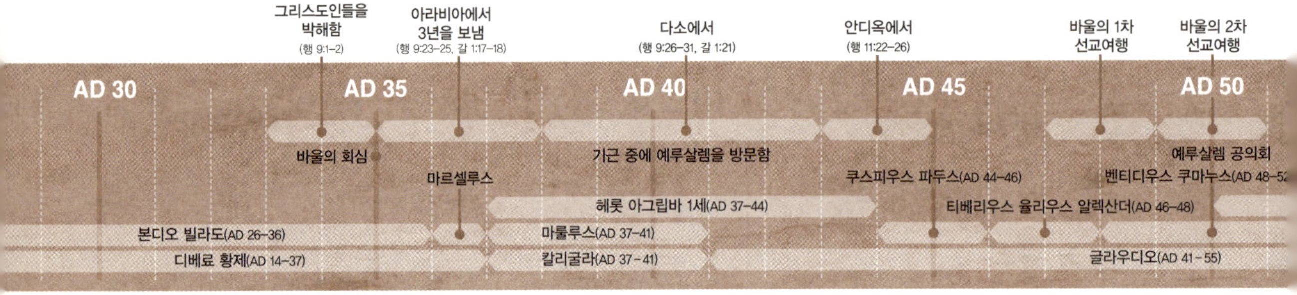

바울이 그레데를 처음으로 방문하게 된 것은 가이사의 법정에 서기 위해 로마로 이송되던 중이었다. 거기에 머무는 동안 바울은 지도자도 없고 자신들이 어떻게 해야 할지도 모르던 고립된 교회를 발견했다.

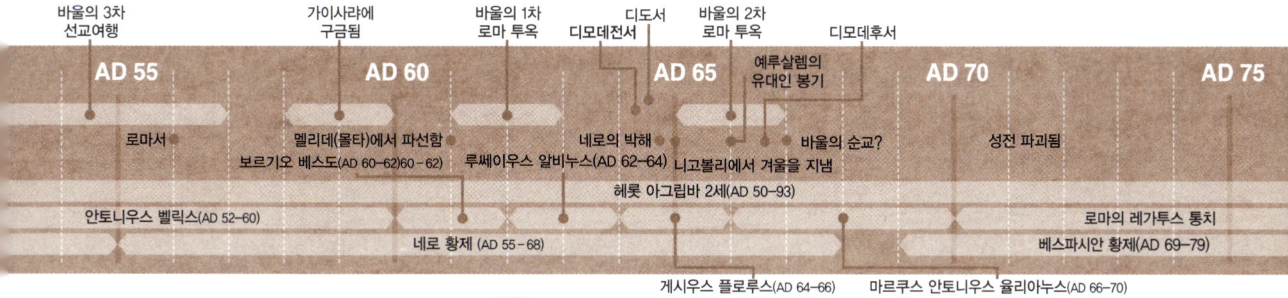

디도서

서론

젊은 동료 디도에게 이 편지를 쓸 즈음 사도 바울은 그리스도를 섬기면서 겪을 수 있는 온갖 슬픔과 기쁨을 다 겪었다. 그는 신화 속의 신으로 떠받들어지기도 했고, 범죄자들에게나 어울리는 학대를 받기도 했다. 그는 전자는 몹시 싫어했고 후자는 영광으로 여겼다. 바울은 악과 싸우는 큰 전쟁에서 노련한 용사가 되어 있었고, 그의 몸에는 많은 승리가 남긴 흉터들이 있었다. 야전에서 25년을 보낸 이 불굴의 사도는 자기 몸의 흔적 하나하나를 가리키며 주님이 신실하심을 보이신 사연을 말하고, 그 결과 자신이 얻은 깨달음을 들려줄 수 있었다. 디도는 오랫동안 바울의 제자였기 때문에 스승의 전쟁담을 대부분 대신 마무리할 수 있었다.

사역의 대가가 얼마나 클 수 있고, 다른 사람들을 섬기다 얼마나 깊은 상처를 입을 수 있는지를 바울보다 더 잘 안 사람은 없다. 사역의 길이란 사무적이고 냉정하게 초연함을 유지할 수 있는 것이 못 된다. 그리스도를 섬기는 삶에는 사역자의 온 마음이 요구되며, 매번 마음이 무너질 것이 보장되어 있다. 하지만 그 무너짐 속에서 하나님은 단지 생존만이 아니라 그보다 더 큰 '풍성한 삶'을 주실 것을 약속하셨다(요 10:10). 하나님은 당신의 백성

설교한 대로 실천하는 삶

단락	안부	교회의 지도자		
본문	1:1-4	1:5-9	1:10-16	2:1-10
요약	바울이 사도로서 지닌 권위	디도의 권위 가시적인 증거에 기초한 장로의 자격	반항적인 사람들과 거짓 교사들의 가짜 권위	하나님에게서 온 교훈을 확증해주는 가시적 특성
핵심 용어	• 진리의 지식 • 전도(전파)	• 신중함 • 권면 • 미쁜 • 말씀 • 가르침 • 책망할 것이 없음	• 행위 • 선한 일	• 신중함 • 하나님의 말씀 • 교훈(교리) • 바른 교훈 • 바른 말 • 하나님의 교훈 • 말하라 • 권면하라 • 교훈하라 • 선한 일

교회의 사역			결론
2:11-15	3:1-8	3:9-11	3:12-15
경건함에 이르게 하는 은혜	권위에 대한 복종과 선행으로 나타나는 은혜	반항적인 사람들을 식별하고 멀리하기	마지막 교훈
• 신중함	• 신중함		
• 하나님의 은혜	• 이 여러 것(진리)		
• 양육 • 말하라 • 권면하라 • 책망하라	• 기억하게 하라 • 굳세게 말하라		
• 선한 일	• 의로운 행위 • 선한 일		• 좋은 일

핵심 용어

διδασκαλία [*didaskalia*, 디다스칼리아] *(1319)* '교훈, 교리'

바울은 이 단어를 디모데에게 주는 가르침에 열한 번, 디도에게 보낸 편지에 네 번이나 사용했다. 이 단어는 "미쁜 말씀"(딛 1:9), "바른 말"(2:8), "진리"(딤후 3:8) 등의 여러 동의어와 나란히 쓰인다. 이 교훈은 그리스도인의 성숙에 필수적이며 그레데 섬에 특히 필요했다. 이 교훈의 기초는 "경건함에 속한 진리의 지식"(딛 1:1)이다.

ἔργον [*ergon*, 에르곤] *(2041)* '행위, 일'

헬라어에서 이 단어는 사람이 주변 세상에 영향을 미치기 위하여 행하는 모든 것, 즉 '행동, 행위, 행한 일'을 가리키며, 그냥 생각하거나 믿기만 하는 것과 대비된다. 한 주석가의 말처럼, "헬라 세계의 어디를 가나 말과 행동 사이에 어떤 긴장이 있다. 철학은 그 둘 사이의 논리적이고 윤리적인 조화를 전제로 한다."[1] 신념과 행동의 상관관계는 그리스도인이나 이교도 할 것 없이 누구에게나 문제였다.

σώφρων [*sōphrōn*, 소프론] *(4998)* '절제, 중용'

어근은 *sōzō*('구원하다, 안전하다')와 *phrēn*('지성')이 합성된 말로 성경에는 드물게 나타나지만 일반 헬라인들은 이것을 시민의 한 덕목으로 높이 여겼다. 서로 다른 계층들이 사회의 방향이나 지도자에 대하여 모두 의견이 일치할 때 그 사회는 '건강한 체질'이라 할 수 있다. 복음서에 보면 무덤가에 살던 청년을 예수님이 귀신들의 사나운 손아귀에서 해방시켜주신 기사가 나오는데, 그 사람을 묘사할 때 이 단어의 형용사 형태가 쓰였다. 이 단어는 성경에 모두 열한 번이 쓰였는데 그중 여섯 번이 디도서에 나온다(개역 개정에는 주로 "신중하다"로 옮겨졌다 – 역주).

ὑγιαίνω [*hygiainō*, 휘기아이노] *(5198)* '건전하다, 온전하다, 건강에 좋다'

'건강하다'는 뜻의 이 헬라어 동사에서 '위생(hygiene)'이라는 단어가 파생되었다. 헬라어 문헌에는 이 단어가 문자적 의미와 비유적 의미 둘 다로 쓰였다. 오염되지 않은 상태이면 '위생적'이라 할 수 있다.

ὑπομονή [*hypomonē*, 휘포모네] *(5281)* '용감히 견딤, 꿋꿋이 나아감'

일반 헬라 세계에서 이 단어는 흔들리지 않는 용감한 헌신을 가리키며, '다친 사람이 고통을 견디다, 쓰라린 운명을 묵묵히 감내하다, 체벌을 용감히 받다, 뇌물을 단호히 거부하다'는 의미가 내포되어 있다.[2] 믿음, 연단된 성품, 희망과 더불어 이 자질은 선택받은 사람들을 영원한 천국에 이르게 해준다.

φανερόω [*phaneroō*, 파네로] *(5319)* '나타내다, 보이게 하다, 드러내다, 비추다'

'보이지 않던 것을 보이게 하다'라는 뜻의 이 단어는 고전 헬라어에는 별로 쓰이지 않았다. 이 단어는 사역 동사 – 즉, 어떤 일을 발생시킨다 뜻이다 – 로서, 보이지 않던 이전의 상태가 특별히 강조된다. 그래서 이 말은 하나님이 계시되신 놀라운 시기를 기록한 신약 성경에 널리 쓰인다. 은혜는 세상을 향한 하나님의 계획에서 이전에도 늘 능동적인 역할을 했지만, 은혜의 표현은 예수 그리스도가 이 땅에 오심으로 절정에 달했다.

들이 더 당신을 닮게 – 더 순결하고 지혜롭고 강하고 온유하게 – 해주실 것을 약속하셨고, 그것은 그분이 세우신 지도자들에게서부터 시작된다.

바울의 마음은 여러 번 무너졌다. 제정신인 사람이라면 누구라도 사역을 그만두고 천막을 만드는 안전하고 평탄한 직업으로 돌아가고 싶었을 것이다. 바울은 자기가 신앙의 아버지로 여기던 바나바와 격한 다툼 끝에 갈라서는 상심을 겪었다(행 15:36–41). 바울은 예루살렘에 있는 사도들의 권위에 복종했으나 수석 사도인 베드로가 교리를 타협하는 바람에 그에게 맞서는 악역을 맡아야 했다(갈 2:11–21). 바울은 디도, 디모데, 누가, 브리스길라와 아굴라, 실라, 요한 마가와 같은 제자들의 삶에 투자했으나, 로마에서 재판을 기다릴 때는 이런저런 이유로 결국 혼자 그 상황을 맞아야 했다(딤후 4:9–11). 바울이 사역하는 내내 이기적인 반대자들과 고집 센 세력가들이 그가 세웠거나 혹은 양육한 모든 교회에서 그의 권위에 도전하고 그의 가르침을 방해했다. 디모데와 디도처럼 신실한 사람들의 숫자만큼이나 데마와 후메내오처럼 바울을 버렸을 뿐 아니라 그리스도를 믿는 참된 신앙까지 버린 사람들도 있었다(딤후 1:15).

오해와 논쟁과 비방과 노골적인 배반이 사도가 가는 길을 한 발짝도 놓치지 않고 따라다녔다. 제자들은 그를 감동시키다 실망시켰다. 친구들은 왔다가 떠났다. 잘 자라던 교회들이 배교를 가볍게 여겼다. 회중들은 늘 바울의 지도를 청해놓고는 그 보답으로 그의 권위를 거부하거나 그의 성품을 의심했다. 바울은 성공할 때는 자랑한다고 욕을 들었고, 옥에 갇혔을 때는 실패자라고 무시당했다. 사역이 얼마나 보람되면서도 좌절이 클 수 있는지를 바울보다 더 잘 안 사람은 없다. 사람들이 그를 거듭 실망시켰지만, 이 땅의 어떤 슬픔도 그에게서 사역자들이 누리는 고유의 보상을 앗아가지는 못했다. 그 보상이란 바로 전능자와의 사이에서 누리는 달콤한 친밀함이다.

그동안 바울에게 생긴 흉터들은 디도에게 선물이 될 것이었다. 그레데라는 무질서한 섬에서 교회들을 안정시키느라 애쓰던 디도에게는 그런 환기 장치가 필요했다.

신약 성경에 기록된 디도

- 갈라디아서 2:1–5
- 사도행전 15:1–35(갈 2:1–5와 관련)
- 고린도후서 2:12–13
- 고린도후서 7:4–9, 13–14
- 고린도후서 8:1–6, 16–24
- 고린도후서 12:14–18
- 디모데후서 4:9–15

명예로운 사역자

디도는 아마 바울의 1차 선교 여행 중인 AD 48년에 사도의 제자가 되었을 것이다. 신약 성경의 다른 책들에는 그에 대한 언급이 많지 않다. 디도라는 이름은 '명예롭다'는 뜻이며, 분명히 그는 이방인이 어떻게 먼저 유대인이 되지 않고도 진정으로 메시아를 따르는 사람이 될 수 있는가를 보여준 전형적인 예가 되었다. 이 경험은 디도가 그레데 섬에서 사역하는 동안 그에게 큰 도움이 되었을 것이다.

기독교 최초의 회심자들은 유대교와 구약 성경이라는 문을 통하여 예수 그리스도께로 왔다. 하나님의 아들이신 메시아는 어디까지나 유대인이셨다. 예수님이 참 포도나무요 그분의 아버지가 농부이시라면, 그분의 뿌리는 이스라엘이라는 토양에 깊이 박혀 있었다. 그러니 이 포도나무의 열매라고 어떻게 유대교의 성격이 그보다 덜할 수 있겠는가? 사람이 먼저 이전의 옛 언약에 참여하지 않고서 어떻게 새 언약에 참여할 수 있겠는가? 그래서 '유대주의자'로 알려진 사람들은 사실상 이런 주장을 폈다. "이방인들도 반드시 할례를 받고 모세의 율법을 배워야 한다. 그들은 하나님이 준비해두신 유대교라는 문을 통하여 그리스도와의 관계 속으로 들어가야 한다."

로마 제국 전역의 이방 땅에 교회들이 세워지기 시작하면서 그리스도인의 할례 문제는 복음을 위협하는 첫 번째 교리적 오류가 되었다. 이 문제를 영원히 매듭짓기 위해서 – 다들 영원히 종식될 줄로 알았다 – 바나바와 바울은 일단의 유대주의자들과 함께 예루살렘으로 올라가 이 사안을 예수님께 직접 훈련받은 사람들 앞에 제출하기로 했다. 바울은 구원이 오직 그리스도를, 오직 믿음으로 말미암아, 오직 은혜로 주어지는 것이라 피력했을 것이고, 옛 언약을 떠나서도 복음에 능력이 있음을 예시하고자 디도를 증거로 내놓았을 것이다. 이방인이면서 그리스도인인 디도의 신분을 많은 유대인들이 창피하게 여기던 터였다.

몇 년 후인 AD 56년경에 에베소 교회를 든든히 세우고 있던 바울에게 좋지 않은 소식들이 들려오기 시작했다. 고린도 교회가 복음만 있으면 죄를 지어도 되는 줄로 잘못 알고 한 남자가 자기 계모와 저지른 불륜을 공공연히 묵과했다는 것이었다! 더 자세히 알아보니 그 교회에 이미 죄가 퍼져 속에서부터 교회를 무너뜨리려 위협하고 있었다. 그래서 바울은 엄한 편지(고린도전서)를 보내는 한편 직접 찾아가 따끔하게 죄를 지적하기도 했다. 그 뒤에 바울은 더 강경한 편지(지금은 유실되었다)를 디도의 손에 들려 보내면서 디도에게 지도자들을 도와 고린도 교회를 개혁하라는 지시를 내렸다(고후 2:1-4, 7:6-13).

디도는 교회의 어려운 상황 때문에 예정보다 훨씬 오래 머물러야 했지만, 자신의 임무를 충실히 다한 뒤에 바울에게 사명을 완수했다는 기쁜 소식을 가져왔다. 고린도의 신자들은 그 죄를 공적으로 단호히 처리했고, 바울을 대하는 태도가 다시 부드러워졌다. 나아가 그들은 바울이 거두고 있던 기근 구제 헌금에도 후히 동참했다(롬 15:26). 그런데 안타깝게도 디도가 떠나기 전에 새로운 위협 요소가 등장했다. 이번에는 추의 방향이 방종에서 그 정반대인 율법주의로 바뀌었다. 유대주의자들, 곧 '할례파'의 거짓 교사들이 활동할 수 있는 환경이 무르익었던 것이다. 디도는 최근에 불거진 이 문제를 바울에게 보고한 뒤에 아마 고린도로 다시 갔을 것이다.

디도는 이런 어려운 임무들을 맡아 아주 충실히 감당해냈고, 그래서 문제 많은 교회들을 다루는 일이 그의 주특기가 되었던 것 같다. 바울의 생애가 끝나갈 무렵 디도는 로마의 달마디아로 보냄을 받았다(딤후 4:10). 일루리곤이라고도 하는 그곳은 바울이 언젠가 복음을 전하여 꽤 열매가 있었던 곳인데, 로마법의 통치에 완강히 저항했고 해적들의 소굴로 유명했다. 그런 지역에서 교회가 살아남으려 고전하고 있었던 것이다. 로마의 역사가 폴리비오스(Polybius)에 따르면, "일루리곤 사람들은 어느 한 민족의 적이 아니라 만인 공동의 적이었다."[3] 디도와 같은 시대를 살았던 지리학자 스트라보(Strabo)는 일루리곤 사람들이 자신들이 가진 자원의 유용성을 깨닫지 못했다면서, 그 이유가 "주민들이 거칠고 해적이 들끓었기 때문"이라고 역설했다.[4] 이것이 전천후 지도자인 디도가 맡은 임무로 성경에 마지막으로 기록된 일이다.

바울은 이 세사를 섬김에 열정이 있고(고후 8:17), 사랑으로 행하며(고후 7:13), 다른 사람들의 상한 감정에 민감한 사람(고후 12:18)으로 묘사했다. 그는 디도를 "같은 믿음을 따라 나의 참 아들 된" 사람(딛 1:4), "내 형제"(고후 2:13), "나의 동료요… 동역자"(고후 8:23)라 불렀다. 이 모든 자질에 스승을 믿는 마음까지 어우러져 디도는 그레데 섬의 억세고 훈련되지 않은 그리스도인의 모임들에 질서를 잡아주기에 이상적인 인물이었다.

"항상 거짓말쟁이며 악한 짐승이며 배만 위하는 게으름뱅이라"

바울이 그레데 사람들을 처음 만난 것은 가이사의 법정에 서려고 로마로 이송되던 중이었다(행 27:1-13). 북풍이 강하게 불어 그가 탄 배는 어쩔 수 없이 그레데 섬의 남해안을 따라가다가 한동안 미항에 대피해야 했다. 바울은 죄수의 신분이었지만 그를 지키던 사람은 그에게 유례없는 자유를 주어 교회들을 찾아가 사역을 하게 해주었다(행 27:3 참고). 그레데에 정박해 있던 중에도 사도는 틀림없이 그런 일들을 하며 시간을 보냈을 것이다.

이 섬이 그리스도에 대하여 처음 들은 것은 오순절의 놀라운 사연들을 가지고 예루살렘에서 돌아온 유대인 순례자들을 통해서였다(행 2:11). 그들의 믿음은 진실하기는 했으나 본토의 교회들이 누리던 것과 같은 사도의 양육은 받지 못했다. 구약의 율법이 그리스도인의 삶에서 차지하는 역할에 관하여 예루살렘 공의회에서 중요한 결의를 내린 지 오랜 후에도(행 15:19-20) 그레데의 신자들은 확실한 가르침이 없어 고전하고 있었다. 이렇게 고립되어 있다보니 그들은 현지의 전통들, 순회 철학자들, 로마의 유혹들이 미치는 영향에 유난히 취약했다. 바울이 그 섬에 있는 교회들을 든든히 안정시켜주는 일을 막 시작했는데 안타깝게도 선장은 미항을 떠나 뵈닉스라는 더 편한 항구로 가야 한다고 고집했다. 파선할 수도 있다는 바울의 경고에도 불구하고 사람들은 섬의 서단에 이르려고 출항했지만, 오히려 광풍에 떠밀려 바다로 나가고 말았다. 다시 돌아가기란 불가능했다.

사도는 로마의 가택 연금에서 풀려난 뒤로 아마 그레데에 다시 가서 교회를 조직하고 안정시켜주는 일을 재개했을 것이다. 그다음에 그는 디도를 그곳에 남겨두면서 많은 일을 맡겼다. 그렇게 보아야 "내가 너를 그레데에 남겨 둔 이유는"(1:5)이라는 바울의 말이 가장 잘 의미가 통한다. "보낸"이라고 하지 않고 "남겨 둔"이라고 했다는 것은 바울도 그 섬에 디도와 함께 있었음을 암시한다. 이 일이 바울이 처음에 로마로 가던 중에 있었다고 보기는 어렵다. 누가가 바울과 동행하면서 사건들을 생생하고 자세하게 기록했는데 일행 중 한 사람을 뒤에 남겨두었다는 언급은 없다. 그보다 바울은 로마를 떠나 그레데로 가서 이전에 구상한 계획을 수행한 다음 디도를 책임자로 남겨두었을 것이다. 그러고는 에베소로 배를 타고 가서 디모데를 그곳의 지도자로 세운 뒤에 몇 달 동안 마게도냐의 신자들을 방문했다.

바울의 배가 수평선 너머로 자취를 감추자 막중한 책임이 디도를 기다리고 있었다. 그는 기독교의 진리를 선포해야 했고, 견고하고 훈련된 사람들을 발굴해야 했다. 그리하여 그레데가 진리의 견고한 기초이자 진리의 영원한 집이 되게 해야 했다. 바울이 권위를 위임해 주었으니 출발은 좋았지만, 그래도 디도에게는 노련한 일꾼의 격려가 필요했을 것이다.

디도가 그레데 사람들 사이에서 할 일은 쉬운 일이 아니었다. 그 섬사람들은 문화가 뒤떨어지고, 행동이 야만적이었으며, 일은 안 하고 엉뚱한 데만 열중한다는 평판이 자자했다. 유대주의자들은 그중 양심적으로 일하는 사람들에게 율법주의를 받아들이라고 유혹했고, 이교의 철학자들은 사람들의 강한 욕구를 방종 쪽으로 끌어당겼다. 여러 민족이 뒤섞인 해상 무역상들과 뜨내기들은 진정한 신자들의 충실성에 늘 시험이 되었다. 그래서 신자들 가운데 다수는 믿음대로 살지 못하고 있었다. 간단히 말해 그레데의 교회들은 거룩하지 못한 오합지졸이었다.

"남은 일을 정리하고"

바울은 두 가지 목적을 가지고 디도에게 이 편지를 썼다. 첫째, 그레데의 교회들을 상대로 주제넘게 권위를 행사하는 다른 모든 사람들로부터 이 젊은 목사를 구분해줄 무언가가 필요했다. 그리스도인의 모임들에서 필시 읽히게 될 이 편지를 통하여 사도는 디도에게 권위를 위임하는 한편, 그 섬에 있는 신자 공동체들을 든든히 조직하는 임무를 그에게 맡겼다. 디도는 자신이 이끌어야 할 사람들이 듣는 자리에서 그런 위임을 받았고, 이로써 일체의 논란이 사전에 가라앉았을 것이다.

바울은 또한 참된 교회의 본질을 기술하고, 교회의 사명과 메시지를 규정하기 위해서 이 편지를 썼다. 디도서는 석 장에 걸쳐 모두 마흔여섯 구절밖에 되지 않는 짧은 편지이지만, 오늘날의 목사들, 특히 새로 세운 교회의 기틀을 다지고 있는 목사들에게 주는 간결하면서도 갖출 것은 다 갖춘 놀라운 지침서다. 물론 바울은 교회의 조직을 구체적인 그림으로 제시하지 않았고, 따라서 우리가 그려낼 수 있는 도표도 없다. 또한 바울은 교회마다 모종의 위계 구조에 연결되어 있어야 한다고 암시하지도 않는다. 교회가 본연의 주목적을 수행하고 있는 한 조직과 통치는 어떤 식으로 하든 용인되는 것으로 보인다. 교회의 주목적이란 택하신 사람들에게 그리스도를 믿게 하는 통로가 되는 것, 그들에게 진리를 가르치고 양육하여 경건한 행동에 이르게 하는 것 그리고 하나님의 영원한 임재 안에 들어갈 때까지 모든 도전을 이겨내도록 그들을 돕는 것이다(1:1–2).

밧줄을 꼰 가닥들처럼 바울의 교회 매뉴얼인 이 소책자도 세 가지 중심 주제가 서로 얽혀 있다.

첫 번째 주제는 구주이신 하나님이다. 성경의 다른 부분들에는 구원 계획에서 성부와 성자와 성령이 맡으신 역할이 구분되어 나타나는 경우가 많지만, 목회 서신(디모데전서, 디모데후서, 디도서)은 삼위 하나님의 연합을 애써 강조한다. 디도서에만 하더라도 "하나님이… 약속하신 것"(1:2), "우리 구주 하나님"(1:3, 2:10, 3:4), "하나님 아버지와 그리스도 예수 우리 구주"(1:4), "하나님의 은혜가 나타나"(2:11), "우리의 크신 하나님 구주 예수 그리스도"(2:13), "중생의 씻음과 성령의 새롭게 하심"(3:5), "우리 구주 예수 그리스도"(3:6)와 같은 표현이 나온다. 삼위 하나님이 구속의 모든 측면에 각기 모두 참여하신다. 그리고 이 구속은 인간이 혹시 이룰 수 있는 모든 선과 무관하게, 각 개인의 믿음으로 말미암아 은혜로 이루어진다.

두 번째 주제는 건전한 교리다. 바울은 이 교리(교훈)를 2장 11–14절과 3장 4–7절에 명확히 제시했다. 바로 이 교훈이 핵심 진리이며, 교회의 모든 것은 그것을 중심으로 돌아가야 한다. 바울은 편지 전체에 걸쳐 바른 사고의 중요성을 거듭 강조하면서 그것을 "진리의 지식"(1:1), "미쁜 말씀"(1:9), "바른 교훈"(1:9, 2:1, 2:7), "바른 말"(2:8), "하나님의 교훈"(2:10), "이 말이 미쁘도다"(3:8) 등과 같이 다양하게 표현하고 있다. 그는 또 "전하고, 권면하고, 책망하고, 가르치고, 양육하고, 일깨우는" 일을 통하여 그리고 가장 중요하게 "선행"을 통하여 이 진리를 서로에게와 바깥세상에 전할 책임을 모두에게 맡기고 있다.

바울의 세 번째 주제는 경건한 행동이다. 바울은 이것을 자주 "선한 일"이라 표현하면서(1:16, 2:7, 14, 3:1, 8, 14), 이와 관련하여 긍정적인 면과 부정적인 면 모두를 편지 전체에 아주 자세히 기술했다. 반항적인 사람들은 악한 행동으로 자신을 드러내지만, 교회 지도자들은 "책망할 것이 없"어야 한다. 교인들은 다른 훌륭한 자질들을 갖추는 것 외에도 "신중"해짐으로써(1:8, 2:2, 5, 6, 12) 진정한 믿음의 증거를 보여야 한다. 경건한 행동은 진정한 믿음을 입증하고 강화해줄 뿐 아니라, 모두에게 유익을 끼치며 바깥세상에 교회의 교리를 확증해준다.

서로 맞물려 있는 이 세 가지 주제 – 하나님의 구속하시는 은혜, 진리의 지식, 의로운 행실 – 는 그리스도인의 성숙을 규정해주며, 어느 교회를 막론하고 모든 신자의 특징이 되어야 한다. 아울러 이것은 사역의 목표이자 교회들이 존재하는 주된 이유가 되어야 한다. 구체적인 도전들은 시대에 따라 달라질 수 있고, 조직의 구조도 문화를 반영하여 조정할 수 있지만, 교회의 사명과 메시지는 항상 똑같다. 더욱이 앞서 디모데전서 3장 1–7절 부분에서 말했듯이 "교회는 지도자가 가는 길을 그대로 따라간다."[5] 바울이 건강한 교회의 본질적인 특성들을 기술하려 한 것은 분명하지만 그의 일차적이고 주된 수신자는 다름아닌 디도였다. 디도는 그레데의 교회들 안에 은혜와 진리와 경건한 행동을 길러주는 일을 맡은 만큼, 바울은 디도가 그런 부분에서 충실한 본을 보이기 원했다.

주

1. Gerhard Kittel & Gerhard Friedrich 편집, *Theological Dictionary of the New Testament: Abridged in One Volume*, Geoffrey W. Bromiley 번역(Grand Rapids: Eerdmans, 1985), 254. 「신약성서 신학사전: 킷텔 단권 원어사전(요단출판사)」.
2. 같은 책.
3. Polybius, Histories 12.6(*The Histories of Polybius*, Loeb Classical Library[Cambridge, MA: Harvard Univ. Press, 1922–27], 1:269).
4. Strabo, *Geography*, 7.5.10(The Geography of Strabo, Loeb Classical Library[Cambridge, MA: Harvard Univ. Press, 1924], 3:271).
5. 다음 책을 참고하라. Peter Scazzero, *The Emotionally Healthy Church: A Strategy for Discipleship that Actually Changes Lives*(Grand Rapids: Zondervan, 2003), 36.

따를 만한 지도자
(디도서 1:1-4)

[1]하나님의 종이요 예수 그리스도의 사도인 나 바울이 사도 된 것은 하나님이 택하신 자들의 믿
음과 경건함에 속한 진리의 지식과 [2]영생의 소망을 위함이라 이 영생은 거짓이 없으신 하나님이
영원 전부터 약속하신 것인데 [3]자기 때에 자기의 말씀을 전도로 나타내셨으니 이 전도는 우리 구
주 하나님이 명하신 대로 내게 맡기신 것이라 [4]같은 믿음을 따라 된 나의 참 아들 된 디도에게 편
지하노니 하나님 아버지와 그리스도 예수 우리 구주로부터 은혜와 평강이 네게 있을지어다.

나는 가끔 밤잠을 이루지 못하게 하는 편지를 받는다. 다음 편지는 교인들 앞에서 목사들의 책임이 얼마나 막중한가를 내게 일깨워주었다.

척 목사님께

마르틴 루터에 대한 목사님의 말씀을 듣고 깊은 감동을 받았습니다. 사실 끝까지 찬송을 따라 부르려 했지만 그만 눈물이 터졌습니다. 저 자신이 너무 작게 느껴집니다. 우리의 영웅들은 아주 크고 깊어 보입니다. 저보다 훨씬 나아 보입니다. 저는 너무 편하고 너무 대충입니다.

알고 싶은 게 있습니다. 목사님은 스물일곱 살 때도 지금처럼 그러셨나요? 그때 이미 제대로 된 책들을 다 읽으셨나요? 찬송가들을 다 아셨나요? 지금처럼 깊으셨나요? 목사님의 삶에 그리스도가 생생히 살아계셔서 목사님이 말만 하면 사람들이 마음이 찔렸나요? 이렇게 묻는 이유는 제게도 희망이 있는지 알고 싶어서입니다. 저는 넓지도 못하고 별로 깊이도 없습니다. 어렸을 때 교회를 다니지도 않았습니다. 찬송가도 모릅니다. 앞으로 읽어야 할 책들도 많습니다. 어려서부터 책을 별로 읽지도 않았습니다. 제대로 된 책들을 읽고 싶은데 기독교 서점에 가면 정말 속이 상합니다. 「기도하면 부자가 된다」, 「병이 낫지 않는 사람은 가짜 신자다」, 「긍정적인 사고: '쇠'라는 말은 입 밖에도 내지 말라」 따위의 책들이 도대체 누구에게 필요하단 말입니까? 얼빠진 주문(呪文)들을 잔뜩 실어놓고 그것으로 하나님과의 대화를 대신하게 하는 책은 또 어떻습니까?

목사님은 또 사람은 자기가 함께 시간을 보내는 사람들처럼 된다는 말씀도 하셨지요. 제 주위에는 대충인 사람들뿐입니다. 제가 주 안에서 성숙해질수록 본받고 싶은

> 사람들은 더 적어집니다. 그렇다고 하나님밖에 모델이 없을 만큼 제가 그렇게 성숙한 것도 아닙니다. 목사님은 제 모델 중의 하나이십니다. 알고 싶습니다. 목사님도 저의 다른 '모델들'과 같은가요? 목사님도 사람들 앞에서 부인을 욕하십니까? 목사님도 말만 거창하고 실제로 행동할 때가 되면 나약해지십니까? 목사님은 본받을 만한 분입니까?
>
> 어떻게 하면 제가 탁월해질 수 있을까요? 남들에게 잘 보이는 데는 관심 없습니다. 다만 대충인 상태가 싫습니다.

이 사람은 정말 심각하게 묻고 있다. 자신의 영적 지도자들이 정말 따를 만한 사람들인지를 그는 간절히 알고 싶었던 것이다. 지금 이 사람에게 걸린 문제는 권위의 문제다. "목사는 누구의 권위 아래 있으며, 나는 목사의 메시지가 진실한지를 어떻게 알 수 있는가?" 이 사람은 영적인 권위의 증거를 당연히 자신의 영적 스승들의 행위에서 찾고자 했다. 아주 지혜로운 생각이다.

디도를 그레데 섬에 남겨두어 교회들을 조직하고 안정시킨 사도는 권위의 계통을 분명히 정립할 필요성을 느꼈다. 그 권위는 하나님에게서 나와 사도를 거쳐 결국 위임된 지도자인 디도에게 전수되었다. 바울은 이 편지에서 그 일을 하는데, 그것은 우선 신중하게 작성된 인사말에서부터 시작된다.

—1:1-2—

바울은 디도에게 보낸 편지도 자신이 신약 성경의 거의 모든 서신을 시작할 때와 똑같이 시작한다. 그는 자신이 누구인지를 밝혔고, 사도로서 자신의 권위를 확인했으며, 수신자에게 인사했고, 끝으로 복을 빌었다. 하지만 좀 더 자세히 보면 처음 넉 절이 하나의 긴 복합문으로 되어 있으며, 각 문구마다 앞으로 다룰 메시지의 중요한 주제를 하나씩 예고하고 있음을 알 수 있다. 바울의 첫 문장은 권위, 은혜, 교리, 전파 등의 주제를 미리 암시하고 있다.

바울은 *doulos theou*라는 말로 자신이 누구인지를 밝혔는데, 이는 '하나님의 노예'라는 뜻이다. 로마 제국의 이방 문화들에서 노예는 짐승만큼도 대우받을 가치가 없는 존재로 간주되었다. 로마인들은 자유를 소중히 여겼고, '열등한 민족들'을 노예로 부리는 일을 큰 낙으로 알았다. 하지만 바울은 '하나님의 노예'라는 호칭보다 더 큰 명예를 세상에서 보지 못했고, 전능자의 노예라는 신분보다 더 큰 자유를 알지 못했다. 이 노예라는 개념을 그는 사신으로 지명된 사람을 뜻하는 '사도'라는 단어와 짝을 지었다. 일반 헬라 문화에서나 70인역 성경에서 '사도'는 보낸 사람을 대신하여 어떤 일을 이루도록 파송된 사람을 가리킨다. 바울이 내세운 권위의 근거는 자신의 거창한 이력서가 아니라 자기를 보내신 분인 예수 그리스도의 명령이었다.

솔직히 말해서 자신의 공로로 하나님의 사람들 앞에 설 자격이 되는 사람은 아무도 없다. 아무리 받은 교육이나 이룬 성공이나 연륜이나 인기나 카리스마나 권력이 대단하다 해도, 그것이 누군가에게 다른 사람들 앞에서 하나님의 대언자가 될 자격을 주지는 못한다. 감히 강단에 서서 성경에 있지도 않은 메시지를 전하는 목사들은 위태위태한 기초 위에 서 있는 것이다. 바울이 내세운 권위는 보냄받은 종의 권위, 보내신 분의 권력을 행사하는 사신의 권위였다.

물론 디도는 이것을 직접 경험하여 이미 알고 있었다. 그는 바울의 소명이나 권위를 의심하지 않았다. 바울이 사도의 권위를 주장한 것은 이 편지가 공적으로 낭독될 때 들을 사람들을 위해서였고, 또한 그 중에는 각 교회의 진정한 신자들 속에 반드시 몰래 숨어 있을 거짓 교사들도 있었다. 사도는 곧 이 권위를 디도에게 위임할 것이고, 아울러 디도가 그레데에서 해야 할 사명도 밝힐 것이다(1:5).

자신의 직분을 하나님의 사신이라 밝힌 바울은 이제 자신의 세 가지 목적을 기술한다.

첫째, 바울은 하나님이 "택하신 자들"에게 예수 그리스도를 믿게 하는 통로다(1:1). NASB와 NIV 역본은 이 부분을 "하나님이 택하신 자들의 믿음(을)… 위함이라"(밑줄 나의 강조)고 충실히 잘 번역했다. 헬라어 전치사 *kata*는 용법의 범위가 넓어 '아래에, 반대로, 더불어' 등 여러 다양한 방식으로 번역될 수 있기 때문이다. 따라서 번역자들은 이 단어의 정확한 의미를 찾고자 부심한다. 하지만 *kata*가 특정한 유형들의 단어와 만나면 가능한 의미의 폭이 크게 좁아진다. 앞뒤의 문맥으로 미루어 가장 무난한 번역은 역시 "하나님이 택하신 자들의 믿음을 위함이라"가 된다. 내가 이해하기로 이 말은 택하신 자들(예정된 신자들)

이 그리스도를 믿고 영적 여정에 오르는 데 있어 자신이 그 통로가 되고 싶은 바울의 열망을 보여주고 있다.[1]

둘째, 바울은 신자들을 진리의 지식으로 양육하여 외면의 행동과 내면의 믿음이 일치되게 해줄 것이다(1:1). 일부 교육 전문가들에 따르면, 새로운 정보를 얻은 결과로 개인의 행동이 달라질 때 학습이 일어났다고 말할 수 있다. 일단 진리를 이해하고 흡수했으면 그때부터 선택들이 달라지는 것은 당연한 이치다. 예를 들어, 중력의 법칙을 제대로 이해한 사람은 고층 건물의 난간에 설 때 그에 맞게 행동할 수밖에 없다.

게다가 무엇이든 자꾸 연습하면 결국 몸에 익는 법이다. 여기 지식에 해당하는 *epignōsis*라는 헬라어 단어는 체험적 지식이나 실제적 지혜를 가리키는 말이다. *Epignōsis*가 없는 사람은 어떤 진리를 진심으로 믿으면서도 그것을 제대로 적용할 실제적인 기술은 없을 수 있다. 나는 피아노의 작동 원리도 잘 알고 있고, 건반마다 다른 음을 낸다는 것도 진심으로 믿는다. 하지만 내 지식은 거기까지다! 나는 피아노를 가지고 아름다운 음악을 만들어내는 실제적인 기술은 없다.

바울은 자신의 역할이 사람들로 하여금 예수 그리스도를 믿게 하는 것 이상이라고 보았다. 그는 은혜의 복잡한 측면들을 사람들에게 가르쳐 그들이 그것을 삶의 모든 영역에 자유자재로 적용하도록 돕고 싶었다. 이것이 "경건함에 속한 진리의 지식"이며, 영적 성숙의 핵심 요소다.

셋째, 바울은 신자들이 이 땅에서의 삶을 마치고 영원한 천국에 들어갈 때까지 모든 도전을 이겨내도록 계속 도울 것이다(1:2). 보다시피 바울의 사명은 시작, 과정, 끝이라는 진행 구조를 보이고 있다.[2] 바울은 사람들에게 그리스도를 믿게 해주고 싶었고, 그들을 은혜 안에서 자라가도록 양육해주고 싶었으며, 마침내 주님을 대면하여 뵐 그날을 사모하도록 격려해주고 싶었다. 또 바울은 더없이 확고부동한 이 영원한 운명의 근거를 반석과도 같은 하나님의 약속에 두었다. 그 약속은 시간이 시작되기도 전부터 있었을 뿐 아니라, 하나님의 불변하시는 성품으로 말미암아 확실히 보장된 것이다. 바울은 하나님이 거짓말을 하실 수 없다는 사실을 일깨우고 있는데, 이것은 뒤에서 다룰 거짓 교사들에 관한 내용의 전조가 된다(1:10-16). 거짓 교사들은 영생의 희망이 우리가 율법에 얼마나 잘 순종하는가에 달려 있다고 가르쳤다.

현재의 고난을 마침내 확실히 이긴다는 약속과 또한 영생에 대한 확신은 바울의 신학에서 중심 요소이며, 그는 그것을 로마서에 상세히 진술했다(롬 8:18-31). 승리의 확신을 굳게 붙드는 것이 그에게는 성령으로 살아가는 비결이 된다. 바울이 죄와 악을 이긴 승리자처럼 당당히 살아갈 수 있는 것은 영원한 결과를 이미 알고 있기 때문이다.

—1:3—

바울은 이어 자신이 사도의 권위를 행사하여 소기의 목적을 이룬 방식을 기술하면서 인사의 '발신자' 부분을 마무리하는데, 그 방식이란 바로 강해 설교다. 강해 설교는 성경의 의미를 설명하고 그것을 일상생활에 적용하는 것이다. 본문의 세 단어를 합하면 목사의 주된 활동인 이 강해 설교의 정의가 나온다.

나타내다 + 하나님의 말씀 + 전도(선포) =강해 설교

"나타내셨으니"로 번역된 헬라어 단어는 '보이게 하다, 밝히다'는 뜻이다. 복음서에서는 비유의 의미를 설명하는 과정을 기술할 때 이 단어가 쓰였다(막 4:22). 특별한 훈련을 받거나 신비한 지식이 있어야만 성경을 이해할 수 있다는 말이 아니다. 사실 신약 성경은 본래 코이네 헬라어 - 로마 제국 전역에서 가장 널리 쓰이던 언어 - 로 기록되어 글을 읽을 줄 아는 사람이면 누구나 하나님의 생각을 직접 접할 수 있었다. 물론 특별한 교육이 오늘날의 문화와 고대 세계의 간극을 잇는 데 도움은 되겠지만, 거기에 신비롭거나 마술적인 요소는 전혀 없다.

설교자는 무슨 숨은 뜻을 들추어내는 것이 아니라 하나님 말씀의 원리들을 일상생활 속으로 옮겨주는 것이다. 그 일은 먼저 설교자 자신의 영적인 성장을 통해서 이루어지고, 그다음에는 강단에서 그 원리들을 설명함으로써 이루어진다. 그리스도인의 성숙은 진정한 믿음과 경건한 행동의 조화로 정의된다. 그래서 바울은 그 둘을 애써 연결시키고 있는데, 이러한 성숙은 영적 지도자들로부터 시작된다. 바울의 권위는 하나님의 말씀에서 왔지만 신실한 순종이 그에 대한 신뢰감을 더해주었다.

—1:4—

바울의 긴 인사는 디도라는 수신자의 이름으로 마무리된다. 디도를 그는 "같은 믿음을 따라 나의 참 아들"이라 불렀다. 겉으로 보면 바울의 편지는 스승이 제자에게 보낸 개인적인 편지이지만, 바울은 디도가 맡아서 이끄는 사람들에게 이 대화를 '엿듣게' 할 작정이었다. 그래서 그는 신중을 기하여 디도를 이런 표현으로 불렀다.

이 헬라어 문구를 직역하면 '공통된 믿음에 관해서는 내 친자식'이라는 뜻이다. 친자식이란 가족으로 입양된 사람과는 대조적으로 부모에게서 태어나 가족이 된 사람을 말한다. 그러므로 친자식은 아버지의 형질을 그대로 지니고 있다. 나아가 "같은 믿음"은 바울과 디도를 이를테면 같은 혈통 안에서 서로 이어준다. 바울은 이렇게 가족과 유산의 은유를 사용하여 디도가 바울 자신과 매우 비슷하며, 따라서 자신을 대신할 자격이 있음을 암시하고 있다. 이렇게 영적 혈통이 같기에 디도는 마치 귀족의 아들처럼 바울의 모든 권위와 신분을 물려받을 수 있었다.

디도가 그레데에서 힘든 임무를 수행해나가려면 권위와 신분을 위임받을 필요가 있음을 바울은 충분히 예측하고 있었다. 게다가 진정한 영적 지도자들을 발굴하여 권위의 자리에 세우는 일이 디도의 사명에서 큰 부분을 차지하고 있었다. 그곳의 교회들이 흥왕하려면 자기네 지도자들이 진정 따를 만한 사람들이며, 그들이 가르치는 진리가 진정 하나님의 진리임을 교회들이 알아야 했다.

적용

당신은 누구이며 당신의 목적은 무엇인가?

바울의 인사가 담겨 있는 이 짤막한 본문이 내게는 도전으로 다가온다. 삶의 소소한 일들과 스트레스가 내 일정표를 가득 메우고 내 정신을 갉아먹을 때면 나는 전체적인 시각을 잃을 때가 있다. 내가 누구이며 지금 무슨 일을 하고 있어야 하는지를 망각하는 것이다. 솔직히 나는 사역의 도전들에 못 이겨 사직서를 쓸 뻔했던 적도 몇 번 있었다. 그런 힘든 시기가 닥칠 때면 나는 내 정체와 목적을 상기해야 한다.

바울은 이것이 사역자에게 중요한 일임을 알았다. 사역자는 옆에 격려해주고 지지해주는 사람 없이 혼자서 섬길 때가 많다. 사도는 고난과 적대가 사람의 용기를 누그러뜨릴 수 있음을 알았다. 다른 모든 것이 사라질 때 소명 하나로 족해야 함도 그는 경험을 통해서 알고 있었다. 하나님의 노예는 때로 소명 하나만 붙잡고 계속 달려가야 하기 때문이다.

디도를 그레데의 사역자로 위임하는 바울의 편지는 바울 자신의 정체와 목적을 명확히 밝히는 말로 시작된다. 이를 계기로 우리는 자신에게 다음과 같은 네 가지 질문을 던지고 답해볼 수 있다.

첫째, 바울은 자신의 정체를 밝히는데 그것은 "하나님의 종이요 예수 그리스도의 사도"다(1:1). 당신의 정체는 무엇인가? 하나님은 당신에게 독특한 재능들을 주셨고, 지금까지 당신이 경험한 여러 일들로 그것들을 단련시키셨다. 아직 당신의 재능들을 자세히 파악해본 적이 없다면 지금이 좋은 때일 수 있다. 혼자서 찾지 못하겠거든 당신을 가장 잘 아는 사람들에게 물어보라. 충분히 생각하고 답할 수 있도록 그 사람들에게 짤막한 이메일을 보내는 것도 좋다.

편지는 이런 식으로 시작하면 된다.

________________님께

지금까지 나는 ___년을 살아왔는데 이제는 잠시 멈추어 제 자신에게 질문을 던져야 할 때라는 생각이 듭니다. 주님이 그분의 영광을 위하여 사용하도록 제게 주신 독특한 능력들과 경험들이 무엇인가 하는 질문입니다. 솔직히 저는 자리에 앉아 저 자신에 대해서 생각하는 시간이 많지 않습니다. 그래서 당신의 도움이 필요합니다. 칭찬이나 인정의 말을 듣자는 것이 아니니 부디 그런 부담은 갖지 마십시오. 당신에게서 필요한 것은 그보다 더 어려운 것입니다. 잠시 시간을 내서 다음 질문을 생각해보시고 최대한 솔직하게 답해주십시오.

"(나의 이름)이/가 주님의 영광을 위하여 그분을 섬기는 데 사용할 수 있는 독특한 능력들이나 경험들은 무엇인가?"

도와주셔서 감사합니다.

둘째, 바울은 자신의 삶의 주목적을 밝히는 데 그것은 다음과 같은 세 가지 구체적인 내용으로 되어 있다. 죄인들에게 예수님을 믿게 하는 통로가 되는 것, 그들에게 진리를 아는 지식을 다져주는 것 그리고 그들 안에 영생에 대한 확실한 기대를 심어주는 것이다(1:1-2). 당신의 주목적은 무엇인가? 당신은 지금 무슨 일에 헌신하고 있는가? 신중히 잘 생각해보기 바란다. 당신이 이 땅에 살다 간 결과로 가장 이루어져 있기를 바라는 일은 무엇인가? "어떠어떠해야 한다"는 당위의 대답은 피하라. 구체적으로 그리고 최대한 솔직하게 답하라. 당신의 답이 마음에 들지 않는다면 나중에 고칠 기회가 있다.

셋째, 바울은 자신의 소명을 밝히는데 그것은 하나님의 말씀을 전하는 일이다(1:3). 당신의 소명은 무엇인가? 앞에서 말한 목적을 이루기 위해서 지금 당신이 하고 있는 일은 무엇인가? 당신이 하고 있는 일 가운데 목적을 이루는 데 오히려 방해가 되는 것이 있다면 무엇이며, 언제 그 초점을 바꿀 수 있겠는가? 현재 당신이 적극적으로 목적을 이루어나가고 있다면, 당신에게 그 일이 아직도 즐거운가?

넷째, 바울은 자신과 디도의 관계를 확증한다(1:4). 이 젊은이를 향한 바울의 헌신은 단호하고 친밀했다. 당신은 누구에게 헌신하고 있는가? 그 소중한 사람들과 더불어 깊고 친밀한 관계를 가꾸고 있는가? 당신에게는 신앙의 참 아들이나 딸이 있는가? 특별히 시간을 내서 당신의 삶을 투자하고 있는 대상이 있는가? 아니면 당신의 능력들과 경험들은 당신이 이 땅을 떠날 때 사라지고 말 것인가?

V. 레이먼드 에드먼(V. Raymond Edman)은 휘튼 대학 학장으로 있을 때 이런 진지한 도전을 던졌다.

> 부지런히 본분을 다한 기쁨보다 더 깊고 뿌듯한 기쁨이 있을까? 자신의 책임을 아는 것, 순경이든 역경이든 현실에 맞서는 것, 난관이나 방해 때문에 곁길로 빗나가지 않고 충실히 본분을 따르는 것, 맡겨진 소임을 다하는 것 이 모두가 우리에게 큰 기쁨을 가져다준다. 자신의 소임을 발견하고 이루려면 본분을 다하는 훈련이 필요하며, 이 훈련은 불가능해 보일 정도로 어렵고 고될 때가 많다. "인간의 분노, 세월의 낭비, 절망의 파도, 악한 원수"와 맞서 싸우라… 본분을 다하는 훈련은 쉽거나 가볍지 않으며 수행할 때는 고통과 위험이 따른다. 하지만 완수하고나면 기쁨이 있다.[3]

우리는 모두 여정의 어느 구간을 지나는 중이다. 당신은 지금 고되거나 위험한 구간에 이르렀을 수도 있다. 강폭은 넓고, 물살은 거세며, 물속은 깊다. 어쩌면 당신은 지금 개인적인 고통을 겪고 있을 수도 있다. 혹은 당신이 내려야만 했던 인기 없는 결정들 때문에 사람들이 당신을 의심하고 오해하고 심지어 비방하고 있을지도 모른다. 그러나 당신이 자신의 정체와 목적과 소명을 정립했고 의미 있는 관계들을 가꾸어왔다면, 당신은 결국 승리자가 될 만반의 준비가 되어 있는 셈이다.

여태까지 당신이 혹시 시간을 내서 이 중요한 기초를 다진 적이 없다면 지금부터 시작하면 어떨까? 당신에게 닥친 위기가 주님께는 당신이 현재 가고 있는 길을 확증해주시거나, 아니면 당신을 새로운 길로 인도하실 기회가 될 수도 있다. 허드슨 테일러(Hudson Taylor)의 말처럼, "고난이 얼마나 큰가는 중요하지 않다. 정말 중요한 것은 그 고난이 어떻게 쓰이느냐다. 고난은 당신과 하나님 사이를 가로막을 수도 있고, 당신을 하나님께로 더 가까이 이끌어줄 수도 있다."

주

1. 예정에 대해서 더 자세히 알려면 「찰스 스윈돌의 신약 인사이트 시리즈–로마서」 9장 1–33절 주해 부분을 참고하기 바란다.
2. 세 개의 전치사구[*kata pistin*… *(kata) epignōsin*… *ep' elpidi*]가 모두 "종과 사도"를 수식하고 있지만, 내가 보기에 논리적인 순서를 따라 전개되고 있다.
3. V. Raymond Edman, *The Disciplines of Life*(Wheaton, IL: Scripture Press, 1948), 247–53.

단락 1:

교회의 지도자

디도서 1:5–2:10

바울에게 교회의 지도자와 복음의 메시지는 떼려야 뗄 수 없는 하나였다. 하나님의 진리가 인간의 육신을 입었고 복음이 예수 그리스도가 되어 우리 가운데 살았듯이, 교회의 메시지도 지도자들 속에 거한다. 물론 선지자들과 사도들은 하나님의 말씀을 충실히 받아서 기록했고, 그 말씀이 보존되어 우리에게 하나님의 진리의 유일한 근원이자 백 퍼센트 확실한 근원이 되었다. 그럼에도 불구하고 주님은 교회를 세우셔서, 그리스도의 몸 된 교회가 세상 앞에 말씀대로 살고 어둠 속에 빛이 되게 하셨다. 예수님 자신이 그러셨듯 말이다. 그래서 바울은 지도자와 하나님의 진리가 따로 분리되는 것을 가히 상상할 수 없었다. 이 본질적인 진리를 전달하려고 바울은 순환 논리를 사용하여 사실상 이렇게 썼다. "하나님의 진리에 순종하는가를 보면 교회 지도자들을 알 수 있고(1:5–2:10), 교회 지도자들이 나오려면 하나님의 진리에 순종해야 한다"(2:11–3:11).

명확성을 기하기 위하여 나는 이 편지의 몸체 부분을 이렇게 두 단락으로 나누었다.

- 교회의 지도자(1:5–2:10)
- 교회의 사명(2:11–3:11)

당연히 바울은 교회의 지도자라는 주제부터 짚고 넘어가는데, 교회 조직상의 구조는 사실상 무시한 채 전적으로 성품의 문제에만 집중하고 있다. 교회의 통치 형태와 감시 체제가 어떠하든 거기에 인간의 악한 의도가 개입되어서는 안 된다. 반대로 경건한 성품을 갖춘 지도자들은 외적인 제도와 관계없이 교회를 잘 이끌 수밖에 없다.

소수의 직임자를 찾아서(디도서 1:5–9)

5내가 너를 그레데에 남겨 둔 이유는 남은 일을 정리하고 내가 명한 대로 각 성에 장로들을 세
우게 하려 함이니 6책망할 것이 없고 한 아내의 남편이며 방탕하다는 비난을 받거나 불순종하는
일이 없는 믿는 자녀를 둔 자라야 할지라 7감독은 하나님의 청지기로서 책망할 것이 없고 제 고집
대로 하지 아니하며 급히 분내지 아니하며 술을 즐기지 아니하며 구타하지 아니하며 더러운 이득
을 탐하지 아니하며 8오직 나그네를 대접하며 선행을 좋아하며 신중하며 의로우며 거룩하며 절제
하며 9미쁜 말씀의 가르침을 그대로 지켜야 하리니 이는 능히 바른 교훈으로 권면하고 거슬러 말
하는 자들을 책망하게 하려 함이라.

나는 해병대에 입대하여 샌디에이고에서 신병 훈련을 받았는데, 우리가 도착하자마자 교관이 우리 분대의 한 신병을 분대장으로 지명하며 그의 팔에 빨간색 완장을 채워주었다. 그런데 몇 주 후에 사격장에서 교관이 다짜고짜 그의 팔에서 완장을 떼어내더니 큰 소리로 내 이름을 불렀다. 교관은 부동자세로 서 있는 나의 팔에 완장을 끼워주며 이렇게 말했다. "이제부터는 네가 분대장이다. 너는 지도자의 자질이 있다. 정확히 내가 시키는 대로만 해야지 그렇지 않으면 다시 다른 사람한테 넘겨주겠다." 내게 지도자의 자질이 있을 수도 있다는 것을 나는 그때 처음 알았다. 분명히 그 교관은 내가 보지 못한 무엇을 보았다.

자격을 갖춘 지도자의 필요성을 잘 알고 있는 분야가 우리 사회에 있다면 그곳은 바로 군대다. 훈련되지 않은 장정들 무리가 버스에서 내려 눈이 휘둥그레져 훈련소에 들어서는 순간, 콧대 높은 교관들은 그중에서 지도자감을 가려내기 시작한다. 그들은 사람을 고를 때 철저히 실력만 따진다. 상대방의 기분이나, 나이나, 정치 성향이나, 인기 따위는 안중에도 없다. 총알이 날아다니고 미사일이 터지는 상황에서는 유능한 지도자에게 다른 사람들의 목숨이 달려 있기 때문이다. 자격 미달의 지도자는 병사들을 죽게 하지만, 자격을 갖춘 지도자는 임수를 완수한다. 아주 간단하다!

기독교의 사역에 영원이 걸려 있음을 생각할 때 나는 일부 교회들이 지도자라는 쟁점을 너무 가볍게 여기는 것이 놀랍기만 하다. 건강한 교회에는 자격을 제대로 갖춘 지도자들이 있어야 한다. 그래야 교회의 주된 목적을 이룰 수 있다. 앞에서도 말했듯이 바울은 교회의 주목적을 세 가지로 간추렸는데 그것을 풀어써보면 다음과 같다.

교회의 주목적이란 (1) 택하신 사람들에게 그리스도를 믿게 하는 통로가 되는 것, (2) 그들에게 진리를 가르치고 양육하여 경건한 행동에 이르게 하는 것, (3) 하나님의 영원한 임재 안에 들어갈 때까지 여러 도전들을 이겨내도록 그들을 돕는 것이다(1:1–2).

그레데의 그리스도인들에게는 무엇보다도 유능한 영적 지도자들이 필요했다. 본토에서는 사도들의 가르침과 바울의 훌륭한 지도 아래 기독교가 흥왕하고 있었지만, 이 섬에 고립된 그리스도인들은 안정되고 생산적인 공동체를 세우려고 고전하고 있었다. 이 섬은 고대의 저자들에게 '일백 도시의 섬'으로 알려질 정도로 인구가 많았는데, 그러다보니 안타깝게도 바울이 할애할 수 있었던 시간보다 더 긴 시간이 필요했다. 그래서 바울은 자신이 시작한 작업을 디도에게 넘기면서 두 가지 별개이면서도 서로 맞물려 있는 과제를 맡겼다.

하나는 "남은 일을 정리"하는 것이고, 또 하나는 "각 성에 장로들을 세우"는 것이었다.

—1:5—

"남은 일을 정리하고"로 번역된 문구는 애매한 합성어로 시작되는데 그것을 직역하면 '철저히 더 똑바르게 하다'는 뜻이다. 바울이 세워둔 틀을 디도가 그대로 이어가야 한다는 의미라 할 수 있다. 사도가 갔을 때 교회들은 배교 때문에 깨지거나 변질되어 있었고, 그래서 사도는 그것을 바로잡기로 작정했다. '똑바르게 하다'는 말은 헬라어 단어 *orthoō*에서 파생되었는데, 의료계에서는 부러진 뼈를 맞추어 고정시키는 과정을 말할 때 이 단어를 썼다. '치열 교정(orthodontics)'과 '정형외과(orthopedics)'라는 말이 거기서 나왔다.

바울이 의도한 '똑바르게 하다'의 정확한 의미는 자격 미달의 지도자들, 거짓 가르침, 어울리지 않는 행동 등 이 편지에서 다루어질 중심 주제들을 접하게 되면 더 분명해진다.

나아가 바울은 디도에게 "남은 일"을 정리하라고 지시했는데, 이것은 개개의 교회에 남아 있는 무질서를 가리킬 수도 있고, 바울이 미처 방문하지 못한 무질서한 교회들을 가리킬 수도 있다. 사명의 규모와 복잡성으로 미루어 아마 바울은 그 둘 다를 의미했을 것이다. "내가 명한 대로"라는 문구를 통하여 우리는 바울이 디도를 제멋대로 대충 하라고 남겨둔 것이 아님을 알 수 있다. "명한"으로 번역된 단어도 역시 합성어로, 그 안의 동사는 '지시하다, 제자리에 두다, 세우다'라는 뜻이고, 접두사는 '철저히'라는 뜻이다. 디도는 이미 여러 해 동안 헌신적으로 바울을 섬기며 철저히 훈련되어 있었다. 그는 스승이 기대하는 바가 무엇인지 정확히 알았다. 바울이 디도를 준비시킨 것과 똑같은 방식으로 디도도 차세대 지도자들을 훈련해야 했다(딤후 2:2).

바울은 "장로"를 가리킬 때 헬라어의 두 단어 *presbyteros*와 *episkopos*를 번갈아 사용했다. 많은 주석가들이 이 둘을 동일한 직분으로 보고 있으나, 강조점이 약간 다르다는 점은 눈여겨볼 만하다. *Presbyteros*는 사람을 강조하는 반면, *episkopos*는 역할을 강조한다. 전자는 단순히 '나이가 많은 사람'이라는 뜻이고, 후자는 '감독자'라는 뜻이다. 그럼에도 둘 다 양쪽의 의미를 품고 있다. 다시 말해서, 나이가 많은 사람들은 지혜롭기 때문에 존경을 받았고 당연히 공동체를 이끌 사람들로 통했다. 거꾸로 공동체의 감독으로 인정받은 사람들은 또한 나이가 많은 사람들이었다. 하지만 나이만 많다고 해서 교회를 이끌 자격이 되는 것은 아니다. 교회의 직분은 목자의 이미지에 잘 맞는다. 베드로도 편지에 그 이미지를 살려서 그리스도를 목자이자 감독으로 지칭한 바 있다(벧전 2:25). 그러므로 장로라는 역할에는 일정한 자질들이 수반되며, 바울은 이 공개적인 편지를 통하여 그레데의 신자들에게 그것을 분명히 밝히고자 했다.

—1:6—

교회들은 지도자를 뽑을 때 엉뚱한 자질들을 볼 때가 대단히 많다. 세상이 원하는 것은 사업에 성공한 사람의 검증된 경력을 보여주는 거창한 이력서다. 기업체들은 카리스마가 넘치고 강력한 영향력을 휘두르는 똑똑한 사업가들을 원한다. 하지만 교회에 필요한 사람들은 그런 것들과는 다른 기준에 부합되어야 한다. 교회에는 섬기는 지도자들이 필요하다. 우리 주님이 "섬기려 하고 자기 목숨… 주려" 오신 것처럼(막 10:45), 교회 지도자들도 그분이 보여주신 것과 똑같은 자질들을 지녀야 한다. 경건한 지도자는 은혜의 본보기가 되고, 자비와 긍휼을 베풀며, 기쁨이 배어나고, 평화의 분위기를 가꾸며, 다른 사람들을 격려하여 그들의 은사와 재능으로 동참하게 한다. 또한 그런 지도자는 다른 사람들의 의견을 구하고 그것을 예리하게 분별하여 그들의 지혜로운 조언에 귀를 기울인다. 무엇보다도 경건한 지도자는 다른 사람들이 가장 잘되기를 구하며, 무조건 자기 뜻을 관철시키려 하거나 술책을 써서 권력의 자리에 오르려 하지 않는다.

이런 사람들은 매우 드물지만 교회에 더없이 귀중한 존재들이다. 바울은 이 고귀하고 거룩한 직분에 적합한 인물을 자그마치 열일곱 가지 표현으로 기술했다. 각 표현마다 영적 지도자에게 없어서는 안 될 자질을 규정해주고 있다. 바울이 선택한 표현들을 자세히 살펴볼 가치가 있다.

"책망할 것이 없고"라는 말을 직역하면 "흠잡거나 비난할 것이 없고"가 된다. 이것은 죄 없이 완벽하다거나 과거가 깨끗하다는 의미가 아니다. 한 사람의 성숙도와 평판에 대한 전반적인 평가로 보면 된다. 장 칼뱅은 이 개념을 "망신스러운 일로 훼손되지 않은" 상태라 풀어썼다. 이 전반적인 성품이 나머지 모든 요건의 기본 틀이 된다. 나머지 요건들은 가정생활, 사회생활, 교회생활 등 넓게 세 가지 범주로 구분될 수 있다.

"한 아내의 남편"이라는 말을 원문대로 직역하면 "한 여자의 남자"가 된다. 가장 기본적인 의미에서 이는 한 여자와 결혼하여 그 여자에게 정절을 지키며 화목하게 살아가는 남자를 가리킨다(이 자격 요건 대한 자세한 설명은 다음에 나오는 '한 아내의 남편과 이혼의 문제'를 참고하기 바란다).

"믿는 자녀를 둔 자"란 어떤 것들을 교회에서 권장하기 전에 먼저 자신의 가정에서 훌륭하게 이루어온 사람을 말한다. 흔히 '자녀'로 번역되는 헬라어 단어 *teknon*은 특정한 연령대에 국한되지 않고 대체로 아직 부모의 집에서 부모의 권위 아래 살고 있는 모든 자녀에게 해당된다. 본문에는 이 단어가 복수로 되어 있어 어느 특정한 자녀가 아니라 장로의 자녀들을 전체적으로 보아야 함을 암시하고 있다. 솔직히 말해서 아무리 좋은 가정이라도 자녀가 다만 얼마 동안만이라도 빗나가는 경우는 많이 있다. 믿는 집안의 가장으로서 그런 '탕자'가 하나 있다고 해서 장로의 자격을 잃는 것은 아니다. 켄트 휴즈(Kent Hughes)가 지혜롭게 말했듯이 "훌륭한 지도자를 판가름하는 것은 그에게 역경이 없는 것이 아니라 역경이 닥칠 때 문제를 처리하는 신중하고 단련된 성품이다."[1]

"방탕하다는 비난을 받(는)… 일이 없는"이라는 말은 삶이 난장판이거나, 무질서하거나, 낭비되는 부분이 많거나, 극적인 사건들로 점철되지 않은 사람을 말한다(저자는 "방탕하다는 비난을 받거나 불순종하는 일이 없는"이라는 부분을 장로의 자녀가 아닌 장로 본인에게 해당되는 것으로 보았다 – 역주). 어떤 사람들의 삶은 가끔씩 중간에 조용할 때만 빼고는 늘 위기의 연속으로 보인다. 대개 그런 사람에게는 다른 사람들을 지도할 정서적, 지적 역량이 별로 남지 않게 된다. 타락한 세상의 고달픈 삶을 면할 수 있는 사람은 아무도 없지만, 장로는 자신의 앞가림을 하는 법을 경험을 통하여 이미 배웠어야 한다.

"불순종하는 일이 없는"에서 "불순종하는"은 '반항하는, 훈련되어 있지 않은, 지시를 받으려 하지 않는'으로 번역하면 더 좋을 것이다. 모든 사람은 누군가의 밑에 있다. 장로는 지도자로서 권위와 관련된 문제들이 없어야 한다. 장로는 다른 사람들을 지배하려 하지 말고 오히려 자신이 이끄는 사람들에게 복종의 본을 보여야 한다.

—1:7—

“제 고집대로 하지 아니하며”는 복종하는 자세의 반대에 해당된다. 제 고집대로 하는 사람은 권위를, 즉 자신의 삶과 관계된 다른 사람들의 정당한 권위를 멸시한다. 이런 사람은 매사에 자기 방식대로, 자기 마음 내키는 대로 하려고 한다. 그리고 고집이 세서 다른 사람들의 결정에 따르지 않으려 한다. 제 고집대로 하는 사람은 교만하고 이기적이고 독자적인 기질이 강하며, 전반적으로 권리 의식에 사로잡혀 있다. 또한 고집과 이기심 못지않게 성격이 완고하다.

“급히 분내지 아니하며”는 잘 분별하여 꼭 노할 일에만 노하는 사람을 말한다. 예컨대 욕설, 구타, 추행, 잔인한 행위 등에는 분노하지만, 평소에 마음속에 깔려 있는 분노는 없다. 그래서 그것이 ‘버럭 화내는’ 식으로 표출될 일도 없다. “급히 분내지 아니하”는 사람은 분노를 폭발시키거나 홧김에 말하는 일을 하지 않으며, 다른 사람에게서 지적이나 반박을 받았을 때일수록 특히 더 그렇다.

“술을 즐기지 아니하며”라는 말은 꼭 극단적인 알코올 중독에만 국한되어서는 안 된다. 술에 관한 자신의 한도를 수시로 무시하는 사람들도 이 개념에 포함된다. 나아가 장로는 어떤 약물을 막론하고 자신의 몸이 약물의 기운에 지배당하는 일이 없도록 신중하게 삼간다.

“구타하지 아니하며”는 걸핏하면 싸우거나 말다툼을 벌이지 않는 사람을 가리킨다. 이런 사람은 사람들을 대할 때 격한 감정에 이끌리지 않으며, 서로 의견 차이가 있을 때도 마찬가지다. 장로들은 호전적인 태도가 없어야 한다.

“더러운 이득을 탐하지 아니하며”는 헬라의 고전 작가들인 헤로도투스와 아리스토파네스의 번역으로 “더럽게 이익을 탐하지 않는” 또는 “부자가 될 욕심에 부끄러운 방식으로 부를 얻으려 하지 않는” 기질을 가리킨다. 성공을 거둔 빈틈없는 사업가들도 부를 일군 방식이 떳떳하고 후히 베푸는 정신만 있다면, 얼마든지 훌륭한 장로가 될 수 있다. 하지만 구두쇠들에 대해서는 조심해야 한다! 그들은 가정에서도 그렇지만 교회에서는 아예 더 인색하게 군다.

—1:8—

"나그네를 대접하며"(직역하면 '나그네를 사랑하며')는 타관 사람이나 자신과 다른 사람을 사랑한다는 뜻이다. 나그네를 대접하는 사람은 다른 사람들을 반가이 맞이하며, 서로의 차이점 때문에 양쪽 사이에 존재하는 당연한 긴장을 쉽게 극복한다.

'한 아내의 남편'과 이혼의 문제

디도서 1장 6절에 따르면 목사나 장로는 "한 아내의 남편"이어야 한다. 헬라어를 직역하면 "한 여자의 남자"가 된다. 내 서재에는 디도서에 관한 책이 열네 권이나 있다. 거기까지는 좋은데 좀 난감한 부분도 있다. "한 여자의 남자"에 대한 정확한 해석과 실제적 적용에 대한 의견들이 그 책들 속에 모두 열한 가지나 나온다는 사실이다. 그러니 그토록 혼란이 많은 것도 무리는 아니다!

가장 기본적인 의미에서 이것은 한 여자와 결혼하여 함께 화목하게 살아가는 남자를 가리킨다. 여기에는 배우자에게 헌신적이라는 평판과 성적인 정절이 암시되어 있다.

한 가지 도움이 될 유의점이 있다. 바울이 디도와 디모데(딤전 3:1-7 참고)에게 열거한 자격 요건들이 모두 성품의 문제라는 사실이다. 양쪽 모두에서 이 요건이 "책망할 것이 없고" 바로 다음에 두 번째로 나오고 있는 것으로 보아 바울이 이것을 얼마나 중요하게 여겼는지를 가늠할 수 있다. 결혼생활은 아주 엄격한 책임들을 수반할 뿐 아니라 속사람의 진면목을 죄다 들추어낸다. 그래서 결혼생활은 남자의 성품을 보여주는 탁월한 척도가 된다. 남자가 부부 사이에서 행실을 어떻게 하는가를 보면 교인들 사이에서 영적 지도자로서 어떻게 책임들을 감당해나갈지를 다분히 알 수 있다. 존 필립스(John Phillips)의 글에 이런 유익한 지혜가 나온다.

> 결혼생활에는 즐거움만 아니라 훈련도 따른다. 결혼생활은 사랑과 충절을 연습하는 자리, 인격적인 관계를 통하여 교훈을 배우는 자리, 경험이라는 도가니 속에서 이론을 시험하는 자리, 한도를 지켜야 하는 자리다. 좋은 남편은 아내에게 충실하고, 좋은 공급자이며, 영적 지도자이고, 그리스도가 교회를 사랑하시듯 아내를 사랑한다.[4]

다른 주석가는 이런 말을 덧붙였다.

> 많은 현명한 목사들은 결혼생활에 문제가 있는 예비 지도자들에게 교회 직분을 구하지 말 것을 조언해왔다. 그들이 엄연히 기혼자들임에도 불구하고 말이다. 하나님은 예비 장로의 결혼생활이 온전하고 건강하며 견고한지 여부를 반드시 교회가 분별해야 한다고 하셨다. 따라서 결혼생활이 부실하거나 하자가 있는 남자들은 교회 지도자의 자리를 구해서는 안 된다. 그들은 다른 사람들이 그런 부분에 신경 쓰거나 주목하지 않을 거라고 생각할지 모르지만 사람들은 다 신경 쓰며 주목하고 있다.[5]

이상적인 세상에서라면 모든 감독은 책망할 것도 없고 흠도 없는 충실한 남편이자 아버지여야 한다. 하지만 불행히도

"선행을(또는 선을) 좋아하며"라는 말은 주님을 마음 깊이 사랑하고 복종하며, 주님의 말씀과 뜻이 그분의 때에 그분의 방식대로 시행되는 것을 기뻐하는 것이다. 이런 사람은 자신의 행동과 동기를 수시로 살피며 늘 옳은 길을 가려고 애쓴다.

죄가 그러한 이상을 망쳐놓는다. 타락은 언제나 우리 곁에 남아 남편들과 아내들 모두에게 타격을 입힌다. 그 결과 언행의 모순과 각종 실패가 우리 모두를 괴롭힌다. 그러므로 이혼의 문제에 대해서 지나치게 엄격한 태도를 취하는 것은 위선이 될 것이다. 회심 전에 여러 여자와 살다가 회심 후 한 여자와 결혼한 남자는 목사나 장로로 받아들여질 수 있는데, 결혼생활이 이혼(종종 본인의 의사에 어긋나게)으로 끝난 남자는 이혼의 사유와 무관하게 무조건 지도자가 될 기회를 박탈당한다는 것은 내가 보기에 터무니없는 일이다. 분명히 이것은 복잡한 문제다.

모든 것을 다 고려하여 내 입장을 밝히자면 다음과 같이 양쪽으로 대비하여 표현할 수 있다. 바울은 디도서 1장 6절과 디모데전서 3장 2절에서 감독은 "한 여자의 남자"여야 한다고 썼는데, 이 말에 대해서 내가 믿는 것과 믿지 않는 것을 정리하면 다음과 같다.

내가 믿지 않는 것	내가 믿는 것
바울은 결혼한 적이 없는 사람들을 제외하려 했다.	바울은 배우자에게 변함없는 도리와 일관된 충절을 다하고, 혼인 서약을 지키는 일이 중요함을 특별히 강조하려 했다.
바울은 재혼한 경우이든 그렇지 않은 경우이든 아내와 사별하고 혼자된 사람들을 제외하려 했다.	바울은 최대한 이상에 가깝게 기준을 높이 유지하려 했다.
바울은 기혼자만이 감독으로 섬길 수 있다고 말하려고 했다.	

그러므로 나는 이렇게 방침을 정했다. 감독을 뽑을 때는 한 아내와 충실하게 결혼생활을 해온, 그리하여 "한 여자의 남자"(이상적인 수준)의 문자적 해석을 삶으로 보여주는 사람들을 우선으로 하는 것이 안전하고 지혜롭다. 하지만 나는 이 이상적인 수준에 온당한 예외들도 있음을 인정한다. 이를테면 남편은 충실했는데 아내가 불충실하여 결혼생활을 거부한 경우가 있다. 남자는 화해하려고 최선을 다했지만 본인의 의사에 어긋나게 첫 아내에게 이혼을 당했다. 그리고 혹 재혼한 경우 새 배우자에게 더없이 충절을 다하고 있다. 내가 보기에 이런 남자는 "한 여자의 남자"다.

물론 이혼이 누구의 잘못인지를 가리는 것은 애매하고 지루한 일이 될 수 있다. 모든 결혼생활은 두 죄인의 삶이 만나서 이루어지며, 이혼 사유에도 양쪽 모두 책임이 있다. 둘 중 누구에 대해서도 전혀 무죄하거나 "책망할 것이 없다"고 말할 수는 없다. 하나님만이 마음의 비밀을 보시고, 세세한 것들까지 가르시며, 동기를 체질하셔서 결혼의 파경을 유발한 쪽이 누구인지 판단하실 수 있다. 그래서 나는 나의 전반적인 방침으로 다시 돌아간다. 감독을 뽑을 때는 한 아내와 충실하게 결혼생활을 해온, 그리하여 "한 여자의 남자"의 문자적 해석을 삶으로 보여주는 사람들을 우선으로 하는 것이 안전하고 지혜롭다.

"신중하며"는 '적당하다, 판단력이 건전하다'는 뜻이다. "절제하며"로 여러 번 번역된 이 단어를 바울은 "늙은 남자"(딛 2:2), 늙은 여자에게 배우는 "젊은 여자들"(2:4), "젊은 남자들"(2:6), 나아가 전체 교인들에게서(2:11) 보기를 원했다. 다시 말해서 신중함은 영적 지도자들을 필두로 하여 온 교인의 분명한 자질이 되어야 한다. 진 게츠(Gene Getz)는 이 자질을 분석하면서 우선 "신중한 사람은 겸손한 사람이다"라고 말했다.[2] 겸손하고 신중한 사람은 교인들에게 가장 좋은 것 그리고 교회의 머리이신 그리스도께 영광이 되는 것에 초점을 맞춘다.

"의로우며"는 '관례에 준하다, 의무를 다하다, 법규범을 지키다'는 뜻이다.[3] 옛 헬라인들은 이것을 '덕'이라 불렀으나, 신약의 저자들은 거기서 한 걸음 더 나아가 예수님을 의의 궁극적 모범으로 인식했다. '의롭다'는 것은 불의를 당할 때조차도 그리스도처럼 악을 선으로 갚는 것이다. 의로운 사람은 다른 사람들이 공정한 대우를 받도록 힘쓰지만 자신이 공정한 대우를 받으려고 애쓰는 경우는 드물다.

"거룩하며"는 진정으로 자신을 주님께 온전히 헌신하는 사람을 말한다. 이런 사람은 완벽을 추구하는 것이 아니라 늘 한결같이 그리스도와 동행한다. 그리고 늘 변화에 마음이 열려 있고, 자신의 뜻을 희생할 준비가 되어 있으며, 성령의 지적과 격려를 민감하게 알아차린다.

"절제하며"라는 말의 헬라어 단어는 이 경우에 '자신을 지배하며' 또는 '제어하며'로 직역된다. 우리가 사역하는 목표가 성숙을 가꾸는 것인 만큼 당연히 우리는 그 과정에서 사람들의 미성숙한 모습을 많이 접하게 된다. 그래서 때로는 엄청난 자제력이 요구된다. 영적 지도자는 감정에 이끌려 반응하지 않는다.

1:9

"미쁜 말씀의 가르침을 그대로 지켜야 하리니"라는 말은 건전한 교리에 기초하여 살아가는 사람들을 가리킨다. 그 건전한 교리는 확실한 권위를 통해 배운 것으로, 신약 시대에는 사도들의 가르침이었고, 오늘날에는 성경이다. 개신교는 교회의 전통적 가르침을 무오하거나 무류(無謬)하다고 보지 않고 오직 성경만을 하나님의 말씀으로 인정한다. 하지만 어

묵상의 서재

마음이 변하기 전에 어서 베풀라

내가 달라스 신학교에 재학 중일 때 우리 부부는 캠퍼스의 작은 아파트에 살았다. 아파트 호수는 9호였다. 계란 상자처럼 작은 그 단칸방은 사방이 다른 학생들의 방으로 둘러싸여 있었다. 벽이 얇았던 것은 아니지만 내가 아내에게 농담을 하면 옆방 사람들이 웃었다. 물론 우리는 돈도 쪼들렸다.

다행히 고향 휴스턴의 좋은 분들이 우리를 챙겨주었다. 우리 모교회의 케인(Kane) 씨는 자신이 받은 은혜를 가시적으로 표현해야 한다고 굳게 믿는 신앙인이었다. 그래서 그는 4년 내내 우리의 신학교 등록금을 대주었고, 휴스턴 지역 출신인 다른 열여섯 명의 학생에게도 똑같이 해주었다.

그것이 다가 아니었다. 한번은 우리의 옷이 약간 낡아져가는 것이 그의 눈에 띄었다. 우리가 고향에 다니러 갔을 때 우리의 복장이 그의 마음에 걸렸던 것이다. 그래서 그는 댈러스까지 직접 차를 몰고 와서 우리에게 점심을 잘 먹인 다음, 우리 모두를 멋진 양복점으로 데려갔다. 그러고는 스포츠 코트를 한 벌씩 새로 사주었다. 케인 씨는 우리를 돕는 일을 적당한 구실을 붙여 그만두지 않았다. 그는 이렇게 말할 수도 있었다. "자꾸 도와주면 이 아이들이 자기 힘으로는 할 수 없다고 생각하지는 않을까." 솔직히 우리 힘으로는 할 수 없는 상황이었다. 게다가 우리는 그의 도움을 받는 것이 조금도 창피하지 않았다. 천만의 말이다! 지금도 기억나지만 우리는 마치 어린아이들이 사탕 가게에 들어가듯 그 양복점에 당당히 들어갔고, 마음에는 감사가 넘쳐흘렀다.

혹시 당신은 지금 다른 사람에게 베풀려고 생각 중인 일이 있는가? 어서 베풀라! 물론 희생이 따를 수 있지만 장기적으로 결코 후회하지 않을 것이다.

권하건대 얼른 행동에 옮기라! 그렇지 않으면 스스로 적당한 구실을 붙여 그만두게 될 것이다.

떤 사안에 대하여 2천 년에 걸쳐 이어져온 일치된 의견에서 벗어난다면, 그것은 마땅히 건강한 회의(懷疑)의 대상이 된다. 장로가 양심상 자신이 배운 대로 가르칠 수 없다면, 그 사람은 자신이 믿는 바를 확신할 수 있을 때까지 직분에서 물러나야 한다.

첫 번째 자질과 마지막 자질 – "책망할 것이 없고"와 "미쁜 말씀의 가르침을 그대로 지켜야 하리니" – 은 바울이 보기에 동의어다. 이 둘은 그 사이에 나오는 다른 모든 자질을 지탱해주는 역할을 한다. 믿음과 행위는 분리될 수 없는 것이다. 사도는 "경건함(또는 경건한 행동)에 속한 진리"(1:1)를 유일하게 가치 있는 가르침으로 보았다. 지금까지 살펴본 영적 지도자의 특성들은 그 지도자를 교회에서 두 가지 중요한 활동을 하도록 준비시켜주는데, 바울은 그것을 "이는"(1:9)이라는 말로 시작한다.

장로는 "바른 교훈으로 권면"할 수 있어야 한다. 여기 "권면하다"는 동사는 *parakaleō* 로서 성령을 지칭하는 '보혜사(Paraclete)'라는 단어가 거기서 나왔다. 신약성경의 이 단어에 상응하는 현대의 말은 '코치하다'이다. 훌륭한 코치는 수련생을 속속들이 잘 안다. 그는 수련생의 강점을 인정해주고 성공을 도울 뿐 아니라, 약점을 파악하고 그것을 극복하게 할 계획을 세운다. 코치는 밀어붙일 때와 위로해줄 때를 안다. 가장 중요한 것은 코치 자신이 좋은 모본이 되어야 한다는 사실이다. 그의 행동은 선행으로 나타나며, 그는 자기가 이끄는 사람들에게서도 똑같은 모습을 보기 원한다.

장로는 "거슬러 말하는 자들을 책망"할 수 있어야 한다. 여기 "책망하다"에 해당되는 헬라어 단어는 신약 성경 전체에서 "사람들의 죄를 지적하고 회개를 촉구한다"는 구체적인 의미로 쓰였다[6](마 18:15, 눅 3:19, 요 16:8, 딤후 3:16, 히 12:5, 벧후 2:16, 유 1:15, 계 3:19). 바울은 철학적인 변론에서 이기거나, 신학적인 궤변을 늘어놓는 데 관심이 없다. 그가 보기에 "거슬러 말하는 자들"의 위험은 그들의 거짓된 가르침에 있을 뿐 아니라, 또한 그런 부패한 행동을 다른 사람들에게 퍼뜨리는 능력에 있다.

장 칼뱅은 이렇게 말했다. "목사에게는 두 개의 목소리가 필요하다. 하나는 양들을 불러 모을 때 쓰는 소리이고, 또 하나는 이리 떼와 도둑들을 쫓아낼 때 쓰는 소리다. 이 두 가지 일을 모두 할 수 있는 방법이 성경에 나와 있다. 그래서 성경을 제대로 배운 사람은 배우려는 사람들을 지도함과 동시에 진리의 적들을 책망할 수 있다."[7] 교인들이 성숙하게 자라 본연의 목적을 다하려면, 지도자들이 교인 개개인이 본받을 만한 훌륭한 모범이 되어야 한다. 지도자들은 진리를 알고, 진리대로 살며, 진리를 가르치고, 교활하고 악랄한 적에 맞서 진리를 변호해야 한다.

적용

교회의 통치

때로 나는 주님이 바울에게 교회를 세우고 조직하는 구체적인 틀을 일러주셨더라면 좋았을 텐데 하는 생각이 든다. 평면도, 조직도, 운영 규정, 소정의 의식 등이 담긴 깔끔하고 두툼한 지침서가 있다면 목사의 일이 훨씬 쉬워질 것이다. 그러면 우리는 수없이 많은 의견들과 관점들 – 서로 상충되는 의견들과 관점들은 어느 교회에나 반드시 있게 마련이다 – 사이에서 균형을 이루려 애쓸 필요 없이 그냥 하나님과 그분의 '거룩한 헌법 및 세칙'에 따르기만 하면 될 것이다. 그 결과 우리는 예배와 교육과 교제와 전도에만 온전히 집중할 수 있을 것이다.

물론 주님은 이스라엘에게 정확히 그 일을 해주셨다. 모세는 하나님을 예배하는 집에 관한 그분의 정확한 설계 사양을 충실히 기록했는데 거기에는 평면도, 조직, 운영 규정, 의식 등이 모두 들어 있었다. 그런데도 이스라엘 백성은 그분을 예배하지 않았고 그분께 순종하지 않았다. 그것은 불성실한 사람들이 성전에서 권위의 자리에 올라 백성을 잘못된 길로 이끌었기 때문이다.

교회 정치의 구체적인 형태들은 여러 가지가 있지만, 충실한 교회를 세우고 유지하는 비결은 분명 그중 어디에도 없다. 내 생각에 교회란 자격을 갖춘 장로들이 감독해야 하고 은사가 있는 경건한 목사들이 이끌어야 하지만, 그것은 내 주관일 뿐이다. 그 밖에도 다른 형태들이 있는데 그중 대표적인 것들은 다음과 같다.

위계 정치 – 주류 교단들의 전형적인 형태로 일반 정부와 비슷하게 중앙의 기구가 지휘 계통을 통하여 교회들을 관리한다.

장로 정치 – 자체 내의 장로 협의체가 통치하며, 그 협의체는 다른 통치 기구에 보고할 수도 있도 그렇지 않을 수도 있다.

회중 정치 – 회중 교인들의 다수결 원리로서, 교인들이 정기적으로 모여 교회의 모든 사안을 결정한다.

바울이 그레데의 교회들에게 요구한 지도자의 자질과 지도 구조를 검토할 때, 우리는 본문에 기록된 내용 이상을 보지 않도록 주의해야 한다. 많은 교단들이 이 본문과 디모데후서 3장의 비슷한 교훈을 바탕으로 자신들의 특정한 방법이나 구조를 정당화해왔다. 그러나 사실 교회를 지도하는 구체적인 모델은 예수님도 바울도 규정한 바 없다. 일정한 지침 내에서 우리는 어떤 방법이든 시행할 자유가 있으며, 교인들의 필요를 채워주는 그런 방법은 각 문화마다 다를 수 있고, 시대에 따라 변할 수 있다. 사도 시대의 교회들은 자치적이었지만, 그렇다고 협력이나 위계가 꼭 잘못된 것은 아니다. 에베소 교회에는 집사와 장로가 다 있었지만(딤전 3장), 바울은 디도에게는 장로만 언급했다. 또한 당시만 해도 전임 교역자를 채용하는 교회는 거의 없었지만, 오늘날에는 분명히 그것이 좋은 방법이다.

대신 성경에 나와 있는 것은 – 그리스도의 가르침, 사도행전의 내용, 바울 서신의 구체적인 교훈 속에 단서들이 들어 있다 – 우리가 어떤 모델을 선택하든 간에 그것을 지배해야 하는 일정한 원리들이다.

바울이 "각 성에 장로"를 세우라 하지 않고 "각 성에 장로들"을 세우라고 한 점에 유의해야 한다(1:5). 교회의 지도자는 늘 복수이며 결코 한 사람에게 집중되어서는 안 된다. 교회가 성장하여 주변 사회에 더 널리 영향을 미치게 될수록 지도자의 수도 늘어야 한다. 책임이 무거워질수록 그것을 함께 질 어깨도 더 많아져야 한다. 그렇지 않고 한 사람이 다 하려 들면 결국은 무게에 짓눌려 주저앉고 말 것이다. 그 사람은 마침내 정서적 또는 신체적으로 지쳐 쓰러지거나, 내부 소식지에 실리는 칭송만 믿고 자칫 독재자가 되거나, 자신의 맹점을 무시하다 성품을 타협하고 도덕적 부패에 빠지고 말 것이다. 교회의 지도자 자리는 본래 원맨쇼가 아니다

나아가 바울은 디도에게 각 교회의 장로들을 직접 엄선하라고 지시했다. 교회의 지도자는 선출직이 아니라 임명직이다(1:5). 장로들을 임명하는 관행은 수세기에 걸쳐 내려온 전통이며, 특히 히브리인들이 회당에서 지켜왔다. 회중들이 지도자를 선출하여 직분을 맡긴 예는 성경 어디에도 없다. 성경에서 지도자는 언제나 다른 성숙한 지도자들이 뽑았고,

그 다른 지도자들은 지도자에게 꼭 필요한 자질들을 분별할 수 있을 만큼 자격을 갖춘 사람들이었다.

가장 중요하게 바울은 나이나 부나 경험이나 권력이나 지위와 관계없이 지도자는 성품의 사람이어야 함을 못 박았다. 교회의 지도자는 그리스도인다운 검증된 성숙함을 보여야 한다(1:6-9). 많은 교회들은 성공한 사업가들을 장로로 세우려 한다. 그것이 그 자체로 꼭 잘못된 일은 아니지만, 그들이 적임자임을 보여주는 그 이상의 증거가 필요하다. 사업의 재주가 주된 자격 요건이라면 교회가 지붕에 십자가만 달았을 뿐 기업체를 닮아가더라도 아무도 놀라서는 안 된다.

'장로'는 영적인 직분인 만큼 자신이 성령의 지배 아래 살아가고 있음을 보여야 한다. 장로의 자격에는 성령의 지배에 늘 복종하는 삶, 자기 집에서부터 자애로운 리더십의 본을 보이는 일, 자신의 죄는 물론 자신의 모든 교만하거나 완고하거나 이기적인 행동을 아주 민감하게 알아차리는 겸손하고 통회하는 마음, 자신의 잘못을 즉각 기꺼이 인정하는 자세, 자신의 행동을 성경의 가르침에 맞추려는 굳은 각오, 다윗이 시편 139편 23-24절에 묘사한 것처럼 자신을 깊이 성찰하여 주님 앞에 늘 겸손하고 연약한 모습으로 있는 자세 등이 포함되어야 한다.

이런 영적 자질들이 부족한 사람은 아무리 사업에 성공했거나 지역사회에 영향을 미치고 있다 해도 결코 교회에서 권위의 직분을 맡아서는 안 된다. '장로'의 역할에 필요한 자질들은 그 기준이 다르다. 그것은 바로 경건한 리더십, 섬기는 리더십이다. 우리 주님이 "섬기려 하고 자기 목숨을… 주려" 오셔서 본을 보여주신 것처럼 말이다(막 10:45). 경건한 지도자는 은혜의 본보기가 되고, 자비와 긍휼을 베풀며, 기쁨을 발산하고, 평화의 분위기를 가꾸며, 다른 사람들을 격려하여 그들의 은사와 재능으로 동참하게 한다. 또한 그런 지도자는 다른 사람들의 의견을 구하고 그들의 지혜로운 조언에 귀를 기울인다. 무엇보다도 경건한 지도자는 다른 사람들이 가장 잘되기를 구하며, 무조건 자기 뜻을 관철시키려 하거나 술책을 써서 권력의 자리에 오르려 하지 않는다.

까다롭고 위험한 사람들을 다루는 법(디도서 1:10-16)

10불순종하고 헛된 말을 하며 속이는 자가 많은 중 할례파 가운데 특히 그러하니 11그들의 입을

막을 것이라 이런 자들이 더러운 이득을 취하려고 마땅하지 아니한 것을 가르쳐 가정들을 온통 무
너뜨리는도다 12그레데인 중의 어떤 선지자가 말하되 그레데인들은 항상 거짓말쟁이며 악한 짐승
이며 배만 위하는 게으름뱅이라 하니 13이 증언이 참되도다 그러므로 네가 그들을 엄히 꾸짖으라
이는 그들로 하여금 믿음을 온전하게 하고 14유대인의 허탄한 이야기와 진리를 배반하는 사람들의
명령을 따르지 않게 하려 함이라 15깨끗한 자들에게는 모든 것이 깨끗하나 더럽고 믿지 아니하는
자들에게는 아무 것도 깨끗한 것이 없고 오직 그들의 마음과 양심이 더러운지라 16그들이 하나님을
시인하나 행위로는 부인하니 가증한 자요 복종하지 아니하는 자요 모든 선한 일을 버리는 자니라.

진리를 위하여 싸우는 일은 인기 있는 취미 생활이 아니다. 겁이 많은 사람들이나 만인이 나를 좋아해주기를 바라는 사람들은 진리를 옹호하는 일을 할 수 없다. 그토록 어렵고 아무도 알아주지 않는 일은 오직 용감한 사람들만이 맡아야 한다. 재능과 지식도 지도자의 좋은 자질이지만, 용기야말로 필수적인 자질이 되어야 한다. 진리의 세계는 놀이터가 아니라 전쟁터이기 때문이다.

영적 지도자들이 조만간 받아들여야 하는 냉혹한 현실이 있다. 모든 그리스도인의 공동체는 반드시 방해에 부딪히게 되어 있다는 사실이다. 방해는 외부에서 올 때도 있지만 내부에서 생겨날 때가 더 많다. 이런 어려움은 교인들의 사기를 떨어뜨릴 수 있다. 악이 전에도 늘 있었고, 앞으로도 늘 있어 교회를 위협할 것이라는 사실을 지도자들이 인식하지 못한다면 말이다. 악은 바울의 시대에도 있었고, 오늘 우리에게도 계속 도전을 가하고 있다. 더욱이 우리에게는 하나님의 진리에 헌신된 사람들을 공격하는 사나운 원수가 있다. 사도가 에베소의 신자들에게 일깨웠듯이 "우리의 씨름은 혈과 육을 상대하는 것이 아니요 통치자들과 권세들과 이 어둠의 세상 주관자들과 하늘에 있는 악의 영들을 상대함"이다(엡 6:12).

—1:10—

사탄은 다른 많은 수법들 외에도 기만의 달인이다. 사탄은 교회를 해지려고 교묘하게 자신의 거짓말들에 그럴 듯한 진리의 옷을 입힌다. 그는 매력 있고 똑똑한 남녀들을 꾀어 남을 속이게 하고는 그 대가로 그들에게 세상을 약속한다. 그들의 말은 얼마나 그럴듯한가! 그들은 자신의 본색을 – 자기 자신에게조차 – 슬쩍 감춘 채, 택하신 자들 사이를 교묘

하게 다니며 권위의 지위에 오르고, 힘을 행사할 수 있는 직분에 침투한다. 그들은 진리가 없으므로 인위적인 카리스마로 친구들을 얻어내고 사람들을 휘어잡는다. 거짓을 멸시하는 사람들조차도 그들의 카리스마를 물리치기 어렵다. 하지만 안목이 훈련되어 있는 사람은 그들을 식별할 수 있다. 바울이 디도에게 보낸 편지에 그 방법이 설명되어 있다. 바울은 이 젊은 동지에게 세 가지 단서를 살피라고 가르친다.

첫째, 그들의 가르침은 비성경적이다. 바울이 사용한 세 가지 표현 - "불순종하고", "헛된 말을 하며", "속이는 자" - 은 기독교의 모든 진리의 출처인 성경과 거짓 교사들의 관계를 똑똑히 보여준다.

"불순종하고"로 번역된 단어는 "감시받지 않고"로 옮기면 더 좋다. 그레데의 이런 사람들은 기존의 권위를 부정했을 뿐 아니라 다른 사람의 감독이나 감시를 무조건 거부했다(딤전 3:1-11, 유 1:8). 이 특정한 부류의 거짓 교사들은 대개 분별력 없는 추종자들의 호응을 등에 업고 개인적인 영향력을 내세워 자기 자신을 종교적 권위로 내세운다. 나아가 이런 사람들은 자신의 사견이 뻔히 성경과 정면으로 대치되는데도 그것을 계시라고 우기며 스스로 영적 "진리"의 출처로 자처한다(딤전 1:4).

공공연히 자신을 '주교'니 '선지자'니 '사도'니 '하나님이 기름 부으신 자'로 칭하는 영적 지도자들을 조심하라. 그들의 주위에는, 그들이 그런 호칭에 걸맞는 경건한 행실을 보이지 않더라도 그 직함을 박탈할 권한을 가진 사람이 아무도 없다. 바울도 예루살렘의 장로들에게 복종했는가 하면(갈 2:2), 장로들이 그리스도의 가르침에 어긋나게 행동할 때는 그것을 지적하기도 했다(갈 2:11-17). 지위가 너무 높아서 다른 사람의 감시가 필요 없는 사람은 아무도 없다.

"헛된 말을 하며"로 번역된 합성어의 앞부분은 '비어 있다, 헛되다, 부질없다'라는 뜻이며, "알맹이의 세계와 구별되는 껍데기의 세계를 가리킨다."[8] 구약 성경에서 이보다 더 경멸적인 단어는 찾기 힘들다. 이 단어는 세상의 철학들을 "헛되도다… 헛되어 바람을 잡으려는 것"이라고 표현한 솔로몬의 말을 연상시킨다(전 2:15-17). 구약의 선지자들은 거짓 신들을 숭배하는 일(욘 2:8-9)이나 유일하신 참 하나님을 예배하되 선행이 따르지 않는 상태(사 1:13-17)를 묘사할 때 '헛되다'는 개념을 사용했다. 에베소에서 헛된 것을 가르치던 교사들은 사람들의 관심을 성경과 사도들의 가르침에서 돌려 "다른 교훈… 신화와 끝없는 족

묵상의 서재

현실과 이상 사이에서

목회생활을 한 지 50년이 다 되었으니 이제 나는 젊은 날의 이상에서 벗어날 때도 되었다. 내가 충분히 열심히 일하고, 충분히 강력하게 설교하고, 충분히 장시간 기도하고, 충분히 나 자신을 사람들의 삶에 투자하면 결국 나의 교회가 타락의 영향력에서 벗어나 거의 지상낙원에 가까워지리라는 환상, 그 환상에서 지금쯤은 나도 완전히 깨어났어야 한다. 지금 내 앞에 닥친 위기가 무엇이든 그 바로 너머에 내가 갈망하는 성공이 있으리라는 생각, 그것이 착각임을 지금쯤은 나도 확실히 깨달았어야 한다. 완성된 하나님 나라에 함께 들어가기 전까지는 하나님의 사람들이 내 바람대로 건강과 치유와 행복을 누릴 수 없음을 나는 도대체 언제나 받아들일 것인가? 어쩌면 다시 50년이 더 지나야 할지도 모른다!

오래전에 나는 어떤 교회도 결코 완전해질 수 없음을 마침내 인정했다. 사탄이 살아서 자유로이 활보하는 한, 이 땅에 천국을 조금이라도 이루어보려는 우리의 모든 노력을 무지와 이기심과 죄와 타락이 방해할 것이다. 뿐만 아니라 "육체의 일"이 언제나 우리를 떠나지 않는다. 그리스도가 다시 오셔서 "이 세상의 임금"(엡 2:2, 요일 5:19)을 영원히 지옥에 던지실 때까지는 인류의 타락이 남긴 파장은 없어지지 않을 것이다. 나의 신학은 그것을 인정할 만큼 건전하다. 그런데도 솔직히 나는 다시금 악에 부딪힐 때마다 깜짝 놀라곤 한다.

나는 왜 그토록 놀라야만 할까? 하나님의 사람들이 육신적인 도피를 일삼는 모습을 그렇게 오랜 세월 동안 보았으면서도 왜 나는 다시 낙심될 때마다 매번 그만두기 직전까지 가야만 할까? 고통을 안겨주기 일쑤인 이 이상주의를 나는 도대체 언제나 버릴 것인가? 영원히 버리지 않기를 바란다. 내가 만일 이상을 버린다면 그때야말로 그만두어야 할 때일 것이다.

사역의 소명은 현실의 삶과 가능한 승리 사이에서 늘 긴장 가운데 살아가는 길이다. 이 삶은 죄라는 병에 걸린 사람들을 섬기는 쓰고도 달콤한 삶, 괴롭고도 즐거운 삶이다. 하나님 아버지는 죄인들이 승리하기를 늘 간절히 바라신다. 이 소명에 응하는 사람들은 더 편한 삶이 있음을 알면서도 그 길을 가기로 결단한다. 최후의 승리에 이르고자 씨름하는 사람들 속에 살기로 선택하는 것이다. 그러므로 나는 인생을 망쳐놓는 죄의 섬뜩한 위력에 나 자신이 절대로 무감각해지지 않기를 원한다. 그리스도의 승리가 완성되기 전인 지금 여기서도 성령은 능히 악의 위력을 무찌르실 수 있다. 성령의 그러한 능력에 대한 희망을 나는 절대로 잃지 않기를 원한다. 내가 악의 피해자가 발생할 때마다 마치 첫 피해자인 양 슬퍼하기를 계속하는 한, 모든 위기 너머에 기쁨이 있고 모든 추락 너머에 회개와 회복이 있음을 계속 기대하는 한 나는 제자리에 있는 것이다. 나는 이러한 비현실적인 기대의 삶으로 부름받았고, 어리석으리만치 낙관적인 '목사'라는 직업으로 부름받았다.

하나님이 그분의 사람들을 영원한 승리 쪽으로 끌어당기신다면 영적 지도자는 그분의 밧줄이 되는 셈이다. 긴장을 감당하기 힘들 때도 있고 내 밧줄이 풀어져버릴까봐 두려울 때도 있지만, 아무도 나를 애처롭게 여길 것은 없다. 밧줄의 한쪽 끝은 교회를 매번 역경 속으로 잡아끌지만, 다른 쪽 끝에서는 영원히 신실하신 하나님의 단단하고 안심되는 손길이 느껴진다. 나도 이유를 설명할 수 없지만 나는 이 길 외에는 다른 어떤 길도 원하지 않는다.

이것이 직업이 아니라 소명인 것도 어쩌면 그래서인지도 모른다.

보… 도리어 변론을 내는 것"(딤전 1:3-4)에 집중하게 했다. 설상가상으로 "그들의 말은 악성 종양이 퍼져나감과 같"아서(딤후 2:17), 그들의 말 한 마디 한 마디에 매달리는 사람들에게 독이 되었다.

나의 스승들 가운데 한 분이 자주 하던 말이 있다. "진리를 가르치지 않는 사람들을 우리는 언제나 이것으로 알아차릴 수 있다. 그들은 절대로 아무것도 덕스럽게 말하지 못한다." "헛된 말을 하"는 사람들은 매끄럽고 솔깃하게 말하며 심지어 확신에 차서 설득력 있게 말하지만, 그 가르침의 근거가 전혀 혹은 거의 없다. 그들은 교묘하게 자신의 사견을 영적 진리처럼 내놓는다.

바울이 세 번째 수식어로 사용한 "속이는 자"라는 단어는 신기한 단어다. 흔히 쓰이던 *apatai*('속이는 자들')라는 말만으로도 충분할 텐데 바울은 그 앞에 *phrēn*('마음, 사고')이라는 말을 붙여 "사고를 속이는 자"라는 새로운 합성어를 만들었다. 바울은 교묘한 세뇌로 사람들의 사고를 혼미하게 하던 거짓 교사들을 표현하려고 이 말을 만들어낸 것 같다. 이는 1970년대에 미국에 급증했던 폐쇄된 이단들과 다르지 않다. 마인드 컨트롤을 당한 사람의 전형적인 증거는 혹시라도 반대 의견을 품었다가 부정적인 결과를 당하지 않을까 하는 두려움이다.

그레데의 교회들을 노리던 이 특정한 위협은 바울이 '할례파'라고 부른 사람들에게서 왔다. 그것은 대개 그리스도인인지의 여부를 떠나 유대인들에게 붙여지던 이름이지만(롬 3:30, 4:9, 갈 2:7-9, 엡 2:11, 골 3:11), 여기서는 바울이 그 말을 좀 더 좁은 의미로 사용하여, 그리스도께 가려면 반드시 유대교의 관문을 통과해야 한다고 주장하던 그리스도인 유대인들을 지칭했을 소지가 높다(행 15:1, 갈 5:11, 6:12-13). 이 특정한 이단은 예루살렘의 장로들이 단호히 배격했음에도 불구하고 본토에서 좀처럼 사그라질 줄 몰랐고, 그레데 섬에서도 계속 성행했던 것으로 보인다. 신자들끼리 함께 공부하며 서로 격려하고 감시해주는 건강한 기독교 공동체들이 없다보니, 그 섬의 가정들은 거짓 교사들에게 만만한 먹잇감이 되었다.

오늘날에도 똑같은 수법이 통용되고 있다. 모르몬교나 여호와의 증인 같은 기독교 사이비들은 지역 교회에 전혀 혹은 거의 참여하지 않는, 성경 지식이 빈약한 신자들을 노린다. 이런 이단들은 사람들을 가정 성경 공부로 끌어들이지만, 성경이 점차 다른 교재들로 대체된다. 이 거짓 교사들은 먹잇감이 놀라지 않게 하려고 자기들의 교훈을 웬만한 사람들이 주일학교에서 들어서 알 만한 용어들로 교묘히 포장한다. 그러나 그들의 교리는 기독교의 정통 진리와는 전혀 무관하다.

—1:11—

바울은 계속해서 거짓 교사들의 두 번째 특징을 말한다. 그들은 동기가 악하다. "더러운 이득"에는 요즘 말로 '마약 밀매 자금'이라고 할 때와 똑같은 뉘앙스가 담겨 있다. 거짓된 가르침을 통하여 축재했다는 사실만으로도 그 재물을 소유하고 있는 사람은 이미 망신거리가 된다. 분명히 말하지만 대부분의 거짓 교사들은 돈벌이를 위하여 그 일을 한다. 그들은 진짜 동기를 감추려 할 수 있지만 그 상태로 오래갈 수는 없다. 그들은 갈수

한 거짓말쟁이에 대한 거짓말쟁이들의 거짓말들!

바울은 "그레데인 중의 어떤 선지자"의 말을 인용할 때 분명히 비꼬는 투로 말했다. "그레데인들은 항상 거짓말쟁이며 악한 짐승이며 배만 위하는 게으름뱅이라"(1:12)는 말은 에피메니데스(Epimenides)의 펜에서 나온 것으로 알려져 있는데, BC 6세기의 시인이자 선지자인 그는 거의 신화적인 인물이다. 그레데의 전설에 따르면 에피메니데스는 잃어버린 양을 찾다가 어떤 동굴에서 잠이 들어 57년 만에 깨어났다. 동굴을 나설 때 그는 의학과 자연사(自然史)에 대한 신기한 지식을 얻었을 뿐 아니라 몸 밖에서 축지법을 쓰고, 신들과 교제하며, 족집게처럼 정확히 예언할 수 있는 존재가 되었다.

크레타의 동포들이 제우스가 크레타에서 태어났고 그의 무덤도 그곳에 있다고 주장하자 에피메니데스는 〈크레티카(Cretica)〉라는 시를 썼다고 한다.

오 거룩하고 존귀하신 이여, 그들이 당신의 무덤을 지어냈나이다.
크레타인들은 항상 거짓말쟁이며 악한 짐승이며 배만 위하는 게으름뱅이라!
그러나 당신은 죽지 않고 살아서 영원히 거하시나니
우리는 당신을 힘입어 살며 기동하며 존재하나이다.

크레타인인 에피메니데스가 모든 크레타인은 거짓말쟁이라고 선언했으니 여기서 역설이 생겨난다. 에피메니데스가 한 이 말은 진실일까 거짓일까? 수세기에 걸쳐 수학자들과 논리학자들이 그 역설을 가지고 고민했다. 뿐만 아니라 이 시의 저자로 알려진 그의 과거는 크레타인들도 믿지 않을 정도로 과장되었다! 전설의 왕 아서(Arthur)처럼 우리는 에피메니데스가 실존 인물이었는지조차 확실히 알 수 없다.

이렇게 겹겹이 쌓인 기만 – 한 거짓말쟁이의 거짓말에 대한 거짓말쟁이들의 거짓말들 – 은 디도가 당면하고 있던 난관을 유감없이 보여준다. "이 증언이 참되도다"라는 바울의 덤덤한 논평에 아마 이 젊은 목사는 한바탕 웃었을지도 모른다. 때로 터무니없는 일 앞에서는 울지 않기 위해서라도 그냥 웃는 수밖에 없다.

록 더 현실과 동떨어지게 되고, 추종자들에게 거는 주문에 본인 자신도 속게 된다. 그리하여 결국은 뻔뻔하고 주제넘은 권리 의식에 빠져 재정 후원을 요구하게 된다. 그중 다수는 자신의 사치스럽고 호화로운 아방궁 같은 생활 방식을 "내가 설교한 대로 나도 형통한 삶을 사는 것이다"라는 주장으로 정당화한다. 재정 기반이 커지고 넓어질수록 거짓 교사들은 당연히 더 사치를 일삼다 못해 아예 괴짜처럼 되어간다. 이것은 다분히 그들에게 성경이라는 나침반과 기준이 없기 때문이다. 여기서 거짓 교사들의 세 번째이자 바울이 보기에 가장 중요한 특징이 나온다.

—1:12—

거짓 교사들의 세 번째 특징은 이것이다. 그들의 행동은 수치스럽다.

아이러니하지만 바울은 "그레데인들은 항상 거짓말쟁이며 악한 짐승이며 배만 위하는 게으름뱅이라"(1:12)고 한 어느 이교도 선지자의 증언을 (아마도 비꼬는 말투로) 인용한다. 그런데 사실은 이 선지자 자신도 그레데인이었다! 그렇다면 이 거짓 선지자의 말이 참되다고 선언한 바울의 말은 이중의 아이러니가 된다.

바울이 이 편지를 그레데의 신자들 앞에서 읽히려 했음을 우리는 잊어서는 안 된다. 그래서 그는 그레데의 거짓 교사들의 행실을 근엄하게 지적하려고 이를테면 현지인들의 문화적인 농담을 이용한 것이다. 아울러 이 말은 그레데의 신자들에게 그들이 그리스도인으로서 새로운 정체성을 부여받았음을 일깨우는 역할도 했다(3:3-7 참고). 거짓 교사들과 진정한 신자들의 차이를 부각시킴으로써 바울은 이 편지의 중심 주제 가운데 하나로 다시 돌아갔다. 사람의 믿음은 행실로 나타난다는 사실이다.

에베소의 디모데도 똑같이 어려운 상황에서 섬기고 있었는데, 그에게 보낸 편지인 디모데전서 6장 3-5절에 바울은 거짓 교사들의 특징과 방법을 요약한 바 있다.[9] 이제 바울은 디도서 1장 11절에 "그들의 입을 막을 것이라"고 단호히 권고했다. 이 말은 언뜻 가혹하게 들리며, 종교라면 무조건 관용하는 것이 원칙인 우리 시대에는 특히 더하다. 처음에는 나도 원어를 더 명확히 이해하면 바울의 이 명령을 받아들이기가 더 쉽지 않을까 생각했다. 하지만 원어는 문자적으로 "재갈을 물린다"는 뜻이며, 그 방법은 대개 사람의 입에 무언가를 잼여 넣는 것이었다! 바울이 교인들 앞에서 디도에게 준 명령은 이보다 더 명확할 수 없었다. "그들의 입을 틀어막으라"는 것이다. 바울은 "거짓 교사들에게 지체 없이 맞서라. 그렇지 않으면 그들이 교회들을 찢어놓을 것이다"라고 말한 셈이다.

유대인의 신화: '가나안의 귀신-인간들'

우리들 대부분은 그리스 신화를 학교에서 배웠거나, 아니면 영화를 통해서라도 꽤 잘 알고 있다. 제우스니 아폴로니 아프로디테니 헤라클레스 같은 이름들을 우리는 알고 있다. 하지만 유대인들에게도 고대의 신화들이 있었다. 역사와 성경을 얼기설기 엮어낸 별난 민간 신화가 세대에서 세대로 전수되었고, 종종 그런 신화가 하나님의 진리보다 더 큰 영향력을 미쳤다. 순전히 당신의 즐거움을 위한 여담으로 유대인의 신화에 나오는 한 이야기를 나 자신의 말로 이렇게 풀어써본다.

> 옛날에 아직 땅의 세계와 영의 세계 사이에 막이 얇았던 시절에 하늘은 그리고리(타락한 천사들 – 역주)라고 하는 힘센 피조물들을 파견하여 사람들을 감시하게 했다. 많은 사람들이 그들을 '감시자(Irin)'라고 불렀다. 그중 우두머리인 셈야자는 열아홉 명의 부하 천사들 – 세미하사, 아라키바, 라멜, 코카비엘, 타미엘, 라미엘, 다니엘, 에제키엘, 바라키엘, 아사엘, 알메르스, 바트라엘, 아나니엘, 자키엘, 샤샤엘, 사르타엘, 도우르엘, 요므야엘, 사하리엘(에녹1서 6:7-8) – 을 지명하여 2백 명의 수호천사로 이루어진 자신의 군대를 지휘하게 했다. 그러나 야렛 시대에 천사들은 가나안의 딸들을 보고 그 매력에 빠져들었다. 그래서 그들은 서로 동맹하여 자신들의 사명을 버리고 인간들 중에서 아내를 맞이하기로 맹세했다.
>
> 반역한 천사들은 그때부터 여자들과 성관계를 가지면서 여자들에게 마법과 주술의 위력, 점성술과 땅의 징조, 특정한 종류의 열매와 잎사귀와 뿌리로 약을 만드는 법 등을 알려주었다. 그리고리의 하나인 아사셀은 남자들에게 쇠붙이로 무기를 제조하는 법과 그릇을 만드는 법을 가르쳤다. 이윽고 여자들은 네피림이라는 거인 족속을 낳았는데 이들은 힘이 막강했다. 모양과 몸집은 거대한 인간이면서 천사의 초인적인 능력을 지닌 존재였다. 더욱이 그들은 닥치는 대로 무엇이든 먹었고, 힘이 세다는 이유만으로 남의 것들을 마음대로 빼앗았다. 그러다 양식이 떨어지자 그들은 사람들을 잡아먹었고, "새와 짐승과 땅에 기어 다니는 생물과 물고기에게 죄를 범하고 서로를 잡아먹으며 피를 빨기 시작했다"(에녹1서 7:5-6).
>
> 결국 천사장들 – 미가엘, 우리엘, 라파엘, 가브리엘 – 은 더 이상 가만히 있을 수 없어서 주님께 이렇게 간구했다. "주님은 아사셀이 지상에서 불의를 가르치는 것과 하늘에 (보존된) 영원한 비밀들, 즉 인간들이 알고자 애쓰는 비밀들을 폭로하는 것을 보셨습니다… 여자들은 거인들을 낳았고 그리하여 온 땅은 유혈과 불의로 가득해졌습니다"(에녹1서 9:6-7, 9-10).
>
> 그래서 주님은 우리엘을 보내 라멕의 아들 노아에게 지시하게 하셨다. 주님은 또 라파엘에게 명하여 다도엘의 황야에 구덩이를 파고 반역한 천사 아사셀의 손발을 결박하여 그 속에 던진 다음, 심판날까지 삐죽삐죽한 돌들과 흑암으로 덮어두게 하셨다. 주님은 또 가브리엘에게 명하여 네피림들을 죽이되 그들끼리 서로 전쟁을 벌이게 하라고 하셨다. 그리고 주님은 미가엘을 보내 다른 그리고리들을 붙잡아 "칠십 세대 동안 대지의 골짜기 안에 묶어두라"고 하셨다. 그 기간이 지나면 그들은 심판을 받아 영원한 불속에 던져질 것이었다.
>
> 이 모든 것을 에녹이 기록했다. 에녹이 천국에 숨겨져 있는 동안 주님은 그에게 명하여 고통당하는 그리고리들을 쳐서 예언하라고 하셨고, 에녹은 충실히 그대로 했다.

—1:13—

양 떼를 위하여 바울은 디도에게 "그들을 엄히 꾸짖으라"고 지시했다. 여기 "꾸짖으라"는 말이 원어로는 1장 9절에 장로의 역할과 책임을 기술할 때 쓴 "책망하게"라는 말과 같은 단어다. 책망은 신속하고 단도직입적이어야 한다. 그래서 거짓 교사들에게는 분명히 그것이 가혹하게 느껴지겠지만, 그렇다고 이 책망이 그들을 모욕하거나 굴욕감을 주기 위한 것은 아니다. 바울은 디도에게 살벌한 언어 공격으로 진리의 적들을 박살내라고 명한 것이 아니라, 오히려 그들을 구속(救贖)하라고 명했다. 바울이 꾸짖으라고 한 목적을 잘 보라. "이는 그들로 하여금 믿음을 온전하게… 하려 함이라." 기독교의 메시지는 언제나 회복에 그 동기가 있다. 건강한 교회의 제자 삼는 사역이란 쓰러진 사람들을 일으켜 세우고, 연약한 사람들을 굳건하게 해주는 것이다.

—1:14—

바울의 말은 그레데의 교회들을 힘들게 한 거짓 가르침에 두 가지 종류가 있었음을 암시해준다. 하나는 유대인의 신화였고(14절), 또 하나는 엄격한 금욕(금욕주의)이었다(15절).

예수님 당시의 유대 문헌에는 천사들과 귀신들이 어떻게 인간과 상호작용하고, 인간과의 사이에 자식을 낳았으며, 또 그들의 활동이 어떻게 역사에 영향을 미쳤는가 하는 우화들이 넘쳐났다. 헬라의 철학과 유대의 신화가 뒤섞인 거짓 가르침들이 유대의 저작물에 판을 치면서 예수님 이후로 첫 3세기 동안 우후죽순처럼 번져나갔다. 불행히도 이런 감각적인 이야기들은 예수님이 계시하신 진리, 그분께 훈련받은 사람들이 가르친 진리로부터 사람들의 관심을 돌려놓았다. 전설에 집착하던 그레데의 풍습은 에피메니데스에서 끝나지 않았다. 교인들은 기본으로 돌아갈 필요가 있었다.

—1:15—

어떤 교사들은 즐거운 일이라면 무조건 엄격히 금하는 삶을 조장했다. 이런 생활 방식을 '금욕주의'라고 한다. 헬라 철학은 우주가 두 개의 전혀 다른 세계로 이루어져 있다고 가르쳤다. 하나는 순수한 이데아 내지 사고의 세계이자 하나님의 세계였고, 또 하나는 우리가 살고 있는 곳인 물질 세계였다. 헬라인들은 인간이 이데아의 세계, 즉 영적인 세계를 경험하려면 물리적 세계의 모든 방해거리를 멀리해야만 한다고 보았다. 이에 대하여 예수님은 사실상 "말도 안 되는 소리!"라고 말씀하셨다(막 7:15, 눅 11:39-41). 태초에 하나님은 물질과 물질이 아닌 것을 포함하여 만물을 지으셨고, 그 모두가 좋다고 선언하셨다. 바울도 모든 것이 하나님의 은혜로 오기 때문에 감사하는 마음으로 받아 누려야 한다고 확언했다(고전 8:8, 골 2:20-23, 딤전 4:1-5).

헬라 철학의 우주관과 달리 유대교의 (따라서 기독교의) 관점에서 물질은 그 자체로 선하지도 않고 악하지도 않다. 다만 사람의 의도에 따라 물질은 선하게 쓰일 수도 있고 악하게 쓰일 수도 있다. 그래서 바울은 "깨끗한 자들에게는 모든 것이 깨끗하나"라고 말했다. 믿는 사람들이 하나님의 뜻대로 처신하면 가장 가증한 것들까지도 그들의 손 안에서 선(善)의 도구가 될 수 있다 그러나 여전히 악의 노예인 사람(롬 3:9-18)은 스스로 아무런 선도 행할 수 없다. 심지어 하나님의 거룩한 말씀이 기록된 성경마저도 왜곡되어 거짓 교사들의 사악하고 기만적인 목적에 이용될 수 있다.

—1:16—

그레데의 교회들이 안고 있던 가장 어려운 도전에 대한 강론을 마치면서 바울은 이 편지의 중심 주제 가운데 하나로 다시 돌아간다. 하나님의 진리를 진정으로 믿으면 경건한 행실과 생활 방식이 나온다는 것이다. 반대로 선행이 없으면 이는 의혹을 살 만한 충분한 사유가 된다. 거짓 교사들은 말로만 영적인 진리를 안다고 떠들 뿐 실제로는 경건한 행실을 보일 능력이 없다. 자신들에게 있지도 않은 진리를 내세우기 때문이다. 바울이 일부러 사용한 순환 논리는 거짓 가르침이 부질없는 것임을 잘 보여준다.

존 스토트는 디모데와 디도에게 보낸 바울의 편지들을 연구하면서 거짓 교사들과 거짓 가르침이라는 문제를 예리하게 세 가지 질문으로 귀결시켰다. "첫째, 그 기원이 하나님인가, 인간인가? 계시인가, 전통인가? 둘째, 그 본질이 내면을 향하는가, 외면을 향하는가?

영성인가, 의식(儀式)인가? 셋째, 그 결과가 변화된 삶인가, 그저 형식적인 신조인가?"[10] 그리스도인의 성숙한 행실을 낳지 않는 가르침은 거짓 가르침이다. 조심하라!

적용
영적 지도자가 해야 할 달갑지 않은 일

바울이 디도에게 한 말에서 보듯이 분명히 다수의 "불순종하"는(반항하는) 사람들이 "헛된 말"과 노골적인 기만으로 그레데의 교회들을 혼란에 빠뜨리고 있었다. 불행히도 이런 식의 반항은 비단 1세기에만 있었던 문제가 아니다. "하나님의 포도원을 해치는 멧돼지들"은 어느 세대에나 있다. 그들은 하나님의 사람들 사이에 불화를 뿌리고, 교회를 이용하여 사사로운 이익을 챙긴다. 뿐만 아니라 모든 교회에는 문제아들이 있으며 불행히도 그들은 좀처럼 자신을 고치지 않는다. 지도자가 단호히 지적하지 않는 한 "불순종하"는 남녀들은 언제나 승승장구하며 수를 불린다.

신학교는 대개 성경을 가르치는 데 필요한 기술들과 사람들의 영적인 필요를 보살피는 데 필요한 기술들을 영적 지도자들에게 길러준다. 조직을 운영하는 기술들을 터득하는 데도 신학교가 도움이 된다. 하지만 지도자가 해야 할 덜 매력적인 역할에 대해서는 거의 언급이 없다시피 한데, 그것은 바로 속이는 사람들과 반항하고 대적하는 사람들의 잘못을 지적하는 일이다. 그러다보니 다수의 젊고 미숙한 사역자들이 세력 다툼에 찌들어 있는 교회에 지도자로 부임했다가 금세 기가 질리곤 한다. 기도하면서 '잘되기를 바라는' 것만으로는 부족하다.

그렇다면 이런 시대에 지도자에게 필요한 조언은 무엇인가? 속이는 사람이나 반항하는 사람의 잘못을 지적하고자 준비할 때는 다음 다섯 가지 제안을 잘 생각해보기 바란다.

1. 우선 앞에 닥친 모든 상황을 놓고 기도한다. 잘못한 사람을 지적하려는 당신의 계획이 반드시 장로들의 공감과 지지를 얻어야 한다.

2. 지적하는 자리에 혼자 가지 말고 성숙하고 지혜롭고 믿을 만한 사람을 두세 명 택하여 함께 간다. 물론 그들은 이후에 부닥칠 일에 반드시 잘 준비되어 있어야 한다.

3. 당신의 말과 행동에 대한 성경적 근거를 찾아 거기에 의지한다. 당신이 취하려는 방향을 하나님의 말씀에서 얻으라. 디도서 1장 10-16절 외에 떠오르는 말씀들로 잠언 27장 6절, 로마서 16장 17-18절, 갈라디아서 6장 1-2절, 에베소서 6장 10-12절, 베드로전서 5장 2-4절 등이 있다. 말씀에 의지하면 계속 밀고나갈 용기가 생긴다.

4. 사랑으로 진리를 말한다. 다루어야 할 부분들을 구체적으로 거론하라. 침착함을 잃지 말라. 당신의 분노 때문에 곁길로 빠져서는 안 된다. 논쟁으로 비화되게 하거나 위협하는 말을 해서도 안 된다. 교회에 가장 유익한 쪽으로 초점을 맞추라. 이것은 당신과 상대방 둘 사이의 문제가 아니라 잘못을 범한 사람과 하나님의 교회 사이의 문제다(이 점을 명심하는 것이 대단히 중요하다). 갈등을 해결하는 것은 힘든 일이다. 시종일관 인내심과 강건함을 잃지 말라.

5. 해결에 힘쓴다. 잘못한 사람과 '거래'를 하거나, 신빙성 없는 말(쑥덕공론)을 인용하거나, 화제가 바뀌게 해서는 안 된다. 단호함과 공정함과 결연함을 잃지 말라. 잘못을 범한 사람이 회개할 기미를 보이지 않거나 또는 당장은 당신의 요청에 따르겠다고 약속해놓고 정작 변화의 증거가 보이지 않거든, 시간을 정하여 그 사람을 교회의 통치 기구와 함께 만나야 한다. 이 모임의 목적이 "잘못을 범한 사람을 교회에서 정식으로 제명하기 위한" 것임을 설명해주라. 이런 조치를 첫 번 만남 때 하려고 해서는 안 된다. 이렇게 비중이 큰 결정에는 장로들의 기구 전체가 동석해야 한다. 진정한 회개가 반드시 필요함을 잘못을 범한 사람에게 확실히 알려주라.

교회의 성품(디도서 2:1-10)

---

1 오직 너는 바른 교훈에 합당한 것을 말하여 2 늙은 남자로는 절제하며 경건하며 신중하며 믿음과
사랑과 인내함에 온전하게 하고

3 늙은 여자로는 이와 같이 행실이 거룩하며 모함하지 말며 많은 술의 종이 되지 아니하며 선한
것을 가르치는 자들이 되고 4 그들로 젊은 여자들을 교훈하되 그 남편과 자녀를 사랑하며 5 신중하
며 순전하며 집안 일을 하며 선하며 자기 남편에게 복종하게 하라 이는 하나님의 말씀이 비방을
받지 않게 하려 함이라

6 너는 이와 같이 젊은 남자들을 신중하도록 권면하되 7 범사에 네 자신이 선한 일의 본을 보이며
교훈에 부패하지 아니함과 단정함과 8 책망할 것이 없는 바른 말을 하게 하라 이는 대적하는 자로

하여금 부끄러워 우리를 악하다 할 것이 없게 하려 함이라
[9]종들은 자기 상전들에게 범사에 순종하여 기쁘게 하고 거슬러 말하지 말며 [10]훔치지 말고 오히
려 모든 참된 신실성을 나타내게 하라 이는 범사에 우리 구주 하나님의 교훈을 빛나게 하려 함이라.

누군가가 우리 모두를 지켜보고 있다. 우리들 사이를 보이지 않게 다니는 천사들과 악을 퍼뜨릴 기회만 노리며 어둠 속에 도사리고 있는 사탄의 악한 무리들만 우리를 지켜보는 것이 아니다. 어린이들과 청소년들이 우리를 지켜보고 있다. 그들은 세상이 정말 어떻게 돌아가는지 그리고 선과 악, 옳고 그름에 대한 우리의 모든 말을 우리 자신이 정말 그대로 믿고 있는지 알고자 한다. 나이 든 신자들도 우리를 지켜보고 있다. 그들은 자기들이 일구어놓은 것들을 다음 세대가 충실히 이어가기를 바란다. 젊은 신자들도 우리를 지켜보고 있다. 그들에게는 자기들이 따르는 길이 좋은 길이라는 확신이 필요하다. 물론 아직 믿지 않는 사람들도 우리를 지켜보고 있다. 우리의 행실은 기독교가 장난이라는 그들의 의혹을 굳혀줄 수도 있고, 아니면 가까이 와서 더 자세히 알아보도록 그들을 끌어들일 수도 있다. 그중 소수의 사람들은 직접 하나님의 말씀을 읽으면서, 우리의 행동이 말씀과 일치하는지 보려고 관찰하기까지 한다.

이렇듯 누군가가 우리 모두를 지켜보고 있다. 바울도 그렇게 말하고 있다. 지금까지 그의 편지가 진행되어온 과정을 잘 보라. 바울은 행동으로 나타나는 믿음을 역설했다(1:1). 바울이 보낸 디도는 바울과 함께 지내던 시절에는 물론이고, 가장 최근에 그레데에서["내가 명한 대로"(1:5)] 바울의 행동하는 믿음을 눈으로 똑똑히 보았다. 바울이 디도에게 세우라고 명한 영적 지도자들은 충분한 관찰을 거쳐 행동이 "책망할 것이 없"다고 판정된 사람들이었다(1:6). 바울은 또 그레데의 지도자들에게 명하여 거짓 교사들의 입을 막으라고 했다. 거짓 교사들의 행동은 잘못된 교리의 산물이었다(1:16). 나아가 디도와 세움받은 장로들은 교회들 안에 경건한 행실을 가꾸어야 했는데, 그 방법은 주로 자신들이 훌륭한 본을 보이는 것이었다.

바울은 각 교회가 경건한 행동에 힘쓰기를 바라는 자신의 마음을 표현했는데 이는 "그들로… 교훈"하게 하고(2:4), "하나님의 말씀이 비방을 받지 않게" 하며(2:5), "선한 일의 본을 보이고"(2:7), "대적하는 자로 하여금 부끄러워"하게 하고(2:8), "우리 구주 하나님의 교훈을 빛나게 하려 함"이다(2:10).

교회 안과 밖의 사람들이 모두 교회의 성품을 지켜보고 있다.

—2:1—

바울은 "그러나 너는"(개역 개정의 "오직 너는"이 원문에는 이렇게 되어 있다 - 역주)이라는 강한 대조로 편지의 이번 단락을 이전 단락과 구분했다. 바로 앞에서 그는 거짓 교사들을 "가증한 자요 복종하지 아니하는 자요 모든 선한 일을 버리는 자"(1:16)라고 표현했다. 이와 대조적으로 이제 그는 디도에게 "바른 교훈"을 가르치라고 명했다. 이 말을 좀 더 직역하면 '건강에 좋은' 교훈이 된다. '바른'으로 번역된 헬라어 단어에서 '위생(hygiene)'이라는 말이 나왔다. 따라서 이 단어는 건강하고 건전한 것들을 가리킨다. 바울은 사실상 이렇게 기록한 셈이다. "네 가르침이 오염되지 않고 건전하며 건강에 좋은 것이 되게 하라. 위생 상태가 좋은 네 가르침으로 그동안 오염된 것들을 소독하고 건강한 성장을 자극하라."

사도는 이어 디도가 각 교회의 성품을 어떻게 회복시켜야 하는가를 개괄하면서 우선 교인들을 여러 부류로 나누었다. 바울은 자신이나 디도 같은 교회의 가시적인 지도자들 외에(2:1), 다음과 같은 다섯 부류를 언급했다. 이들 모두를 누군가가 지켜보고 있다.

- 늙은 남자들(2:2)
- 늙은 여자들(2:3)
- 젊은 여자들(2:4-5)
- 젊은 남자들(2:6-8)
- 노예들(2:9-10)

—2:2(늙은 남자들)—

흔히 우리는 노인들을 더 지혜롭고 더 성숙하며 믿음이 더 견고하다고 생각하지만 연륜이 높다고 해서 늘 그런 기대에 부합하는 것은 아니다. 인간은 세월이 지나고 삶의 경륜이 쌓일수록 더 지혜를 얻을 수도 있지만, 많은 사람들은 오히려 지혜를 거부하고, 비판적이며, 냉소적이고, 꼬장꼬장하며, 게을러진다. 하지만 연륜이 다른 사람들에게 유익을 끼치는 경우도 많다. 모세는 가장 생산적인 40년을 나이 여든에 시작했다. 이스라엘 백성이 가나안 땅을 정복하려고 준비할 때 갈렙은 85세라는 고령에 가장 험하고 방비가 철저한 영토를 선택하면서 "이 산지를 지금 내게 주소서!"(수 14:12)라고 말했다. 구약의 대다수 족장들과 영웅들은 좋은 일을 노년에 가장 많이 이루었다. 바울은 남자 노인들이 여섯 가지 자질을 기르기를 기대했는데, 이 자질들은 그가 교회 전반의 특징이 되기를 바라는 것들이기도 하다.

먼저 그들은 "절제"해야 한다. 이는 모든 부분에서 방종과 지나친 탐닉을 삼간다는 뜻이다. 절제하는 사람은 매사에 한도와 균형을 지킨다. 문자적인 의미에서 이 말은 술에 취하지 않는다는 뜻이지만 바울은 그 의미를 더 넓게 보았다. 즉 일, 약, 음식, 섹스 같은 선한 것들에 지나치게 빠진다든가, 마약이나 포르노 같은 파괴적인 것들에 중독되지 않는 것도 여기에 포함된다.

"경건하며"는 대개 위엄 있는 사람이나 물건을 가리키는 말에서 왔다. 부정적인 면에서 이 말은 경박하거나 쩨쩨하거나 따분하거나 얄팍해지지 않는다는 뜻이다. 긍정적인 면에서 여기서 말하는 경건한 사람이란 존경받을 만한 사람을 가리킨다.

"신중하며"는 바울이 모든 그레데인들에게서 보고자 했던 매우 중요한 자질이다. 아마도 성숙의 표지인 신중함이 그들에게 전반적으로 그리고 일관되게 부족했기 때문인 듯싶다. 신중하다는 말은 '적당하다, 마땅하다, 알맞다, 절제하다, 자제하다'는 뜻이다.[11] 이 단어는 바울이 남녀노소 모두에게 똑같이 적용하여 쓴 유일한 단어다.

"믿음(에)… 온전하게"는 직역하면 "믿음에 건강하게"가 된다. 뒤에 이어지는 두 단어와 더불어 이 개념은 2장 1절에서 밝힌 '건강한 교훈'의 연장선상에 지나지 않는다. 그리스도를 믿는 이 건전한 믿음은 그분을 구주로 신뢰하는 데서 시작되어 점차 삶의 모든 영역으로 퍼져나가는 생활 방식이다.

"사랑(에)… 온전하게"는 타인 중심적이며 의지를 구사하는 사랑인 *agape*를 가리킨다. 이 사랑에 최고의 본을 보이신 분이 주님이시다.

"인내함에 온전하게"에 쓰인 헬라어 단어는 영적 성숙의 진수를 보여주는 매우 중요한 단어다. 바울의 다른 서신들에서 이 인내라는 자질은 경건한 행동을 낳고(롬 2:7), 환난을 견디며, 검증된 성품을 가져다주고(롬 5:3-4, 고후 1:6, 살후 1:4), 신자들을 영원한 천국에 이르게 하며(롬 8:25), 희망을 낳고(롬 15:4), 하나님과의 친밀한 관계에서 비롯되며(골 1:10-11), 오직 그리스도께만 초점을 맞춘다(살후 3:5). 인내는 이 땅에서 참 신앙을 가려내는 최고의 지표이자 천국에서 진정한 믿음을 입증해주는 결정적인 증거다.

—2:3(늙은 여자들)—

늙은 남자들의 바람직한 성품을 기술한 바울은 – 교인들은 그들을 훌륭한 모본으로 삼아야 한다 – 이제 "늙은 여자"에게로 관심을 돌린다. 디모데전서 5장 9절에서 사도는 나이가 최소한 육십이 된 과부들을 "늙은" 과부들로 지칭했다. 하지만 여기서는 "늙은 여자"를 상대적인 의미로 해석하여, 어떤 나이의 여자들이든 자기보다 젊은 여자들을 가르쳐야 한다고 말해도 무방하다.

바울이 늙은 여자들에게 사용한 단어들이 늙은 남자들을 기술한 단어들과는 다르지만, 그래도 "이와 같이"라는 말을 쓴 것으로 보아 양쪽의 자질이 일맥상통함을 알 수 있다. 늙은 남자들이 경건하고 존경받을 만해야 하듯이 늙은 여자들도 "거룩"해야 한다. 이 단어는 헬라어의 합성어에서 왔는데 직역하면 "성전에 맞다"는 뜻이다. 성전의 기구들과 비품은 특별히 하나님을 섬기기 위해서 만들어졌고 그 목적으로 구별되었다. 여기 거룩함의 개념에는 자신이 하나님께 속한 존재이며, 자신의 삶이 그분을 예배하기 위하여 구별되었음을 자신의 행실로 내보인다는 의미가 들어 있다. 그러므로 이 첫 번째 명령은 이렇게 번역할 수도 있다. "늙은 여자들도 늙은 남자들과 마찬가지로 특별히 주님을 섬기기 위하여 구별된 사람처럼 행동해야 한다."

늙은 여자들은 또한 "모함하지 말"아야 한다. 여기 "모함하다"는 말은 *diabolos*를 번역한 것으로, 70인역에는 사탄, 곧 "고소하는 자, 대적"이 그 단어로 번역되었다(대상 21:1, 욥 1장, 슥 3:1). "모함(험담)하는 사람"에게는 언제나 다른 사람에 대하여 전할 이야기가 있으며, 그 정보가 사람들에게 상대방의 평판을 더 좋게 하는 일이 결코 없음은 우연이 아니다. 뿐만 아니라 늙은 여자들은 술의 "종"이 되지 말아야 한다. 반대로 그들은 젊은 여자들에게 "선한 것을 가르치는 자들" – 바울이 만들어낸 또 하나의 합성어다 – 이 되어야 한다.

묵상의 서재

상식과 몰상식

나이가 들수록 나는 바울이 이 몇 구절에서 여러 번 언급한 '신중함'이라는 덕목을 더욱 소중히 여기게 된다.

바울은 늙은 남자들에게 "신중"하라고 권했고(2:2), 잠시 후에 젊은 여자들에게 "신중"하라고 당부했으며(5절), 그 말이 끝나기가 무섭게 젊은 남자들에게도 그 자질을 강조했고(6절), 끝으로 거듭난 우리 모든 사람이 "신중함과 의로움과 경건함으로 이 세상에 살"아야 한다고 또 한 번 썼다(12절). 이 짧은 대목에 그 말을 네 번이나 언급했으니 신중함이 모든 사람의 삶 속에서 막중한 역할을 해야 함이 분명하다.

오랜 세월 동안 사역을 하면서 나는 극단으로 치닫는 사람들을 상대할 일이 많았다. 내가 목사로 섬긴 모든 교회에서 그랬다. 그중에는 광신으로 치닫는 사람들도 있었고, 은혜를 악용하는 사람들도 있었으며, 자아 인식이 없는 사람들도 있었고, 관계가 깨질 때 현실과 상식을 저버리는 사람들도 있었다. 솔직히 고백해서 나도 살다가 이따금씩 신중함을 잃을 때가 있다. 설교 중에 내가 하고 싶은 말을 은근히 밀어붙이기가 얼마나 쉬운가. 비판받을 때 말없이 침착함과 확신을 고수하기보다는 – 한마디로 신중하기보다는 – 무리하게 나 자신을 변호하기가 얼마나 쉬운가.

오래전에 나는 좀 나이가 든 신랑과 신부의 주례를 섰던 적이 있다. 신부는 자기 방식을 고집하는 아주 독립적인 사람이었고, 신랑은 군림하는 유형에다 욱하는 성질이 아주 심하고 질투심까지 많았다. 가히 불과 기름의 만남이었으니 머잖아 폭발할 것은 불을 보듯 뻔했다. 둘 다 어떻게든 '신중함'을 유지할 수 없다면 말이다. 나는 결혼식 전에 그들을 서너 차례 만나, 균형을 지키는 일의 중요성을 강조하면서 둘 다에게 극단을 피하라고 권해주었다. 서로 간에 신중하게 적응하는 방법을 찾는 데 도움이 되기를 바라는 마음에서, 혼전에 그들에게 실제적인 과제까지 두어 번 내주었다. 그런데 결혼한 지 몇 달 만에 그들은 다시 내 사무실을 찾아와 서로를 노려보고 있었다(신혼여행도 길어봐야 이틀이나 갔을지 모른다). 아내는 남편이 자기에게 '숨 쉴 틈을 주지' 않는다며 격노해 있었다.

아무래도 아내가 혼자 산 기간이 길다보니 적응하는 시간도 오래 걸릴 수 있고 생활 공간을 함께 쓰는 데도 더 예민해질 수 있겠다는 생각이 들었다. 그래서 나는 숨 쉴 틈이 필요하다는 말이 무슨 뜻이냐고 그녀에게 조용히 물었다. 자, 그녀의 대답을 들을 준비가 되었는가? 남편은 "둘 사이에 아무런 비밀도 없기를 바란다"는 이유로 집 안에 있는 문짝이라는 문짝은 다 떼서 차고에 쌓아두었다고 한다. 남편은 또 아침마다 출근하기 전에 아내의 차에 달린 주행거리계를 체크했다가 퇴근 후에 다시 체크하는 버릇이 생겼다. 그러고는 저녁 식사 자리에서 이런 식으로 심문을 했다. "오늘은 어디에 갔었지? 무슨 일을 하느라고 30킬로미터나 돌아다닌 거지?"

그러자 아내도 부아가 치밀었다! 앙갚음으로 그녀는 일부러 몇 시간씩 아무 데나 차를 몰고 다녔고, 자신의 정절을 의심하는 남편을 보며 은근히 즐겼다. 둘 다 자신의 행동을 어처구니없는 극단으로 몰고 간 것이다. 둘 다 신중함이라는 필수적인 덕목이 필요했다. 신중함이 없을 때 그 결과는 정말 참담했다.

그 뒤로 이들의 결혼생활은 2년도 채 가지 못했다.

젊은 여자들이 늙은 여자들에게 다가가 조언을 구하는 경우는 별로 없을지 몰라도, 그래도 젊은 여자들은 지켜보고 있다. 그들은 본을 본 대로 배운다. 설령 자신들이 배우고 있다는 사실을 의식하지 못할지라도 말이다. 딸들은 자랄 때는 곧잘 엄마의 양육 방식이나 삶의 방식에 저항하고 반발한다. 하지만 세월이 지나 자신이 자녀를 양육하고 살림을 할 때가 되면 본능적으로 그들은 이전에 엄마가 하던 것을 본 그대로 한다.

—2:4-5(젊은 여자들)—

늙은 여자들은 이런 식으로 젊은 여자들을 "교훈"해야 한다. 바울이 고른 이 동사는 앞에서 "신중하며"로 번역된 단어와 어근이 같다. 늙은 여자들은 자신의 모범을 통하여 그리고 "선한 것을 가르치는" 행동을 통하여 젊은 여자들이 "신중"해지도록 가르쳐야 한다. 젊은 여자들이 신중해지면 그 결과로 가시적인 자질이 일곱 가지나 나타나는데, 그중 다수는 따로 설명이 필요 없다. 다만 특별히 주목할 만한 표현이 세 가지가 있다.

"순전하며"는 대개 '거룩하며'로 번역되는 헬라어 단어에서 왔다. 젊은 여자들도 그들에게 모범을 보이는 늙은 여자들처럼 하나님의 거룩한 목적을 위하여 구별된 존재가 되어야 한다. 성전에 있는 예배의 신성한 기구들처럼 그들도 주님께 속한 사람들임이 그들의 행동으로 나타나야 한다.

"집안 일을 하며"라는 말을 우리는 1970년대에 많은 사람들이 이해하고 적용하던 대로 똑같이 해서는 안 된다. 가정 옹호론자들은 여자가 집 밖에서 – 사무실이나 공장에서 – 일하는 것을 건강한 가정을 위협하는 일로 보았다. 하지만 바울은 여자가 집 밖에서 일하는 것을 금하려고 이 말을 쓴 것이 아니다. 사실 이 문제가 논란이 된 것은 2차대전 이후부터였다. 그전까지만 해도 가정들은 기본적인 생존 자체 – 식량, 물, 집, 옷, 보호 – 에 온통 신경을 썼고, 그런 필요를 채우고자 서로 의존해서 일했다. 본문에 쓰인 단어는 '주부'라는 명사로, 잠언 31장 10–31절에 묘사된 현숙한 여인과 같은 의미다. 이 여자는 남편의 그늘 밑에서 아무 소리도 못하고 있는 종속적인 부속품이 아니다. 오히려 그녀는 영향력 있고 부지런하며 수완이 뛰어난 동역자로서, 가정의 행복을 가꾸고 집안의 정신적 유산을 세우는 일에 온전히 가담하고 있다!

"자기 남편에게 복종하게"는 젊은 여자들이 남편의 뜻에 자원하여 복종해야 한다는 뜻이다. 이런 복종은 남편 쪽에서 존경받을 만한 행동을 할 때 비롯된다. 바울은 젊은 여자들에게 남편의 리더십에 자신의 뜻을 복종할 것을 명했지만, 에베소서 5장 22–30절의 조건들이 여기에도 적용된다. 거기서 바울은 공생 관계를 묘사했다. 남편은 사랑의 리더십으로 아내를 섬기기에 힘쓰고, 그러면 아내는 남편을 존중하는 마음이 싹터 남편에게 복종하기가 즐거워진다.

늙은 남자들과 늙은 여자들처럼 젊은 여자들도 바깥세상이 지켜보는 대상이다. 바울은 그들의 행실에 하나님의 말씀의 신빙성이 걸려 있음을 상기시켜주었다. 믿지 않는 자들은 하나님의 명령들에 순종하지 않을지는 몰라도 신자들의 믿음과 행동이 본질상 서로 연결되어 있음을 안다. 그리고 그 둘이 서로 일치하기를 기대한다.

—2:6–8(젊은 남자들)—

젊은 남자들에게로 관심을 돌리면서 바울은 또다시 "이와 같이"라는 말과 "신중하도록"이라는 말을 썼다. 젊은 남자들은 성급하고, 경솔하며, 행실을 삼가지 않고, 충동적이며, 쉽게 폭발하는 경향이 있으므로 바울은 사실상 이렇게 말했다. "디도야, 젊은 남자들에게 삶에 브레이크를 밟는 법을 가르쳐주라. 혀에 재갈을 물리고 성질을 다스리는 법을 깨우쳐주라. 야망을 억제하고 탐욕을 버리는 법을 알려주라. 성적인 욕구와 충동을 제어하는 법, 호르몬이 아니라 바른 사고를 따르는 법을 일러주라. 돈을 낭비하는 것이 아니라 책임감 있는 청지기가 되는 법을 가르치라. 그들에게 이타적인 리더십에 따르는 보상과 자기중심적으로 추구하는 것의 어리석음을 보여주라." 그렇다면 디도는 그 일을 어떻게 해야 할까? 자신이 본을 보여야 했다. 바울은 선한 행실, 부패하지 않은 교리, 단정함(2장 2절에 늙은 남자들에게 쓴 "경건하며"와 같은 단어다) 그리고 책망할 것이 없는 "바른"(직역하면 '건강한') 말을 주문했다.

바울에 따르면, 경건한 행동과 온전한 말과 부패하지 않은 교리로 복음을 증언하면 회의론자들과 거짓 교사들은 복음을 공격할 빌미를 얻지 못한다. 이것은 영적 지도자들만의 본분이 아니다. 외부의 공격을 불허하는 이러한 온전한 성품은 남녀노소 할 것 없이 모든 교인의 특징이 되어야 한다.

—2:9-10(노예들)—

이처럼 교인들의 행실은 그리스도의 진정한 가르침을 확증해줄 수도 있고 오히려 무력하게 만들 수도 있는데, 바울이 교인들 가운데 마지막으로 언급한 부류는 "종들"이다. 다른 편지들에서도 그랬듯이 바울은 고대로부터 내려온 이 노예 제도라는 관습을 종식시키려는 시도를 하지 않는데, 그 이유는 아마 셋 중 하나일 것이다. 첫째, 그는 지금은 유실된 다른 문서에 이 문제를 특별히 다루었을 수 있다. 둘째, 로마 제국의 노예 제도는 일정한 연한의 계약 노역이 주를 이루었기 때문에 당시의 노예와 주인의 관계는 현대의 고용주와 피고용인의 관계에 해당되었다. 셋째, 이것이 가장 가능성이 높은데, 바울은 그리스도를 진정으로 믿으면 언젠가는 문화가 변혁되어 노예 제도가 완전히 사멸될 것으로 내다보았다. 그리고 결국 정말 그렇게 되었다.

어쨌든 바울이 노예 제도를 종식시키려 했다 해도 그는 그것이 하룻밤 사이에 이루어질 일이 아님을 알았다. 그래서 그는 디도에게 교회들을 세우고 굳건하게 해주어 그레데 섬에서 그리스도의 목적을 추구하라고 썼다. 교회들이 행실을 잘하면 말 한 마디 하지 않아도 회심자들이 나올 수 있다. 노예들은 주인의 이익을 위하여 양심적이고 성실하게 청지기 노릇을 하되 마치 자기 일처럼 열심히 해야 했다. 교회 내의 다른 부류들과 마찬가지로 이번에도 바울은 종들의 경건한 행동이 "하나님의 교훈을 빛나게" 하기를 원했다.

아시시의 성 프란시스(Saint Francis)에 관한 옛 일화에 보면, 어느 날 그가 자기 제자 중 하나에게 이렇게 말했다. "나와 함께 가자. 마을로 내려가서 우리 구주가 필요한 사람들에게 말씀을 전하자." 그들은 곧 떠났다.

동네 어귀에 이르니 다리가 불편한 노인이 앉아 있었다. 그들은 걸음을 멈추고 몸을 구부려 그에게 따뜻한 말도 건네고 냉수 한 잔과 동전 몇 닢도 드렸다. 곧이어 들판에서 공놀이를 하고 있는 아이들이 보였다. 그래서 그들은 시합에 끼어들어 아이들과 즐거운 한때를 보냈다. 그렇게 놀고 있는데 문간에서 바라보고 있는 한 외로운 과부가 그들의 시선을 끌었다. 그래서 시합이 끝나자 그들은 혼자 사시는 그 할머니를 찾아가 몇 마디 위로와 격려의 말을 해드렸다. 그때 두려움에 찬 한 젊은이가 전날 밤에 자신이 했던 일이 부끄러워 그늘 속에 숨어 있었다. 그들은 그를 위해 기도해주고, 용서와 은혜와 자비에 대해서 허심탄

회하게 대화하며, 더 알찬 미래를 가꾸도록 격려해주었다. 마을에서 나오는 길에 그들은 작은 가게에 들러 상인에게 인사하고 가족들의 안부를 물으며, 일 년 내내 성실하게 일하는 그에게 감사를 표했다.

이윽고 성 프란시스가 "이제 돌아가자"고 말했다. 그러자 수련 수사는 걸음을 멈추고 "잠깐만요, 그런데 말씀은 언제 전합니까?"라고 되물었다. 그 말에 선배 수사는 이렇게 대답했다. "지금까지 우리가 내디딘 모든 걸음, 우리가 건넨 모든 말, 우리가 한 모든 행동이 다 설교였다."

복음을 가장 효과적으로 제시하는 일은 그리스도를 닮은 삶으로 시작된다. 그러므로 일상생활 속에서 나타나는 진정한 경건함이야말로 교회의 결정적인 특성이 되어야 한다.

주

1. R. Kent Hughes & Bryan Chapell, *1 & 2 Timothy and Titus: To Guard the Deposit*(Wheaton, IL: Crossway, 2000), 297.
2. Gene Getz, *The Measure of a Man*(Ventura, CA: Regal, 2004), 56. 「경건한 남자의 20가지 특성(생명의 말씀사)」.
3. Kittel & Friedrich 편집, *Theological Dictionary of the New Testament: Abridged in One Volume*, 169. 「신약성서 신학사전: 킷텔 단권 원어사전(요단출판사)」.
4. John Phillips, *Exploring the Pastoral Epistles: An Expository Commentary*(Grand Rapids: Kregel, 2004), 233.
5. Hughes & Chapell, *1 & 2 Timothy and Titus*, 296.
6. 같은 책, 222.
7. John Calvin, 1 & 2 Timothy & Titus(Wheaton: Crossway, 1998), 184.
8. Gerhard Kittel 편집, *Theological Dictionary of the New Testament*, Geoffrey W. Bromiley 번역 및 편집(Grand Rapids: Eerdmans, 1978), 4:519. 「신약성서 신학사전: 킷텔 단권 원어사전(요단출판사)」.
9. 디모데전서 6장 3-5절 부분의 주해를 참고하라.
10. John R. W. Stott, *The Message of 1 Timothy & Titus: Guard the Truth*(Downers Grove, IL: InterVarsity Press, 1996), 183. 「디모데전서 디도서 강해: 진리를 굳게 지키라(IVP)」
11. Kittel & Friedrich 편집, *Theological Dictionary of the New Testament: Abridged in One Volume*, 1150. 「신약성서 신학사전: 킷텔 단권 원어사전(요단출판사)」.

단락 2:

교회의 사명

디도서 2:11-3:15

바울의 신학에 따르면 존재는 언제나 행위에 선행한다. 다시 말해서 우리의 행동은 우리라는 존재의 직접적인 결과이며, 우리라는 존재는 우리가 선택하는 행위를 좌우한다. 그러므로 하나님의 은혜로 변화된 사람들은 그리스도처럼 행동해야 한다. 나아가 이렇게 변화된 사람들의 모임들은 당연히 머리 되신 그분의 손과 발이 되어 그분의 지시에 충성스럽게 순종해야 한다.

목회 지침서의 이번 단락에서 사도는 하나님의 진리에 초점을 맞춘다. 교회의 지도자들이 신실한 사람들이고 그들의 마음이 하나님의 은혜로 변화되었다면, 교회의 메시지와 사역도 세상을 향하여 똑같은 은혜를 비추어야 한다. 안타깝게도 이 일은 하나님의 아들이 이 땅에 사실 때 어려웠던 것만큼이나 오늘날 교회를 구성하고 있는 하나님의 사람들에게도 똑같이 어려울 것이다.

강인한 은혜(디도서 2:11–15)

11모든 사람에게 구원을 주시는 하나님의 은혜가 나타나 12우리를 양육하시되 경건하지 않은 것과
이 세상 정욕을 다 버리고 신중함과 의로움과 경건함으로 이 세상에 살고 13복스러운 소망과 우리
의 크신 하나님 구주 예수 그리스도의 영광이 나타나심을 기다리게 하셨으니 14그가 우리를 대신
하여 자신을 주심은 모든 불법에서 우리를 속량하시고 우리를 깨끗하게 하사 선한 일을 열심히 하
는 자기 백성이 되게 하려 하심이라
15너는 이것을 말하고 권면하며 모든 권위로 책망하여 누구에게서든지 업신여김을 받지 말라.

은혜가 존재하는 곳에는 언제나 은혜를 남용하는 사람들이 있다. 예를 들어 자유라는 은혜를 생각해보라. 미국은 국민 모두에게 공적인 표현의 권리를 부여하고 있다. 그래서 사람들은 박해받거나 처벌받을 두려움 없이 비판적인 내용도 얼마든지 발언할 수 있다. 비참하게도 일부 사람들은 이 자유를 방종으로 둔갑시켜 영리를 목적으로 여자들을 착취하고 있다. 이것은 표현의 자유를 명백히 남용하는 것인데도 법정은 자유를 지나치게 억압하게 될까봐 두려워 엄한 단속을 꺼리고 있다.

자유에도 한계가 있다. 다만 그 한계가 외부의 권위에서 오면 안 된다. 그러면 자유는 더 이상 자유가 아니게 된다. 온전한 자유는 자유로운 사람들이 경건한 성품을 통하여 스

스로를 제한하기로 선택할 때에만 무제한으로 남는다. 벤자민 프랭클린(Benjamin Franklin)이 통찰력 있게 말한 것처럼, "덕을 갖춘 민족만이 자유를 누릴 수 있다. 나라들이 부패하고 악해질수록 상전들이 더 많이 필요하다."[1]

사랑이라는 은혜에 대해서도 똑같이 말할 수 있다. 바울은 그리스도인의 모든 속성 가운데서 사랑이 최고라고 했다(고전 13:13). 하지만 남편이나 아내가 배우자의 사랑을 받으면서 그것을 남용하는 예를 우리는 얼마나 자주 보았던가? 헌신적인 아내가 남편을 충실히 내조하고 자녀를 양육하지만, 이런 사랑에 대한 남편의 보답은 전혀 없이 아내는 남편의 직장이나 취미 생활에 밀려 뒷전이 되고 만다. 자상한 남편이 아내에게 안전과 생계를 제공하지만, 아내는 늘 흠만 잡다가 결국 남편을 버리고 다른 남자에게 가버린다.

때로 '사랑은 강인해야 한다.'[2] 때로 사랑은 강경한 입장을 취해야 한다. 그래야 관계가 허물어지는 것을 막을 수 있다.

은혜도 자유나 사랑과 마찬가지다. 하나님이 죄지은 아담을 멸하지 않기로 결정하신 그날부터 사람들은 은혜를 남용해왔다. 로마 교회에 보낸 편지에서 바울은 인간의 어두워진 마음이 하나님의 구원의 은혜에 어떻게 반응하는가를 이렇게 묘사했다. "은혜를 더하게 하려고 죄에 거하겠느냐… 우리가 법 아래에 있지 아니하고 은혜 아래에 있으니 죄를 지으리요"(롬 6:1, 15).

은혜에도 한계가 있다. 그러므로 은혜도 강인해져야 할 때가 있다.

은혜는 교회의 근본적인 교리이며 중생의 순간부터 마지막 부활에 이르기까지 신자에게 늘 영향을 미친다. 바울은 이 교리를 다음과 같이 고찰하고 있다.

- 구원의 은혜(11절)
- 성화의 은혜(12절)
- 영화의 은혜(13절)
- 구속의 은혜(14절)

—2:11(구원의 은혜)—

이 구절에서 바울은 교회의 메시지로 초점을 옮기는데, 그 전환의 첫머리에 우선 하나의 근본 진리가 천명된다. 그것을 어순대로 직역하면 "나타났도다 하나님의 은혜 곧 온 인류를 향한 구원이"가 된다. "나타났도다"라는 말은 헬라어 단어 *epiphainō*를 가장 잘 번역한 표현이며, '현현(epiphany)'이라는 단어가 거기서 파생되었다. '찾았다!'와 비슷한 단어로 볼 수 있는데, 발견의 개념에 기쁨과 경이의 요소가 합해진 것이다. 인류가 은혜와 구원을 받은 것은 인류가 그것을 열심히 찾았거나, 도움을 청했거나, 하나님께 나아갔기 때문이 아니다. "나타났도다 하나님의 은혜"는 우리가 자격이 없음에도 불구하고 그분의 선하심이 유일한 동기가 되어 그분 자신의 주도권으로 이루어진 일이다. 인류를 그들이 자초한 죄의 상태에서 건져주시려고 창조주가 스스로 원하셔서 자발적으로 내려오신 것이다.

지금 바울은 이 구절에서 만인구원론을 가르치고 있는 것이 아니다. 구원의 은혜는 '모든 사람에게' 제의되어 있으나, 정말 어이없게도 인류의 대부분은 그분이 제의하시는 구원을 거절할 것이다!

—2:12(성화의 은혜)—

신자의 영적인 삶에서 구원은 과거를, 즉 '위에서' 난 중생의 순간을 가리킨다(요 3:3-8). 성화라는 신학 용어는 신자의 현 상태를, 즉 하나님의 목적을 위하여 구별된 상태를 가리키는 말이다. 이러한 현 상태도 구원처럼 우리 스스로 하는 일이 아니라 하나님이 우리에게 해주시는 일이다(롬 8:28-29). 우리의 정체가 하나님의 도구로서 따로 구별된 존재이듯이 주님은 우리의 행동도 거기에 맞추라고 명하신다. 하지만 주님은 이 초자연적인 작업을 우리 힘으로 이루도록 두지 않으셨다. 우리가 받은 이 은혜는 우리를 죄의 영원한 형벌에서 구원할 뿐 아니라 또한 우리를 '양육'한다.

여기에 쓰인 *paideuō*라는 단어는 '어린아이'를 뜻하는 헬라어의 보통 명사에서 왔다. 바울은 교실에서 이루어지는 공식적인 교육을 가리키는 *didaskō*라는 단어를 고를 수도 있었다. 이 두 단어가 갖는 뉘앙스의 차이는 중요하다. *Didaskō*에는 우리가 자진해서 배우러간다는 의미가 깔려 있지만, *paideuō*라고 하면 사랑이 많은 부모에게 양육을 받는 무력한 유아처럼 우리도 무지한 사람의 입장에 놓이게 된다. 우리는 책으로 배울 준비가 되기 훨씬 전부터 하나님에게서 삶을 살아가는 법을 배운다.

보다시피 우리가 받는 양육에는 부정적인 면과 긍정적인 면이 함께 있다. 다시 말해서 우리는 해서는 안 될 일과 그 대신으로 해야 할 일을 배운다.

부정적인 의미에서 우리는 "경건하지 않은 것"을 버리는 법을 배운다. 이 말은 *asebeia*라는 헬라어 단어를 번역한 것인데, 그 어근인 *sebomai*는 본래 '앞에서 물러나다, 움츠리다'는 뜻이다. 신 앞에서 보이는 행동이 거기에 해당된다. 바울 시대에는 이 단어가 공경이나 예배의 전반적인 태도를 가리키는 말로 쓰였다. 헬라어의 *a*-라는 전치사는 뒤에 붙는 말을 무조건 부정한다. 따라서 *asebeia*라는 단어는 '공경하지 않는' 태도와 행동을 가리킨다. 이런 불경한 생활 방식은 늘 하나님을 멸시하는 태도를 낳게 마련이다. 우리는 하나님을 경멸하는 이런 행동을 버리는 법을 배운다.

아울러 은혜는 우리를 가르쳐 "이 세상 정욕"을 버리게 한다. 바울이 사용한 이 문구는 부, 음식, 오락, 과학 기술, 기타 물리적 낙에서 얻는 쾌락을 정죄하기 위한 것이 아니다. 다른 편지에서 바울은 신자들에게 이 땅의 쾌락이 무조건 나쁘다는 거짓 가르침을 물리치라고 경고한 바 있다(골 2:20-23). 나아가 바울은 제자 디모데에게 하나님이 지으신 모든 것을 감사함으로 받아 누리라고 가르쳤다(딤전 4:1-5). 다시 말해서 지혜로운 마음으로 그리고 온갖 좋은 선물을 주시는 분께 감사하는 마음으로, 맛있는 식사와 건전한 오락과 현대의 신기한 과학 기술을 즐기라는 것이다. 또한 우리에게 베푸신 모든 공급을 인하여 하나님을 찬양하라는 것이다.

바울이 말하는 '세상'은 '그리스도 안에' 있지 않은, 또는 그리스도께 속하지 않은 모든 것을 대변한다(고전 6:2, 고후 4:3-4, 5:18-20, 갈 6:14, 엡 2:1-7,12-13, 골 2:8). 그러므로 "이 세상 정욕"이란 원수 마귀가 탐하는 것들을 가리키거나, 또는 우상숭배에 가까운 집요한 욕심을 가리킨다. 전자는 그 자체로 죄이며, 후자는 우리를 죄로 이끈다. 은혜는 우리를 훈련시켜 세상이 욕심내는 것들을 욕심내지 않게 해주고, 무엇이든 세상적인 동기로 갈망하지 않게 해준다. 세상은 권력이나 자기만족이나 인정을 얻는 수단으로 부를 탐하지만, 은혜는 신자들을 양육하여 부를 하나님이 주신 선물로 누리게 해준다.

긍정적인 의미에서 은혜는 신자들에게 헛되고 해로운 행동을 버리고 "신중함"(건전한 사고)과 "의로움"(하늘의 법정에서 선으로 통하는 것)과 "경건함"(하나님을 존중하고 공경하는 마음)을 추구하는 법을 가르친다. 12절 끝부분에 나오는 "이 세상에"라는 문구는 신자들의 행동 기준이 세상의 기준에 역행함에 따라 그들이 경험하게 되는 긴장을 부각시켜주고 있다.

—2:13(영화의 은혜)—

구원은 과거를 돌아본다. 성화는 현재를 생각한다. 영화는 미래를 내다본다.

흔히 말하는 '소망' 내지 희망은 막연한 바람에 더 가깝다. 아이는 "내 희망 사항은 내 생일날 누가 내게 리모컨으로 조종하는 모형 자동차를 주는 것이다"라고 말할 수 있다. 아이의 소원은 이루어질 수도 있고 그렇지 않을 수도 있다. 하지만 성경에 쓰인 "소망"이라는 헬라어 단어는 '보장된 기대'를 뜻한다. 비행기 표를 구입한 사람의 손에는 지정된 좌석이라는 희망, 즉 보장된 기대가 들려 있다. 바울은 특별히 이 단어를 장차 예수님이 다시 오셔서 세상을 통치하시고 그분의 마음대로 새롭게 하실 그날을 가리키는 말로 사용했다.

"영광"은 만물이 하나님이 바라시는 대로 된 상태를 가리킨다. 예수님은 당신이 영광을 얻으실 때를 말씀하곤 하셨는데, 그것은 곧 아들의 부활을 통하여 하나님의 의로운 성품이 계시되는 때였다. 신자들은 예수님의 몸과 같은 부활의 몸을 받는 그날(빌 3:21) 결국 그리스도의 영광에 동참하게 된다(롬 8:17, 골 1:27, 3:4). 그때가 되면 신자들의 몸이 '영화롭게' 된다. 그동안 타락으로 말미암아 일그러졌던 하나님의 형상을 우리의 몸이 온전히 드러내게 된다. 뿐만 아니라 '이 세상'의 고생과 싸움과 실망과 실패와 죄악과 상심과 비애와 죽음이 다음 세상에 밀려나 없어진다. 그 세상에서는 더 이상 고통과 불화와 눈물과 슬픔과 죽음을 경험할 일이 없다.

—2:14(구속의 은혜)—

바울은 은혜에 관한 짤막한 강론을 대속(代贖)과 구속(속량)의 교리로 마무리한다. 예수님은 우리 대신 우리의 죗값을 치르시고 우리를 죄에 속박된 상태에서 해방시켜주셨다. 우리는 악의 노예였고, 악이 시키는 대로 할 수밖에 없었다. 그러나 예수님이 우리를 사셔서 그 굴레에서 건져주셨고, 그래서 우리는 더 이상 옛 주인을 섬기지 않게 되었다.

이처럼 그분은 '불법'의 노예였던 우리를 사셔서 우리의 새 주인이 되셨다. 그런데 여기서 바울이 우리의 새로운 활동을 어떻게 묘사하고 있는지 잘 보아야 한다. 우리가 옛 주인 아래 있을 때는 강제로 악을 행할 수밖에 없었지만, 새 주인 아래서는 선행이 안에서부터 나온다. 선행이 자발적인 '열심'에서 비롯되는 것이다. 여기 이 '열심'이라는 말을 헬라인들은 '뜨거운 헌신'이나 '열정'으로 이해했다. 청교도들은 이렇게 내면의 동기가 근본적으로 달라지는 변화를 '새로운 애정의 대상에서부터 나오는 위력'이라 표현했다.

텍사스에 가면 '살아 있는 떡갈나무'라는 수종이 있다. 일반 떡갈나무와 달리 이 나무는 가을에 낙엽이 지거나 겨울에 동면하지 않고 사시사철 늘 푸르다. 하지만 다른 모든 나무처럼 이 나무도 오래된 잎은 버리고 새로운 잎을 틔워야 한다. 그래서 새로운 성장이 이전의 성장을 대신하고, 새로운 잎들이 오래된 잎들을 가지에서 밀어내는 것이다.

그리스도인들도 이와 비슷하게 새로운 애정의 대상이 이전의 애정의 대상을 밀어내면서 주님을 존중하고 공경하는 마음이 서서히 자라간다. 안으로부터 변화된 우리는 아들이신 예수님이 하셨던 것과 똑같이, 마음을 행동으로 옮겨 선행으로 아버지를 기쁘시게 한다. 진정한 의미에서, 죄를 원하던 마음 자체가 우리에게서 없어진다. 하나님의 은혜가 우리를 구원하셨고, 지금도 성화시키시는 중이며, 이미 정하신 대로 장차 영화롭게 하실 것이기 때문이다(롬 8:28-39).

—2:15—

교회들을 향하여 그리고 교회들을 통하여 은혜의 진리를 선포할 책임을 디도에게 맡기면서 바울은 세 가지 강력한 명령형 동사를 사용했다.

"말하고(*Laleō*)"는 흔히 격의 없이 주고받는 말을 암시하는 동사다. 다시 말해서 바울은 디도가 하는 모든 평범한 대화 속에 은혜의 가르침이 녹아들기를 원했다.

"권면하며(*Parakaleō*)"는 코치와 운동 수련생의 관계에 해당하는 동사로, 성령의 호칭인 '보혜사(*Paraclete*)'라는 말이 여기서 파생되었다. 바울은 디도가 은혜에 관한 가르침을 교회 지도자들과 교인들에게 정식으로 훈련시키기를 기대했다.

"책망하여(*Elenchō*)"라는 말에는 틀린 생각을 바른 생각으로 대체한다는 개념이 들어 있다. 수학 교사가 학생에게 문제 해결의 바른 방법을 제시하는 것과 비슷하다. 바울은 교회들이 거짓 가르침을 버리고 은혜의 교리를 받아들이도록 디도가 그들에게 "입증하고, 납득시키고, 반박하고, 설득할"[3] 것을 명했다.

사도는 지금 디도의 손에 들려 있는 편지를 통하여 그에게 권위를 위임했고, 디도는 틀림없이 그 편지를 그레데의 여러 교회들 앞에서 읽었을 것이다. 바울은 지금 디도에게 그 권위를 행사하라고 권하고 있다. 그 당시에만 해도 아직 신약 성경이 존재하지 않았다는 사실을 우리는 잊어서는 안 된다. 그리스도인들의 교육은 구전의 말을 통하여 이루어졌고, 따라서 진정한 교사가 말로만 하나님의 진리를 내세우는 사람과 구별되려면 사도로부터 권위를 받아야 했다.

오늘날 영적 지도자의 기초는 성경의 권위에 있다. 즉, 하나님의 감동으로 기록된 성경 66권의 무오한 진리에 있다.

은혜를 전하는 것은 위험한 일이다. 어떤 사람들은 은혜를 남용하려 들 것이다. 영적인 자유를 방종으로 둔갑시켜, 죄를 더 지어도 하나님의 징계를 두려워할 필요가 없다고 말할 것이다(롬 6:1,15). 신학자들은 이런 사람을 '율법 폐기론자', 즉 '법이 없는 사람'이라 부른다. 그런가 하면 어떤 사람들은 이러한 남용을 막고자 은혜에 외적인 제한을 가하려 할 것이다. 신학자들은 이런 사람을 '율법주의자'라 부른다. 하지만 은혜란 율법으로 제약할 수 없는 것이며, 그렇게 되면 은혜는 더 이상 은혜가 아니게 된다(갈 2:21). 그러므로 행동의 자제는 내면으로부터 나와야 한다. 하나님의 사람들이 온전한 자유 가운데 살면서도 죄에 빠지지 않으려면 하나님이 그들에게 그분을 닮은 성품을 주셔야만 한다. 벤지민 프랭클린의 말을 조금 바꾼다면, "변화된 사람들만이 자유를 누릴 수 있다."

안타깝게도 완전히 변화된 신자는 아무도 없으며, 교인들의 절대다수는 이제 겨우 그 과정에 들어섰다. 이는 내적인 자제력이 거의 혹은 전혀 없는 사람들에게 은혜와 자유가 주어졌다는 뜻이며, 영적 지도자에게 그것은 두려운 일일 수 있다. 정말이지 내가 50년 가까이 목회를 하면서 느끼는 것이지만, 확실하고 적절한 제약들로 은혜를 울타리 안에 가두고 싶은 유혹이 걷잡을 수 없이 밀려올 때가 있다. 그때가 바로 은혜가 강인해져야 할 때다.

그럴 때면 나는 주님이 목사들과 장로들을 교인들의 대리 부모나 경찰관으로 부르신 것이 아님을 상기해야 한다. 우리는 사람을 고칠 수 없다! 주님은 경건한 적임자들에게 명하셔서 교회의 근본 교리인 은혜를 선포하게 하신다. 우리가 할 일은 선포하는 것이고, 변화시키는 것은 하나님의 소관이다.

적용
은혜를 전하라

교회의 사명은 사람들에게 하나님의 은혜를 보여주는 가시적인 본보기가 되는 것이다. 우리는 '은혜'라는 다른 세상의 실체를 이 땅에 전달해야 한다. 모든 사람이 그것을 보고 듣고 경험할 수 있도록 말이다. 하나님은 어떤 사람들을 일상생활 속에서 불러내셔서 목자로 삼으신다. "성도를 온전하게 하여 봉사의 일을 하게 하며 그리스도의 몸을 세우"는(엡 4:12) 엄청난 특권을 그들에게 맡기시는 것이다. 이를 위하여 바울은 목사의 직무를 요약하면서, 목사가 가르쳐야 할 내용(2:12–13)과 그것을 가르치는 방법(2:15)을 설명했다.

목사의 역할을 지나치게 단순화할 위험이 있기는 하지만, 목사가 가르쳐야 할 내용은 은혜 자체의 내용을 그대로 따라가야 한다.

- 은혜는 우리에게 경건하지 않은 것과 이 세상의 정욕을 버리는 법을 가르쳐준다(2:12 상).
- 은혜는 우리에게 신중하고 의롭고 경건하게 사는 법을 가르쳐준다(12 하).
- 은혜는 우리에게 장차 모든 악을 이기고 영광 중에 승리할 것이라는 희망을 준다(2:13).

나는 45년이 넘도록 설교를 해왔는데, 지난 과거를 돌아보면서 솔직히 고백할 수 있는 말이 있다. 여태까지 내가 했던 거의 모든 설교와 내가 가르쳤던 모든 교훈은 위의 세 가지 범주 가운데 하나에 들어간다.

지금부터 몇 문단은 특별히 목사들을 상대로 하여 잠시 내가 그들에게 조언을 하고자 한다. 바울은 목사가 하나님의 진리들을 전하는 방법을 설명하면서 "말하다, 권면하다, 책망하다"라는 세 단어를 사용했다.

말하라. 개인들과 관계를 가꾸며 격의 없이 나누는 진실한 대화 속에 은혜의 교훈이 흐르게 하라. 이런 만남들이 즉석 설교나 딱딱한 가르침의 장이 되어서는 안 된다. 그냥 솔직하고 자연스럽게 당신 자신으로 있으면 된다. 나는 가벼운 대화라고 생각했는데 우리 교인들은 그때를 떠올리면서 내 말이 자신들의 삶에 일대 변화를 가져다준 촉매제가 되었다고 말한 적이 얼마나 많은지 모른다. 그럴 때마다 나는 한편으로 놀라고 한편으로 보람을 느끼곤 한다.

권면하라. 강해 설교에 헌신하라. 목사가 왜 강해 설교를 놓아두고 다른 방식의 설교를 택해야 하는지 나로서는 이해가 가지 않는다. 물론 강해 설교를 하려면 시간을 많이 들여 부지런히 연구해야 한다. 하지만 그것이 내게는 성경과 별로 연관성도 없이 나 자신의 지혜에 기초하여 매주 그럴듯한 메시지를 궁리해내는 쪽보다 훨씬 스트레스가 적다. 그런 식으로도 몇 달이야 버틸 수 있겠지만, 머지않아 나 자신의 인생 교훈들이 다 바닥나고 말 것이다.

성경의 책들을 쭉 강해해나가면 다음 주에 무슨 설교를 해야 할지 고민할 필요도 없고, 나 자신의 재담을 성경 구절로 입증해야 할 필요도 없다. 간혹 결혼 생활이나 자녀 양육 등에 대하여 주제 설교를 할 때도 나는 그 주제와 관련된 특정한 본문을 가지고 강해 설교를 한다. 그러면 메시지도 하나님의 것이고, 연구 중에 도출되는 시대를 초월하는 원리들도 하나님의 것이다. 모든 것이 직접 그분의 말씀에서 나오기 때문이다. 내가 연구를 충실히 했고, 또 준비 과정 중에 성령이 인도하심에 마음이 열려 있으면, 적용할 내용은 거의 저절로 따라 나온다.

책망하라. 오류가 나타날 때마다 온유하면서도 단호하게 지적하라. 이 일을 나보다 더 싫어하는 사람은 정말 없을 것이다. 굳이 누군가의 잘못된 가르침을 바로잡아주는 일이나 개성이 강한 사람에게 좀 자제하라고 직접 당부하는 일을 하지 않더라도 인간관계는 이미 충분히 어렵다. 하지만 이것은 상상도 못할 만큼 중요한 문제다. 우리는 영원을 준비하는 사람들이기 때문이다. 책망이라는 말에는 논쟁을 벌이거나, 요령 없이 덤비거나, 강압적으로 한다는 의미가 들어 있지 않다. 잘못한 사람의 체면을 당신이 잘 지켜주면 잘못을 지적할 때 그 사람이 방어적으로 반응하지 않게 도울 수 있다. 당신이 온유하고 겸손한 자세로 하면 책망이 효과를 낼 수 있다. 책망한 후에는 곧 그 사람을 다시 만나 진심으로 격려하고 인정해주라. 그러다 당신이 평생의 친구를 얻게 될지 누가 알겠는가.

보이지 않는 세계를 보여주는 사명(디도서 3:1-8)

1너는 그들로 하여금 통치자들과 권세 잡은 자들에게 복종하며 순종하며 모든 선한 일 행하기를
준비하게 하며 2아무도 비방하지 말며 다투지 말며 관용하며 범사에 온유함을 모든 사람에게 나타
낼 것을 기억하게 하라 3우리도 전에는 어리석은 자요 순종하지 아니한 자요 속은 자요 여러 가지
정욕과 행락에 종 노릇 한 자요 악독과 투기를 일삼은 자요 가증스러운 자요 피차 미워한 자였으
나 4우리 구주 하나님의 자비와 사람 사랑하심이 나타날 때에 5우리를 구원하시되 우리가 행한 바
의로운 행위로 말미암지 아니하고 오직 그의 긍휼하심을 따라 중생의 씻음과 성령의 새롭게 하심
으로 하셨나니 6우리 구주 예수 그리스도로 말미암아 우리에게 그 성령을 풍성히 부어 주사 7우리
로 그의 은혜를 힘입어 의롭다 하심을 얻어 영생의 소망을 따라 상속자가 되게 하려 하심이라 8이
말이 미쁘도다 원하건대 너는 이 여러 것에 대하여 굳세게 말하라 이는 하나님을 믿는 자들로 하
여금 조심하여 선한 일을 힘쓰게 하려 함이라 이것은 아름다우며 사람들에게 유익하니라.

지구별에는 두 개의 엄연한 현실 세계가 존재하고 있다. 우선 우리는 가시적인 세계에 살고 있다. 그 세계를 우리는 오감을 통하여 경험하고, 시간과 공간의 여러 단위들로 수치화한다. 우리는 또한 눈으로 볼 수 없는 영원한 세계에 살고 있다. 눈에 보이지 않지만 똑같이 현실 세계다. 대부분의 사람들은 가시적인 세계만 인정한다. 다른 세계는 보이지 않거나 아예 볼 마음이 없기 때문이다. 윌리엄 어윈 톰슨(William Irwin Thompson)은 그런 사람들을 시스틴 성당의 천장에서 기어 다니는 파리들에 비유했다. 그 파리들은 자기 위에(정확히 말하면 밑에) 있는 웅장한 무늬와 형체와 색깔을 까맣게 모르고 있다. 그 파리들은 자기가 살고 있는 세계의 웅장함을 감지하지 못할 뿐만 아니라, 자신의 눈이 멀어 있음을 인식할 능력조차 없다.

주님의 불가해하지만 틀림없이 지혜로운 섭리에 따라, 우리 신자들은 눈이 가려진 가족과 친구들과 직장 동료들과 이웃들과 심지어 원수들에게 이 보이지 않는 우주를 보여주는 사명을 받았다. 은혜의 존재와 유익을 세상 전반에 가르치는 일을 주님은 그분의 교회

에 – 지도자들에게만 아니라 따르는 사람들에게도 – 맡기신 것이다. 말하고 권면하고 책망하는 일(2:15) 외에도 우리는 은혜를 행동으로 보여주어야 한다.

말하고 권면하고 책망하는 일도 만만치 않지만, 진리대로 살고 행동하는 일은 훨씬 더 어렵다. 하지만 그만큼 효과도 훨씬 좋다. 솔직히 말해서, 구변이 좋은 사람들이나 설득력 있는 발언 자체는 세상에 부족하지 않다. 하지만 사람들은 결과를 보기 원한다. 2천 년이 지난 지금도 크게 달라진 것 같지 않다. 잘 보면 바울이 디도에게 보낸 편지 전체와 특히 이번 단락에 "행위"나 "일"이라는 말이 계속 반복되고 있다[1:16(두 번), 2:7, 14, 3:1, 5, 8, 14].

—3:1—

바울은 그리스도인들이 "통치자들"과 "권세 잡은 자들"에게 순종하기를 바랐다. 이는 정부의 직위들과 그 직위에 있는 사람들을 통칭하는 표현이다. 바울의 명령은 온전한 순종과 복종을 의미할 뿐 그 외에 어떤 여지도 남기지 않는다. 단지 존중하는 차원이 아니라 정부의 법과 지시에 그대로 따라야 하는 것이다.

솔직히 이것은 어려운 일일 수 있다. 미국의 대통령들 가운데도 금방 내 존경심을 얻어내는 사람들이 있는가 하면 – 아주 솔직히 말해서 – 순종하기가 몹시 힘든 사람들도 있다. 이보다 더 자격 미달인 대통령은 없겠다는 생각이 들 때면 나는 바울이 이 편지를 쓸 즈음 서구 세계를 지배한 사람이 네로였음을 상기한다. 네로는 철저한 이교도, 도덕적 파산자, 독재자, 잔혹한 사람, 압제자, 살인자, 불의한 사람, 동성애자, 사디스트였다. 그야말로 속속들이 부패한 사람이었다. 적그리스도의 정신을 네로보다 더 잘 구현해준 사람은 적어도 이후 몇 세기 동안에는 없었다. 그런데도 바울은 신자들에게 순종을 명했고, 모든 선한 일을 행하도록 준비하라고 당부했다.

이러한 태도는 전통적인 유대인 사회와는 극명한 대조를 이룬다. 유대인 사회는 자기네 구성원들에게 현지의 문화로부터 엄격히 분리될 것을 요구했다. 일찍이 이스라엘 백성은 약속의 땅에서 우상을 숭배하는 주변 민족들로부터 마땅히 분리되지 못하여 쩔쩔맸고, 그래서 하나님은 그들을 징계하셔서 고토를 떠나 멀리 바벨론으로 끌려가게 하셨다. 포로생활을 하는 동안 히브리 민족은 하나님의 언약 백성으로서 자신들의 정체성을 고수하는 법을 배웠다. 함께 붙잡혀온 다른 문화를 가진 민족들과 같은 공간에서 살아가면서도 말이다. 하지만 그들이 본토로 돌아왔을 즈음에는 분리라는 이 중요한 윤리가 하나의 강박적 현상으로 굳어져 있었다.

1세기에 이스라엘 바깥에 살고 있던 유대인들은 자기들만의 공동체로 똘똘 뭉쳤고, 현지의 법과 권위에 복종하려 하지 않았으며, 현지의 문화를 거의 노골적으로 경멸했다. 이방 문화 속에서 하나님을 높이고 그분의 언약 백성으로서 존경과 칭찬을 얻어야 할 유대인들이 그러기는커녕 오히려 주변의 증오심을 유발했다. 기독교가 당시에는 유대교의 한 분파로 통했기 때문에 기독교도 똑같은 긴장을 답습하며 역효과를 자초할 위험이 있었다. 바울이 우려한 데는 충분히 그럴 만한 이유가 있었던 것이다. 로마의 역사가 타키투스에 따르면, 네로가 몇 년 후부터 그리스도인들을 박해한 것은 "로마에 불을 질렀다는 억울한 죄목 때문이었다기보다 그들이 인간을 혐오하고 적의를 품었기 때문"이었다.[4] 사도는 신자들이 박해받지 않도록 그들을 보호하려는 마음도 물론 있었겠지만, 또한 교회가 시민들을 경멸하는 상태에서는 지역 사회를 효과적으로 복음화할 수 없다는 인식도 있었다.

—3:2—

세상의 통치자들에게 공손히 복종하고 그들의 수고를 선행으로 거드는 것 외에도, 바울은 그리스도인들이 네 가지 방식으로 이웃들에게 친절을 베풀어야 한다고 권했다.

"비방하지"라는 말은 헬라어 단어 *blasphēmeō*를 번역한 것이며, '신성 모독(blasphemy)'이라는 단어가 여기서 왔다. 이 말은 누군가를 저주하거나 비방하거나 경멸한다는 뜻이다. 다른 사람의 가치를 무시하거나 깔보는 식의 말은 모두가 비방에 해당된다. 아무리 못난 사람들이라도 내면 깊은 곳에 하나님의 형상을 품고 있다는 이유만으로 존중받을 가치가 있다. 하나님은 그들을 더없이 귀히 여기셔서 그들을 구속하고자 그분의 아들을 보내셨다.

많은 가정에서 부모들이 '멍청이'라는 말을 쓰지 못하게 엄히 금하고 있다. 나는 그것이 지혜로운 방침이라고 생각한다. '멍청이'라는 말을 하면서 누군가를 비방하지 않는 경우를 나는 떠올릴 수 없다.

"다투지 말며"의 헬라어 원어는 말 그대로 '싸우지 않는 사람'이라는 뜻이다. 이런 사람은 싸움을 피한다. 그냥 싸우지 않기로 하는 것이다. 설사 싸움을 통해서 자신이 무언가 얻을 것이 있더라도 말이다.

나아가 우리는 "관용"해야 한다. 이것은 우리가 세상의 봉이 되어야 한다는 말이 아니다. 이 단어에는 '존엄성'이라는 개념과 '이치에 맞다'라는 개념이 섞여 있다. 아리스토텔레스는 이 단어를 연약한 인간을 너그러이 배려한다는 의미로 썼다. 관용은 경직되게 법의 자구에 얽매이기보다 법의 정신을 살려낸다. 왕이 자신의 권력을 적절히 선용하여 신민을 두루 유익하게 할 때, 그 왕에게 관용이 있다고 말할 수 있다.

가시적인 세계의 일부 동료 시민들은 평화를 원하지 않는다. 어느 학교에나 마찬가지로 어느 동네에나 불량배가 적어도 한 명씩은 있다. 그런 사람은 옆에 있는 누군가를 불행하게 만들지 않고는 직성이 풀리지 않는다. 다투지 않고 관용한다는 것은 우리가 무작정 당하고만 있어야만 한다는 뜻이 아니다. 우리는 꼭 주먹싸움을 하거나, 무리하게 반응하지 않고도 불량배에 용감히 맞설 수 있다.

바울이 그다음에 쓴 "범사에 온유함을 모든 사람에게 나타낼 것"이라는 표현은 은혜의 정신을 놀랍도록 잘 묘사한 말이다. 헬라 문화는 '온유함'을 세련된 리더십의 자질이자, 또한 힘이 있다는 증거로 보고 높이 쳤다. 바울은 일반 세상의 그러한 개념을 빌려다가 거기에 사랑이라는 필수 요소를 더했다(고전 4:21). 다른 사람들을 향한 우리의 전반적인 태도는 겸손하고 예의바른 것이어야 하며, 또한 친절한 대응으로 나타나야 한다. 뿐만 아니라 그리스도인들은 이런 존엄성을 "모든 사람"에게 베풀어야 한다. 이 말은 '모든 곳의 모든 사람'을 뜻하는 헬라어의 관용어다. 인종이나 피부색, 종교의 유무나 종류, 정치 성향, 경제력이나 연봉, 직업, 교육 수준, 결혼 여부 이런 것들과 관계없이 그야말로 모든 사람이다.

—3:3–4—

바울은 본문에 *gar*('왜냐하면')라는 짤막한 접속사를 넣어, 비그리스도인인 권위자들과 이웃들에게 은혜를 베풀어야 하는 이유를 독자들에게 분명히 밝혔다. 1세기의 이교도들도 바울이 말한 은혜 지향적인 행동을 좋게 보았겠지만, 그 이유가 바울과는 달랐을 것이다. 헬라인들과 특히 로마인들은 관용과 온유한 행동을 이기적인 목적을 이루기 위한 수단으로, 즉 사회에서 높아지고 자신의 의를 과시하기 위한 수단으로 보았다. 그러나 그리스도인들이 은혜를 베푸는 이유는 그와 정반대다. 곧 하나님의 은혜 외에는 그들을 이교도인 권세자들과 구원받지 못한 이웃들로부터 구별시켜주는 것이 없기 때문이다.

우리는 "신중"하기는커녕 "어리석은 자"였다. "통치자들(에게)… 복종"하기는커녕 "순종하지 아니한 자"였다. 선한 일을 행하기에 준비되기는커녕 "속은 자요… 종 노릇한 자"였다. 다투지 않고 관용하고 온유하기는커녕 "가증스러운 자요 피차 미워한 자"였다. "그러나"(그러한 "자였으나") 누군가가 그 모두를 변화시키셨다. 누군가가 우리를 변화시키셨다. "하나님의 은혜가 나타나…"(2:11-12 참고). 그리스도의 "자비"와 "사랑하심"이 나타났다. 우리가 이기적으로 계속 반항하고 있을 때 하나님 쪽에서 우리를 찾아오신 것이다.

—3:5-7—

하나님의 자비와 사랑하심이 상세히 기술된 이 부분을 보면, 신자들이 '그리스도 안에' 있게 된 신분이나, 그들의 더 나아진 성품이 조금이라도 그들의 공로 때문이라는 개념이 무색해진다. 오직 "자비"와 "사랑하심"으로(4절) 하나님이 우리를 구원하셨다. 우리가 선해서가 아니라 그분이 선하시기 때문이다. 우리를 구원한 것은 그분의 긍휼하심이지 우리의 의가 아니다. 그분은 먼저 "중생의 씻음"으로, 그리고 거기에 더하여 "새롭게 하심"으로 우리를 구원하셨다.

복음서에서 "중생"은 신자들이 천국에서 부활하여 누리게 될 완성된 삶을 가리킨다(마 19:28, 막 10:30, 눅 22:30). 그리스도가 다시 오셔서 악의 손아귀에서 지구를 되찾으실 때, 그분은 온 세상에서 죄를 없애실 것이고, 남아 있는 부분을 변화시키실 것이다. 그 새로운 세계(계 21장)가 이르면 '그리스도 안에' 있는 모든 사람은 재창조될 것이다. 이 이미지를 바탕으로 바울은 그리스도인들의 삶 속에 재창조의 과정이 이미 시작되었음을 선포하고 있다. 중생은 거듭남이다(요 3:3-8 참고). '하나님의 나라'가 오기 전인 이 땅의 삶에서, 중생이란 하나님이 신자들에게 새로운 속성을 주시는 것으로 시작된다.

"중생"이 새로운 속성을 선물로 준다면, "성령의 새롭게 하심"은 우리를 그 속성에 맞게 자라가게 해준다. 중생은 믿는 순간에 단번에 이루어지지만, 새롭게 하심은 시간을 두고 점진적으로 이루어진다. 그 과정에 우리도 참여하지만 본문에서 바울은 거기에 초점을 두지 않고, 그 대신 성령 하나님의 은혜를 강조하고 있다. 인간은 스스로 중생할 수 없는 것만큼이나 스스로 새롭게 될 수도 없다. 이 모두가 하나님이 하시는 일이다.

하나님은 우리에게 성령을 부어주신다(6절). 우리는 예수 그리스도로 말미암아 성령을 받는다(보다시피 바울은 예수님을 "구주"라 불러 일부러 4절의 "우리 구주 하나님"과 등치시키고 있다). 예수님은 그분을 믿는 사람들을 "의롭다 하심"으로 구원하신다. 의롭다 하심, 곧 칭의란 예수님을 믿는 죄인을 의롭다고 선포해주시는 하나님의 주권적인 행위다. 그들이 아직도 죄짓는 상태에 있고, 여전히 죄성에서 비롯된 행위에 수시로 빠짐에도 불구하고 말이다. 하나님은 자비와 사랑하심과 긍휼하심으로 하늘의 법정에서 우리를 의롭다고 선포하신다. 우리 스스로 무엇을 할 수 있어서가 아니라 하나님의 아들이 우리 대신 해주신 일 때문이다.

하나님이 이렇게 신자들을 구원하시고, 중생을 주시며, 새롭게 하시고, 의롭다 하심은 그들에게 하나님 나라의 상속자라는 신분을 보장하시기 위해서다. 그냥 '하나님의 도성'의 시민 정도가 아니라 그리스도와 더불어 공동 소유자가 되게 하시는 것이다(롬 8:17). 이 얼마나 큰 은혜인가!

—3:8—

헬라어 전문가들은 4-7절이 하나의 긴 문장을 이루며 시처럼 여러 연으로 되어 있다고 지적한다. 1장 1-4절과 2장 11-15절과 마찬가지로 이 부분에도 신학적인 진리가 알차게 가득 들어 있다. 복음을 간략히 압축해놓았다고 볼 수 있다. 바울은 이 부분을 가리켜 "이 말이 미쁘도다"라고 표현했는데, 아마 바울 자신이 새로 쓴 말이 아니기 때문일 것이다. 고대 사회에서는 중요한 진리들을 잘 기억할 수 있게 하려고 압운이나 운율을 이용할 때가 많았다. 이것은 여러 해에 걸쳐 교회에서 교회로 전해진 오랜 기억술이었을지도 모른다. 사도는 디모데에게 보낸 편지들에서 이와 비슷한 다른 진술들에 대해서도 "미쁘다"고 표현한 적이 있다(딤전 1:15, 3:1, 4:9, 딤후 2:11).

바울은 복음을 "굳세게 말하라"고 디도에게 권할 때 '굳히다'라는 동사의 강조형을 썼다. 그레데 섬에는 오류를 전하는 목소리들이 워낙 많았기 때문에 디도 혼자서 진리를 대변하려면 목소리에 확신이 넘칠 뿐 아니라 또한 같은 내용을 계속 반복해야 했다. 이것은 어디서나 마찬가지다. 본래 목사의 주목적이 그것이기 때문이다. 목사는 복음을 똑똑히 힘주어 선포할 책임이 있다. 목사는 마음이 내키지 않는다고 지체할 수 없고, 망설여진다고 중단해서도 안 되며, 변명조로 말해서도 안 된다. 목사가 하나님 말씀의 권위 위에 서 있다면 얼마든지 담대해질 수 있다.

디도가 행한 사역의 궁극적인 목적을 잘 보라. 그것은 바른 믿음이 "선한 일"을 낳게 하는 것이다. 복음주의 교회들은 건전한 교리를 강조하는 경향이 있으며 앞으로도 계속 그래야 한다. 하지만 바른 믿음이 자동으로 경건한 행동으로 이어지는 것은 아니다. 나는 우리가 모더니즘에 지나친 영향을 받은 것은 아닌지 우려된다. 모더니즘은 세상의 악을 되돌리는 일을 교육이 해줄 거라고 믿는다. 인본주의자들은 "사람들의 머리를 지식으로 가득 채우라. 그러면 조만간 그들은 올바로 행동할 수밖에 없다"고 말한다.

신자가 변화되려면 성경 지식과 신학 지식도 꼭 필요한 요소이지만, 그러나 바른 믿음은 한 부분에 지나지 않는다. 신자는 다른 신자들과 더불어 공동체에 속해야 하고, 세상에 적극적으로 참여하여 선을 이루어야 한다. 이것들 역시 꼭 필요한 요소다. 그러면 성령이 성경의 진리, 신앙 공동체, 선행을 사용하여 초자연적이고 신비스럽게 개인을 변화시키신다. 로마서 8장 28절에 보면 하나님은 "모든 것" – 좋고 나쁜 상황 – 을 사용하여 우리 안에 선을 이루신다고 약속하신다. 하지만 이번 본문에서 바울은 하나님의 사람들에게 최선의 요소들만 공급하라고 디도와 모든 목사에게 권하고 있다.

"이것은 아름다우며 사람들에게 유익하니라"고 한 바울의 맺음말에는 그레데의 그리스도인들이 잘되는 것 이상의 더 큰 관심사가 암시되어 있다. 비그리스도인들은 눈에 보이지 않는 세계 속에 살고 있으면서도 그 세계를 보지 못하거나 일부러 인정하지 않는다. 그들은 눈이 멀어서 영의 세계에 대한 자신들의 책임을 깨닫지 못한다. 하지만 애석하게도 하늘의 법정에서는 그런 변명이 통하지 않는다. 바울은 디도가 교인들을 굳세게 해주기를 바랐는데, 그 이유는 신자들을 보호하고 보존하기 위해서만 아니라 또한 그것을 통해서 비그리스도인들의 근시안을 치료해주기 위해서였다.

건전한 교리와 선한 행실이 한데 어우러질 때, 믿음이 행동을 불러일으킬 때, 은혜를 받은 대로 다시 베풀 때 그리스도인은 보이지 않는 세계를 보이게 해주는 것이다.

적용

진정한 전도

D. 제임스 케네디(D. James Kennedy)의 「전도 폭발(*Evangelism Explosion*)」이라는 책에 다음과 같은 실화가 소개되어 있다.

> 나는 한 남자가 한 여자에게 다가가 이렇게 말하는 것을 들은 적이 있다. "오늘 당신의 콩팥이 어떻습니까?" 실제로 있었던 일이다! 그 남자가 그렇게 묻는 것을 내 귀로 똑똑히 들었다. 여자의 반응은 어땠을까? 핸드백으로 남자를 후려쳤을까? 아니, 여자는 이렇게 말했다. "아, 오늘은 한결 좋아졌어요. 감사합니다, 의사 선생님." 내가 병실에서 우연히 들은 대화다. 의사가 그런 사적인 질문을 던질 수 있었던 것은 이미 관계를 잘 가꾸어 그럴 만한 자격을 얻었기 때문이다. 의심스럽다면 당신이 직접 길에서 아무 여자나 붙잡고 똑같이 물어보라. 그러고나서 어떻게 되는지 보라.
>
> 요점은 이것이다. 사적인 질문을 던질 수 있으려면 먼저 관계를 잘 가꾸어 그럴 만한 자격을 얻어야 한다.[5]

그리스도인들은 끼리끼리 모이고, 자기네 부류가 아닌 사람들과는 잘 어울리지 않는 경향이 있다. 그러므로 교회 바깥의 사람들은 자기들이 심판과 정죄를 받지 않을 거라고 생각할 이유가 별로 없다. 그들이 알고 있는 하나님상이라고는 재미있는 일이라면 무조건 못마땅해하며 으르렁거리는 불량배의 이미지다. 그래서 그들은 당연히 우리도 그런 하나님과 같을 거라고 생각한다(안타깝게도 어떤 그리스도인들은 이런 신화를 불식시키려는 노력을 별로 하지 않는다). 그러니 우리가 복음을 설명하기가 그토록 어려운 것도 이상한 일이 아니나! 그렇게 사적인 주제에 대해서 말하려면 먼저 관계를 잘 가꾸어 자격을 얻어야 하는데, 그동안 우리는 그러지 못했던 것이다.

보이지 않는 세계를 주변 사람들에게 보여주려 할 때 당신이 고려해야 할 두 가지 원리를 나누고 싶다.

첫째, 내가 진실하고 정직해야만 사람들이 내 말을 들을 수 있다. 당신의 모습을 있는 그대로 보이라. 당신이 항상 옳아야만 사람들이 당신의 말을 들으려 할 거라는 신화에 속지 말라. 당신의 실수를 솔직히 인정하라. 당신이 혹시 말이 너무 많았고 불쾌감을 주었다면 사과하라. 상대방이 당신을 화나게 했다면 그 잘못을 재치 있게 지적하든지, 아니면 그냥 넘어가라. 당신의 생각이 틀렸거든 그렇다고 인정하라. 아무도 박식한 체하는 사람을 좋아하지 않으며, 아무도 거룩한 척하는 사람을 믿지 않는다.

뿐만 아니라 당신은 평소에 정직하게 살아야 한다. 늘 진실을 말하고 약속을 지켜야 한다는 뜻이다. 그것이야말로 그리스도인이나 비그리스도인 할 것 없이 모든 사람이 존중하는 실생활의 거룩함이다.

둘째, 나부터 실천하고 있지 않은 진리를 다른 사람에게 믿게 할 수는 없다. 하나님의 용서를 말하고 싶거든 당신부터 다른 사람들을 용서하는 본을 보여야 한다. 하나님의 사랑을 논하고 싶거든 그리스도가 교회를 사랑하시듯 당신도 아내나 남편을 충실히 사랑하라. 우리가 표리부동하면 사람들은 그것을 재빨리 알아차린다. 마찬가지로 우리의 경건한 성품도 금세 그들의 눈에 띈다. 무언가를 진정으로 믿는 사람이라면 당연히 그 믿는 대로 살게 마련이다. 사람들은 그 사실을 알 만큼 똑똑하다.

사역의 양면성(디도서 3:9-11)

9그러나 어리석은 변론과 족보 이야기와 분쟁과 율법에 대한 다툼을 피하라 이것은 무익한 것
이요 헛된 것이니라 10이단에 속한 사람을 한두 번 훈계한 후에 멀리 하라 11이러한 사람은 네가 아
는 바와 같이 부패하여 스스로 정죄한 자로서 죄를 짓느니라.

내가 평소에 품고 있는 소신이 있다. 목사는 두 가지 자질을 겸비해야 하는데, 한 사람 안에서 그 둘을 함께 보기란 쉽지 않다. 그것은 바로 부드러운 마음과 두꺼운 낯가죽이다.

모든 소명에는 직업병이 있으며 목회도 예외는 아니다. J. 오스왈드 샌더스(J. Oswald Sanders)는 「영적 지도력(*Spiritual Leadership*, 요단출판사)」이라는 훌륭한 책에서 이렇게 썼다. "하나님 나라의 지도자가 되기를 사모하는 사람은 남들보다 더 값비싼 대가를 치를 각

오가 되어 있어야 한다. 참된 지도자는 큰 희생을 치러야 하며, 훌륭한 지도자일수록 희생도 더 커진다."[6] 목회자는 지도자로서 양 떼의 짐을 일일이 함께 지면서도 그들의 비판을 감수해야 한다. 목자가 부드러운 마음을 가꾸지 않으면 긍휼히 여기는 마음이 금세 무디어지고, 그래서 그는 진이 다 빠진 채 냉소적이고 관료적인 '성직자'로 변하고 만다. 그런데 부드러운 마음을 가꾸려면 안타깝게도 자신에게 고통이 닥칠 줄을 뻔히 알면서도 늘 연약한 모습으로 있어야 한다.

목사는 부드러운 마음을 잃지 않아야 하지만 또한 두 번째 자질도 무시할 수 없다. 그것은 바로 코뿔소처럼 두꺼운 낯가죽이다. 목사가 얼굴에 철판을 깔지 않으면 악한 화살들의 만만한 과녁이 된다. 무자비한 비판, 이단적인 분쟁, 거룩하지 못한 세력 다툼은 그중 일부에 지나지 않는다. 우리는 타락한 세상에 살고 있으며, 따라서 진리는 저절로 서는 것이 아니라 불요불굴의 사랑으로 진리를 힘껏 떠받쳐야 한다. 낯가죽이 두꺼운 목자는 그 사실을 잘 안다. 진리의 원수들은 복음을 짓밟으려고 인정사정없이 살벌하게 공격해온다. 그러므로 목자들은 그 공격자들보다 더 단호하고 억세질 줄 알아야 한다.

지도자라면 누구나 비판과 분쟁과 세력 다툼에 맞서야 하지만, 사역에 몸담고 있는 사람일수록 – 각계각층의 모든 사역자가 다 마찬가지다 – 때로 삶의 가장 악독한 인신공격의 과녁이 된다는 것을 바울은 알았다. 전투에 이골이 난 사도는 젊은 제자 디도가 그레데에서 그를 기다리고 있는 싸움에 준비되기를 원했다. 여러 해 동안 영적 지도자로 있으면서 사도가 배운 것이 있었다. 원칙을 따르지 않고 사람들의 비위를 맞추면 당장은 쉬울지 몰라도 오래가지 않는다는 사실이다. 오히려 그것은 사역자에게는 물론 교회에도 장기적으로 엄청난 고통을 안겨줄 수 있다.

훌륭한 영적 지도자는 모든 일을 긍휼의 마음으로 하지만 절대로 소신을 저버리지 않는다. 훌륭한 영적 지도자는 잘못을 지적해야 할 때 절대로 그냥 넘어가지 않는다. 진리를 떠나고도 회개하지 않는 그리스도인들은 언제나 교회들에 침투하여 분열과 불화의 질병을 퍼뜨린다. 외과의사가 병든 조직을 잘라내듯이 교회의 지도자들도 그리스도의 몸 된 교회에 불화의 병균을 옮기고, 교인들을 분열시켜 파당을 짓게 하는 사람들의 죄를 반드시 지적해야 한다.

—3:9—

바울이 명한 대로 디도는 진리에 대한 담대한 확신을 품고 복음을 선포해야 했고, 하나님이 주신 권위를 가지고 사명을 수행해야 했다(8절, "굳세게 말하라"). "그러나" 사도는 세 가지 치명적인 신학적 방해거리를 "피하라"고 경고한다. 그것은 바로 "어리석은 변론"과 "족보 이야기"와 "분쟁과 율법에 대한 다툼"이다. 하나님이 은혜로 구원하신다는 교리(4–7절)는 "아름다우며… 유익"하지만(8절), 방금 말한 주제들은 "무익한 것이요 헛된 것"이다.

바울은 일부 신학적 토론을 가리켜 "어리석은" 변론이라 했는데 여기에 쓰인 헬라어 단어 *mōros*에서 '저능아(moron)'라는 단어가 나왔다. 헬라 문헌에서 *mōros*란 부질없고 헛되며 무의미한 것을 가리킨다. 예수님이 맛을 잃은 소금의 예를 드셨을 때 그 교훈을 기록한 사람이 바로 *mōros*라는 단어를 사용했다.

기독교 공동체 안에는 건강한 신학적 토론이 있어야 한다. 하나님은 우리에게 서로를 주셔서, 성경 해석들에 도전을 제기하고 신학적 결론들을 시험하게 하셨다. 최고의 신학 학술지들은 반드시 같은 분야 학자들의 심사(동료 전문가들의 면밀한 검토)를 거쳐서만 간행된다. 그러나 어떤 변론들은 우리의 행동과 아무런 관계도 없거나, 오히려 비성경적인 행동을 부추긴다는 점에서 무의미하다.

바울이 "족보 이야기"를 피하라고 경고할 때 구체적으로 어떤 문제를 염두에 두었는지는 확실히 알 수 없다. 바울이 디모데에게 보낸 편지에는 이 문제가 "신화"와 같은 범주에 들어가 있는데(딤전 1:4), 디도서에는 신화에 대한 경고가 1장 14절에 따로 나온다. 일각에서는 초대 그리스도인들이 유대교를 유산으로 받은 사람들을 영적으로 우월하게 여겼다고 해석하기도 한다. 어쨌든 새 언약이 옛 언약에서 나온 것만은 분명하니 말이다.

"분쟁"은 싸움이나 논쟁을 뜻하지만, "다툼"이라는 말은 헬라어 단어 *machas*를 번역한 말로는 너무 약할 수 있다. 본래 이 단어에는 폭력의 뉘앙스가 단연 더 많이 들어 있어, 물리적 전투나 아예 전쟁을 가리키는 말로 가장 자주 쓰였다. 성화의 교리에 관한 사소한 말싸움이 주먹다짐으로 비화되어 징계를 받았던 두 신학생을 나는 알고 있다. 당시에 "분쟁과 율법에 대한 다툼"은 이스라엘의 국가적인 소일거리가 되어 있었고, 그 바람에 종교 고위층 사이에 위선이 만연했다.

물론 바울도 전에는 동료 바리새인들 사이에서 둘째가라면 서러워할 투사였고, 그래서 모세 율법에 대한 시시콜콜한 내용을 가지고 궤변을 늘어놓는 일이 부질없는 짓임을 누구보다도 잘 알았다. 불빛이 있는 곳에 벌레들이 꼬이는 것을 그는 알고 있었다. 수십 년간 사역에 몸담아온 노련한 워렌 위어스비(Warren Wiersbe)는 이렇게 썼다. "여태까지 내가 배운 바로, 믿는다는 그리스도인들 가운데 성경으로 논쟁을 일삼는 사람들은 대개 무언가 자신의 삶 속에 있는 죄를 은폐하고 있고, 정서가 아주 불안하며, 대개 직장이나 가정에서 불행하다."[7] 영적 지도자들은 그런 사람들을 "피할" 줄 알아야 한다. 그들에게서 돌아서야 한다는 뜻이다. 그들은 우리의 시간을 잡아먹고, 우리의 에너지를 고갈시키며, 우리의 증언을 약화시킨다.

—3:10—

목사는 무의미한 논쟁을 피해야 하고, 일부 비생산적인 토론의 여지를 허용해야 하지만 – 전체주의적인 통제가 목표는 아니다 – 목사가 반드시 개입해야 할 뿐 아니라 때로는 잘못을 지적해야 할 때가 있다. 한두 번 "훈계"하고(직역하면 '경고' 또는 '바로잡는 가르침') 두 번까지 비뚤어진 교리를 고쳐주려 했는데도 상대방이 계속 고집한다면, 그 사람은 "이단에 속한 사람"이다. 헬라어 단어는 *hairetikos*로, 이를 음역한 것이 영어 단어 '이단자(heretic)'이다. 케네스 웨스트(Kenneth Wuest)에 따르면 "이 명사는 '취하거나 선택할 수 있음 또는 그러기에 알맞음, 분열을 일으킴, 당파적임'이라는 뜻이다. 그러므로 이단자는 성경에 계시된 참된 교리를 수용하지 않고 자기가 믿고 싶은 대로 선택해서 믿는 사람이다."[8]

"멀리하라"는 말은 강한 명령이다. 목사는 신화를 버리고(딤전 4:7) 변론을 버려야 하듯이(딤후 2:23), 교회에 파당을 짓는 사람에 대해서도 똑같은 방식으로 치리해야 한다.

—3:11—

바울은 그런 사람을 가리켜 "부패"했다고 했는데, 지금은 이 단어에 '성적인 변태'의 뉘앙스가 더해졌지만 본래는 그런 의미가 없었다. 이 단어는 '뒤틀렸다, 왜곡되었다, 뒤집혔다'는 뜻이다. "말이 안 통하는 사람에게는 알아듣게 말할 수 없다"는 말을 바울이 1세기의 방식으로 그렇게 표현한 셈이다. 더욱이 이렇게 뒤집힌 사고는 죄의 결과일 소지가 높다. 죄지은 사람은 양심을 무마하려고 무슨 수를 써서라도 자신의 행동을 정당화한다. 하지만 양심을 무마하려 하면 할수록 정당화는 더 이상해진다.

바울은 '죄짓다'라는 동사의 현재 시제를 썼는데, 이것은 그 사람이 습관적으로 범죄를 계속하고 있다는 선언이다. 이단에 속한 사람은 죄를 짓고 있으며, 본인도 그것을 안다. 목사는 사고가 죄로 뒤틀린 사람을 한두 번 고쳐주려 한 뒤에는 공동체의 유익을 생각해서 그 이단자를 쫓아내야 한다.

영적 지도자, 특히 목사가 이단에 속한 사람들로부터 양 떼를 보호하는 방식을 보면 그 지도자의 마음과 낯가죽에 대해서 많은 것을 알 수 있다. 한편으로, 낯가죽은 코뿔소 같은데 부드러운 마음이 없는 목사들은 전체주의적인 감독자가 된다. 이들은 통제 욕구가 너무 강해서 문제될 때가 많으며, 그것은 결국 교회에 방해가 된다. 교회가 반대 의견을 전혀 용납할 줄 모르는 경찰국가처럼 되는 것은 바울이 가르치려 한 바가 아니다. 목사나 장로들의 당회는 형제나 자매를 치리하고 제명하는 일을 기뻐해서는 안 된다. 제명은 사랑으로 시행되어야 하며, 언제나 정죄가 아닌 회복을 내다보고 해야 한다(갈 6:1–2).

다른 한편으로, 동정심에 못 이겨 사람들의 비위를 맞추는 방임적인 목사는 머지않아 교회가 안에서부터 좀먹어 깨지는 것을 보게 될 것이다. 아무리 교회가 겉으로는 연합되어 보일지라도 말이다. 이런 목사는 누구의 반감을 사거나 비판을 받는 것이 두려워, 신학적인 오류가 성경의 권위를 갉아먹도록 그냥 둔다. 결국은 반대 세력의 힘이 커져서 목사를 쫓아내거나, 아니면 자기들이 교인들의 절반을 데리고 나간다.

목사가 교회 안에 성경의 진리를 온전히 세우고 싶다면 오해와 부정적 비판을 무릅쓸 만큼 하나님의 진리를 사랑해야 한다. 그것이 곧 교인들을 사랑하는 길이다. 그렇지 않다면 목사는 자리에서 물러나 덜 위험한 다른 직업을 찾아야 한다.

묵상의 서재

내 생애 가장 어두웠던 어느 하루

교회의 내 서재에 있는 탁상 달력은 2006년 4월 26일 수요일 날짜가 펼쳐진 채로 있었다. 나흘이 지났는데도 그 달력은 내 귀에 도저히 믿을 수 없는 말이 들려오던 그 순간에 고정되어 있었다. 그날 나의 세계는 날카로운 비명소리를 내며 멈추었다. 너무 극화시킬 생각은 없지만, 그날은 내게 오명의 날이 되었고, 내 생애 가장 어두웠던 날들 중 하루로 기억될 것이다. 나는 그 처참한 비극의 날을 돌아보며 이렇게 일기를 썼다.

내가 그토록 사랑하던 친구이자 동역자가 쓰러졌다. 그동안 그가 감추어온 어두운 죄의 세계가 들통 나 온갖 흉측한 모습을 드러낸 것이다. 원수는 두 개의 중요한 사역에 강타를 날렸다. 아내와 나는 믿었던 동지들을 잃었다. 그들은 은사가 뛰어났지만 너무 약했고 흠이 컸다. 이것은 나 자신에게도 가슴 아픈 상실일 뿐 아니라, 내가 사랑하는 많은 사람들에게도 아픔을 주었다. 당황하고 상심한 두 배우자와 가족 생각에 내 마음이 더욱더 미어진다.

내가 치유되고 우리 모두가 회복되려면 시간이 걸릴 것이다. 우리는 그 과정을 서두르지 않을 것이다. 기억하고 돌아보고 애통해하면서 우리 눈에 눈물이 차오를 순간들이 있을 것이다. 슬픔은 다 녹아 없어질 때까지 계속 되살아나는 법이다.

결국 우리는 이 모두를 딛고 일어설 것이다. 가슴 저미는 슬픔도 아물고 내면의 상처도 나을 것이다. 하지만 그 흉터는 남아서 말없이 옛날을 상기시켜줄 것이다. 위대했던 그날들은 이제 추억으로만 남았고, 순수했던 그날들은 이제 꿈으로만 남았다. 우리는 더 늙겠지만 훨씬 지혜로워질 것이다. 서 있으면서도 "넘어질까 조심하라"는 말씀을 상기할 것이다. 자칫하면 우리도 우리가 사랑했던 두 친구처럼 될 수 있기 때문이다. 지금은 그들을 잃었지만, 우리는 그들이 회복되고 소생하기를 간절히 바란다.

그래서 나는 하나님의 거룩한 일을 시작하고자 이번 주에도 내 책상으로 다시 돌아왔다. 이제 달력을 새 날로 넘기겠지만 이 오명의 날을 결코 잊지 않을 것이다. 나의 두 친구처럼 은사가 뛰어나고 사랑스러운 사람들도 잘못해서 넘어질 수 있다면, 나도 그럴 수 있음을 전보다 더 명심하며 살 것이다. 하나님이 비할 데 없는 은혜를 베푸시고 성령이 능력을 주지 않으셨다면, 나에게도 그리고 내가 소중히 여기는 모든 사람에게도 벌써 그런 일이 있었을 것이다.

사랑하는 아버지여, 전보다 더 아버지와 가까워지게 저를 도와주소서. 다시 유혹이 닥칠 때면 이 슬프고 어두운 날에 대한 기억 때문에 제가 더 강건해지게 하소서. 홀로 있을 때면 제가 아버지 앞에서 살아가고 있음을 일깨워주소서. 나의 하나님이여, 하나님은 거룩하고 거룩하고 거룩하신 분입니다. 혹시 저나 제 친구 중에 누가 아버지를 실망시켜 드리는 일이 생기거든, 아버지가 집으로 돌아오는 탕자들에게 여전히 두 팔을 활짝 벌리고 계심을 기억하게 하소서. 그때마다 우리에게 아버지의 부드럽고 자비로운 음성으로 "내가 너를 사랑한다. 너를 용서한다. 집으로 돌아온 것을 환영한다"라고 말씀해주소서. 예수님의 이름으로 기도합니다 아멘.

적용
이단에 속한 사람을 멀리하라

지금까지 내가 섬긴 교회들만 하더라도 "이단에 속한 사람"들 때문에 고생한 교회가 한둘이 아니었다. 이 사람들은 내 삶은 물론 다른 사람들의 삶을 비참하게 만드는 것이 낙인 것 같았다. 지난 세월 나는 다음과 같은 사실을 기억하며 힘을 얻곤 했다. 바울은 자기에게 많은 해를 입힌 구리 세공업자 알렉산더 때문에 고생했다(딤후 4:14). 요한은 자신의 말을 좀처럼 받아들이지 않는 고집 센 디오드레베를 상대해야 했다(요삼 1:9-10). 느헤미야는 산발랏과 도비야와 게셈 때문에 늘 골머리를 앓았으며, 그들을 대놓고 "원수들"이라 불렀다(느 6:1).

성경에 다른 문제아들도 나오지만 그 정도로 해두자. 당신이 현재 영적 지도자의 자리에 있다면 당신에게 내가 45년이 넘는 목회 생활에 근거하여 확실히 해줄 수 있는 말이 있다. 그렇게 야비하게 살아가는 사람들은 어디에나 있으며, 이것은 당신에게만 닥치는 문제가 아니라는 것이다. 그런 비판자들은 무엇에도 아랑곳하지 않고 우리의 리더십에 반항하고, 우리의 동기를 의심하며, 우리의 직분을 업신여긴다. 그들은 노골적으로 사악해질 수 있다! 지금은 작고하신 내 스승 한 분은 주저 없이 그들을 "야만인"이라 불렀다.

오래전에 내가 섬겼던 작은 교회에서 지도자 자리에 있던 한 남자가 나를 공격 목표로 삼았다. 그 이유를 나는 지금도 모르겠다. 그의 공격은 표가 나지 않을 때도 있었지만, 대놓고 모욕적인 말을 할 때도 있었다. 게다가 그 사람은 38구경의 스미스 웨슨 권총까지 가지고 다녔다(한번은 내 사무실 책상 위에 총알들을 꺼내놓으면서 자기가 무장되어 있음을 나에게 상기시키기도 했다). 그것을 보고도 겁나지 않을 젊은 목사는 없다. 그 사람은 나만 괴롭힌 것이 아니다. 나와 동역하던 장로들도 그가 "이단에 속한 사람"임을 알고 있었다. 그런데 우리는 바울이 디도에게 쓴 지침대로 따르지 않았고, 머지않아 그 불량배는 '교회의 두목'이 되었다. 분명하고 단호하게 두 번 경고한 뒤에 그를 교회 공동체에서 제명했어야 마땅했다("이단에 속한 사람을… 멀리하라"). 그런데 부끄러운 고백이지만 우리는 그의 악한 태도, 자주 폭발하는 분노, 난폭한 행동을 그냥 묵인했다.

그런 악한 죄에 소극적으로 반응했던 우리의 불순종을 지금 와서 돌아보면 한숨이 절로 난다. 그 사람은 그 작은 교회의 성장을 막는 주된 원인이 되었다. 그런데도 우리 중 아무도 그에게 맞서, 그런 악에 대하여 당당히 조치를 취할 용기가 없었다.

그 힘겨운 사역지는 나에게 좋은 가르침을 주었다. 나는 교훈을 제대로 배웠다! 그 뒤로 나는 교회에서 나나 다른 사람을 괴롭히는 사람을 절대로 다시는 그냥 두지 않기로 방침을 세웠다. "이단에 속한 사람"이 내가 섬기는 교회의 지도자들을 방해하도록 절대로 수수방관하지 않기로 한 것이다. 양 떼의 목자가 하나님의 종이라 해서 다른 사람들의 봉이 되어야 하는 것은 아니다. "이단에 속한" 사람들을 멀리하라. 그들에게 용감히 맞서라! 당신은 무엇을 두려워하고 있는가? 왜 그들을 그냥 두고 있는가?

옳은 길을 옹호하려면 위험이 따르는 것은 기정사실이고, 용기가 필요하며, 희생이 불가피할 수도 있다. 담대히 맞선 후에 사태가 가라앉고나면, 누가 옳고 누가 그른지를 모든 사람이 당장 알아주기를 기대하지 말라. 당신의 지지자들이 벌떡 일어나 환호해주리라고 기대하지도 말라. 힘겨운 치리의 과정을 지나는 중에는 지지층이 엷어지는 경향이 있다.

"이단에 속한 사람을 멀리"하노라면 거의 언제나 일부 반대자들은 요란한 소리를 내는 반면, 대다수 지지층은 침묵을 지킨다. 목사는 거기에 익숙해져야 한다. 이것이 너무 힘들거나 너무 심해 보이거든, 또는 당신의 동기가 불확실해지거든 갈라디아서 1장 10절을 읽으라. 그리고 "이제 내가 사람들에게 좋게 하랴 하나님께 좋게 하랴"라고 묻고 있는 바울의 질문에 꼭 답하기 바란다.

마지막 교훈(디도서 3:12-15)

12내가 아데마나 두기고를 네게 보내리니 그 때에 네가 급히 니고볼리로 내게 오라 내가 거기서
겨울을 지내기로 작정하였노라 13율법교사 세나와 및 아볼로를 급히 먼저 보내어 그들로 부족함이
없게 하고 14또 우리 사람들도 열매 없는 자가 되지 않게 하기 위하여 필요한 것을 준비하는 좋은
일에 힘쓰기를 배우게 하라 15나와 함께 있는 자가 다 네게 문안하니 믿음 안에서 우리를 사랑하는
자들에게 너도 문안하라 은혜가 너희 무리에게 있을지어다.

바울을 위대한 지성인, 신학적 식견이 깊은 사상가, 연단된 십자가의 용사, 다부지고 열정적인 영적 전투의 노장으로만 보는 사람들이 있다. 그들의 말을 듣는다면 우리도 바울

에 대해서 잘못된 인상을 갖기 쉽다. 물론 그의 편지들 속에서 우리는 확신에 찬 신학자, 주관이 뚜렷한 인물, 어떠한 도전도 두려워하지 않고 복음을 위하여 미답의 땅으로 기꺼이 발을 내딛는 사람을 볼 수 있다.

그것도 분명히 바울의 모습이기는 하지만 이 복합적인 인물의 일면에 지나지 않는다. 당신이 바울에 대해서 알고 있는 모든 내용이 그가 쓴 편지들의 첫 부분 – 로마서의 전반부, 에베소서, 디모데에게 보낸 편지의 앞부분, 디도에게 보낸 편지의 대부분 – 에서 왔다면 바울은 딱딱한 사람으로 거리감이 느껴지고, 심지어 냉정하게 보일 수 있다. 그러나 그의 편지들의 마무리 부분을 보면 부드러운 사람, 사랑이 깊은 사람, 자신에게 친구가 필요함을 선뜻 인정하는 사람을 만나게 된다. 시간을 내서 로마서 16장, 고린도전서 16장 17-24절, 골로새서 4장 7-18절을 읽어보라. 바울에게 친한 친구들이 놀랄 정도로 많다는 사실을 알게 될 것이다. 모두가 바울이 시간과 에너지와 애정을 쏟아부은 동역자들이다.

목사로서 나는 바울이 디도에게 보낸 편지의 마지막 부분에 특히 마음이 끌린다. 이 본문을 통하여 우리는 바울이 측근에 두었던 사역 수련생들을 잠시나마 엿볼 수 있다. 그들은 위대한 하나님의 사람 바울 곁에서 함께 섬기며, 바울에게 직접 사사하는 복을 누린 사람들이다. 사도 바울의 인턴이 된다고 상상해보라!

바울이 쓴 이 편지의 마지막 네 구절에서 나는 사역에서 우선으로 삼아야 할 세 가지 내용을 본다. 복음의 사역자라면 누구나 이 부분에서 균형을 잃지 말아야 한다.

- 함께 있으라. 하나님은 우리를 다른 사람들을 필요로 하는 존재로 지으셨다.
- 다른 사람들을 도우라. 다른 사람들에게 도움을 베풀면 삶이 풍요로워진다.
- 선을 행하라. 하나님이 우리를 구속하심은 선을 행하게 하시기 위함이다.

—3:12—

이 편지를 쓰던 시점에 바울은 누구를 그레데로 보내 디도를 대신하게 할지 확정하지 않았던 것으로 보인다. 그는 아데마와 두기고라는 두 명의 후보를 거명했다.

아데마라는 이름은 에베소에서 숭배하던 다산의 여신의 이름인 아데미(아르테미스 또는 다이아나)의 여성형이었을 수 있다. 또는 이 이름은 헬라어로 '아데미의 선물'을 뜻하는 합성어의 축약형이었을 소지가 더 높다. 어느 쪽이든 그의 부모는 이 이교의 여신을 공경했던 것이 분명하다. 이로 미루어 아데마는 그리스도를 믿기 전에 전형적인 헬라식 양육을 받았을 것이다.

두기고에 대해서는 그보다 좀 더 알려진 것이 많다. 두기고라는 이름은 '행운'이라는 뜻이다. 에베소에 소요가 있은 뒤로 두기고를 비롯한 바울의 다른 일행들은 마게도냐에서 전도했다(행 20:1-4). 일찍이 바울은 로마에 1차로 투옥되었을 때 두기고 편으로 에베소 교회에 편지를 보내면서 그를 "사랑을 받은 형제요 주 안에서 진실한 일꾼"이라고 칭찬했고(엡 6:21), 다시 골로새에 보낼 때는 "사랑 받는 형제요 신실한 일꾼이요 주 안에서 함께 종이 된 자"라고 칭찬했다(골 4:7). 로마에 2차로 투옥되었을 때 사도는 자신의 마지막 날들을 함께 보내자며 디모데를 불렀는데, 그때 그는 모든 젊은 동지가 곁에 없다고 설명하면서 두기고를 에베소로 보냈다고 말했다.

바울이 결국 디도의 대타로 누구를 보냈는지는 확실히 알 수 없다. 다만 바울이 아데마와 두기고 두 사람 모두를 그레데에서 일을 마무리 지을 만한 사람들로 신임했다는 것만은 확실하다. 이 두 사람도 디도처럼 회심한 헬라인인데다 아마 할례를 받지 않았을 텐데, 바울은 그것을 유대주의자들과 맞서 싸우는 데 유리한 조건으로 보았음이 분명하다(1:10-11, 14, 3:9, 참고 행 15:1, 갈 2:11-13, 6:12-15, 빌 3:2-3).

바울은 니고볼리에서 겨울을 보낼 예정이었고, 그래서 디도에게도 그리로 오라고 지시했다. 니고볼리라는 지명은 '승리의 도시'라는 뜻으로 로마 제국에 같은 이름의 도시가 여럿 있었다. 바울이 말한 곳은 아마 아가야의 니고볼리였을 것이다. 그곳은 이탈리아 남단에서 이오니아 해 건너편에 있는 그리스 서해안의 로마 식민지로서, 휴양하기에 이상적인 곳이자 봄에 로마로 떠나기에 딱 좋은 지점이었을 것이다. 편지에 쓴 대로 바울은 로마를 방문했다가 스페인으로 선교 여행을 떠날 계획이었지만(롬 15:24-25), 대신 사슬에 매인 몸으로 로마에 도착했다(행 28:16, 30-31). 나중에 바울은 감옥에서 풀려나 그레데를 비롯하여 어려움이 있는 다른 곳들을 방문했다. 그 후에는 원래의 계획대로 서부의 변방으로 선교를 떠나려고 했던 것으로 보인다.

분명히 그의 계획은 무산되었다. 바울은 체포되어 다시 로마로 보내졌고 이번에는 결국 처형되었다.

—3:13-14—

바울은 세나와 아볼로에게 필요한 것들을 대주라고 디도에게 당부했다. 어쩌면 그들이 그레데로 오는 길에 이 편지를 디도에게 가져왔을지도 모른다.

바울은 세나가 *nomikos*라고 했는데, 이 헬라어 단어는 법률가라는 뜻이다. 세나가 유대교 율법의 전문가였는지, 아니면 로마 법정에서 의뢰인들을 대변하는 변호사였는지에 대해서는 학자들 사이에 이견이 있다. '세나'는 '제우스에게 받았다'는 뜻이므로, 내 생각에 그가 바리새인들 사이에서 훈련받았다고 보기는 어렵다. 따라서 나는 세나를 회심한 헬라인으로 본다.

아볼로는 다름 아닌 그 천부적인 웅변가이자 전도자였을 수 있다. 브리스길라와 아굴라가 에베소에서 그를 지도한 바 있다(행 18:24-28). 이 유대인은 고대의 유명한 알렉산드리아 대도서관에서 수학했고, 그 후에 독특한 사역을 개발하여 "성경으로써 예수는 그리스도라고 증언하여 공중 앞에서 힘있게 유대인의 말을 이김"을 보여주었다(행 18:28). 아무래도 바울이 아볼로에게 사역의 일환으로 그레데에 가서 유대인들에게 전도도 할 뿐 아니라, 디도의 목소리에 전문가인 그의 목소리를 보태 유대주의자들을 논박하라고 부탁하지 않았을까 하는 생각이 든다.

바울은 이 두 전도자를 "급히" 돌보라고 당부했는데, 이는 '성심껏, 지체 없이'라는 뜻이다. 고대의 길손들은 믿을 만한 친구들의 대접에 의존했다. 분명히 바울은 이것을 그레데의 신자들에게 믿을 만한 동역자들을 돕는 일의 중요성을 가르칠 수 있는 기회로 보았다. 그의 말은 이런 뜻과 같다. "이 기회를 활용하여 그레데의 신자들에게 선을 행하는 법을 가르치라."

—3:15—

바울은 디도에게 보내는 편지를 시작할 때와 똑같이 믿음과 은혜를 확언하며 끝마친다. 바울과 디도 두 사람을 형제로 묶어주고, 그레데의 모든 신자를 하나로 연합하게 한 것이 바로 믿음과 은혜였다. 마지막 축도에 나오는 "너희"는 복수로 "너희 모두"라 할 수 있다. 편지를 공적으로 읽히게 할 생각이었으므로 바울은 그레데 섬에 있는 자신의 모든 형제자매에게 친히 안부를 전했다.

바울은 자신이 시작한 사역을 마무리하는 일을 다른 사람들에게 의존했는데, 그의 사역을 묵상하면서 나는 주님이 그분의 거룩한 일에 일부러 사람들을 끼워주시는 것이 놀랍기만 하다. 하나님은 굳이 사람들을 끼워주지 않으셔도 된다. 그분은 천군천사들을 동원하여 훨씬 더 효율적으로 일을 해내실 수 있다. 그분이 눈 한 번만 깜짝이시면 모든 것이 그분이 바라시는 대로 다 되어 있을 것이다. 그런데도 그분은 사람들을 부르셔서 당신의 은혜를 전하는 도구로 삼으시고, 교회를 준비시키셔서 복음의 대변자로 쓰신다.

하나님은 당신의 주권에 복종하고 부르심에 충성하는 사람들에게 함께 일하자고 청하신다. 그분은 메시지를 선포하실 일이 있으면 인간의 입술을 사용하신다. 진리를 기록하실 일이 있으면 인간의 생각에 감화를 주시고 인간의 손에 능력을 주신다. 은혜의 본보기가 필요하시면 그분은 사람들을 부르시고, 구원하시며, 의롭다 하시고, 거룩하게 하시며, 변화시키셔서 그분의 사랑과 자비를 보여주는 견본으로 삼으신다. 주님은 악을 물리치시고 승리하시는 일에 우리를 꼭 필요한 존재로 여겨주신다. 그리하여 싸움이 끝나면 우리에게도 전리품을 나누어주신다. 그분이 우리에게 이런 기회를 선물로 주셨기에 장차 우리는 한목소리로 이렇게 외칠 것이다. "우리가 이겼습니다!"

주

1. Benjamin Franklin, *The Writings of Benjamin Franklin*, Albert Henry Smyth 편집(New York: MacMillan, 1907), 9:569.
2. James Dobson, *Love Must Be Tough: New Hope for Families in Crisis*(Dallas: Word, 1996). 「사랑은 강인해야 한다(도서출판 프리셉트)」.
3. Kittel & Friedrich 편집, *Theological Dictionary of the New Testament: Abridged in One Volume*, 222. 「신약성서 신학사전: 킷텔 단권 원어사전(요단출판사)」.
4. Tacitus, Annals 15:44. 다음 책을 참고하라. *The Works of Tacitus*(London: Woodward and Peele, 1737), 2:698.
5. D. James Kennedy, *Evangelism Explosion*, 4판(Wheaton, IL: Tyndale, 1996), 56.
6. J. Oswald Sanders, *Spiritual Leadership*(Chicago: Moody Press, 1994), 115. 「영적 지도력(요단출판사)」.

7. Warren W. Wiersbe, *The Bible Exposition Commentary*(Wheaton: Victor Books, 1989), 2:268.
8. Kenneth S. Wuest, *Wuest's Word Studies from the Greek New Testament: For the English Reader*(Grand Rapids: Eerdmans, 1984), 디도서 3:10.

찰스 스윈돌의 신약 인사이트 시리즈

디모데전 · 후서, 디도서

1쇄 인쇄 2012년 4월 20일
1쇄 발행 2012년 5월 10일

지은이 찰스 스윈돌
옮긴이 윤종석
펴낸곳 주) 도서출판 디모데 〈파이디온 선교회 출판 사역 기관〉

등록 2005년 6월 16일 제 319 - 2005 - 24호
주소 서울 강남구 개포동 1164-21
전화 마케팅실 070) 4018-4141
팩스 마케팅실 02) 6919-2384
홈페이지 www.timothybook.com

값 30,000원
ISBN 978-89-388-1503-3 04230
ISBN 978-89-388-1499-9 (세트)